2025 제28회 시험대비 전면개정판

박문각 주택관리사

합격예상문제 1차
회계원리

김종화 외 박문각 주택관리연구소 편

브랜드만족
1위
박문각
수상내역
후면표기

동영상강의
www.pmg.co.kr

합격까지 박문각
합격 노하우가 다르다!

박문각
주택관리사
합격예상문제

이 책의 머리말

회계원리는 눈으로 익히는 과목이 아니라 손으로 해결하는 과목입니다.

이론문제는 눈으로 익히고 문제를 해결할 수 있지만, 70% 정도가 금액을 계산하는 계산형 문제이기 때문에 손으로 직접 문제를 풀어가면서 숙달시키는 과정이 필수입니다.

문제를 많이 푸는 것도 중요하지만, 비슷한 유형의 문제를 반복 연습하는 것도 중요합니다.

처음엔 이론형 문제보다 계산형 문제가 어렵게 느껴지지만 계산구조를 익히고 나면 오히려 확실한 답이 도출되기 때문에 계산형 문제를 숙달시키면 고득점이 가능합니다.

본 교재의 특징은

첫째   단원별로 기출문제 중에서 또 나올 수 있는 문제를 '대표문제'로 수록하여 적중률을 높였습니다.

둘째   최근 10회차 동안 가장 많이 출제된 단원별로 구성하였습니다.

셋째   주택관리사(보) 시험 문제는 물론 세무사, 감정평가사, 관세사, 세무공무원 시험 등의 기출문제 중 주택관리사(보) 시험 수준과 비슷한 문제들을 선별 삽입하여 새로운 유형의 문제를 접하고 응용력과 실력향상을 꾀하였습니다.

기본서와 기본강의를 반복하여 각 단원별 기본개념을 익히고, 박문각 강의 커리큘럼을 충실히 소화하며 합격예상문제집 및 핵심기출문제집의 빈출문제와 유형의 반복 학습을 통해 좋은 결과를 맺으시기를 바랍니다.

2025년 2월

편저자 김종화

자격안내

자격개요

주택관리사보는 공동주택의 운영·관리·유지·보수 등을 실시하고 이에 필요한 경비를 관리하며, 공동주택의 공용부분과 공동소유인 부대시설 및 복리시설의 유지·관리 및 안전관리 업무를 수행하기 위해 주택관리사보 자격시험에 합격한 자를 말한다.

변천과정

1990년	주택관리사보 제1회 자격시험 실시
1997년	자격증 소지자의 채용을 의무화(시행일 1997. 1. 1.)
2006년	2005년까지 격년제로 시행되던 자격시험을 매년 1회 시행으로 변경
2008년	주택관리사보 자격시험의 시행에 관한 업무를 한국산업인력공단에 위탁(시행일 2008. 1. 1.)

주택관리사제도

❶ 주택관리사 등의 자격

주택관리사보

주택관리사보가 되려는 자는 국토교통부장관이 시행하는 자격시험에 합격한 후 시·도지사로부터 합격증서를 발급받아야 한다.

↓

주택관리사

주택관리사는 주택관리사보 합격증서를 발급받고 대통령령으로 정하는 주택관련 실무경력이 있는 자로서 시·도지사로부터 주택관리사 자격증을 발급받은 자로 한다.

❷ 주택관리사 인정경력

시·도지사는 주택관리사보 자격시험에 합격하기 전이나 합격한 후 다음의 어느 하나에 해당하는 경력을 갖춘 자에 대하여 주택관리사 자격증을 발급한다.

- 사업계획승인을 받아 건설한 50세대 이상 500세대 미만의 공동주택의 관리사무소장으로 근무한 경력 3년 이상
- 사업계획승인을 받아 건설한 50세대 이상의 공동주택의 관리사무소의 직원(경비원, 청소원, 소독원 제외) 또는 주택관리업자의 직원으로 주택관리업무에 종사한 경력 5년 이상
- 한국토지주택공사 또는 지방공사의 직원으로 주택관리업무에 종사한 경력 5년 이상
- 공무원으로 주택관련 지도·감독 및 인·허가 업무 등에 종사한 경력 5년 이상
- 주택관리사단체와 국토교통부장관이 정하여 고시하는 공동주택관리와 관련된 단체의 임직원으로 주택관련 업무에 종사한 경력 5년 이상
- 위의 경력들을 합산한 기간 5년 이상

법적 배치근거

공동주택을 관리하는 주택관리업자·입주자대표회의(자치관리의 경우에 한함) 또는 임대사업자 (「민간임대주택에 관한 특별법」에 의한 임대사업자를 말함) 등은 공동주택의 관리사무소장으로 주택관리사 또는 주택관리사보를 다음의 기준에 따라 배치하여야 한다.

- 500세대 미만의 공동주택: 주택관리사 또는 주택관리사보
- 500세대 이상의 공동주택: 주택관리사

주요업무

공동주택을 안전하고 효율적으로 관리하여 공동주택의 입주자 및 사용자의 권익을 보호하기 위하여 입주자대표회의에서 의결하는 공동주택의 운영·관리·유지·보수·교체·개량과 리모델링에 관한 업무 및 이와 같은 업무를 집행하기 위한 관리비·장기수선충당금이나 그 밖의 경비의 청구·수령·지출 업무, 장기수선계획의 조정, 시설물 안전관리계획의 수립 및 건축물의 안전점검에 관한 업무 (단, 비용지출을 수반하는 사항에 대하여는 입주자대표회의의 의결을 거쳐야 함) 등 주택관리서비스를 수행한다.

진로 및 전망

주택관리사는 주택관리의 시장이 계속 확대되고 주택관리사의 지위가 제도적으로 발전하면서 공동주택의 효율적인 관리와 입주자의 편안한 주거생활을 위한 전문지식과 기술을 겸비한 전문가집단으로 자리매김하고 있다.

주택관리사의 업무는 주택관리서비스업으로서, 자격증 취득 후 아파트 단지나 빌딩의 관리소장, 공사 및 건설업체·전문용역업체, 공동주택의 운영·관리·유지·보수 책임자 등으로 취업이 가능하다. 과거 주택건설 및 공급 위주의 주택정책이 국가경제적인 측면에서 문제가 되었다는 점에서 지금은 공동주택의 수명연장 및 쾌적한 주거환경 조성을 우선으로 하는 주택관리의 시대가 되었다. 이러한 시대적 변화에 맞추어 전문자격자로서 주택관리사의 역할이 어느 때보다 중요해지고 있으며, 공동주택의 리모델링의 활성화로 주택관리사들이 전문기법을 연구·발전시켜 국가경제발전에도 크게 기여하게 될 것이다.

자격시험안내

소관부처 국토교통부 주택건설공급과   **실시기관** 한국산업인력공단(http://www.Q-net.or.kr)

❶ **개관:** 응시자격에는 제한이 없으며 연령, 학력, 경력, 성별, 지역 등에 제한을 두지 않는다. 다만, 시험시행일 현재 주택관리사 등의 결격사유에 해당하는 자와 부정행위를 한 자로서 당해 시험시행일로부터 5년이 경과되지 아니한 자는 응시가 불가능하다.

❷ **주택관리사보 결격사유자**(공동주택관리법 제67조 제4항)
1. 피성년후견인 또는 피한정후견인
2. 파산선고를 받은 사람으로서 복권되지 아니한 사람
3. 금고 이상의 실형의 선고를 받고 그 집행이 끝나거나(집행이 끝난 것으로 보는 경우를 포함한다) 집행이 면제된 날부터 2년이 지나지 아니한 사람
4. 금고 이상의 형의 집행유예를 선고받고 그 집행유예기간 중에 있는 사람
5. 주택관리사 등의 자격이 취소된 후 3년이 지나지 아니한 사람(제1호 및 제2호에 해당하여 주택관리사 등의 자격이 취소된 경우는 제외한다)

❸ **시험 부정행위자에 대한 제재:** 주택관리사보 자격시험에 있어서 부정한 행위를 한 응시자에 대하여는 그 시험을 무효로 하고, 당해 시험시행일부터 5년간 시험응시자격을 정지한다.

❶ 주택관리사보 자격시험은 제1차 시험 및 제2차 시험으로 구분하여 시행한다.
❷ 제1차 시험문제는 객관식 5지 선택형으로 하고 과목당 40문항을 출제한다.
❸ 제2차 시험문제는 객관식 5지 선택형을 원칙으로 하되, 과목별 16문항은 주관식(단답형 또는 기입형)을 가미하여 과목당 40문항을 출제한다.
❹ 객관식 및 주관식 문항의 배점은 동일하며, 주관식 문항은 부분점수가 있다.

문항수		주관식 16문항
배 점		각 2.5점(기존과 동일)
단답형 부분점수	3괄호	3개 정답(2.5점), 2개 정답(1.5점), 1개 정답(0.5점)
	2괄호	2개 정답(2.5점), 1개 정답(1점)
	1괄호	1개 정답(2.5점)

※ 법률 등을 적용하여 정답을 구하여야 하는 문제는 법에 명시된 정확한 용어를 사용하는 경우에만 정답으로 인정

❺ 제2차 시험은 제1차 시험에 합격한 자에 대하여 실시한다.
❻ 제1차 시험에 합격한 자에 대하여는 다음 회의 시험에 한하여 제1차 시험을 면제한다.

합격기준

❶ 1차 시험 절대평가, 2차 시험 상대평가

국토교통부장관은 선발예정인원의 범위에서 대통령령으로 정하는 합격자 결정 점수 이상을 얻은 사람으로서 전과목 총득점의 고득점자 순으로 주택관리사보 자격시험 합격자를 결정한다(공동주택관리법 제67조 제5항).

❷ 시험합격자의 결정(공동주택관리법 시행령 제75조)

> **1. 제1차 시험**
> 과목당 100점을 만점으로 하여 모든 과목 40점 이상이고 전 과목 평균 60점 이상의 득점을 한 사람
> **2. 제2차 시험**
> ① 과목당 100점을 만점으로 하여 모든 과목 40점 이상이고 전 과목 평균 60점 이상의 득점을 한 사람. 다만, 모든 과목 40점 이상이고 전 과목 평균 60점 이상의 득점을 한 사람의 수가 법 제67조 제5항 전단에 따른 선발예정인원(이하 "선발예정인원"이라 한다)에 미달하는 경우에는 모든 과목 40점 이상을 득점한 사람을 말한다.
> ② 법 제67조 제5항 후단에 따라 제2차시험 합격자를 결정하는 경우 동점자로 인하여 선발예정인원을 초과하는 경우에는 그 동점자 모두를 합격자로 결정한다. 이 경우 동점자의 점수는 소수점 이하 둘째자리까지만 계산하며, 반올림은 하지 아니한다.

시험과목

(2024. 03. 29. 제27회 시험 시행계획 공고 기준)

시험구분		시험과목	시험범위	시험시간
제1차 (3과목)	1교시	회계원리	세부 과목 구분 없이 출제	100분
		공동주택 시설개론	• 목구조·특수구조를 제외한 일반건축구조와 철골구조 • 장기수선계획 수립 등을 위한 건축적산 • 홈네트워크를 포함한 건축설비개론	
	2교시	민 법	• 총칙 • 물권 • 채권 중 총칙·계약총칙·매매·임대차·도급·위임·부당이득·불법행위	50분
제2차 (2과목)		주택관리 관계법규	「주택법」·「공동주택관리법」·「민간임대주택에 관한 특별법」·「공공주택 특별법」·「건축법」·「소방기본법」·「화재의 예방 및 안전관리에 관한 법률」·「소방시설 설치 및 관리에 관한 법률」·「승강기 안전관리법」·「전기사업법」·「시설물의 안전 및 유지관리에 관한 특별법」·「도시 및 주거환경정비법」·「도시재정비 촉진을 위한 특별법」·「집합건물의 소유 및 관리에 관한 법률」 중 주택관리에 관련되는 규정	100분
		공동주택 관리실무	• 공동주거관리이론 • 공동주택회계관리·입주자관리, 대외업무, 사무·인사관리 • 시설관리, 환경관리, 안전·방재관리 및 리모델링, 공동주택 하자관리 (보수공사 포함) 등	

> ※ 1. 시험과 관련하여 법률·회계처리기준 등을 적용하여 답을 구하여야 하는 문제는 시험시행일 현재 시행 중인 법령 등을 적용하여 정답을 구하여야 한다.
> 2. 회계처리 등과 관련된 시험문제는 「한국채택국제회계기준(K-IFRS)」을 적용하여 출제된다.
> 3. 기활용된 문제, 기출문제 등도 변형·활용되어 출제될 수 있다.

2024년 제27회 주택관리사(보) 1차 시험 과목별 총평

회계원리

제27회 시험은 예년처럼 재무회계 32문제(80%), 원가·관리회계 8문제(20%)가 출제되었습니다. 재무회계는 간단한 암기형 문제가 5~6문항 정도이고 나머지는 평이하나 계산문제는 다소 어려울 수 있지만, 문제를 충분히 이해하고 준비한 경우 해결할 수 있었습니다. 원가·관리회계는 8문제 모두 계산문제로, 전 범위에서 핵심 내용이 고루 출제되었으며, 지난해보다 다소 어려운 편이었습니다.

원가·관리회계의 8문제를 포함하여 전체 문제 중 계산문제가 26문제(65%)이었는데 3~4문제를 제외하고는 평이하였습니다. 나머지 이론문제도 평이하였는데 최근에 타 시험처럼 옳은 것은?, ~해당하는 것은? 이러한 형태로 많이 출제되어 난이도는 평년과 비슷하거나 다소 낮게 출제되었고 일부문제를 제외하고는 간단한 암기문제로 쉽게 출제되었습니다. 계산문제는 재무회계에서는 여전히 재고자산 취득원가 및 기말재고액 계산, 은행계정조정표, 금융자산의 손상차손 및 손실충당금관련, 현금 및 현금성자산, 영업활동현금흐름, 당기손익-공정가치 측정 금융자산의 처분손익 및 평가손익, 유형자산의 취득원가 및 무형자산의 영업권의 평가, 투자부동산의 평가손익, 사채상환손익, 진행률을 추정하여 용역계약이익 계산 등 각 단원에서 다양하게 출제되었으며 원가·관리회계 부분은 제품원가계산의 기말재공품 계산, 매입으로 인한 현금지출예산, 표준원가계산에서 제조간접원가 능률차이, 부문별원가계산에서 보조부문 배분 후의 제조부문의 원가총액, 종합원가계산의 기말재공품평가액, 직접 또는 전부원가계산의 고정제조간접원가 계산, 손익분기점을 이용한 영업이익 계산 등에서 고루 출제되었습니다.

공동주택 시설개론

문제 출제 유형을 분류하자면 난이도 상급의 7문제, 중급 26문제, 하급 7문제. 옳은 것을 선택하는 14문제, 괄호넣기식 선택 2문제, 숫자가 지문에 포함된 11문제, 계산문제 총 3문제로 적산 1문제와 설비 2문제 정도 출제되었습니다.

제27회 시험문제는 제26회보다 그동안 본 시험에서 다루지 않았던 새로운 지문들이 많이 출제되어, 좁은 영역을 단순 암기식으로 대응하신 수험생분들은 많이 당황했을 것입니다. 제26회와 비교해서 난이도가 올라갔으며, 점차 문제의 난이도가 점차 상승하는 추세로 수험생분들에게 쉽지 않은 시험이 되어가고 있습니다.

숫자가 지문에 포함된 문제는 제26회 8개에서 제27회 11개 정도로 비중이 높아져 시험을 보다 어렵게 느끼게 하였습니다. 제24회에서 제26회 시험까지는 숫자가 차지하는 비중은 점차 낮아졌지만, 제27회에 갑자기 증가하여 향후 예측을 어렵게 합니다. 강의 중에 강조하는 중요 숫자를 암기하는 것이 꼭 필요하리라 생각됩니다.

보통은 난이도 하의 짧은 시간 내에 풀 수 있는 단문형 지문 출제 비중은 제25회 이후로 낮아지고 있습니다. 그런 면에선 시험의 난이도가 점점 높아지는 측면이라고 할 수 있겠습니다. 난이도 중상정도의 난이도가 되는 문제와 난이도 상급의 문제를 합한다면 16문제 이상으로 중요 내용에 대한 이해도가 깊지 않고 암기식으로 대응하신 수험생 분들은 상당히 까다롭게 느꼈을 것으로 생각됩니다.

민법

제27회 주택관리사(보) 민법 시험은 최근에 치러진 이전의 시험과 비교해보면 가장 어렵게 출제되었다고 해도 과언이 아닙니다. 그만큼 예전의 기출문제 형식을 벗어나서 새로운 형식 또는 그동안 출제되지 않았던 부분에서 출제되어서 수험생 입장에서는 역대 최고난도를 자랑하는 시험이었습니다.

제27회 주택관리사(보) '민법'의 출제경향은 다음과 같습니다.

첫째, 민법총칙은 총 24문항이 출제되었습니다. 다만 난이도를 상, 중, 하로 구분하여 분석하여 보면 '하' 문제가 18문항으로 예년의 시험 정도 또는 그 이하의 난이도를 보였습니다. 다만 소멸시효 문항이 3문항이 출제되어 예년의 2문항 또는 1문항보다 많이 출제되어서 수험생 입장에서는 어렵게 보일 수 있었습니다.

둘째, 물권법은 총 8문항이 출제되었습니다. 예년에는 물권법 총 8문항에서 6문항 정도는 쉽게 출제되었고 2문항 정도는 어렵게 출제되었던 관행에서 벗어나 6문항이 생각을 요하는 단순한 지문이 아니라 창의적으로 복합적인 문항이 출제되어서 수험생 입장에서는 4문항을 맞히는 것이 어려울 정도인 역대급 난도로 출제되었습니다.

셋째, 채권법은 총 8문항이 출제되었습니다. 최근 경향을 보면 채권법은 어렵게 출제되는 관행이었는데 역시 올해 시험에서도 어렵게 출제되었습니다. 수험생이 전혀 예상하지 못한 문항이 2문항 정도 출제되어서 수험생 입장에서 역대급으로 어려웠을 것으로 생각됩니다.

주택관리사(보) 자격시험 5개년 합격률

▷ 제1차 시험

(단위: 명)

구 분	접수자(A)	응시자(B)	합격자(C)	합격률(C/B)
제23회(2020)	17,277	13,876	1,529	11.02%
제24회(2021)	17,011	13,827	1,760	12.73%
제25회(2022)	18,084	14,410	3,137	21.76%
제26회(2023)	18,982	15,225	1,877	12.33%
제27회(2024)	20,809	17,023	2,017	11.84%

▷ 제2차 시험

(단위: 명)

구 분	접수자(A)	응시자(B)	합격자(C)	합격률(C/B)
제23회(2020)	2,305	2,238	1,710	76.4%
제24회(2021)	2,087	2,050	1,610	78.5%
제25회(2022)	3,494	3,408	1,632	47.88%
제26회(2023)	3,502	3,439	1,610	46.81%
제27회(2024)	2,992	2,913	1,612	55.33%

출제경향 분석 및 수험대책

📖 출제경향 분석

분 야	구 분	제23회	제24회	제25회	제26회	제27회	총 계	비율(%)
재무회계 (32문항)	제1장 회계의 기초-회계목적, 회계원칙, 회계감사	0	1	1	2	3	7	3.5
	제2장 재무상태 및 재무성과 측정	1	2	1	3	1	8	4
	제3장 회계의 기술적 구조	3	3	4	2	1	13	6.5
	제4장 재무보고를 위한 개념체계	1	2	2	1	0	6	3
	제5장 자산의 개념과 측정	1	0	0	1	0	2	1
	제6장 금융자산(I)-현금, 수취채권	4	3	1	1	3	12	6
	제7장 금융자산(II)-금융자산 손상(대손), 기타채권	1	1	1	1	1	5	2.5
	제8장 금융자산(III)-지분상품, 채무상품	0	1	2	2	1	6	3
	제9장 재고자산	4	4	4	4	4	20	10
	제10장 유형자산	4	4	4	4	3	19	9.5
	제11장 기타의 자산	1	2	1	1	2	7	3.5
	제12장 부채회계	2	2	2	3	3	12	6
	제13장 자본회계	2	1	3	1	2	9	4.5
	제14장 수익과 비용회계	2	0	2	2	2	8	4
	제15장 회계변경과 오류수정	0	1	0	0	0	1	0.5
	제16장 재무제표	4	4	2	1	4	15	7.5
	제17장 재무제표 분석 등	2	1	2	3	2	10	5
	재무회계 계	**32**	**32**	**32**	**32**	**32**	**160**	**80**
원가· 관리회계 (8문항)	제1장 원가관리회계의 기초	0	0	0	0	0	0	0
	제2장 원가의 흐름	1	1	1	1	1	5	2.5
	제3장 원가의 배분	2	1	1	1	1	6	3
	제4장 제품별 원가계산	1	1	1	1	1	5	2.5
	제5장 전부원가계산과 변동원가계산	0	1	1	1	1	4	2
	제6장 원가의 추정	0	1	1	0	0	2	1
	제7장 원가·조업도·이익분석	1	1	1	1	1	5	2.5
	제8장 표준원가계산	1	1	1	1	1	5	2.5
	제9장 특수의사결정회계	1	1	0	1	1	4	2
	제10장 예산회계	1	0	1	1	1	4	2
	원가·관리회계 계	**8**	**8**	**8**	**8**	**8**	**40**	**20**
총 계		**40**	**40**	**40**	**40**	**40**	**200**	**100**

2024년 제27회 회계원리 시험은 재무회계 32문제(80%), 원가관리회계 8문제(20%), 이론형 14문제(35%), 계산형 26문제(65%)가 출제되었으며, 난이도는 상 10문제(25%), 중 20문제(50%), 하 10문제(25%)가 출제되었습니다.

전반적으로 특별히 어려운 문제가 출제되지는 않았으나 새로운 지문과 역산문제, 난이도 중상급의 계산형 문제가 많이 출제되었습니다. 즉, 단답식의 문제는 거의 없었고 기본개념 숙지와 2번 이상의 계산과정을 거쳐야 답이 나오는 형태의 문제들이 많아 평소 계산과정을 확실히 익히지 않은 수험생은 특히 어렵게 느껴졌을 것입니다.

결론적으로 단순 암기식 공부가 아닌 각 단원별 기본개념을 확실히 익히고 '분개'와 '전기' 등 회계의 기본원리에 충실한 학습방법으로 계산형 문제들을 쉽고 빠르게 해결할 수 있도록 준비하여야 할 것입니다.

✒ 수험대책

이번 시험과 같이 아주 어렵지는 않으나 난이도 중급의 문제가 많이 출제되는 경우 '과락만 면하자' 식의 공부로는 과락을 면치 못할 것입니다.

무조건 기본서의 회독 수를 늘리고, 첨부한 최근 회차 단원별 빈출문제를 참고하여 자주 출제되는 단원을 중심으로, 기본이론개념을 확실히 익히는 것이 중요합니다.

특히 '분개' 과정과 'T계정 구조'를 활용한 계산연습을 반복 숙달하면 오히려 고득점이 가능한 과목이라는 점을 기억해야 할 것입니다.

또한 문제를 풀면서 주요 빈출지문 등을 정리하고, 자주 틀리는 부분의 원인을 찾아 오답노트를 작성하여 모의고사를 통해 시간배분 연습과 당장 풀어야 할 문제와 일단 넘겨야 할 문제를 판단할 수 있는 능력을 키운다면 제28회 시험에서 여유 있는 합격점수가 나올 것입니다.

단계별 학습전략 Process 4

STEP 1
시험준비 단계

시험출제 수준 및 경향 파악

사전준비 없이 막연한 판단으로 공부를 시작하면 비효율적이고 시험에 실패할 위험도 크다. 따라서 기출문제의 꼼꼼한 분석을 통해 출제범위를 명확히 하고, 출제 빈도 및 경향을 정확히 가늠하여 효율적인 학습방법을 찾는 것이 합격을 위한 첫 걸음이다.

최적의 수험대책 수립 및 교재 선택

시험출제 수준 및 경향을 정확하게 파악하였다면, 수험생 본인에게 적합한 수험방법을 선택해야 한다. 본인에게 맞지 않는 수험방법은 동일한 결과를 얻기 위해 몇 배의 시간과 노력을 들여야 한다. 따라서 본인의 학습태도를 파악하여 자신에게 맞는 학습량과 시간 배분 및 학습 장소, 학원강의 등을 적절하게 선택해야 한다. 그리고 내용이 충실하고 본인에게 맞는 교재를 선택하는 것도 합격을 앞당기는 지름길이 된다.

STEP 2
실력쌓기 단계

과목별 학습시간의 적절한 배분

주택관리사보 자격시험을 단기간에 준비하기에는 내용도 방대하고 난도도 쉽지 않다. 따라서 과목별 학습목표량과 학습시간을 적절히 배분하는 것이 중요한데, 취약과목에는 시간을 좀 더 배분하도록 한다. 전체 일정은 기본서, 객관식 문제집, 모의고사 순으로 학습하여 빠른 시일 내에 시험 감각을 키우는 것을 우선으로 해야 한다.

전문 학원 강사의 강의 수강

학습량도 많고 난도도 높아 독학으로 주택관리사보 자격시험을 공략하기란 쉽지 않다. 더욱이 법률 과목은 기본개념을 파악하는 것 자체가 쉽지 않고, 해당 과목의 전체적인 흐름을 이해하고 핵심을 파악하기보다는 평면적·단순 암기식 학습에 치우칠 우려가 있어 학습의 효율성을 떨어뜨리고 시험기간을 장기화하는 원인이 될 수 있다. 이러한 독학의 결점이나 미비점을 보완하기 위한 방안으로 전문학원 강사의 강의를 적절히 활용하도록 한다.

수험생 스스로 사전 평가를 통하여 고득점을 목표로 집중학습할 전략과목을 정하도록 한다. 그러나 그보다 더 중요한 것은 취약과목을 어느 수준까지 끌어올리느냐 하는 것이다.

STEP **3**

실력점검 단계

취약과목을 집중 공략

개인차가 있겠지만 어느 정도 공부를 하고 나면 전략과목과 취약과목의 구분이 생기기 마련이다. 고득점을 보장하는 전략과목 다지기와 함께 취약과목을 일정 수준까지 끌어올리려는 노력이 무엇보다 필요하다. 어느 한 과목의 점수라도 과락이 되면 전체 평균점수가 아무리 높다고 해도 합격할 수 없기 때문에 취약과목을 어느 수준까지 끌어올리느냐가 중요하다고 하겠다.

문제 해결력 기르기

각 과목별 특성을 파악하고 전체적인 흐름을 이해했다면 습득한 지식의 정확도를 높이고, 심화단계의 문제풀이를 통해 실력을 높일 필요가 있다. 지금까지 학습해 온 내용의 점검과 함께 자신의 실력으로 굳히는 과정을 어떻게 거치느냐에 따라 시험의 성패가 결정될 것이다.

STEP **4**

최종 마무리 단계

합격을 좌우하는 마지막 1개월

시험 1개월 전은 수험생들이 스트레스를 가장 많이 받는 시점이자 수험생활에 있어 마지막 승부가 가늠되는 지점이다. 이 시기의 학습효과는 몇 개월 동안의 학습효과와 비견된다 할 수 있으므로 최대한 집중력을 발휘하고 혼신의 힘을 기울여야 한다. 이때부터는 그 동안 공부해 온 것을 시험장에서 충분히 발휘할 수 있도록 암기가 필요한 사항은 외우고 틀린 문제들은 점검하면서 마무리 교재를 이용하여 실전감각을 배양하도록 한다.

시험 당일 최고의 컨디션 유지

시험 당일 최고의 컨디션으로 실전에 임할 수 있어야 공부한 모든 것들을 제대로 쏟아 낼 수 있다. 특히 시험 전날의 충분한 수면은 시험 당일에 명석한 분석 및 판단력을 발휘하는 데 큰 도움이 됨을 잊지 말아야 한다.

이 책의 활용방법

01 실전에 강한 기출·예상문제

❶ 실전예상문제

철저한 최신출제경향 분석을 통해 출제가능성이 높은 문제를 수록함으로써 실전능력을 기를 수 있도록 하였다.

❷ 대표문제

단원 내에서 키워드가 유사한 문제를 모아 테마를 만들고, 그 테마를 대표하는 문제를 통해 시험에 자주 출제되는 문제의 유형을 제시하였다.

❸ 난이도 표시

난이도를 3단계로 표시하여 수험생 스스로 셀프테스트가 가능하도록 구성하였다.

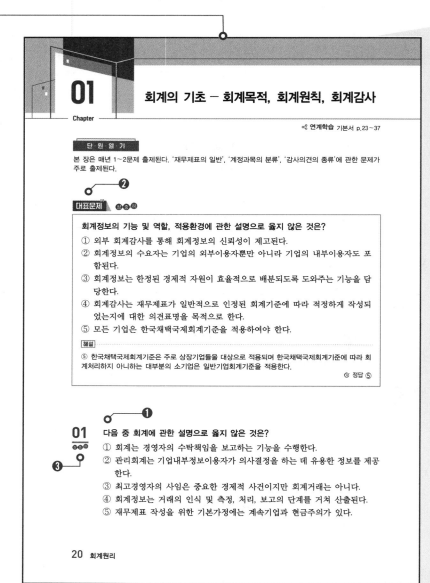

01
Chapter

회계의 기초 - 회계목적, 회계원칙, 회계감사

⊲ 연계학습 기본서 p.23~37

단·원·열·기

본 장은 매년 1~2문제 출제된다. '재무제표의 일반', '계정과목의 분류', '감사의견의 종류'에 관한 문제가 주로 출제된다.

대표문제 상중하

회계정보의 기능 및 역할, 적용환경에 관한 설명으로 옳지 않은 것은?

① 외부 회계감사를 통해 회계정보의 신뢰성이 제고된다.
② 회계정보의 수요자는 기업의 외부이용자뿐만 아니라 기업의 내부이용자도 포함된다.
③ 회계정보는 한정된 경제적 자원이 효율적으로 배분되도록 도와주는 기능을 담당한다.
④ 회계감사는 재무제표가 일반적으로 인정된 회계기준에 따라 적정하게 작성되었는지에 대한 의견표명을 목적으로 한다.
⑤ 모든 기업은 한국채택국제회계기준을 적용하여야 한다.

해설

⑤ 한국채택국제회계기준은 주로 상장기업들을 대상으로 적용되며 한국채택국제회계기준에 따라 회계처리하지 아니하는 대부분의 소기업은 일반기업회계기준을 적용한다.

⊙ 정답 ⑤

01

다음 중 회계에 관한 설명으로 옳지 않은 것은?

① 회계는 경영자의 수탁책임을 보고하는 기능을 수행한다.
② 관리회계는 기업내부정보이용자가 의사결정을 하는 데 유용한 정보를 제공한다.
③ 최고경영자의 사임은 중요한 경제적 사건이지만 회계거래는 아니다.
④ 회계정보는 거래의 인식 및 측정, 처리, 보고의 단계를 거쳐 산출된다.
⑤ 재무제표 작성을 위한 기본가정에는 계속기업과 현금주의가 있다.

02 정확하고 명쾌한 정답 및 해설

02 재무상태 및 재무성과 측정

Answer

01 ③	02 ③	03 ④	04 ④	05 ①	06 ②	07 ④	08 ②	09 ①	10 ④
11 ④	12 ①	13 ①							

01 • 자산 = 부채 + 자본
　　• 자산 = 채권자지분 + 소유주지분
　　• 자산 = 지분

02 ③ 제품매출을 계약하고 미리 받은 계약금은 선수금으로 처리한다.

03 1. 자산총계: 상품 ₩800,000 + 미수금 ₩200,000 + 현금 ₩700,000 + 매출채권 ₩400,000
　　　　　+ 선급금 ₩600,000 = ₩2,700,000
　　2. 부채총계: 미지급비용 ₩100,000 + 차입금 ₩1,000,000 + 미지급금 ₩500,000 = ₩1,600,000
　　3. 자본총계: 자산총계 ₩2,700,000 − 부채총계 ₩1,600,000 = ₩1,100,000

04

포괄손익계산서			
매출원가	₩20,000	매출액	₩60,000
급여	₩10,000	임대료수익	₩1,000
감가상각비	₩6,000	유형자산처분이익	₩30,000
대손상각비	₩2,000		
당기순이익	₩53,000		
	₩91,000		₩91,000

05 1. 기말자산 ₩610,000 − 기말부채 ₩230,000 = 기말자본 ₩380,000(㉠)
　　2. 기말자본 ₩380,000 − 기초자본 ₩229,000 = 당기순이익 ₩151,000(㉢)
　　3. 총수익 ₩770,000 − 당기순이익 ₩151,000 = 총비용 ₩619,000(㉡)

06

자 본			
비용	₩8,000,000	기초	₩20,000,000
		추가출자	?
기말	₩45,000,000	수익	₩10,000,000
	₩53,000,000		₩53,000,000

---

❶ **효율적 지면 구성**

문제풀이에 방해되지 않도록 문제와 해설·정답을 분리하여 수록하였다.

❷ **상세한 해설**

문제의 핵심을 찌르는 정확하고 명쾌한 해설은 물론, 문제와 관련하여 더 알아두어야 할 내용을 제시함으로써 문제풀이의 효과를 극대화하고자 하였다.

이 책의 차례

PART 1

재무회계

PART 2

원가 ·
관리회계

정답 및
해설

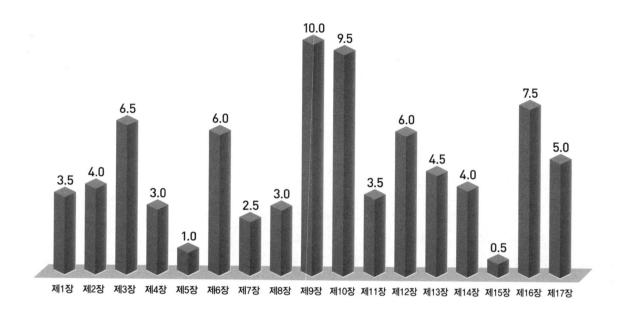

🔍 최근 5년간 기출문제 분석

회계원리 40문제 중 재무회계는 32문제(80%)가 출제된다.

최근 5년간 기출문제를 분석하면 계산문제는 28문제 내외(70%), 이론문제는 12문제 내외(30%)가 출제되었다.

이 중요한 주제로는 기초회계원리(3~4문제), 금융자산(4~6문제), 재고자산(4~5문제), 유형자산(4~5문제), 결산 및 재무제표(4~6문제) 등이 있다.

따라서 수험생은 이 중요한 주제에 많은 시간을 할애하고 꼼꼼하게 학습하여야 한다.

PART

01

재무회계

01
Chapter

회계의 기초 ─ 회계목적, 회계원칙, 회계감사

∞ **연계학습** 기본서 p.23～37

단·원·열·기

본 장은 매년 1～2문제 출제된다. '재무제표의 일반', '계정과목의 분류', '감사의견의 종류'에 관한 문제가 주로 출제된다.

대표문제 상중하

회계정보의 기능 및 역할, 적용환경에 관한 설명으로 옳지 않은 것은?

① 외부 회계감사를 통해 회계정보의 신뢰성이 제고된다.
② 회계정보의 수요자는 기업의 외부이용자뿐만 아니라 기업의 내부이용자도 포함된다.
③ 회계정보는 한정된 경제적 자원이 효율적으로 배분되도록 도와주는 기능을 담당한다.
④ 회계감사는 재무제표가 일반적으로 인정된 회계기준에 따라 적정하게 작성되었는지에 대한 의견표명을 목적으로 한다.
⑤ 모든 기업은 한국채택국제회계기준을 적용하여야 한다.

해설

⑤ 한국채택국제회계기준은 주로 상장기업들을 대상으로 적용되며 한국채택국제회계기준에 따라 회계처리하지 아니하는 대부분의 소기업은 일반기업회계기준을 적용한다.

ⓒ 정답 ⑤

01
상중하

다음 중 회계에 관한 설명으로 옳지 않은 것은?

① 회계는 경영자의 수탁책임을 보고하는 기능을 수행한다.
② 관리회계는 기업내부정보이용자가 의사결정을 하는 데 유용한 정보를 제공한다.
③ 최고경영자의 사임은 중요한 경제적 사건이지만 회계거래는 아니다.
④ 회계정보는 거래의 인식 및 측정, 처리, 보고의 단계를 거쳐 산출된다.
⑤ 재무제표 작성을 위한 기본가정에는 계속기업과 현금주의가 있다.

02 주식회사 등의 외부감사에 관한 법률 상 기업의 재무제표 작성 책임이 있는 자는?

① 회사의 대표이사와 회계담당 임원(회계담당 임원이 없는 경우에는 회계업무를 집행하는 직원)
② 주주 및 채권자
③ 공인회계사
④ 금융감독원
⑤ 회계담당 직원

03 한국채택국제회계기준의 특징과 관련된 설명 중에서 옳지 않은 것은?

① 연결재무제표를 주재무제표로 작성함으로써 개별기업의 재무제표가 보여주지 못하는 경제적 실질을 더 잘 반영할 수 있을 것으로 기대된다.
② 주식회사 등의 외부감사에 관한 법률의 적용을 받는 모든 기업이 한국채택국제회계기준을 회계기준으로 삼아 재무제표를 작성하여야 한다.
③ 과거 규정중심의 회계기준이 원칙중심의 회계기준으로 변경되었다.
④ 자산과 부채의 공정가치평가 적용이 확대되었다.
⑤ 과거의 기업회계기준은 법률적·정책적 목적에 따라 일부항목에 대해 특정 회계처리를 요구하고 있으나 「한국채택국제회계기준」은 거래의 실질에 맞는 회계처리를 규정하고 있다.

04 회계정보와 관련한 설명으로 옳지 않은 것은?

① 경영자는 회계정보를 생산하여 외부 이해관계자들에게 공급하는 주체로서 회계정보의 공급자이므로 수요자는 아니다.
② 경제의 주요 관심사는 유한한 자원을 효율적으로 사용하는 것인데, 회계정보는 우량기업과 비우량기업을 구별하는 데 이용되어 의사결정에 도움을 준다.
③ 회계는 사회적 차원에서 정부의 경제정책, 규제, 가격결정에 이용되고 기업 등경제적 실체의 사회적 역할과 책임을 평가하는 데 이용된다.
④ 회계정보의 신뢰성을 확보하기 위하여 기업은 회계기준에 따라 재무제표를 작성하고, 외부감사인의 감사를 받는다.
⑤ 외부감사는 전문자격을 부여받은 공인회계사가 할 수 있다.

05 감사인과 경영자간의 의견불일치로 인한 영향이 재무제표에 매우 중요하고 전반적
상중하 이어서 한정의견의 표명으로는 재무제표의 오도나 불완전성을 적절히 공시할 수
없다고 판단되는 경우에 표명하는 감사의견은?

① 특기사항기재 적정의견
② 의견거절
③ 제한의견
④ 부적정의견
⑤ 불일치의견

06 감사보고서에서 회사의 외부감사인은 재무제표에 대한 의견을 표명하게 되는데 이
상중하 를 감사의견이라고 한다. 다음 감사의견의 종류는?

> 우리는 위의 근거문단에서 기술된 사항의 유의성으로 인하여 감사의견의 근거
> 가 되는 충분하고 적합한 감사증거를 입수할 수 없었습니다. 따라서 우리는 회
> 사의 재무제표에 대하여 의견을 표명하지 않습니다.

① 적정의견
② 한정의견
③ 부적정의견
④ 의견거절
⑤ 수정의견

07 각 기업에 대한 감사의견이 순서대로 올바르게 제시된 것은?
상중하

> • (갑회사) 회계감사를 받기 위해 제출한 재무제표에는 한국채택국제회계기준
>   을 중요하게 위배한 내용이 있었지만, 회계감사 종료 전에 모두 수정되어 최
>   종 재무제표에는 한국채택국제회계기준을 중요하게 위배한 내용이 없었다.
> • (을회사) 회계감사 이후 최종 재무제표에 한국채택국제회계기준을 위배한
>   내용이 포함되어 있으나, 위배 내용이 미미하며 중요하지는 않다.
> • (병회사) 감사범위가 중대하게 제한되어 적절한 회계감사를 수행할 수 없었다.

① 적정의견, 적정의견, 의견거절
② 적정의견, 적정의견, 부적정의견
③ 한정의견, 한정의견, 한정의견
④ 한정의견, 적정의견, 의견거절
⑤ 한정의견, 적정의견, 부적정의견

℮ **연계학습** 기본서 p.40~59

단·원·열·기

본 장은 매년 1~2문제 출제된다. '회계의 기본계산구조'를 명확히 이해하고 자본의 증감거래(자본거래와 손익거래)를 잘 파악하여야 한다.

대표문제 상 중 하

다음 자료를 이용한 기말 자산총계는?

• 기초 자산총계	₩800
• 기초 부채총계	₩400
• 기말 부채총계	₩300
• 당기순이익	₩100
• 현금배당	₩50
• 기중 유상증자액	₩200
• 기중 발생한 재평가잉여금	₩50

① ₩700
② ₩850
③ ₩900
④ ₩1,000
⑤ ₩1,050

해설

자 본				
유상감자	–	기초자본	400	= 800 − 400
현금배당	50	유상증자	200	
당기순손실	–	당기순이익	100	
( ) − 300 = 기말자본	700	재평가잉여금	50	

✇ **정답** ④

01 다음 회계등식 중 맞는 것은?
상중하
① 자산 + 부채 = 자본
② 자산 + 소유주지분 = 채권자지분
③ 자산 = 지분
④ 채권자지분 + 타인자본 = 자기자본
⑤ 자산 + 지분 = 부채

02 다음 거래 중 계정과목 분류가 틀린 것은?
상중하

	거 래	계정과목
①	내년도 자동차보험료를 미리 지급하였다.	선급비용
②	올해 전기요금을 미납하였다.	미지급비용
③	제품매출 계약을 하고 계약금을 미리 받았다.	선급금
④	임대계약을 체결하고 1년치 임대료를 미리 받았다.	선수수익
⑤	상품을 매출하고 대금은 약속어음으로 받다.	받을어음

03 재무상태표상 계정별 금액이 다음과 같을 경우 기말 자본총계는?
상중하

• 상품	₩800,000	• 미지급비용	₩100,000
• 차입금	₩1,000,000	• 미수금	₩200,000
• 현금	₩700,000	• 매출채권	₩400,000
• 미지급금	₩500,000	• 선급금	₩600,000

① ₩700,000
② ₩900,000
③ ₩1,000,000
④ ₩1,100,000
⑤ ₩1,600,000

04
상중하

다음 자료를 이용한 ㈜한국의 당기순이익은?

• 매출액	₩60,000	• 임대료수익	₩1,000
• 매출원가	₩20,000	• 미지급급여	₩500
• 급여	₩10,000	• 선급비용	₩3,000
• 감가상각비	₩6,000	• 선수수익	₩6,000
• 대손상각비	₩2,000	• 미지급 배당금	₩1,000
• 자기주식처분이익	₩3,000	• 유형자산처분이익	₩30,000
• 기타포괄손익－공정가치 측정금융자산평가손실			₩5,000

① ₩48,000　　　　　　　② ₩50,000

③ ₩52,000　　　　　　　④ ₩53,000

⑤ ₩58,000

05
상중하

다음 자료에 의한 ㉠, ㉡, ㉢의 합계액은?

기말자산	기말부채	기말자본	기초자본	총비용	총수익	순이익
₩610,000	₩230,000	㉠	₩229,000	㉡	₩770,000	㉢

① ₩1,150,000　　　　　　② ₩1,240,000

③ ₩1,330,000　　　　　　④ ₩1,650,000

⑤ ₩2,410,000

06
상중하

20×1년 기초 재무상태표와 기말 재무상태표의 자산 및 부채의 총액이 다음과 같고 수익과 비용의 합계액이 각각 ₩10,000,000과 ₩8,000,000인 경우, 20×1년의 추가적인 지분출자액은? (단, 배당금은 고려하지 않는다)

구 분	자산총액	부채총액
기초	₩50,000,000	₩30,000,000
기말	₩65,000,000	₩20,000,000

① ₩20,000,000　　　　　　② ₩23,000,000

③ ₩26,000,000　　　　　　④ ₩29,000,000

⑤ ₩33,000,000

07 다음 자료를 이용하여 산출된 기말 부채총액은? (단, 기타포괄손익은 없다)
^{상중하}

• 기말 자산총액	₩400,000
• 기초 자본총액	₩120,000
• 당기 총수익	₩400,000
• 당기 총비용	₩320,000
• 기중 배당금의 지급	₩30,000

① ₩50,000   ② ₩90,000

③ ₩200,000   ④ ₩230,000

⑤ ₩280,000

08 ㈜한국의 20×1년 재무상태와 재무성과 자료는 다음과 같다.
^{상중하}

구 분	기 초	기 말
총자산	₩5,000,000	₩6,500,000
총부채	₩2,000,000	?
총수익		₩1,000,000
총비용		₩800,000

20×1년 기중에 ₩500,000을 유상증자 하였으며, ₩100,000을 현금배당 하였을 경우, 기말부채는? (단, 다른 자본항목의 변동은 없다)

① ₩2,700,000   ② ₩2,900,000

③ ₩3,600,000   ④ ₩4,300,000

⑤ ₩4,500,000

09 ㈜서울의 20×1년 초와 20×1년 말의 총자산은 각각 ₩150,000과 ₩270,000이며,
^{상중하} 20×1년 초와 20×1년 말의 총부채는 각각 ₩80,000과 ₩120,000이다. ㈜서울은 20×1년 중 ₩50,000의 유상증자를 실시하고 현금배당 ₩10,000과 주식배당 ₩7,000을 실시하였다. ㈜서울의 20×1년 기타포괄손익이 ₩10,000인 경우 20×1년 포괄손익계산서의 당기순이익은?

① ₩30,000   ② ₩37,000

③ ₩40,000   ④ ₩45,000

⑤ ₩47,000

10 ㈜한국의 수익계정과 비용계정을 마감한 후 집합손익계정의 차변합계는 ₩71,800
이며 대변합계는 ₩96,500이다. 이익잉여금의 기초 잔액이 ₩52,000이고 자본금
의 기초 잔액이 ₩120,000일 경우 ㈜한국의 기말자본은?

① ₩185,200
② ₩186,200
③ ₩195,700
④ ₩196,700
⑤ ₩206,700

11 다음 A ~ C의 세 가지 거래는 독립적인 거래이다. ㉠ ~ ㉢의 금액을 옳게 짝지은
것은? (단, 제시된 자료 외의 자본거래는 없다)

거 래	기초자산	기초부채	기말부채	기말자본	총수익	총비용	배당금
A	㉠	₩3,000	₩8,000	₩9,000	₩9,000	₩10,000	₩2,000
B	₩15,000	₩9,000	₩10,000	㉡	₩10,000	₩7,000	₩3,000
C	₩20,000	₩15,000	₩9,000	₩7,000	㉢	₩8,000	₩4,000

	㉠	㉡	㉢
①	₩12,000	₩5,000	₩12,000
②	₩12,000	₩6,000	₩12,000
③	₩15,000	₩5,000	₩14,000
④	₩15,000	₩6,000	₩14,000
⑤	₩15,000	₩8,000	₩15,000

12 자본 및 자본유지개념에 대한 설명으로 옳은 것은?

① 재무자본유지는 명목화폐단위 또는 불변구매력단위를 이용하여 측정할 수
있다.
② 실물자본유지개념을 사용하기 위해서는 역사적원가기준에 따라 측정해야
한다.
③ 실물자본유지개념 하에서 기업의 자산과 부채에 영향을 미치는 모든 가격
변동은 해당 기업의 실물생산능력에 대한 측정치의 변동으로 간주되어 이익
으로 처리된다.
④ 재무자본유지개념을 사용하기 위해서는 역사적원가기준에 의해서만 측정
해야 한다.
⑤ 자본을 명목화폐단위로 정의한 재무자본유지개념 하에서 해당 기간 중 명
목화폐자본의 증가액을 자본의 일부인 자본유지조정으로 처리한다.

13 상중하

다음 자료를 이용하여 ㈜한국의 자본을 재무자본유지개념(불변구매력단위)과 실물
자본유지개념으로 측정할 때, 20×1년도에 인식할 이익은? (단, 20×1년 중 다른
자본거래는 없다)

구 분	20×1년 초	20×1년 말
자산 총계	₩100,000	₩300,000
부채 총계	₩50,000	₩150,000
일반물가지수	100	150
재고자산 단위당 구입가격	₩1,000	₩2,000

	재무자본유지개념(불변구매력단위)	실물자본유지개념
①	₩75,000	₩50,000
②	₩75,000	₩100,000
③	₩100,000	₩50,000
④	₩100,000	₩100,000
⑤	₩50,000	₩150,000

회계의 기술적 구조

⚬ **연계학습** 기본서 p.63~113

단·원·열·기

본 장은 매년 2~3문제 출제된다. '회계상 거래 여부', '분개', '재무제표 영향', '결산수정사항' 등의 문제가 주로 출제된다. 특히, '결산수정사항'은 매년 출제되는 문제로 철저한 반복학습이 요구된다.

대표문제 상 중 하

다음의 자료를 이용하여 행한 수정분개로 옳지 않은 것은?

수정전시산표 항목		수정분개 사항	
상품 매입	₩100,000 ₩600,000	기말상품재고액	₩300,000
소모품 소모품비	₩200,000 ₩0	소모품 기말재고액	₩50,000
임차료 선급임차료	₩100,000 ₩0	기말 미경과 임차료	₩50,000
감가상각비 감가상각누계액-건물	₩0 ₩100,000	당기 건물 감가상각비	₩100,000
선수임대료 임대료	₩300,000 ₩0	당기 임대료 경과액	₩280,000

① (차) 상품　　　　　　₩200,000　　(대) 매입　　　　　　　　　　　₩600,000
　　　매출원가　　　　₩400,000
② (차) 소모품비　　　　₩150,000　　(대) 소모품　　　　　　　　　　₩150,000
③ (차) 임차료　　　　　₩50,000　　(대) 선급임차료　　　　　　　　₩50,000
④ (차) 감가상각비　　　₩100,000　　(대) 감가상각누계액-건물　　₩100,000
⑤ (차) 선수임대료　　　₩280,000　　(대) 임대료　　　　　　　　　　₩280,000

해설

③ (차) 선급임차료 ₩50,000　　　　　　(대) 임차료 ₩50,000

☑ 정답 ③

01 다음 사건에서 발생시점에 분개하여야 할 회계거래는?
① 제품포장을 위해 계약직 직원을 일당 ₩100,000의 조건으로 매월 말 급여를 지급하기로 하고 채용하였다.
② 물류창고에서 화재가 발생하여 보유 중인 재고자산(장부가액 ₩2,000,000)이 전부 소실되었다.
③ 거래처로부터 신제품 100개를 개당 ₩1,000의 조건으로 월말까지 납품해 달라는 주문서를 받았다.
④ 다음 달 사무실을 이전하기로 하고 매월 말 ₩1,000,000의 임차료를 지급하는 계약을 건물주와 체결하였다.
⑤ 궁민은행에서 3년만기의 차입금 ₩300,000,000에 대하여 회사 건물 공정가치 ₩800,000,000을 담보로 제공하다.

02 각 거래에 대한 회계처리로 옳지 않은 것은?

거 래	회계처리
① 외상용역대금 ₩200,000을 현금으로 회수하였다.	차변) 자산의 증가 / 대변) 부채의 감소
② 주당 액면 ₩1,000인 보통주 100주를 발행하고 현금 ₩100,000을 받았다.	차변) 자산의 증가 / 대변) 자본의 증가
③ 관리용역 업체로부터 12월 관리비 발생분 ₩50,000을 청구받았으나 내년에 지급할 계획이다.	차변) 자본의 감소 / 대변) 부채의 증가
④ 은행으로부터 현금 ₩1,000,000을 차입하였다.	차변) 자산의 증가 / 대변) 부채의 증가
⑤ 상품 ₩500,000을 외상으로 매입하였다.	차변) 자산의 증가 / 대변) 부채의 증가

03 다음 중 자본을 증가시키는 거래는?
① 고객에게 용역을 제공하고 수익을 인식하였다.
② 주식배당을 결의하였다.
③ 유통 중인 자기회사의 주식을 취득하였다.
④ 소모품을 외상으로 구입하였다.
⑤ 건물을 장부금액보다 낮은 금액으로 처분하였다.

04 자산총액, 부채총액 및 자본총액의 변동이 없는 것은?

① 건물을 장부가액으로 매각하고 대금은 1개월 후에 받기로 하였다.

② 유상증자를 하여 주주로부터 자본금을 납입받았다.

③ 주주에게 현금배당금을 지급하였다.

④ 토지를 매입하고 그에 대한 대가로 어음을 교부하였다.

⑤ 단기대여금에 대한 이자를 현금으로 받다.

05 ㈜한국은 상품을 외상매출하고 거래대금을 지급받지 않는 대신 거래상대방에게 상환해야 할 같은 금액의 채무를 변제하였다. 이 거래가 ㈜한국의 자산, 부채, 수익 및 순이익에 미치는 영향을 옳게 짝지은 것은? (단, 판매한 상품의 매출원가는 거래대금의 80%이고 재고자산은 계속기록법을 적용한다)

	자 산	부 채	수 익	순이익
①	감소	감소	증가	증가
②	불변	감소	불변	증가
③	증가	불변	증가	불변
④	감소	불변	증가	불변
⑤	증가	감소	증가	증가

06 교육컨설팅업을 영위하는 ㈜한국의 다음 거래가 회계등식의 구성요소에 미치는 영향으로 옳지 않은 것은?

① 주식발행의 대가로 현금 ₩10,000을 출자받았다. 이 거래로 인해 자산이 ₩10,000 증가하고, 자본이 ₩10,000 증가한다.

② 사무실에 사용할 비품 ₩10,000을 취득하면서 현금 ₩5,000을 지급하고 잔액은 나중에 지급하기로 하였다. 이 거래로 인해 자산이 ₩5,000 증가하고, 부채가 ₩5,000 증가한다.

③ 교육컨설팅 용역을 ₩10,000에 제공하였는데 이 중 ₩3,000은 현금으로 받고 잔액은 나중에 받기로 하였다. 이 거래로 인해 자산이 ₩10,000 증가하고, 자본이 ₩10,000 증가한다.

④ 사무실 임차료 ₩5,000을 현금으로 지급하였다. 이 거래로 인해 부채가 ₩5,000 증가하고, 자본이 ₩5,000 감소한다.

⑤ 단기대여금 ₩100,000과 그 이자 ₩10,000을 현금으로 회수할 경우 자산이 ₩10,000 증가하고 자본이 ₩10,000 증가한다.

07 다음의 거래에 대한 분개 중 옳은 것은?

① 비품 ₩70,000을 외상으로 구입하고 대금은 2개월 후에 지급하기로 하였다.

    (차) 비품   ₩70,000   (대) 매입채무   ₩70,000

② 임차료 ₩30,000을 당좌수표를 발행하여 지급하였다.

    (차) 임차료   ₩30,000   (대) 당좌예금   ₩30,000

③ 상품 ₩40,000을 판매하고 판매대금을 1개월 후에 회수하기로 하였다.

    (차) 미수금   ₩40,000   (대) 매출채권   ₩40,000

④ 영업에 사용할 차량 ₩100,000을 외상으로 구입하였다.

    (차) 상품   ₩100,000   (대) 선급금   ₩100,000

⑤ 은행으로부터 현금 ₩80,000을 단기 차입하였다.

    (차) 단기차입금   ₩80,000   (대) 매입채무   ₩80,000

08 ㈜한국은 20×1년 7월 1일에 은행으로부터 ₩5,000의 자금을 조달하면서 3개월 만기의 어음(액면이자율 연 12%, 이자는 만기 지급)을 발행하였다. 7월 1일 분개로 옳은 것은?

	차 변		대 변	
①	현 금	₩5,000	단 기 차 입 금	₩5,000
②	현 금	₩5,000	지 급 어 음	₩5,000
③	현 금	₩4,850	단 기 차 입 금	₩4,850
④	현 금	₩4,850	지 급 어 음	₩5,000
	이 자 비 용	₩150		
⑤	현 금	₩4,850	받 을 어 음	₩5,000
	이 자 비 용	₩150		

09 다음 분개 중 적절하지 않은 것은?

	차 변		대 변	
①	이 자 비 용	×××	현 금	×××
②	현 금	×××	임 대 료	×××
③	장 기 차 입 금	×××	유 동 성 장 기 부 채	×××
④	현 금	×××	사 채	×××
⑤	현 금	×××	건 물	×××
			유 형 자 산 처 분 손 실	×××

10 다음과 같은 현금 원장의 내용에 기반하여 추정한 날짜별 거래로 옳지 않은 것은?

<table>
<tr><td colspan="4" align="center">현 금</td></tr>
<tr><td>1/15 용 역 수 익</td><td>₩70,000</td><td>1/2 소 모 품</td><td>₩50,000</td></tr>
<tr><td>1/18 단 기 차 입 금</td><td>₩100,000</td><td>1/5 비 품</td><td>₩75,000</td></tr>
<tr><td></td><td></td><td>1/31 미 지 급 급 여</td><td>₩20,000</td></tr>
</table>

① 1월 2일 소모품 구입을 위하여 현금 ₩50,000을 지급하였다.
② 1월 5일 업무용 컴퓨터 ₩75,000을 현금으로 구입하였다.
③ 1월 15일 용역을 제공하고 현금 ₩70,000을 수취하였다.
④ 1월 18일 단기차입금 상환을 위하여 현금 ₩100,000을 지급하였다.
⑤ 1월 31일 미지급급여 ₩20,000을 현금으로 지급하였다.

11 다음 중 거래를 추정한 것 중 틀린 것은?

<table>
<tr><td colspan="2" align="center">현 금</td><td align="center">받을어음</td><td align="center">외상매입금</td></tr>
<tr><td>(1) ₩500,000</td><td>(4) ₩30,000</td><td>(2) ₩100,000</td><td>(4) ₩30,000</td></tr>
<tr><td>(2) ₩100,000</td><td>(5) ₩25,000</td><td></td><td></td></tr>
<tr><td>(3) ₩50,000</td><td></td><td></td><td></td></tr>
</table>

<table>
<tr><td align="center">소 모 품</td><td align="center">자 본 금</td><td align="center">이자수익</td></tr>
<tr><td>(5) ₩25,000</td><td>(1) ₩500,000</td><td>(3) ₩50,000</td></tr>
</table>

① 현금 ₩500,000을 출자하여 상품매매업을 시작하였다.
② 받을어음 ₩100,000이 만기가 되어 현금으로 받다.
③ 이자 ₩50,000을 현금으로 받다.
④ 외상매입금 ₩30,000을 현금으로 지급하다.
⑤ 사무용 문구류 ₩25,000을 구입하고 대금을 현금으로 지급하다.

12 다음 괄호 안에 들어갈 계정과목으로 알맞은 것은?

<table>
<tr><td colspan="2" align="center">(   )</td></tr>
<tr><td>매 출 ₩500,000</td><td>현 금 ₩600,000</td></tr>
<tr><td>외 상 매 출 금 ₩700,000</td><td></td></tr>
</table>

① 지급어음
② 매출
③ 받을어음
④ 매입
⑤ 현금

13 다음 오류 중에서 시산표의 작성을 통하여 발견할 수 없는 것은?

① ₩100,000의 상품을 현금매입하고 거래에 대한 회계처리를 누락하였다.

② ₩300,000의 매출채권 회수시 현금계정 차변과 매출채권계정 차변에 각각 ₩300,000을 기입하였다.

③ ₩1,000,000의 매출채권 회수에 대한 분개를 하고, 매출채권계정에는 전기하였으나 현금계정에 대한 전기는 누락하였다.

④ ₩550,000의 매입채무 지급시 현금계정 대변에 ₩550,000을 기입하고 매입채무계정 차변에 ₩505,000을 기입하였다.

⑤ ₩2,000,000의 비품 외상구입에 대한 분개를 하고, 비품계정 대변과 미지급금계정 대변에 각각 전기하였다.

14 시산표의 차변금액이 대변금액보다 크게 나타나는 오류에 해당하는 것은?

① 건물 취득에 대한 회계처리가 누락되었다.

② 차입금 상환에 대해 분개를 한 후, 차입금계정에는 전기를 하였으나 현금계정에는 전기를 누락하였다.

③ 현금을 대여하고 차변에는 현금으로 대변에는 대여금으로 동일한 금액을 기록하였다.

④ 미수금 회수에 대해 분개를 한 후, 미수금계정에는 전기를 하였으나 현금계정에는 전기를 누락하였다.

⑤ 토지 처분에 대한 회계처리를 중복해서 기록하였다.

15 시산표를 작성하는 중 차변합계와 대변합계가 일치하지 않은 것을 발견하였다. 이와 관련하여 시산표상 차변합계와 대변합계가 일치하지 않는 원인은?

① ₩50,000의 매입채무를 현금으로 상환하면서 분개를 누락하였다.

② ₩30,000의 토지를 외상으로 구입하면서 분개는 정확하게 하였지만, 원장으로 전기할 때 토지 계정 대신 건물 계정 차변에 ₩30,000, 미지급금 계정 대변에 ₩30,000으로 전기하였다.

③ 상품 ₩180,000을 외상으로 매입한 거래를 이중으로 분개하였다.

④ 건물 수선비를 현금 지급하면서 차변에 건물 ₩10,000, 대변에 현금 ₩10,000으로 분개하였다.

⑤ [(차)매출채권 ₩35,000 / (대)매출 ₩35,000]의 분개를 원장으로 전기할 때 매출채권 계정 차변에 ₩53,000, 매출 계정 대변에 ₩35,000으로 전기하였다.

16 다음의 분개장 기록 내역 중 시산표 작성을 통해 항상 자동으로 발견되는 오류만을 모두 고르면?

> ㄱ. 기계장치를 ₩800,000에 처분하고, '(차) 현금 ₩800,000 (대) 기계장치 ₩80,000' 으로 분개하였다.
> ㄴ. 건물을 ₩600,000에 처분하고, '(차) 현금 ₩600,000 (대) 토지 ₩600,000' 으로 분개하였다.
> ㄷ. 토지를 ₩300,000에 처분하고, '(차) 토지 ₩300,000 (대) 현금 ₩300,000' 으로 분개하였다.
> ㄹ. 신입사원과 월 ₩500,000에 고용계약을 체결하고, '(차) 급여 ₩500,000 (대) 미지급비용 ₩500,000'으로 분개하였다.

① ㄱ
② ㄱ, ㄹ
③ ㄱ, ㄴ, ㄷ
④ ㄱ, ㄴ, ㄹ
⑤ ㄱ, ㄴ, ㄷ, ㄹ

17 잔액시산표상의 차·대변 총계가 각각 ₩7,000,000일 때, 상품을 현금 ₩450,000 으로 구입한 분개가 추가적으로 이루어질 경우 잔액시산표의 차·대변 총계는 각각 얼마인가?

① ₩6,100,000
② ₩6,550,000
③ ₩7,000,000
④ ₩7,450,000
⑤ ₩7,900,000

18 ㈜한국은 회계연도 중에는 현금주의에 따라 회계처리하며, 기말수정분개를 통해 발생주의로 전환하여 재무제표를 작성한다. ㈜한국의 기말 수정후시산표상 차변 (또는 대변)의 합계금액은 ₩1,025,000이다. 기말수정사항이 다음과 같을 때, 수정전시산표상 차변(또는 대변)의 합계금액은?

• 소모품 기말재고액	₩30,000	• 기간 미경과 보험료	₩55,000
• 미수수익 미계상액	₩15,000	• 미지급이자 미계상액	₩10,000

① ₩915,000
② ₩965,000
③ ₩1,000,000
④ ₩1,025,000
⑤ ₩1,050,000

19 회계 기말에 행할 결산수정 사항이 아닌 것은?

① 기중에 사용된 소모품 금액을 소모품 계정으로부터 소모품비 계정으로 대체한다.

② 거래 중인 회사의 부도로 대손이 확정된 매출채권에 대해 대손충당금과 상계처리한다.

③ 건물에 대한 감가상각비를 인식한다.

④ 실지재고조사법에 따라 상품에 대한 매출원가를 인식한다.

⑤ 당기에 지급하고 비용처리한 보험료에 대한 미경과분을 선급비용으로 인식한다.

20 다음 수정분개 유형 중 다른 네 개와 성격이 다른 것은?

① 선수수익을 당기수익으로 계상

② 미지급급료의 계상

③ 미수임대료의 계상

④ 소모품의 계상

⑤ 선급보험료 중 일부를 당기비용으로 계상

21 청소용역업을 영위하는 ㈜대한은 20×1년 8월에 1년분 청소용역대금 ₩12,000을 현금수취하면서 전액 용역수익으로 회계처리하였다. 그리고 기말에 다음과 같이 결산수정분개하였다.

| (차변) 용역수익 | ₩7,000 | (대변) 선수수익 | ₩7,000 |

㈜대한의 위 결산수정분개와 관련된 회계개념으로 옳은 것은?

① 현금기준

② 보수주의

③ 발생기준

④ 역사적원가

⑤ 공정가치

22
_{상중하}

㈜한국은 20×1년 9월 1일에 건물에 대한 12개월분 보험료 ₩60,000을 지급하고 차변에 "보험료 ₩60,000"으로 분개하였다. 20×1년 12월 31일에 필요한 수정분개는?

	차 변		대 변	
①	선 급 보 험 료 ₩20,000		보 험 료 ₩20,000	
②	보 험 료 ₩20,000		선 급 보 험 료 ₩20,000	
③	선 급 보 험 료 ₩40,000		보 험 료 ₩40,000	
④	보 험 료 ₩40,000		선 급 보 험 료 ₩40,000	
⑤	선 급 보 험 료 ₩60,000		보 험 료 ₩60,000	

23
_{상중하}

㈜한국은 20×1년 9월 1일에 1년분 보험료로 ₩1,200을 지급하고 선급비용으로 회계처리하였다. ㈜한국이 20×1년 말 동 보험료와 관련한 수정분개를 누락하였다면, 20×1년 재무제표에 미치는 영향은? (단, 보험료 인식은 월할 계상한다)

① 자산 ₩400 과소계상, 당기순이익 ₩400 과소계상
② 자산 ₩400 과대계상, 당기순이익 ₩400 과대계상
③ 자산 ₩800 과소계상, 당기순이익 ₩800 과소계상
④ 자산 ₩800 과대계상, 당기순이익 ₩800 과대계상
⑤ 자산 ₩400 과소계상, 당기순이익 ₩800 과소계상

24
_{상중하}

㈜한국은 20×1년 3월 1일에 건물 임대 시 1년분 임대료 ₩360,000을 현금으로 수취하고 임대수익으로 처리하였으나 기말에 수정분개를 누락하였다. 그 결과 20×1년도 재무제표에 미치는 영향으로 옳은 것은?

① 자산총계 ₩60,000 과대계상
② 자본총계 ₩60,000 과소계상
③ 부채총계 ₩60,000 과소계상
④ 비용총계 ₩60,000 과대계상
⑤ 당기순이익 ₩60,000 과소계상

25
상 중 하

㈜한국의 재무상태표에 계상된 기초 선수임대료는 ₩16,000이고 기말 선수임대료는 ₩24,000이다. 당기에 현금으로 수취한 임대료가 ₩50,000인 경우, 당기 임대료수익은?

① ₩42,000
② ₩50,000
③ ₩58,000
④ ₩66,000
⑤ ₩72,000

26
상 중 하

20×1년 ㈜한국의 미지급이자 기초금액은 ₩190,000이며, 11월 1일 ₩100,000을 1년 동안 차입(연 이자율 12%, 이자는 1년 후 전액 지급 조건)하였다. 20×1년 말 ㈜한국의 재무상태표상 미지급이자 기말금액이 ₩160,000일 때, 미지급이자에서 20×1년 중 현금으로 지급한 금액은? (단, 기간은 월할 계산한다)

① ₩28,000
② ₩30,000
③ ₩31,000
④ ₩32,000
⑤ ₩62,000

27
상 중 하

결산결과 당기순이익 ₩365,000이 산출되었으나 다음과 같은 사항이 누락되었음이 발견되었다. 수정 후 당기순이익은?

• 이자 미지급분	₩8,000	• 임대료 선수분	₩12,000
• 수수료 미수분	₩15,000	• 보험료 선급분	₩7,000

① ₩350,000
② ₩363,000
③ ₩367,000
④ ₩379,000
⑤ ₩385,000

28
상 중 하

㈜한국의 다음 기말조정사항에 대한 수정분개가 당기순이익에 미치는 영향(증가 또는 감소)이 나머지 셋과 다른 것은?

① 당기 7월 1일에 1년 만기 정기예금(연 6% 이자율)에 가입하고 현금 ₩1,000,000 을 입금하였으나, 결산일까지 이자 수령일이 도래하지 않아 이자관련 회계 처리는 하지 않았다.

② 비품에 대한 당기 감가상각비 ₩30,000을 회계처리 하지 않았다.

③ 당기 11월 1일에 소모품을 ₩50,000에 현금으로 구입하고 자산으로 인식하 였다. 기말 결산일에 미사용 소모품 ₩20,000이 남아 있음을 확인하였다.

④ 당기 4월 1일부터 회사 건물을 ㈜민국에게 1년간 임대하고, 1개월에 ₩10,000 씩 1년분 임대료 ₩120,000을 현금으로 받아 전액 수익으로 기록하였다.

⑤ 당기말 매출채권 잔액 ₩5,000,000의 2%를 대손충당금으로 설정하였다.

29
상 중 하

㈜한국은 20×1년 12월 31일 다음과 같이 기말수정분개를 하였다. ㈜한국은 20×1 년 기초와 기말에 각각 ₩100,000과 ₩200,000의 소모품을 보유하고 있었다. 20×1년 중 소모품 순구입액은?

(차) 소모품비	₩280,000	(대) 소모품	₩280,000

① ₩80,000
② ₩120,000
③ ₩280,000
④ ₩380,000
⑤ ₩500,000

30
상 중 하

20×1년 초에 설립한 ㈜한국의 20×1년 말 수정전시산표상 소모품계정은 ₩50,000 이었다. 기말실사 결과 미사용소모품이 ₩20,000일 때, 소모품에 대한 수정분개의 영향으로 옳은 것은?

① 비용이 ₩30,000 증가한다.
② 자본이 ₩30,000 증가한다.
③ 이익이 ₩20,000 감소한다.
④ 자산이 ₩30,000 증가한다.
⑤ 부채가 ₩20,000 감소한다.

31
상중하

㈜한국의 20×1년 말 소모품 관련 총계정원장은 다음과 같다.

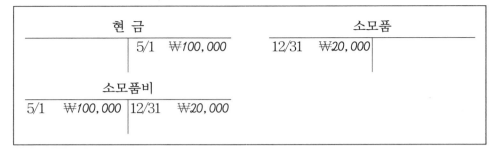

㈜한국의 20×1년 회계처리에 관한 설명으로 옳지 않은 것은?

① 소모품과 관련하여 비용으로 인식한 금액은 ₩20,000이다.
② 소모품 관련 수정분개는 '(차)소모품 ₩20,000 (대)소모품비 ₩20,000'이다.
③ 기말 소모품 잔액은 ₩20,000이다.
④ 5월 1일 소모품 구입 시 지출한 현금 ₩100,000을 전액 비용으로 처리하였다.
⑤ 소모품의 당기사용액은 ₩80,000이고 미사용액은 ₩20,000이다.

32
상중하

㈜한국의 다음 거래에 대한 기말수정분개로 옳지 않은 것은? (단, 모든 거래는 월할 계산한다)

구분	거래
㉠	12월 1일에 대여금의 향후 3개월분 이자수익 ₩9,000을 현금으로 수령하고 전액 선수수익으로 계상하였다.
㉡	소모품 ₩5,000을 현금 구입하고 소모품으로 계상하였다. 기말 실사 결과 소모품 재고는 ₩2,000이었다.
㉢	12월 1일에 향후 3개월분 이자비용 ₩3,000을 현금으로 지급하고 이를 전액 이자비용으로 계상하였다.
㉣	12월 1일에 비품 ₩6,000을 구입하였다. 비품의 내용연수는 5년, 잔존가치는 없으며 정액법으로 상각한다.
㉤	당기 4월 1일에 가입한 정기예금 ₩100,000(3년 만기, 이자율 연 5%)에 대한 당기 발생분 이자를 계상하다.

	차 변		대 변	
① ㉠	이 자 수 익	₩3,000	선 수 수 익	₩3,000
② ㉡	소 모 품 비	₩3,000	소 모 품	₩3,000
③ ㉢	선 급 비 용	₩2,000	이 자 비 용	₩2,000
④ ㉣	감 가 상 각 비	₩100	감가상각누계액	₩100
⑤ ㉤	미 수 수 익	₩3,750	이 자 수 익	₩3,750

33 상중하 수정전시산표와 수정후시산표의 비교를 통한 수정분개 추정으로 옳지 않은 것은?

구 분	계정과목	수정전시산표	수정후시산표
㉠	이자비용	₩3,000	₩5,000
	미지급이자	₩1,000	₩3,000
㉡	상품	₩1,500	₩2,500
	매입	₩6,000	₩0
	매출원가	₩0	₩5,000
㉢	선급보험료	₩2,400	₩1,200
	보험료	₩2,000	₩3,200
㉣	선수임대수익	₩1,800	₩1,200
	임대수익	₩1,500	₩2,100
㉤	감가상각비	₩0	₩2,500
	감가상각누계액	₩4,500	₩7,000

		차변		대변	
①	㉠	이자비용	₩2,000	미지급이자	₩2,000
②	㉡	매출원가	₩6,000	매입	₩7,000
		상품	₩1,000		
③	㉢	보험료	₩1,200	선급보험료	₩1,200
④	㉣	선수임대수익	₩600	임대수익	₩600
⑤	㉤	감가상각비	₩2,500	감가상각누계액	₩2,500

34
상중하

20×1년 초 설립한 ㈜한국의 20×1년 말 수정전시산표는 회계기록상 계정잔액의 오류가 없었음에도 불구하고, 차변 합계와 대변 합계가 일치하지 않았다.

계정과목	차 변	대 변
현금	₩200	
매출	₩300	
매출채권	₩500	
건물	₩1,000	
미지급금		₩150
재고자산	₩200	
선급보험료		₩50
자본금		₩1,000
소모품	₩30	
선수수익	₩50	
미수수익		₩10
차입금		₩500
매입채무	₩50	
임차비용	₩30	
급여	₩30	
합 계	₩2,390	₩1,710

위의 수정전시산표상의 오류와 다음 결산조정사항을 반영한 후 ㈜한국의 20×1년 말 수정후시산표상 차변 합계는? (단, ㈜한국은 저가법 적용 시 재고자산평가충당금 계정을 사용한다)

- 20×1년 말 재고자산의 순실현가치는 ₩10으로 확인되었다.
- 차입금의 차입일은 20×1년 7월 1일, 연 이자율 4%, 만기 1년이며, 이자는 차입원금 상환 시 일시 지급한다.

① ₩1,850
② ₩2,050
③ ₩2,250
④ ₩2,590
⑤ ₩2,750

35
상중하

경비용역을 제공하는 ㈜공무는 20×5년에 경비용역수익과 관련하여 현금 ₩1,000,000
을 수령하였다. 경비용역 제공과 관련한 계정 잔액이 다음과 같을 때, ㈜공무의
20×5년 포괄손익계산서상 경비용역수익은? (단, 경비용역수익과 관련된 다른 거
래는 없다)

	20×5년 1월 1일	20×5년 12월 31일
미수용역수익	₩700,000	₩800,000
선수용역수익	₩500,000	₩400,000

① ₩800,000
② ₩1,000,000
③ ₩1,100,000
④ ₩1,200,000
⑤ ₩1,300,000

36
상중하

㈜한국의 20×1년도 미수이자와 선수임대료의 기초잔액과 기말 잔액은 다음과 같다.
당기 중 현금으로 수령한 이자는 ₩7,000이고 임대료로 인식한 수익은 ₩10,000
이다. ㈜한국의 이자수익과 임대수익에 대한 설명으로 옳지 않은 것은?

	기초잔액	기말잔액
미수이자	₩2,000	₩3,200
선수임대료	₩4,000	₩3,500

① 수익으로 인식된 이자수익은 ₩8,200이다.
② 현금으로 수령한 임대료는 ₩9,500이다.
③ 이자와 임대료로 인한 수익 증가액은 ₩17,700이다.
④ 이자와 임대료로 인한 현금 증가액은 ₩16,500이다.
⑤ 미수이자의 증가액 ₩1,200은 이자수익에 가산하고, 선수임대료의 감소액
　₩500은 임대료에 가산한다.

37
상중하

㈜한국의 20×1년도 포괄손익계산서에 임차료와 이자비용은 각각 ₩150,000과 ₩100,000으로 보고되었고, 재무상태표 잔액은 다음과 같다. ㈜한국이 20×1년도에 현금으로 지출한 임차료와 이자비용은?

	20×1년 초	20×1년 말
선급임차료	—	₩15,000
미지급이자	₩40,000	—

	임차료	이자비용
①	₩135,000	₩60,000
②	₩135,000	₩100,000
③	₩165,000	₩100,000
④	₩165,000	₩140,000
⑤	₩135,000	₩160,000

38
상중하

㈜한국의 20×1년 포괄손익계산서의 이자비용은 ₩800(사채할인발행차금상각액 ₩80포함)이다. 20×1년도 이자와 관련된 자료가 다음과 같을 때, 이자지급으로 인한 현금유출액은?

	기초잔액	기말잔액
미지급이자	₩92	₩132
선급이자	₩40	₩52

① ₩652
② ₩692
③ ₩748
④ ₩852
⑤ ₩908

39
상중하

㈜한국은 화재보험에 가입된 기계장치를 사용하고 있으며, 〈3월 말 수정후시산표 일부〉의 기계장치와 관련된 계정은 다음과 같다.

〈3월 말 수정후시산표 일부〉
- 선급보험료 : ₩450,000
- 기계장치 : ₩6,000,000(감가상각누계액 ₩2,400,000)

다음의 〈추가자료〉를 고려하여 기계장치의 화재보험료 1년 총액과 3월 말 기준 기계장치의 잔존내용연수는? (단, ㈜한국은 매월 말 결산을 수행한다)

〈추가자료〉
- 매년 1월 1일 기계장치에 대한 화재보험을 갱신하며, 보험료 12개월분을 미리 현금으로 지급한다.
- 기계장치의 내용연수는 5년, 잔존가치 ₩0, 정액법으로 상각한다.

	화재보험료 1년 총액	3월 말 기준 기계장치의 잔존내용연수
①	₩450,000	12개월
②	₩450,000	24개월
③	₩600,000	36개월
④	₩600,000	48개월
⑤	₩600,000	60개월

40
상중하

㈜대한의 회계담당자는 기중에 인식한 선수임대료 중에서 기간이 경과되어 실현된 금액에 대한 기말수정분개를 하지 않았다. 이러한 오류가 ㈜대한의 당기재무제표에 미치는 영향으로 옳은 것은?

① 당기순이익이 과대표시된다.
② 기타포괄이익이 과대표시된다.
③ 자산이 과대표시된다.
④ 부채가 과대표시된다.
⑤ 자본이 과대표시된다.

41
상중하

㈜한국은 20×1년 7월 초 현금 ₩10,000을 정기예금(연 이자율 10 %, 1년 만기, 이자는 만기일시지급 조건)에 가입하고, 20×1년 말 결산 시 정기예금에 대한 이자수익을 장부에 기록하지 않았다. 이러한 기말수정분개 누락이 20×1년 말 자산과 20×1년 당기순이익에 미치는 영향을 바르게 연결한 것은? (단, 기간은 월할 계산한다)

	자 산	당기순이익
①	₩500 과소계상	₩500 과소계상
②	₩500 과대계상	₩500 과대계상
③	₩1,000 과소계상	₩1,000 과소계상
④	₩1,000 과소계상	₩1,000 과대계상
⑤	₩500 과소계상	₩1,000 과소계상

42
상중하

다음은 창고임대업을 영위하는 ㈜한국의 20×1년 결산 관련 자료이다.

계 정	내 용
보험료	• 기초 선급보험료 잔액 ₩3,000 • 7월 1일에 보험을 갱신하고 1년분 보험료 ₩12,000을 현금으로 지급하고 자산으로 회계처리함
임대료	• 기초 선수임대료 잔액 ₩3,000 • 4월 1일에 임대차계약을 갱신하고 1년분 임대료 ₩24,000을 현금으로 수령하고 수익으로 회계처리함

보험료와 임대료가 20×1년도 세전이익에 미치는 영향은? (단, 보험료와 임대료 이외의 다른 계정은 고려하지 않으며, 기간은 월할 계산한다)

① ₩12,000
② ₩15,000
③ ₩18,000
④ ₩21,000
⑤ ₩30,000

43 상종하 ㈜서울은 12월 말 결산법인이며 〈보기〉는 기말수정사항이다. 기말수정분개가 ㈜서울의 재무제표에 미치는 영향으로 가장 옳은 것은? (단, 법인세는 무시한다.)

> 보기
> • 3월 1일에 1년간 보험료 ₩300,000을 현금으로 지급하면서 전액 보험료로 기록하였다.
> • 4월 1일에 소모품 ₩300,000을 현금으로 구입하면서 전액 소모품으로 기록하였다. 기말에 실시한 결과 소모품은 ₩70,000으로 확인되었다.
> • 5월 1일에 1년간 건물 임대료로 ₩300,000을 수취하면서 전액 임대료수익으로 기록하였다.

① 자산이 ₩180,000만큼 증가한다.
② 부채가 ₩100,000만큼 감소한다.
③ 비용이 ₩180,000만큼 증가한다.
④ 수익이 ₩100,000만큼 증가한다.
⑤ 당기순이익이 ₩80,000만큼 감소한다.

44 상종하 ㈜한국이 다음 결산수정사항들을 반영한 결과에 대한 설명으로 옳은 것은?

〈수정전시산표 잔액〉	
자 산 ₩120,000	부 채 ₩80,000
수 익 ₩90,000	비 용 ₩70,000

〈결산수정사항〉
• 당기 중 건물을 임대하면서 현금 ₩6,000을 받고 모두 수익으로 처리하였다. 이 중 당기에 해당하는 임대료는 ₩2,000이다.
• 당기 중 보험료 ₩5,000을 지급하면서 모두 자산으로 처리하였다. 이 중 다음 연도에 해당하는 보험료는 ₩2,000이다.
• 차입금에 대한 당기 발생이자는 ₩1,000이다.
• 대여금에 대한 당기 발생이자는 ₩2,000이다.

① 수정후시산표상의 수익은 ₩92,000이다.
② 수정후시산표상의 비용은 ₩78,000이다.
③ 수정후시산표상의 당기순이익은 ₩14,000이다.
④ 수정후시산표상의 자산총액은 ₩121,000이다.
⑤ 수정후시산표상의 부채총액은 ₩83,000이다.

45 다음의 결산정리사항을 반영한 후의 정확한 당기순이익은 얼마인가? (회사의 결산
상중하 수정전 당기순이익은 ₩5,500,000임)

1. 선수이자	₩150,000
2. 전기오류수정손실	₩440,000 (중대한 오류)
3. 미지급임차료	₩220,000
4. 당기손익금융자산평가이익	₩330,000
5. 선급보험료	₩170,000
6. 미지급배당금	₩300,000

① ₩4,890,000

② ₩5,190,000

③ ₩5,330,000

④ ₩5,630,000

⑤ ₩5,830,000

46 ㈜한국은 실지재고조사법을 사용하고 있으며 20×1년 수정전 당기순이익은 ₩1,000,000
상중하 이다. 다음의 20×1년도 결산정리사항을 반영한 후에 계산되는 ㈜한국의 당기순이
익은?

• 매출채권 현금회수 ₩130,000
• 기말재고상품의 누락 ₩40,000
• 비용으로 처리한 사무용품 미사용액 ₩70,000
• 당기손익-공정가치 측정 금융자산평가이익 ₩70,000
• 외상매입금 현금지급 ₩150,000
• 선수수익의 실현 ₩30,000
• 이자수익 중 선수분 ₩100,000

① ₩1,010,000

② ₩1,020,000

③ ₩1,040,000

④ ₩1,110,000

⑤ ₩1,240,000

47 다음과 같은 거래에 대한 기장을 누락하였을 경우 순이익에 미치는 영향은?

미수수익	₩1,000,000	외상매출금의 현금회수	₩180,000
선수수익의 실현	₩455,000	미지급급료	₩413,000

① ₩1,042,000 과대
② ₩1,042,000 과소
③ ₩1,224,000 과대
④ ₩1,224,000 과소
⑤ ₩1,222,000 과소

48 결산결과 당기순이익이 ₩300,000인데 다음과 같은 계산의 착오가 있었다. 수정 후의 순이익은?

㉠ 선급비용 과대계상	₩110,000
㉡ 미수수익의 과대계상	₩80,000
㉢ 미지급비용의 과대계상	₩70,000
㉣ 선수수익의 과대계상	₩65,000

① ₩325,000
② ₩245,000
③ ₩275,000
④ ₩285,000
⑤ ₩355,000

49 기말에 장부마감 시 재무상태표의 이익잉여금으로 대체되는 항목이 아닌 것은?
① 매출원가
② 무형자산상각비
③ 수수료수익
④ 기타포괄금융자산평가이익
⑤ 유형자산처분손실

50
(상)(중)(하)

집합손익 계정의 차변 합계가 ₩250,000이고, 대변 합계가 ₩300,000일 경우, 마감분개로 옳은 것은? (단, 전기이월미처리결손금은 없다)

	차 변			대 변	
①	집합손익	₩50,000		자본잉여금	₩50,000
②	집합손익	₩50,000		이익잉여금	₩50,000
③	자본잉여금	₩50,000		집합손익	₩50,000
④	이익잉여금	₩50,000		집합손익	₩50,000
⑤	마감분개 필요없음				

51
(상)(중)(하)

다음 계정에서 마감이 옳게 된 것은?

①
	매출채권		
손 익	₩5,000	제 좌	₩5,000

②
	감가상각누계액		
손 익	₩3,000	제 좌	₩3,000

③
	단기차입금		
손 익	₩9,000	제 좌	₩9,000

④
	임대료		
손 익	₩4,000	제 좌	₩4,000

⑤
	급여		
제 좌	₩3,500	차기이월	₩3,500

52 다음은 ㈜한국의 임차료와 지급어음의 장부마감 전 계정별원장이다. 장부 마감 시 각 계정별 원장에 기입할 내용으로 옳은 것은?

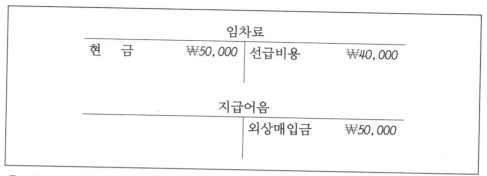

	임차료		
현 금	₩50,000	선급비용	₩40,000

	지급어음		
		외상매입금	₩50,000

① 임차료계정 원장의 차변에 차기이월 ₩10,000으로 마감한다.
② 임차료계정 원장의 대변에 집합손익 ₩10,000으로 마감한다.
③ 지급어음계정 원장의 대변에 차기이월 ₩50,000으로 마감한다.
④ 지급어음계정 원장의 차변에 집합손익 ₩50,000으로 마감한다.
⑤ 임차료계정의 잔액 ₩10,000은 집합손익계정의 대변으로 대체된다.

재무보고를 위한 개념체계

∝ **연계학습** 기본서 p.116~138

단·원·열·기

본 장은 매년 1~2문제 출제된다. 특히, '재무정보의 질적특성'은 매년 출제되는 주제로 완벽한 학습이 요구된다.

대표문제 상 중 하

> **유용한 재무정보의 질적특성에 관한 설명으로 옳지 않은 것은?**
>
> ① 근본적 질적특성은 목적적합성과 표현충실성이다.
> ② 완벽한 표현충실성을 위해서는 서술이 완전하고, 중립적이며, 오류가 없어야 할 것이다.
> ③ 정보의 유용성을 보강시키는 질적특성에는 비교가능성, 검증가능성, 중요성 및 이해가능성이 있다.
> ④ 일관성은 비교가능성과 관련은 되어 있지만 동일하지는 않다.
> ⑤ 목적적합한 재무정보는 이용자들의 의사결정에 차이가 나도록 할 수 있다.
>
> **해설**
> 보강적 질적특성에는 비교가능성, 검증가능성, 적시성 및 이해가능성이 있으며, 중요성은 근본적 질적특성 중 목적적합성의 하부 특성이다.
>
> ☑ 정답 ③

01 상 중 하
재무보고를 위한 개념체계에서 보고기업에 대한 설명으로 옳지 않은 것은?

① 보고기업은 재무제표를 작성해야 하거나 작성하기로 선택한 기업이다.
② 보고기업은 둘 이상의 실체로 구성될 수도 있다.
③ 보고기업은 반드시 법적 실체와 일치한다.
④ 보고기업이 지배기업과 종속기업으로 구성된다면 그 보고기업의 재무제표를 연결재무제표라고 한다.
⑤ 보고기업이 지배-종속관계로 모두 연결되어 있지는 않은 둘 이상 실체들로 구성된다면 그 보고기업의 재무제표를 '결합재무제표'라고 한다.

02 일반목적재무보고에 대한 설명으로 옳지 않은 것은?

① 현재 및 잠재적 투자자, 대여자 및 기타 채권자는 기업의 경영진 및 이사회가 기업의 자원을 사용하는 그들의 책임을 얼마나 효율적이고 효과적으로 이행해 왔는지에 대한 정보를 필요로 한다.

② 일반목적재무보고의 목적은 현재 및 잠재적 투자자, 대여자 및 기타 채권자가 기업에 자원을 제공하는 것에 대한 의사결정을 할 때 유용한 보고기업 재무정보를 제공하는 것이다.

③ 외부 이해관계자들과 마찬가지로 보고기업의 경영진도 해당 기업의 경영의사결정을 위해 일반목적재무보고서에 가장 많이 의존한다.

④ 재무보고서는 정확한 서술보다는 상당 부분 추정, 판단 및 모형에 근거한다.

⑤ 정보이용자가 필요로 하는 모든 정보를 제공하지 않으며 제공할 수도 없다.

03 한국채택국제회계기준의 재무보고를 위한 개념체계에서 규정하고 있는 일반목적 재무보고의 유용성 및 한계에 대한 내용으로 옳지 않은 것은?

① 재무보고서는 정확한 서술보다는 상당 부분 추정, 판단 및 모형에 근거한다.

② 일반목적재무보고서는 현재 및 잠재적 투자자, 대여자 및 기타 채권자가 필요로 하는 모든 정보를 제공한다.

③ 일반목적재무보고서는 현재 및 잠재적 투자자, 대여자 및 기타채권자가 보고기업의 가치를 추정하는 데 도움이 되는 정보를 제공한다.

④ 각 주요 이용자들의 정보수요 및 욕구는 다르고 상충되기도 하지만, 기준제정기관은 재무보고기준을 제정할 때 주요 이용자 최대 다수의 수요를 충족하는 정보를 제공하기 위하여 노력한다.

⑤ 재무제표는 일반적으로 보고기업이 계속기업이며, 예측가능한 미래에 영업을 계속할 것이라는 가정하에 작성한다.

04
상❺하

다음은 재무보고를 위한 개념체계 중 일반목적재무보고의 목적에 관한 설명이다. 이 중 옳지 않은 것은?

① 현재 및 잠재적 투자자, 대여자 및 기타 채권자는 일반목적재무보고서가 대상으로 하는 주요 이용자이다.
② 일반목적재무보고서는 주요 이용자가 필요로 하는 모든 정보를 제공하지는 않으며 제공할 수도 없다.
③ 일반목적재무보고서는 주요 이용자가 보고기업의 가치를 추정하는 데 도움이 되는 정보를 제공한다.
④ 회계기준위원회는 재무보고기준을 제정할 때 주요 이용자 최대 다수의 수요를 충족하는 정보를 제공하기 위해 노력할 것이다.
⑤ 보고기업의 경영진도 해당 기업에 대한 재무정보에 관심이 있기 때문에 일반목적재무보고서에 의존할 필요가 있다.

05
상❺하

다음 중 유용한 재무정보의 근본적 질적 특성은?

① 일관성
② 목적적합성
③ 검증가능성
④ 비교가능성
⑤ 이해가능성

06
상❺하

재무보고를 위한 개념체계에서 제시된 회계정보의 질적 특성에 대한 설명으로 옳지 않은 것은?

① 표현충실성은 모든 면에서 정확한 것을 의미한다.
② 검증가능성은 정보가 나타내고자 하는 경제적 현상을 충실히 표현하는지를 정보이용자가 확인하는 데 도움을 준다.
③ 정보를 정확하고 간결하게 분류하고, 특정 지으며, 표시하는 것은 정보를 이해가능하게 한다.
④ 적시성은 의사결정에 영향을 미칠 수 있도록 의사결정자가 정보를 제때에 이용가능하게 하는 것을 의미한다.
⑤ 의사결정에 더욱 유용한 정보가 되려면 제공되는 정보 항목 간의 유사점과 차이점을 정보이용자가 식별하고 이해할 수 있어야 한다.

07 재무보고를 위한 개념체계에 정의된 (가) ~ (다)에 들어갈 재무제표 요소를 바르게
연결한 것은?

일반목적재무보고의 목적에서 논의된 사항	재무제표 요소	정의 또는 설명
재무성과를 반영하는 경제적자원 및 청구권의 변동	(가)	자본의 증가를 가져오는 자산의 증가나 부채의 감소로서, 자본청구권 보유자의 출자와 관련된 것은 제외
	비용	자본의 감소를 가져오는 자산의 감소나 부채의 증가로서, 자본청구권 보유자에 대한 분배와 관련된 것은 제외
청구권	(나)	과거사건의 결과로 기업의 경제적자원을 이전해야 하는 현재의무
	자본	기업의 자산에서 모든 부채를 차감한 후의 잔여지분
경제적자원	(다)	과거사건의 결과로 기업이 통제하는 현재의 경제적자원. 경제적자원은 경제적효익을 창출할 잠재력을 지닌 권리이다.

	(가)	(나)	(다)
①	자산	부채	수익
②	자산	수익	부채
③	수익	자산	부채
④	수익	부채	자산
⑤	자산	부채	자본

08 재무보고를 위한 개념체계에 대한 설명으로 틀린 것은?

① 건물을 취득원가로 평가하고 취득원가를 건물의 내용연수 동안 합리적이고 체계적인 방법에 의하여 감가상각하는 회계처리를 정당화시키는 재무제표의 기본가정은 계속기업이다.

② 포괄손익계산서상 중단영업손익과 계속영업손익을 구분표시하는 것은 적시성을 높이기 위한 것이다.

③ 진행 중인 손해배상소송에 대한 정보는 목적적합성(예측가치) 있는 정보일 수 있으나, 소송 결과를 확실히 예측할 수 없는 상황에서 손해배상청구액을 재무제표에 인식하는 것은 재무정보의 충실한 표현을 저해할 수 있다.

④ 정보를 명확하고 간결하게 분류하고, 특징지으며, 표시하면 이해가능하게 된다.

⑤ 개념체계는 국제회계기준이 아니다. 따라서 개념체계의 어떠한 내용도 회계기준이나 회계기준의 요구사항에 우선하지 않는다.

09 유용한 재무정보의 질적특성에 대한 설명으로 옳지 않은 것은?

① 재무정보가 유용하기 위해서는 목적적합해야 하고 나타내고자 하는 바를 충실하게 표현해야 한다.

② 목적적합한 재무정보는 이용자들의 의사결정에 차이가 나도록 할 수 있다.

③ 이해가능성은 합리적인 판단력이 있고 독립적인 서로 다른 관찰자가 어떤 서술이 표현충실성에 있어, 비록 반드시 완전히 의견이 일치하지는 않더라도, 합의에 이를 수 있다는 것을 의미한다.

④ 비교가능성, 검증가능성, 적시성 및 이해가능성은 목적적합성과 나타내고자 하는 바를 충실하게 표현하는 것 모두를 충족하는 정보의 유용성을 보강시키는 질적특성이다.

⑤ 원가는 재무보고로 제공될 수 있는 정보에 대한 포괄적 제약요인이다.

10 유용한 재무정보의 질적 특성에 대한 설명으로 옳지 않은 것은?

① 표현충실성은 모든 면에서 정확한 것을 의미하지는 않는다. 오류가 없다는 것은 현상의 기술에 오류나 누락이 없고, 보고 정보를 생산하는 데 사용되는 절차의 선택과 적용 시 절차상 오류가 없음을 의미한다.

② 비교가능성은 통일성이 아니다. 정보가 비교가능하기 위해서는 비슷한 것은 비슷하게 보여야 하고 다른 것은 다르게 보여야 한다.

③ 보강적 질적특성은 가능한 한 극대화되어야 한다. 그러나 보강적 질적특성은 정보가 목적적합하지 않거나 나타내고자 하는 바를 충실하게 표현하지 않으면 개별적으로든 집단적으로든 그 정보를 유용하게 할 수 없다.

④ 하나의 경제적 현상은 여러 가지 방법으로 충실하게 표현될 수 있어 동일한 경제적 현상에 대해 대체적인 회계처리방법을 허용하면 비교가능성이 증가한다.

⑤ 재무정보가 예측가치를 갖기 위해서는 그 자체가 예측치 또는 예상치일 필요는 없으며, 정보이용자들이 미래결과를 예측하기 위해 사용하는 절차의 투입요소로 사용될 수 있다면 그 재무정보는 예측가치를 갖는다.

11 재무보고를 위한 개념체계에 대한 설명으로 옳은 것은?

① 일반목적재무보고서는 보고기업의 가치를 직접 보여주기 위해 고안되었기 때문에 정보이용자가 보고기업의 가치를 추정하는 데 도움이 되는 정보를 제공한다.

② 충실하게 표현되었다는 사실만으로 해당 정보가 반드시 유용해지는 것은 아니며, 추정치라 하여도 충실한 표현이 될 수 있다. 즉, 충실히 표현된 자산이라도 목적적합성이 의문스러울 수 있다.

③ 부동산과 같이 등기로 소유권이 인정되는 자산은 소유권이 자산의 존재여부를 판단함에 있어 필수적이다. 따라서 부동산의 경제적효익에 대한 통제력은 법률적 권리의 결과이기 때문에 법률적 통제가 없다면 자산의 정의를 충족시킬 수 없다.

④ 자본을 불변구매력단위로 정의한 재무자본유지개념 하에서 이익은 해당 기간 중 투자된 구매력의 증가를 의미하게 된다. 따라서 일반물가수준에 따른 명목화폐자본의 증가액인 보유 이익은 개념적으로 이익에 속한다.

⑤ 적시성은 의사결정에 영향을 미칠 수 있도록 의사결정자가 정보를 제때에 이용가능하게 하는 것을 의미한다. 일반적으로 정보는 오래될수록 유용성이 높아진다.

12 한국채택국제회계기준의 재무보고를 위한 개념체계에서 규정한 유용한 재무정보의 질적 특성의 내용으로 옳지 않은 것은?

① 목적적합한 재무정보는 정보이용자의 의사결정에 차이가 나도록 할 수 있다.

② 정보이용자들이 미래 결과를 예측하기 위해 사용하는 절차의 투입요소로 재무정보가 사용될 수 있다면, 그 재무정보는 예측가치를 갖는다.

③ 중립적 서술은 재무정보의 선택이나 표시에 편의가 없는 것을 의미하는 것으로, 중립적 정보는 목적이 없고 행동에 대한 영향력이 없는 정보를 의미한다.

④ 완전한 서술은 필요한 기술과 설명을 포함하여 정보이용자가 서술되는 현상을 이해하는 데 필요한 모든 정보를 포함하는 것이다.

⑤ 비교가능성, 검증가능성, 적시성 및 이해가능성은 목적적합하고 충실하게 표현된 정보의 유용성을 보강시키는 질적 특성이다.

13 「재무보고를 위한 개념체계」에서 서술하고 있는 일반목적재무보고의 근본적 질적
특성에 대한 설명으로 옳은 것을 〈보기〉에서 모두 고른 것은?

보기

ㄱ. 중요성은 기업 특유의 목적적합성을 의미하므로 미리 획일적인 계량 임계
치를 정할 수 없다.
ㄴ. 중립적 서술은 불확실한 상황에서 판단할 때 주의를 기울이는 신중성으로
뒷받침된다.
ㄷ. 기업의 재무정보는 다른 기업에 대한 유사한 정보와 비교될 수 있을 때 유
용하다.
ㄹ. 재무정보는 오류가 없이 서술되어야 하므로 추정치에 포함된 측정불확실
성은 정보의 유용성을 저해한다.

① ㄱ, ㄴ
② ㄴ, ㄷ
③ ㄱ, ㄴ, ㄷ
④ ㄱ, ㄴ, ㄹ
⑤ ㄱ, ㄴ, ㄷ, ㄹ

14 재무정보의 질적 특성 중 중요성에 대한 설명으로 옳은 것은?
① 근본적 질적 특성인 표현충실성을 갖추기 위한 요소이다.
② 인식을 위한 최소요건으로 정보이용자가 항목 간의 유사점과 차이점을 식
별할 수 있게 한다.
③ 의사결정에 영향을 미칠 수 있도록 정보이용자가 정보를 적시에 이용 가능
하게 하는 것을 의미한다.
④ 기업마다 다를 수 있기 때문에 기업 특유의 측면을 고려해야 한다.
⑤ 정보이용자들이 재무정보의 선택이나 표시에 편의가 없어야 한다.

15 다음은 재무보고를 위한 개념체계에 대한 설명이다. 아래의 설명 중 타당하지 않는 것은 어느 것인가?

① 재무제표에 인식된 요소들은 화폐단위로 수량화되어 있으며, 이를 위해 측정기준을 선택해야 한다. 재무정보의 질적 특성과 원가제약을 고려함으로써 서로 다른 자산, 부채, 수익과 비용에 대해 서로 다른 측정기준을 선택하는 결과가 발생할 수 있다.

② 한국채택국제회계기준 개념체계는 계속기업을 기본가정으로 하고 있다. 따라서 재무제표는 일반적으로 기업이 계속기업이며 예상가능한 기간 동안 영업을 계속할 것이라는 가정 하에 작성된다.

③ 한국채택국제회계기준 개념체계는 이해가능성, 목적적합성, 신뢰성과 비교가능성을 질적 특성으로 제시하고 있다. 한편, 질적특성을 체계적인 계층구조로 표현하지 않는다.

④ 재무정보가 유용하기 위해서는 목적적합해야 하고 나타내고자 하는 바를 충실하게 표현해야 한다.

⑤ 목적적합하고 표현충실성이 확보된 재무정보가 비교가능하고, 검증가능하며, 적시성 있고, 이해가능한 경우 그 재무정보의 유용성은 보강된다.

16 재무보고를 위한 개념체계 중 목적적합하고 충실하게 표현된 정보의 유용성을 보강시키는 질적 특성에 대한 설명으로 가장 옳지 않은 것은?

① 적시성은 의사결정에 영향을 미칠 수 있도록 의사결정자가 정보를 제때에 이용가능하게 하는 것을 의미한다.

② 보강적 질적 특성을 적용하는 것은 어떤 규정된 순서를 따르지 않는 반복적인 과정이다. 때로는 하나의 보강적 질적 특성이 다른 질적 특성의 극대화를 위해 감소되어야 할 수도 있다.

③ 중립적 서술은 합리적인 판단력이 있고 독립적인 서로 다른 관찰자가 어떤 서술이 충실한 표현이라는 데 대체로 의견이 일치할 수 있다는 것을 의미한다.

④ 보강적 질적 특성은 정보가 목적적합하지 않거나 충실하게 표현되지 않으면, 개별적으로든 집단적으로든 그 정보를 유용하게 할 수 없다.

⑤ 오류가 없는 서술은 현상의 기술이나 절차상에 오류나 누락이 없는 정보를 제공하는 것을 말하며, 충실한 표현은 모든 면에서 정확한 것을 의미하지는 않는다.

17 `재무보고를 위한 개념체계`에서 제시한 자산에 관한 설명으로 옳지 않은 것은?

상●중●하
① 자산이 갖는 미래경제적효익이란 직접으로 또는 간접으로 미래 현금 및 현금성자산의 기업에의 유입에 기여하게 될 잠재력을 말한다.
② 자산의 존재를 충족하기 위해서 물리적 형태가 필수적인 것은 아니다.
③ 자산의 정의를 충족하기 위해서는 관련된 지출이 필수적이다.
④ 소유권이 자산의 존재를 판단함에 있어 필수적인 것은 아니다.
⑤ 미래에 발생할 것으로 예상되는 거래나 사건 자체만으로는 자산이 창출되지 아니한다.

18 재무보고를 위한 개념체계 중 부채에 대한 설명으로 옳지 않은 것은?

상●중●하
① 과거 사건으로 생긴 현재의무를 수반하더라도 금액을 추정해야 한다면 부채가 아니다.
② 부채의 특성상 의무는 정상적인 거래실무, 관행 또는 원활한 거래관계를 유지하거나 공평한 거래를 하려는 의도에서 발생할 수도 있다.
③ 부채에 있어 의무는 일반적으로 특정 자산이 인도되는 때 또는 기업이 자산 획득을 위한 취소불능약정을 체결하는 때 발생한다.
④ 부채의 특성상 의무는 구속력 있는 계약이나 법규에 따라 법률적 강제력이 있을 수 있다.
⑤ 부채로 정의되기 위한 요건에는 현재의무의 존재, 경제적자원의 이전, 과거 사건의 결과로 의무존재 세 가지가 있다.

19 자산, 부채 및 자본에 관한 설명으로 옳지 않은 것은?

상●중●하
① 자산은 과거 사건의 결과로 기업이 통제하고 있고 미래경제적효익이 기업에 유입될 것으로 기대되는 자원이다.
② 부채는 과거 사건에 의하여 발생하였으며 경제적효익을 갖는 자원이 기업으로부터 유출됨으로써 이행될 것으로 기대되는 과거의무이다.
③ 자본은 기업의 자산에서 부채를 차감한 후의 잔여지분이다.
④ 자본은 주식회사의 경우 소유주가 출연한 자본, 이익잉여금, 이익잉여금의 처분에 의한 적립금, 자본유지조정을 나타내는 적립금 등으로 구분하여 표시할 수 있다.
⑤ 자산이 갖는 미래경제적효익이란 직접으로 또는 간접으로 미래 현금 및 현금성자산의 기업에의 유입에 기여하게 될 잠재력을 말한다.

20 재무제표 요소의 정의와 인식에 대한 설명으로 옳지 않은 것은?
상중하

① 수익은 자산의 유입이나 증가 또는 부채의 감소에 따라 자본의 증가를 초래하는 특정 회계기간 동안에 발생한 경제적효익의 증가로서, 지분참여자에 의한 출연과 관련된 것은 제외한다.

② 부채의 본질적 특성은 기업이 현재의무를 갖고 있다는 것이다. 여기서 의무란 특정 방법으로 실행하거나 수행할 책무 또는 책임을 말하고, 구속력 있는 계약이나 법규에 따라 법률적 강제력이 있을 수 있다.

③ 재무보고를 위한 개념체계에서 재무상태변동표의 재무제표 요소는 재무상태표와 포괄손익계산서의 재무제표 요소와 달리 별도로 식별할 수 있다.

④ 재무보고를 위한 개념체계에서 광의의 수익 정의에 차익을 포함하고 있으므로 본질적으로 수익과 차익을 별개의 요소로 보지 않는다.

⑤ 어떤 항목이 재무제표 요소에 부합하는 본질적 성격을 가지고 있으나 인식기준을 충족하지 못하는 경우에도 해당 항목은 주석, 설명 자료 또는 부속명세서에 공시될 수 있다.

21 재무제표 요소의 측정에 대한 설명으로 옳지 않은 것은?
상중하

① 역사적원가로 측정하는 경우, 부채는 부담하는 의무의 대가로 수취한 금액으로 기록한다.

② 현행원가로 측정하는 경우, 부채는 측정일 현재 동등한 부채에 대해 수취할 대가에서 거래원가를 차감한 금액으로 평가한다.

③ 실현가능가치로 측정하는 경우, 자산은 동일하거나 또는 동등한 자산을 현재시점에서 취득할 경우에 그 대가로 지불하여야 할 현금이나 현금성자산의 금액으로 평가한다.

④ 현재가치로 측정하는 경우, 자산은 정상적인 영업과정에서 그 자산이 창출할 것으로 기대되는 미래 순현금유입액의 현재할인가치로 평가한다.

⑤ 재무제표를 작성할 때 기업이 가장 보편적으로 채택하고 있는 측정기준은 역사적원가이다.

22 재무제표 요소의 측정에 대한 설명으로 옳지 않은 것은?
상중하
① 역사적원가 측정치는 적어도 부분적으로 자산, 부채 및 관련 수익과 비용을 발생시키는 거래나 그 밖의 사건의 가격에서 도출된 정보를 사용하여 자산, 부채 및 관련 수익과 비용에 관한 화폐적 정보를 제공한다.
② 현행가치 측정치는 측정일의 조건을 반영하기 위해 갱신된 정보를 사용하여 자산, 부채 및 관련 수익과 비용의 화폐적 정보를 제공한다.
③ 공정가치는 측정일에 시장참여자 사이의 정상거래에서 자산을 매입할 때 지급하거나 부채를 차입할 때 수취하게 될 가격이다.
④ 자산의 현행원가는 측정일 현재 동등한 자산의 원가로서 측정일에 지급할 대가와 그 날에 발생할 거래원가를 포함한다.
⑤ 사용가치는 기업이 자산의 사용과 궁극적인 처분으로 얻을 것으로 기대하는 현금흐름 또는 그 밖의 경제적효익의 현재가치이다.

23 다음 중 발생주의 회계에 대한 설명으로 틀린 것은?
상중하
① 해당 거래나 사건이 발생한 기간에 수익과 비용을 인식한다는 것이다.
② 재무회계의 기본적 특징으로 모든 재무제표의 작성 기준이 된다.
③ 발생과 이연의 개념을 포함한다.
④ 현금 유출입이 없는 자산과 부채 항목이 인식될 수 있다.
⑤ 회계기간 중의 회계처리는 보통 발생주의 회계에 따른다.

24 일반적으로 사무용 소모품을 구입하는 시점에서 자산화 하는 대신에 비용화하는
상중하 주된 이유는 다음 사항 중 어느 것에 해당되는가?
① 보수주의　　　　　　　　　② 중요성
③ 비교가능성　　　　　　　　④ 발생주의
⑤ 수익·비용의 대응

25 다음 중 보수주의의 주장에 맞는 것을 옳게 나열한 것은?
상중하

> ⓐ 물가상승 시 후입선출법에 따라 기말재고자산을 평가한다.
> ⓑ 미지급비용은 합리적으로 계산하여 인식한다.
> ⓒ 미실현수익은 확실할 때까지 계상하지 않는다.
> ⓓ 발행회사는 사채할인발행차금을 유효이자율법으로 상각한다.
> ⓔ 역사적원가에 의하여 자산을 평가함을 원칙으로 한다.
> ⓕ 유형자산의 감가상각에 있어서 가속상각법을 적용한다.

① ⓐ, ⓒ, ⓓ   ② ⓑ, ⓒ, ⓓ
③ ⓐ, ⓑ, ⓓ   ④ ⓐ, ⓒ, ⓕ
⑤ ⓐ, ⓓ

05 자산의 개념과 측정

Chapter

연계학습 기본서 p.141~148

단·원·열·기

본 장은 매년 1문제 출제된다. '재무제표 요소의 정의와 특징', '측정기준'에 관한 이론을 잘 정리하여야 한다.

대표문제 상중하

유입가치를 반영하는 측정기준을 모두 고른 것은?

ㄱ. 역사적원가 ㄴ. 공정가치
ㄷ. 사용가치 ㄹ. 이행가치
ㅁ. 현행원가

① ㄱ, ㄷ ② ㄱ, ㅁ
③ ㄴ, ㄷ ④ ㄱ, ㄷ, ㄹ
⑤ ㄴ, ㄹ, ㅁ

해설
• 유입가치 : 역사적원가, 현행원가
• 유출가치 : 공정가치, 사용가치 및 이행가치

정답 ②

01 역사적원가주의에 대한 설명 중 틀린 것은?

상중하

① 서로 다른 시점에서의 원가를 합산하므로 보고시점에서 기업이 소유하고 있는 자산의 공정시장가치를 반영한다.

② 역사적원가란 기업이 투입시장에서 자산을 취득할 때 지불한 현금액 또는 현금등가액을 말한다.

③ 취득시점 이후에 자산의 가치가 변화하더라도 자산의 보유손익을 인식하지 않는다.

④ 역사적원가주의의 장점은 역사적원가가 교환거래에 의하여 결정되기 때문에 측정이 용이하고 다른 평가기준보다 객관적이고 검증이 가능하다.

⑤ 대부분의 자산은 역사적원가로 평가하는 것을 원칙으로 한다.

02 재무제표 요소의 측정에 대한 다음의 설명과 가장 관련이 있는 측정기준은?
상중하

> • 자산은 측정일 현재 동등한 자산의 원가로서 측정일에 지급할 대가에 거래
> 원가를 가산한 금액으로 평가한다.
> • 부채는 측정일 현재 동등한 부채에 대해 수취할 대가에서 거래원가를 차감
> 한 금액으로 평가한다.

① 역사적원가
② 현행원가
③ 실현가능가치(이행가치)
④ 현재가치
⑤ 이행가치

03 재무보고를 위한 개념체계에서 측정에 대한 설명으로 옳지 않은 것은?
상중하
① 자산을 취득하거나 창출할 때의 역사적원가는 자산의 취득 또는 창출에 발
생한 원가의 가치로서, 자산을 취득 또는 창출하기 위하여 지급한 대가와 거
래원가를 포함한다.
② 사용가치와 이행가치는 시장참여자의 가정보다는 기업 특유의 가정을 반영
한다.
③ 공정가치는 부채를 발생시키거나 인수할 때 발생한 거래원가로 인해 감소
하며, 부채의 이전 또는 결제에서 발생할 거래원가를 반영한다.
④ 자산의 현행원가는 측정일 현재 동등한 자산의 원가로서 측정일에 지급할
대가와 그 날에 발생할 거래원가를 포함한다.
⑤ 실현가능가치는 자산을 정상적으로 처분하는 경우 수취할 것으로 예상되는
현금이나 현금성자산의 금액으로 평가한다.

04 다음 거래에 대하여 기업회계기준에 따라 바르게 분개한 것은?
상중하

> 종로상사는 명동상사에 상품을 판매하고, 그 대금으로 24개월 후에 만기가 되는 장기성 약속어음 ₩5,000,000을 수취하였다. 수취한 어음의 액면가액에는 ₩1,000,000의 이자해당액이 포함되어 있다.

① (차) 장기성매출채권 ₩5,000,000   (대) 매　　　　출 ₩1,000,000
　　　　　　　　　　　　　　　　　　　　　　현재가치할인차금 ₩4,000,000
② (차) 장기성매출채권 ₩5,000,000   (대) 매　　　　출 ₩4,000,000
　　　　　　　　　　　　　　　　　　　　　　현재가치할인차금 ₩1,000,000
③ (차) 장기성매출채권 ₩5,000,000   (대) 매　　　　출 ₩5,000,000
④ (차) 장기성매출채권 ₩4,000,000   (대) 매　　　　출 ₩5,000,000
　　　　현재가치할인차금 ₩1,000,000
⑤ (차) 장기성매출채권 ₩1,000,000   (대) 매　　　　출 ₩5,000,000
　　　　현재가치할인차금 ₩4,000,000

05 ㈜한국은 20×1년 1월 1일에 20×1년 말부터 매년 말 ₩100,000씩 3년간 총
상중하 ₩300,000을 수취하기로 하고 상품을 할부판매하였다. 이 금액은 취득 당시의 시장 이자율 10%를 반영하여 결정된 것으로, 이 상품의 현금판매가격은 ₩248,690이다. 채권의 명목금액과 현재가치의 차이는 중요하다. 유효이자율법을 적용하여 회계처리하는 경우, 20×1년 12월 31일 판매대금 ₩100,000을 회수할 때 인식하여야 하는 이자수익은?

① ₩24,869   ② ₩30,000
③ ₩51,310   ④ ₩100,000
⑤ ₩248,690

06 20×1년 12월 31일 ㈜건상은 건설기계 4대를 대당 ₩1,000,000씩에 판매하였다. 건설
상중하 기계의 원가는 대당 ₩800,000이다. 판매 시에는 ₩2,000,000을 받고 잔액은 20×2년 12월 31일부터 2년에 걸쳐 매년 말일에 ₩1,000,000씩을 받기로 하였다. ㈜건상은 한국채택국제회계기준에 따라서 회계처리를 한다. 20×1년에 ㈜건상이 계상할 매출액 (원)은 얼마인가? (단, 이자율은 연 10%를 적용 시 연금현가계수는 1.735537)

① ₩1,267,375   ② ₩1,735,537
③ ₩3,267,375   ④ ₩3,735,537
⑤ ₩4,000,000

07
상중하

춘천회사는 20×2년 1월 1일 장부가액이 ₩288,000인 비품을 매각하고 20×5년 1월 1일에 수취하는 액면가액 ₩360,000인 무이자부 약속어음을 수취하였다. 수취 당시 시장이자율은 10%이며, 기간이 3년인 1원에 대한 현재가치 요소는 0.75이다. 20×2년 말에 인식해야 할 처분손익과 유효이자율법을 적용할 경우의 이자는 얼마인가?

	<u>처분손익</u>	<u>이 자</u>
①	손실 ₩72,000	비용 ₩36,000
②	손실 ₩18,000	수익 ₩27,000
③	이익 ₩72,000	비용 ₩36,000
④	이익 ₩18,000	수익 ₩27,000
⑤	손실 ₩18,000	수익 ₩72,000

08
상중하

A회사는 20×1년 1월 1일에 원가가 ₩4,500,000인 상품을 판매하면서 그 대금은 매년 말 ₩2,000,000씩 3회에 걸쳐 현금을 수취하기로 하였다. 동 거래로 20×1년도와 20×2년도의 포괄손익계산서상 당기순이익은 각각 얼마나 증가되는가? (단, 유효이자율은 10%이며, 현가계수는 아래 표를 이용한다. 계산금액은 소수점 첫째 자리에서 반올림하며, 이 경우 단수차이로 인해 약간의 오차가 있다면 가장 근사치를 선택한다)

기 간	1의 현재가치(10%)	연금 1의 현재가치(10%)
1년	0.90909	0.90909
2년	0.82645	1.73554
3년	0.75131	2.48685

	<u>20×1년</u>	<u>20×2년</u>
①	₩497,370	₩347,107
②	₩497,370	₩500,000
③	₩971,070	₩347,107
④	₩971,070	₩500,000
⑤	₩1,500,000	없음

06 금융자산(I) – 현금, 수취채권

Chapter

๛ **연계학습** 기본서 p.152~189

단·원·열·기

본 장은 매년 2~3문제가 출제된다. '현금및현금성자산의 종류', '은행계정조정표'는 매년 출제되고, '받을 어음의 할인'도 출제빈도가 높다.

대표문제 ⑧⑧⑧

㈜한국의 20×1년 12월 31일 결산일 현재 다음의 현금 및 예금 등의 자료를 이용할 때, 20×1년 재무상태표에 보고할 현금및현금성자산 금액은?

• 현금	₩30,000
• 우편환증서	₩100,000
• 우표와 수입인지	₩40,000
• 은행발행 자기앞수표	₩20,000
• 보통예금(사용제한 없음)	₩10,000
• 정기적금(만기 20×4년 1월 31일)	₩200,000
• 당좌차월	₩50,000
• 당좌개설보증금	₩80,000
• 환매조건부 채권	₩300,000
(20×1년 12월 1일 취득, 만기 20×2년 1월 31일)	

① ₩360,000   ② ₩440,000
③ ₩460,000   ④ ₩560,000
⑤ ₩660,000

해설

현금및현금성자산: ₩30,000 + ₩100,000 + ₩20,000 + ₩10,000 + ₩300,000 = ₩460,000

✓ 정답 ③

01 금융자산에 해당하지 않는 것은?
상중하
① 현금
② 대여금
③ 투자사채
④ 선급비용
⑤ 매출채권

02 ㈜한국은 12월 1일 상품매입 대금 ₩30,000에 대해 당좌수표를 발행하여 지급하였
상중하 다. 당좌수표 발행 당시 당좌예금 잔액은 ₩18,000이었고, 동 당좌계좌의 당좌차
월 한도액은 ₩20,000이었다. 12월 20일 거래로부터 매출채권 ₩20,000이 당좌예
금으로 입금되었을 때 회계처리로 옳은 것은?

	차 변		대 변	
①	당좌예금	₩20,000	매출채권	₩20,000
②	당좌차월	₩20,000	매출채권	₩20,000
③	당좌예금	₩12,000	매출채권	₩20,000
	당좌차월	₩8,000		
④	당좌예금	₩8,000	매출채권	₩20,000
	당좌차월	₩12,000		
⑤	당좌예금	₩18,000	매출채권	₩20,000
	당좌차월	₩2,000		

03 ㈜한국의 20×1년 말 재무상태표에 표시된 현금및현금성자산은 ₩4,000이다. 다
상중하 음 자료를 이용할 경우 당좌예금은?

• 통화	₩200	• 보통예금	₩300	• 당좌예금	?
• 수입인지	₩400	• 우편환증서	₩500		

① ₩2,600
② ₩2,800
③ ₩3,000
④ ₩3,100
⑤ ₩3,500

04 현금과 관련된 내부통제절차의 예로 적절하지 않은 것은?
상중하
① 현금수취액은 지체없이 은행에 예입한다.
② 현금거래보다는 온라인송금 및 인터넷뱅킹을 이용한다.
③ 경비지출은 신용카드나 체크카드를 사용한다.
④ 현금출납장 기록업무는 현금출납담당자가 수행한다.
⑤ 주기적으로 현금시재액을 실사하고 장부와 대조한다.

05 다음 자료에 의하여 재무상태표에 표시할 현금및현금성자산의 총액은 얼마인가?
상중하

• 타인발행 당좌수표	₩400,000	• 우편환증서	₩100,000
• 당좌예금	₩300,000	• 당좌차월	₩800,000
• 양도성예금증서 (60일 만기)	₩700,000	• 배당금통지서	₩50,000

① ₩700,000   ② ₩850,000
③ ₩1,550,000   ④ ₩1,850,000
⑤ ₩2,350,000

06 다음 자료에 의하여 재무상태표에 계상할 현금및현금성자산은 얼마인가?
상중하

• 현금보관액	₩26,000	• 수입인지	₩3,000
• 정기예금(만기 1년 이내)	₩300,000	• 타인발행수표	₩85,000
• 환매채(90일 환매조건)	₩200,000	• 우편환증서	₩40,000
• 양도성예금증서(120일)	₩150,000	• 배당금지급통지서	₩15,000
• 직원가불금	₩35,000		

① ₩166,000   ② ₩326,000
③ ₩366,000   ④ ₩626,000
⑤ ₩730,000

07 기말재무상태표에 현금및현금성자산으로 보고될 금액은?

• 우표	₩4,000	• 당좌차월	₩50,000
• 당좌예금	₩10,000	• 타인발행 수표	₩20,000
• 지폐와 주화	₩12,000	• 우편환증서	₩5,000
• 수입인지	₩8,000	• 보통예금	₩16,000
• 환매채 (취득 당시 60일 이내 환매조건)			₩40,000

① ₩98,000

② ₩103,000

③ ₩116,000

④ ₩126,000

⑤ ₩166,000

08 다음 현금계정의 기입내용을 보고 날짜별로 발생한 거래 추정으로 옳지 않은 것은?

현 금					
1/3	자본금	₩1,000,000	1/10	상품	₩200,000
1/15	외상매출금	₩200,000	1/25	단기차입금	₩500,000
			1/28	광고선전비	₩100,000

① 1/3 현금 ₩1,000,000을 출자하여 영업을 개시하다.

② 1/10 상품 ₩200,000을 매입하고 대금을 현금으로 지급하였다.

③ 1/15 거래처의 외상매출금 ₩200,000을 현금 회수하였다.

④ 1/25 차입금 ₩500,000을 3개월 후에 갚기로 하고 차입하였다.

⑤ 1/28 광고비 ₩100,000을 현금으로 지급하다.

09 ㈜한국의 20×1년 말 현재 당좌예금 잔액은 ₩1,000이고, 은행측 잔액증명서상 잔액은 ₩1,550이다. 기말 현재 그 차이 원인이 다음과 같을 때, 올바른 당좌예금 잔액은?

> (1) ㈜한국이 발행한 수표 ₩100이 미인출상태다.
> (2) ㈜한국이 거래처A로부터 받아 은행에 입금한 수표 ₩200이 부도처리 되었으나, 은행으로부터 통지받지 못하였다.
> (3) 거래처B로부터 입금된 ₩300을 ㈜한국은 ₩30으로 잘못 기록하였다.
> (4) 거래처C에 대한 외상판매대금 ₩400을 은행이 추심하였고, 추심수수료 ₩20이 인출 되었다. 그러나 ㈜한국은 추심 및 추심수수료를 인식하지 못하였다.

① ₩1,070
② ₩1,350
③ ₩1,450
④ ₩1,570
⑤ ₩1,650

10 다음 자료를 토대로 계산한 ㈜한국의 정확한 당좌예금 잔액은?

• ㈜한국의 조정 전 당좌예금 계정 잔액	₩12,200
• 은행 예금잔액증명서 상 잔액	₩12,500
• ㈜한국에서 발행하였으나 은행에서 미인출된 수표	₩2,000
• ㈜한국에서 입금처리하였으나 은행에서 미기록된 예금	₩700
• ㈜한국에서 회계처리하지 않은 은행수수료	₩500
• 타회사가 부담할 수수료를 ㈜한국에 전가한 은행의 오류	₩200
• ㈜한국에서 회계처리하지 않은 이자비용	₩300

① ₩10,700
② ₩11,400
③ ₩12,400
④ ₩13,100
⑤ ₩14,100

11 상중하 다음 자료를 이용하여 ㈜대한의 20×1년 말 재무상태표에 표시될 현금및현금성자산은?

1. 20×1년 말 현재 통화는 ₩50,000이고, 우표는 ₩3,000이고, 만기가 2개월 남은 정기예금(3년 만기)은 ₩30,000이며, 거래처에서 받은 약속어음은 ₩25,000 이다.

2. 20×1년 말 현재 은행에서 발급한 당좌예금잔액증명서의 잔액은 ₩130,000 이다.

3. ㈜대한이 20×1년 12월 31일에 입금한 ₩20,000이 은행에서는 20×2년 1월 4일자로 입금처리되었다.

4. ㈜대한이 발행한 수표 중에서 20×1년 말 현재 은행에서 인출되지 않은 수표 는 1장(no.121, ₩30,000)이다.

5. ㈜대한이 20×1년 중 발행한 수표(no.109)는 ₩10,000이었으나 회사는 이를 ₩15,000으로 기록하였다.

① ₩170,000
② ₩173,000
③ ₩195,000
④ ₩198,000
⑤ ₩223,000

12 상중하 ㈜한국의 20×1년 말 현재 장부상 당좌예금계정잔액은 ₩22,500으로 은행측 예금 잔액증명서상 금액과 일치하지 않는 것으로 나타났다. 이들 잔액이 일치하지 않는 원인이 다음과 같을 때, 차이 조정 전 은행측 예금잔액증명서상 금액은?

• 은행 미기입 예금	₩2,000
• 기발행 미인출 수표	₩5,000
• 회사에 미통지된 입금액	₩3,000
• 은행으로부터 통보받지 못한 이자수익	₩300
• 은행으로부터 통보받지 못한 은행수수료	₩200

① ₩22,500
② ₩23,600
③ ₩25,600
④ ₩28,600
⑤ ₩30,600

13
상중하

㈜한국의 20×6년 12월 31일에 당좌예금 장부상 잔액이 ₩37,500이었고, 당좌예금과 관련된 다음의 사건이 확인되었다면, ㈜한국이 거래은행에서 받은 20×6년 12월 31일자 예금잔액증명서상 당좌예금 잔액은?

> ㄱ. ㈜한국의 거래처에서 매출대금 ₩15,000을 은행으로 입금하였으나, ㈜한국은 이 사실을 알지 못했다.
> ㄴ. 은행은 당좌거래 관련 수수료 ₩2,000을 ㈜한국의 예금계좌에서 차감하였다.
> ㄷ. 은행 측 잔액증명서에는 반영되어 있으나 ㈜한국의 장부에 반영되지 않은 다른 예금에 대한 이자수익이 ₩5,000있다.
> ㄹ. 은행 측 잔액증명서에는 반영되어 있으나 ㈜한국의 장부에 반영되지 않은 부도수표가 ₩6,000있다.
> ㅁ. ㈜한국은 은행에 ₩47,000을 예금하면서 ₩74,000으로 잘못 기록하였으나, 은행계좌에는 ₩47,000으로 올바로 기록되어 있다.

① ₩22,500
② ₩24,500
③ ₩34,500
④ ₩46,500
⑤ ₩57,500

14
상중하

㈜대한의 20×1년 말 현재 은행계정조정표와 관련된 자료는 다음과 같다. 은행 측은 기발행미인출수표가 누락되었음을 확인하였다. 기발행미인출수표 금액은?

> • 은행의 예금잔액증명서상 금액 : ₩20,000
> • ㈜대한의 장부상 금액 : ₩17,000
> • 은행의 예금잔액증명서에는 반영되어 있으나 ㈜대한의 장부에 반영되지 않은 금액
> − 예금이자 : ₩1,000
> − 부도수표 : ₩2,000
> • 은행은 ㈜민국의 발행수표 ₩6,000을 ㈜대한의 발행수표로 착각하여 ㈜대한의 당좌예금계좌에서 인출하여 지급하였다.

① ₩16,000
② ₩14,000
③ ₩12,000
④ ₩10,000
⑤ ₩8,000

15 A아파트 관리사무소장은 7월 초 유지보수팀에 소액현금제도를 도입하였다. 소액
현금한도는 ₩100,000이며, 매월 말에 지출증빙과 사용내역을 받아 소액현금을 보충
한다. 7월 지출내역은 교통비 ₩25,000과 회식비 ₩59,000이었다. 7월말 소액현금
실사잔액은 ₩10,000이었으며, 부족분에 대해서는 원인이 밝혀지지 않았다. 7월말
소액현금의 보충시점에서 적절한 분개는?

	차 변		대 변	
①	현금	₩84,000	당좌예금	₩84,000
②	교통비	₩25,000	당좌예금	₩84,000
	복리후생비	₩59,000		
③	교통비	₩25,000	당좌예금	₩100,000
	복리후생비	₩59,000		
	잡손실	₩16,000		
④	교통비	₩25,000	당좌예금	₩90,000
	복리후생비	₩59,000		
	잡손실	₩6,000		
⑤	현금	₩84,000	당좌예금	₩90,000
	잡손실	₩6,000		

16 다음 자료는 A회사㈜의 부분 회계정보이다. 이 회사의 매출활동으로부터 유입된
현금액은 얼마인가?

기초 매출채권 잔액	₩70,000	기말 매출채권 잔액	₩54,000
당기 중 매출액	₩200,000		

① ₩124,000

② ₩184,000

③ ₩200,000

④ ₩216,000

⑤ ₩270,000

17 다음 자료를 이용하여 계산한 매출로 인한 현금유입액은?
상중하

당기매출액	₩1,108,000	기초매출채권	₩120,000
기말매출채권	₩130,000	기초대손충당금	₩3,000
기말대손충당금	₩2,400	당기대손상각비	₩1,000

① ₩1,096,400 ② ₩1,097,600
③ ₩1,098,000 ④ ₩1,099,600
⑤ ₩1,118,000

18 ㈜한국의 회계자료가 다음과 같을 때, 기말 재무상태표에 표시될 매출채권은?
상중하

• 당기현금매출액	₩500	• 기초매출채권	₩1,500
• 기초상품재고액	₩1,000	• 기말상품재고액	₩1,200
• 당기매출총이익	₩700	• 당기매출채권회수액	₩2,000
• 당기상품매입액	₩2,500		

① ₩1,500 ② ₩2,000
③ ₩2,500 ④ ₩3,000
⑤ ₩3,500

19 다음의 자료를 사용하여 계산된 기말매출채권은? (단, 기초 및 기말대손충당금은
상중하 없다)

기초재고자산	₩66,000	기말재고자산	₩72,000
매입액	₩120,000	기초매출채권	₩48,000
매출채권 회수액	₩156,000	대손확정액	₩2,000
현금매출액	₩36,000	매출총이익	₩50,000

① ₩18,000 ② ₩20,000
③ ₩114,000 ④ ₩128,000
⑤ ₩164,000

20
상중하

다음 자료를 이용하여 계산한 매입으로 인한 현금유출액은? (단, 매입은 외상으로 이루어짐)

기초재고자산	₩500,000	기말재고자산	₩700,000
기초매입채무	₩400,000	기말매입채무	₩600,000
매출원가	₩800,000		

① ₩400,000
② ₩500,000
③ ₩600,000
④ ₩700,000
⑤ ₩800,000

21
상중하

다음 자료를 이용하여 상품매입과 관련된 당기현금지급액을 계산하면?

매출액	₩500	매출총이익	₩100
기초상품재고액	₩120	기말상품재고액	₩110
기초매입채무	₩80	기말매입채무	₩120

① ₩310
② ₩320
③ ₩330
④ ₩340
⑤ ₩350

22
상중하

㈜서울의 20×1년 기초와 기말재고자산은 각각 ₩200,000과 ₩350,000이며, 20×1년 기초와 기말 매입채무는 각각 ₩50,000과 ₩80,000이다. ㈜서울의 20×1년도 재고자산 매입으로 인한 현금유출액이 ₩250,000일 경우, ㈜서울의 20×1년도 매출원가는? (단, 재고자산의 감모 및 평가손실은 발생하지 않았다)

① ₩130,000
② ₩200,000
③ ₩250,000
④ ₩300,000
⑤ ₩370,000

23
상중하

다음은 건승㈜의 상품과 관련된 자료이다.

	20×4. 12. 31	20×5. 12. 31
선 급 금	₩5,000	₩8,000
외 상 매 입 금	₩60,000	₩45,000
상 품	₩12,000	₩20,000

20×5년 중 외상매입금 현금지급액은 ₩70,000이며, 선급금 현금지급액은 ₩20,000이다. 건승㈜의 20×5년 매입액과 매출원가는 각각 얼마인가?

	매입액	매출원가
①	₩55,000	₩64,000
②	₩72,000	₩64,000
③	₩85,000	₩80,000
④	₩85,000	₩80,000
⑤	₩85,000	₩84,000

24
상중하

다음 중 매출채권 등의 양도 및 할인에 관한 설명으로 가장 올바르지 않은 것은?

① 어음상의 매출채권을 금융기관 등에 할인하는 경우에는 일반적으로 상환 청구권이 존재하므로 차입거래로 처리한다.

② 외상매출금의 양도한 외상매출금을 회수기일 전에 금융기관 등에 매각하고 자금을 조달하는 것으로 그 경제적 실질에 따라 매각거래와 차입거래로 구분할 수 있다.

③ 매출채권을 담보로 제공하고 자금을 융통하는 경우 해당 매출채권이 담보로 제공되었음을 공시하여야 한다.

④ 매출채권 등을 양도하는 경우 당해 채권에 대한 권리와 의무가 양도인과 분리되어 실질적으로 이전되는 경우에는 동 금액을 매출채권에서 직접 차감한다.

⑤ 금융자산을 양도한 경우 양도자가 금융자산의 소유에 따른 위험과 보상의 대부분을 이전한다면 해당 금융자산을 제거한다.

25 매출채권의 처분은 매각거래와 차입거래로 구분한다. 다음 중 매출채권을 매각거래로 보기 위해 충족해야 하는 요건을 모두 구하시오.

> ㄱ. 양도인은 매출채권 양도 후 당해 양도자산에 대한 권리를 행사할 수 없어야 한다.
> ㄴ. 양도인은 매출채권 양도 후에 효율적인 통제권을 행사할 수 없어야 한다.
> ㄷ. 양수인은 양수한 매출채권을 처분(양도 및 담보제공 등)할 자유로운 권리를 갖고 있어야 한다.
> ㄹ. 양수인은 양수한 매출채권에 대해 매도인이 요구하는 경우 반환할 의무가 있어야 한다.

① ㄱ, ㄴ   ② ㄱ, ㄴ, ㄷ
③ ㄷ, ㄹ   ④ ㄱ, ㄷ, ㄹ
⑤ ㄱ, ㄴ, ㄷ, ㄹ

26 한국채택국제회계기준에서 규정한 금융자산의 양도에 대한 내용으로 옳지 않은 것은?

① 금융자산을 양도한 경우에 양도자는 금융자산의 소유에 따른 위험과 보상의 보유 정도를 평가하여 회계처리하여야 한다.

② 양도자가 금융자산의 소유에 따른 위험과 보상의 대부분을 이전한다면, 해당 금융자산을 제거하고 양도하여 생기거나 갖게 된 권리와 의무는 각각 자산과 부채로 인식한다.

③ 양도자가 금융자산의 소유에 따른 위험과 보상의 대부분을 보유한다면, 해당 금융자산을 제거하고 양도하여 생기거나 갖게 된 권리와 의무는 각각 자산과 부채로 인식한다.

④ 양도자가 금융자산의 소유에 따른 위험과 보상의 대부분을 보유하지도 이전하지도 않고, 양도자가 금융자산을 통제하고 있지 않다면, 해당 금융자산을 제거하고 양도하여 생기거나 보유하게 된 권리와 의무는 각각 자산과 부채로 인식한다.

⑤ 양도자가 금융자산의 소유에 따른 위험과 보상의 대부분을 보유하지도 이전하지도 않고, 양도자가 금융자산을 통제하고 있다면, 해당 금융자산에 지속적으로 관여하는 정도까지 그 금융자산을 계속 인식한다.

27
상중하

㈜대한은 거래처로부터 20×1년 1월 1일 만기 6개월, 액면가액 ₩10,000(이자율 연 6%, 만기지급)의 약속어음을 받았다. 3개월 후인 4월 1일 은행에서 이 약속어음을 할인(이자율 연 12%)하였다. 4월 1일 거래로 인하여 인식할 당기손익은? (단, 동 어음의 할인은 제거요건을 충족하며, 이자는 월할계산한다)

① ₩109 손실
② ₩9 손실
③ ₩0
④ ₩9 이익
⑤ ₩109 이익

28
상중하

㈜한국은 20×1년 4월 1일에 고객에게 상품판매 대가로 이자부 약속어음(만기 5개월, 이자율 연 5%, 액면가액 ₩72,000)을 수령하였다. 이 어음을 2개월간 보유한 후 자금사정으로 ₩72,030을 받고 할인하였다. 이 어음의 할인율과 어음처분손실은? (단, 이자는 월할 계산하며, 어음할인은 제거요건을 충족한다)

	할인율	어음처분손실
①	8%	₩570
②	8%	₩1,470
③	12%	₩570
④	12%	₩1,470
⑤	15%	₩1,470

07 Chapter

금융자산(Ⅱ) − 금융자산 손상(대손), 기타채권

∞ **연계학습** 기본서 p.191~209

단·원·열·기

본 장은 매년 1문제가 출제된다. 주로 '손상차손(또는 손상차손환입의 계산)'이 출제되는데, 'T계정법'으로 계산하면 된다.

대표문제 상중하

㈜한국은 모든 매출거래를 매출채권 증가로 처리한다. 20×1년과 20×2년 중 회수불능이 확정되어 제거된 매출채권은 없으며, 회수불능으로 회계처리했던 매출채권을 현금으로 회수한 내역도 없을 때, 다음 중 옳지 않은 것은?

계정과목	20×1년	20×2년
기말 매출채권	₩95,000	₩100,000
기말 손실충당금	₩15,500	₩17,000
매출액	₩950,000	₩980,000
손상차손	₩15,500	?

① 20×2년 초 매출채권의 전기이월액은 ₩95,000이다.
② 20×1년 초 손실충당금의 전기이월액은 ₩0이다.
③ 20×2년 손상차손은 ₩1,500이다.
④ 20×2년 초 손상차손의 전기이월액은 ₩0이다.
⑤ 20×2년 중 현금 회수된 매출채권은 ₩976,500이다.

해설
20×2년 중 현금회수된 매출채권은 ₩975,000(=₩95,000 + ₩980,000 − ₩100,000)이다.

✓ 정답 ⑤

01
㈜기업의 20×2년 기초 외상매출금 잔액은 ₩5,000,000, 손실충당금 잔액은 ₩300,000이다. 20×2년 5월 25일 ㈜기업의 외상매출금 중 ₩500,000에 대해 손상이 확정된 경우 ㈜기업이 손상확정일에 해야 할 분개로 올바른 것은?

① (차) 손 상 차 손   ₩300,000   (대) 손 실 충 당 금   ₩300,000
② (차) 손 상 차 손   ₩500,000   (대) 손 실 충 당 금   ₩500,000
③ (차) 손 실 충 당 금   ₩300,000   (대) 외 상 매 출 금   ₩500,000
　　　손 상 차 손   ₩200,000
④ (차) 손 상 차 손   ₩500,000   (대) 외 상 매 출 금   ₩500,000
⑤ (차) 손 상 차 손   ₩200,000   (대) 손 실 충 당 금   ₩200,000

02
매출채권 및 계약자산의 손상의 회계처리 중 옳지 않은 것은? (단, 기대신용손실률은 간편법에 의하며 충당금설정법을 적용하고 있다)

① 기말 현재 손상평가 전 손실충당금 잔액이 없는 상태에서 매출채권 ₩10,000이 손상추정되는 경우
(차) 손 상 차 손   ₩10,000   (대) 손 실 충 당 금   ₩10,000

② 손실충당금 잔액이 ₩20,000인 상태에서 매출채권 ₩15,000을 제각하는 경우
(차) 손 실 충 당 금   ₩15,000   (대) 매 출 채 권   ₩15,000

③ 손실충당금 잔액이 ₩18,000인 상태에서 매출채권 ₩20,000을 제각하는 경우
(차) 손 실 충 당 금   ₩18,000   (대) 매 출 채 권   ₩20,000
　　　손 상 차 손   ₩2,000

④ 전기에 제각된 매출채권 ₩10,000 가운데 ₩5,000을 현금으로 회수한 경우
(차) 현 　 금   ₩5,000   (대) 손 실 충 당 금   ₩5,000

⑤ 기말 현재 손상평가 전 손실충당금 잔액이 ₩30,000이 있는 상태에서 매출채권 ₩26,000이 손상추정되는 경우
(차) 손 상 차 손   ₩26,000   (대) 손 실 충 당 금   ₩26,000

03 (상)(중)(하)
㈜한국의 당기 매출채권 손실충당금 기초잔액은 ₩50,000이고 기말잔액은 ₩80,000
이다. 기중 매출채권 ₩70,000이 회수불능으로 확정되어 제거되었으나 그중 ₩40,000
이 현금으로 회수되었다. 당기 포괄손익계산서상 매출채권 손상차손은?

① ₩40,000

② ₩50,000

③ ₩60,000

④ ₩70,000

⑤ ₩80,000

04 (상)(중)(하)
㈜영동의 20×2년도 매출액은 5억원이며, 이 중 20%가 기말 채권잔액으로 남아있
다. 20×2년에 손상 처리된 금액은 없고, 전기 매출채권은 모두 회수되었다. ㈜영동
이 기말매출채권의 3%만큼 보충법으로 손실충당금을 설정하기로 한다면, 20×2년
기말 포괄손익계산서 상 손상차손으로 계상되는 금액은 얼마인가?

재무상태표(20×1.12.31)	
매출채권	₩60,000,000
손실충당금	(₩1,000,000)

① ₩500,000

② ₩2,000,000

③ ₩3,000,000

④ ₩4,000,000

⑤ ₩5,000,000

05 (상)(중)(하)
㈜한국은 결산시 외상매출채권 잔액 ₩580,000의 회수가능성을 검토한 결과 ₩30,000
은 회수가 불가능한 것으로 판명되어 손상처리하기로 하였으며, 회수가 불확실한
채권은 ₩80,000으로 추산되었다. 손실충당금 기초잔액은 ₩50,000이었다. 아래
의 설명 중 옳지 않은 것은? (단, 회계처리는 한국채택국제회계기준에 따른다)

① 결산 후 재무상태표상 손실충당금은 ₩80,000이다.

② 결산 후 포괄손익계산서상 손상차손은 ₩60,000이다.

③ 회수불가능 채권에 대한 분개는 (차) 손상차손 30,000 (대) 손실충당금
  30,000이다.

④ ㈜한국의 기간 중 회계처리로 인해 당기순이익이 ₩60,000 감소한다.

⑤ 결산 후 재무상태표상 매출채권 순액은 ₩470,000이다.

06 전기에 회수불능으로 인하여 대손(손상)처리한 매출채권을 당기에 현금회수한 경우
회수일에 회계처리가 재무제표에 미치는 영향은?

	손실충당금	손상차손
①	증가	감소
②	증가	변동없음
③	변동없음	감소
④	변동없음	증가
⑤	감소	증가

07 다음 중 매출채권에 대한 대손충당금의 과소설정이 재무제표에 미치는 영향으로
틀린 것은?

① 비용의 과소계상
② 자산의 과소계상
③ 당기순이익의 과대계상
④ 이익잉여금의 과대계상
⑤ 자본 과대계상

08 ㈜한국의 매출채권 중 ₩2,000,000이 손상확정 되었다. 대손 확정 당시 ㈜한국의
매출채권에 대한 손실충당금 잔액이 ₩1,000,000이었다. 당해 손상확정이 ㈜한국
의 재무제표에 미치는 영향으로 틀린 것은?

① 비용이 증가한다.
② 순이익이 감소한다.
③ 매출채권 총액이 감소한다.
④ 순자산가액은 불변이다.
⑤ 자본총액이 감소한다.

09 ㈜한국의 20×1년 매출채권 관련 자료가 다음과 같을 때, 20×1년에 인식할 손상차
상충하 손은?

> • 20×1년 초 매출채권에 대한 손실충당금 잔액은 ₩30,000이다.
> • 20×1년 중 매출채권 ₩60,000이 회수불능으로 확정되었다.
> • 20×1년 말 매출채권 잔액은 ₩500,000이며, 동 매출채권에 대하여 추정한
>   기대신용손실액은 ₩20,000이다.

① ₩20,000
② ₩30,000
③ ₩50,000
④ ₩60,000
⑤ ₩70,000

10 ㈜한국의 20×1년 초 매출채권에 대한 손실충당금은 ₩5,000이다. 매출채권과 관
상충하 련된 자료가 다음과 같을 때, 20×1년도에 인식할 손상차손은?

> • 20×1년 3월 2일 당기 외상매출한 ₩7,500의 매출채권이 회수불가능한 것으
>   로 판명되었다.
> • 20×1년 6월 3일 전기에 손실충당금으로 손상처리한 매출채권 ₩1,000이 회
>   수되었다.
> • 20×1년 12월 31일 기말수정분개 전 매출채권 잔액은 ₩201,250이며, 매출채
>   권 잔액의 미래현금흐름을 개별적으로 분석한 결과 ₩36,000의 손상이 발생
>   할 것으로 예상되었다.

① ₩30,500
② ₩31,000
③ ₩35,000
④ ₩36,500
⑤ ₩37,500

11
상중하

㈜한국은 모든 매출이 외상으로 발생하는 회사이다. 당기 총매출액은 ₩1,800,000 이며, 매출채권으로부터 회수한 현금유입액은 ₩1,500,000이다. 다음의 당기 매출채권 관련 자료를 사용하여 ㈜한국이 인식할 당기 손상차손(대손상각비)은?

구 분	기 초	기 말
매출채권	₩500,000	₩600,000
손실충당금(대손충당금)	₩50,000	₩60,000

① ₩200,000

② ₩210,000

③ ₩260,000

④ ₩300,000

⑤ ₩350,000

12
상중하

다음은 기말 매출채권잔액의 기대손실률만큼 손실충당금을 설정하는 ㈜오늘의 매출채권 및 손실충당금과 관련된 자료이다.

ㄱ. 20×1년 말 손실충당금 잔액	₩20,000,000
ㄴ. 20×2년 중 손상확정액	₩7,000,000
ㄷ. 20×2년 포괄손익계산서상 손상차손	₩15,000,000
ㄹ. 20×2년 말 매출채권 잔액	₩1,400,000,000

20×2년 말 회사가 매출채권 잔액에 적용한 기대손실률은 얼마인가?

① 0.5%　　　　　　　② 1%

③ 1.5%　　　　　　　④ 2%

⑤ 2.5%

13 ㈜한국의 20×1년 말 손상평가 전 매출채권의 총 장부금액은 ₩220,000이고, 손실 충당금 잔액은 ₩5,000이다. ㈜한국이 20×1년 말에 인식해야 할 손상차손(환입) 은? (단, 기대신용손실을 산정하기 위해 다음의 충당금 설정률표를 이용한다)

연체기간	총 장부금액	기대신용손실률
연체되지 않음	₩100,000	0.3%
1일~30일	₩65,000	1%
31일~60일	₩30,000	5%
61일~90일	₩20,000	7%
91일 이상	₩5,000	10%
합 계	₩220,000	

① 손상차손 ₩650 ② 손상차손 ₩4,350
③ 손상차손환입 ₩650 ④ 손상차손환입 ₩950
⑤ 손상차손환입 ₩4,350

14 금융자산이 손상되었다는 객관적인 증거에 해당하지 않는 것은?
① 금융자산의 발행자나 지급의무자의 유의적인 재무적 어려움
② 이자지급의 지연과 같은 계약 위반
③ 금융자산 관련 무위험이자율이 하락하는 경우
④ 채무자의 파산
⑤ 차입자의 재무적 어려움에 관련된 이유로 당초 차입조건의 불가피한 완화

15 회계거래에 대한 다음 설명 중 옳지 않은 것은?
① 현금이 입금되었는데 그 거래의 내용이 불분명하여 거래처나 거래금액, 계 정과목 등을 알 수 없을 때에는 가수금계정을 사용한다.
② 금융기관 등으로부터 현금을 단기간 차입하고 어음을 발행하여 교부한 경 우 차변에 단기차입금계정을, 대변에는 현금계정을 기록한다.
③ 종업원의 급여를 지급시 소득세를 차감하고 현금으로 지급한 경우 분개시 대변에 기록 하는 계정과목은 소득세예수금계정과 현금계정이다.
④ 상품권 판매 후 회수되지 않고 시효가 소멸되는 경우 시효가 소멸되는 시점 에 당기손익으로 인식한다.
⑤ 잔액이 차변에 발생하는 계정은 대여금, 미수금, 선급금 등이 있다.

16
상중하

임직원에게 급여를 지급하면서 근로소득세와 4대 보험 등을 일시적으로 원천징수
하였을 경우 사용하는 계정과목은?

① 선급금
② 미수금
③ 가수금
④ 선수금
⑤ 예수금

17
상중하

제조업을 영위하는 ㈜일타는 원재료인 밀가루의 안정적인 확보를 위해 총매입대금
₩2,000,000 중 일부인 ₩1,000,000을 20×2년 12월 20일 ㈜합격에 선지급하였
다. 실제 원재료 입고일이 20×3년 1월 10일이라면 20×2년 12월 20일에 ㈜일타가
수행해야 할 회계처리로 가장 올바른 것은?

① (차) 선 급 비 용 ₩1,000,000 (대) 현 금 ₩1,000,000
② (차) 선 급 금 ₩1,000,000 (대) 현 금 ₩1,000,000
③ (차) 매 출 원 가 ₩1,000,000 (대) 현 금 ₩1,000,000
④ (차) 원 재 료 ₩2,000,000 (대) 현 금 ₩2,000,000
⑤ (차) 가 지 급 금 ₩1,000,000 (대) 현 금 ₩1,000,000

18
상중하

㉠과 ㉡에 들어가야 할 계정과목으로 가장 옳은 것은?

가지급금		가수금	
5월 15일 출장비	₩300,000		
12월 15일 ㈜내일	₩5,000,000	12월 8일 김대차	₩20,000,000
12월 30일 가불금	₩1,000,000		

김대리 : 5월 출장에는 최이사님의 출장 관련 발생 내용인데 모두 교통비였습니다.
12월 8일 은행 입금건은 아마 서울백화점 외상매출대금의 회수된 것으로
보입니다. 거기 사장님 성함이 김대차씨로 12월 15일 내일 가지급금은 이번
보안시스템의 계약금입니다. 12월 30일 가불금은 신대리가 급하게 돈이 필
요하다고 해서 급여를 가불처리한 것입니다.
박부장 : 서울백화점 담당자에게 전화해서 정확한 내용을 파악한 후 매출채권과 상
계처리하고 보안시스템 관련 계약금은 (㉠)으로 처리하는 게 적절하겠군,
가불금은 (㉡)으로 처리하게.

	㉠	㉡		㉠	㉡
①	선급금	미지급급여	②	보증금	단기대여금
③	선급금	단기대여금	④	유형자산	단기차입금
⑤	선수금	단기대여금			

19 ㈜합격은 상품권 판매 시 상품권 권면의 5%에 해당하는 금액을 할인하여 판매하고 있다. 다음의 상품권 관련 회계처리에 대한 설명 중 틀린 것은?

(차) 선 수 금	₩20,000,000	(대) 매 출	₩18,900,000
		상품권할인액	₩1,000,000
		현 금	₩100,000

① 상품권을 발행하는 시점에 선수금으로 처리한다.
② 상품 판매시점에 하는 회계처리다.
③ 상품권할인액은 상품권 판매시 선수금의 차감계정으로 표시된다.
④ ㈜합격이 매출로 인식해야 할 금액은 ₩19,000,000이다.
⑤ 현금은 상품권 잔액을 환급하는 금액이다.

08 Chapter

금융자산(Ⅲ) — 지분상품, 채무상품

⅋ **연계학습** 기본서 p.211~242

단·원·열·기

본 장은 매년 1~2문제가 출제된다. 주로 '평가손익과 처분손익의 계산'이 출제되므로 금융상품의 종류에 따른 평가손익과 처분손익의 계산공식을 숙지하기 바란다.

대표문제 상중하

㈜한국의 다음 20×1년 주식 거래가 당기순이익에 미치는 영향은?

- 2월 27일: A주식(당기손익－공정가치 측정 금융자산)을 ₩120,000에 매입하고 거래수수료로 ₩5,000을 지출하였다.
- 10월 6일: B주식(기타포괄손익－공정가치 측정 금융자산)을 ₩90,000에 매입하고 거래수수료로 ₩2,000을 지출하였다.
- 결산일 현재 공정가치는 A주식 ₩117,000, B주식 ₩99,000이다.

① ₩3,000 증가
② ₩6,000 증가
③ ₩8,000 감소
④ ₩8,000 증가
⑤ ₩10,000 감소

해설

당기순이익 영향: 거래수수료 ₩5,000 + FVPL금융자산 평가손실 ₩3,000 = ₩8,000 감소

⅋ 정답 ③

01 금융자산에 대한 설명으로 옳은 것은?
(상)(중)(하)

① 금융자산은 상각후원가로 측정하거나 기타포괄손익－공정가치로 측정하는 경우가 아니라면, 당기손익－공정가치로 측정한다.

② 계약상 현금흐름을 수취하기 위해 보유하는 것이 목적인 사업모형 하에서 금융자산을 보유하고, 계약 조건에 따라 특정일에 원금과 원금잔액에 대한 이자 지급만으로 구성되어 있는 현금흐름이 발생한다면 금융자산을 기타포괄손익－공정가치로 측정한다.

③ 계약상 현금흐름의 수취와 금융자산의 매도 둘 다를 통해 목적을 이루는 사업모형하에서 금융자산을 보유하고, 계약조건에 따라 특정일에 원리금 지급만으로 구성되어 있는 현금흐름이 발생한다면 금융자산을 상각후원가로 측정한다.

④ 당기손익－공정가치로 측정되는 지분상품에 대한 특정 투자에 대하여는 후속적인 공정가치 변동을 기타포괄손익으로 표시하도록 최초 인식시점에 선택할 수도 있다. 다만, 한번 선택했더라도 이를 취소할 수 있다.

⑤ 기타포괄손익－공정가치 측정 금융자산으로 선택한 지분상품은 금융상품의 계약당사자가 되는 때에 재무상태표에 인식하며, 최초 인식시 공정가치로 측정한다. 최초로 공정가치로 인식할 때에는 취득에 직접 관련된 거래원가(중개 수수료 등)는 당기손익으로 인식한다.

02 다음은 금융자산의 인식과 측정에 대한 설명이다. 이 중 틀린 것은?
(상)(중)(하)

① 금융자산은 금융상품의 계약당사자가 되는 때에만 재무상태표에 인식한다.

② 금융자산은 최초 인식시 공정가치로 측정한다.

③ 당기손익금융자산이 아닌 금융자산의 취득과 직접 관련되는 거래원가는 최초 인식하는 공정가치에 가산하여 측정한다.

④ 최초 인식 후, 후속 측정 금융자산은 공정가치로 측정한다.

⑤ 후속측정 금융자산의 공정가치는 매도 등에서 발생할 수 있는 거래원가를 차감한 금액이다.

03 금융상품에 대한 설명으로 옳은 것은?

① 당기손익-공정가치 측정 금융자산의 취득과 직접 관련되는 거래원가는 최초인식하는 공정가치에 가산하여 측정한다.

② 최초 인식 후 기타포괄손익-공정가치 측정 금융자산의 공정가치 변동에 따른 손익은 당기손익으로 인식한다.

③ 상각후원가금융자산의 후속측정은 유효이자율법을 사용하여 상각 후 원가로 측정한다.

④ 당기손익-공정가치 측정 금융부채가 아닌 경우 당해 금융부채의 발행과 직접 관련되는 거래원가는 최초인식하는 공정가치에 가산하여 측정한다.

⑤ 최초인식시점 이후에 드문 상황의 경우 다른 범주의 금융상품에서 당기손익항목 범주로 재분류할 수 있다.

04 기업회계기준서 제1109호 '금융자산'에 관한 다음 설명 중 옳은 것은?

① 회계불일치 상황이 아닌 경우의 금융자산은 금융자산의 관리를 위한 사업모형과 금융자산의 계약상 현금흐름 특성 모두에 근거하여 상각후원가, 기타포괄손익-공정가치, 당기손익-공정가치로 측정되도록 분류한다.

② 당기손익-공정가치로 측정되는 지분상품에 대한 특정 투자의 후속적인 공정가치 변동은 최초인식시점이라도 기타포괄손익으로 표시하는 것을 선택할 수 없다.

③ 금융자산의 전체나 일부의 회수를 합리적으로 예상할 수 없는 경우에도 해당 금융자산의 총장부금액을 직접 줄일 수는 없다.

④ 기타포괄손익-공정가치 측정 금융자산의 손상차손은 당기손실로 인식하고, 손상차손환입은 기타포괄손익으로 인식한다.

⑤ 회계불일치를 제거하거나 유의적으로 줄이는 경우에는 최초 인식 시점에 해당 금융자산을 기타포괄손익-공정가치 측정 항목으로 지정할 수 있으며, 지정 후 이를 취소할 수 있다.

05 다음 거래로 취득한 금융자산의 세부분류와 측정금액은?

> ㈜한국은 한국거래소에서 투자목적으로 ㈜서울의 주식 1,000주를 ₩10,000에 구입하고 수수료 ₩10,000을 지급하였다. ㈜한국은 당해 주식을 단기간 내에 매각할 예정이다.

① 당기손익-공정가치측정금융자산 ₩10,010,000
② 기타포괄손익-공정가치측정금융자산 ₩10,010,000
③ 당기손익-공정가치측정금융자산 ₩10,000,000
④ 기타포괄손익-공정가치측정금융자산 ₩10,000,000
⑤ 상각후원가측정금융자산 ₩10,010,000

06 ㈜한국(회계기간 1/1~12/31)이 보유한 당기손익금융자산에 대한 자료에 의한 20×5년 결산시 인식해야 할 당기손익금융자산의 평가손익은?

20×4. 10. 10	취득가액	₩2,000,000(매입수수료 ₩20,000)
20×4. 12. 31	공정가액	₩2,100,000
20×5. 12. 31	공정가액	₩2,500,000

① 당기손익금융자산평가이익 ₩500,000
② 당기손익금융자산평가이익 ₩300,000
③ 당기손익금융자산평가이익 ₩400,000
④ 당기손익금융자산평가손실 ₩100,000
⑤ 평가손익 없음

07
상중하

㈜대한이 보유하고 있는 ㈜민국(코스닥상장법인임)의 주식에 관한 거래 자료이다.
20×2년 2월 10일 ㈜대한의 회계처리로 옳은 것은?

> • 20×1년 11월   1일 : 단기투자목적으로 주식 ₩1,500에 취득(수수료 ₩100)
> • 20×1년 12월 31일 : 주식의 시가 ₩2,550에 평가
> • 20×2년 2월 10일 : 주식 전부를 ₩2,500에 처분

① (차) 현 금   ₩2,500   (대) 당기손익금융자산   ₩1,500
　　　　　　　　　　　　　　　　　　　　　　　　　당기손익금융자산처분이익 ₩1,000

② (차) 현 금   ₩2,500   (대) 당기손익금융자산   ₩1,600
　　　　　　　　　　　　　　　　　　　　　　　　　당기손익금융자산처분이익   ₩900

③ (차) 현 금   ₩2,500   (대) 당기손익금융자산   ₩2,550
　　　 당기손익금융자산처분손실   ₩50

④ (차) 현 금   ₩2,500   (대) 기타포괄손익금융자산 ₩1,500
　　　　　　　　　　　　　　　　　　　　　　　　　기타포괄금융자산처분이익 ₩1,000

⑤ (차) 현 금   ₩2,500   (대) 기타포괄손익금융자산 ₩2,550
　　　 기타포괄금융자산처분손실   ₩50

08
상중하

12월 31일 결산일인 한강회사의 금융자산과 관련된 거래는 다음과 같다. 상기자료
에서 한강회사의 20×3년 2월 21일 당기손익금융자산처분손익은 얼마인가?

> ㉠ 20×2년 3월 15일 : A주식 50주와 B주식 30주를 각각 ₩30,000과 ₩60,000
> 　　　　　　　　　　　에 구입하였다.
> ㉡ 20×2년 10월 4일 : C주식 60주를 ₩18,000에 매입
> ㉢ 20×2년 12월 31일 : A, B, C주식의 시가는 1주당 ₩500, ₩2,010, ₩290
> ㉣ 20×3년 2월 21일 : A주식 25주를 1주당 ₩650에 처분하였다.

① ₩3,750 이익   ② ₩2,500 이익
③ ₩3,000 손실   ④ ₩1,250 이익
⑤ ₩4,000 손실

09 ㈜한국은 20×1년 2월 초 ㈜대한의 주식 1,000주(액면가액 ₩500)를 주당 ₩7,500
에 매입하여 공정가치 변동을 당기손익으로 인식하는 금융자산으로 분류하였다.
㈜한국은 20×1년 7월 초 ㈜대한의 주식 500주를 주당 ₩9,000에 처분하였고,
20×1년 말 ㈜대한 주식의 주당 공정가치는 ₩7,000이다. 동 주식과 관련하여
㈜한국이 20×1년 포괄손익계산서에 인식할 당기이익은?

① ₩250,000   ② ₩500,000
③ ₩750,000   ④ ₩1,000,000
⑤ ₩1,200,000

10 형제상사는 세무회사 발행의 사채(액면가액 : ₩1,000,000, 표시이자율 : 연 12%,
매년말 지급)를 일시보유의 목적으로 3월 1일에 구입하면서 경과이자를 포함하여
₩1,100,000을 현금으로 지급하고 당기손익－공정가치측정금융자산으로 분류하
였다. 같은 해 12월 1일에 경과이자를 포함하여 ₩1,050,000을 현금으로 받고 사
채를 매각하였다. 형제상사가 인식하여야 할 금융자산처분손실은 얼마인가?

① ₩30,000   ② ₩40,000
③ ₩50,000   ④ ₩120,000
⑤ ₩140,000

11 ㈜한국은 20×1년 1월 초 A사 지분상품을 ₩10,000에 매입하면서 매입수수료
₩500을 현금으로 지급하고, 기타포괄손익－공정가치 측정 금융자산으로 분류하
였다. 20×1년 12월 말 A사 지분상품의 공정가치가 ₩8,000이라면, 20×1년 말 ㈜
한국이 인식할 A사 지분상품 관련 평가손익은?

① 금융자산평가손실(당기손익) ₩2,000
② 금융자산평가손실(기타포괄손익) ₩2,000
③ 금융자산평가손실(당기손익) ₩2,500
④ 금융자산평가손실(기타포괄손익) ₩2,500
⑤ 금융자산평가손실(기타포괄손익) ₩8,000

12 상중하 ㈜한국은 20×1년 중에 ㈜민국의 지분상품을 ₩80,000에 취득하고, 이를 기타포괄손익－공정가치측정금융자산으로 선택분류하였다. 이 지분상품의 20×1년 말, 20×2년 말 공정가치는 각각 ₩70,000, ₩110,000이다. ㈜한국이 20×3년에 이 지분상품을 ₩90,000에 모두 처분하였을 경우 처분손익은? (단, 거래원가는 없다)

① ₩0
② 처분손실 ₩10,000
③ 처분이익 ₩10,000
④ 처분손실 ₩20,000
⑤ 처분이익 ₩20,000

13 상중하 ㈜한국은 20×1년 중에 지분증권을 ₩6,000에 현금으로 취득하였으며, 이 가격은 취득시점의 공정가치와 동일하다. 지분증권 취득 시 매매수수료 ₩100을 추가로 지급하였다. 동 지분증권의 20×1년 말 공정가치는 ₩7,000이며, ㈜한국은 20×2년 초에 지분증권 전부를 ₩7,200에 처분하였다. ㈜한국이 지분증권을 취득 시 기타포괄손익－공정가치 측정 금융자산으로 분류한 경우 20×1년과 20×2년 당기순이익에 미치는 영향은?

	20×1년 당기순이익에 미치는 영향	20×2년 당기순이익에 미치는 영향
①	₩900 증가	₩1,100 증가
②	₩1,000 증가	₩1,100 증가
③	영향 없음	₩900 증가
④	영향 없음	영향 없음
⑤	₩900 증가	영향 없음

14 ㈜한국은 A주식을 20×1년 초 ₩10,000에 구입하고 취득수수료 ₩300을 별도로 지급하였으며, 기타포괄손익－공정가치 측정 금융자산으로 선택하여 분류하였다. A주식의 20×1년 말 공정가치는 ₩9,000, 20×2년 말 공정가치는 ₩13,000이고, 20×3년 2월 1일 A주식 모두를 공정가치 ₩11,000에 처분하였다. A주식에 관한 회계처리결과로 옳지 않은 것은?

① A주식 취득원가는 ₩10,300이다.

② 20×1년 총포괄이익이 ₩1,300 감소한다.

③ 20×2년 총포괄이익이 ₩4,000 증가한다.

④ 20×2년 말 재무상태표상 금융자산평가이익(기타포괄손익누계액)은 ₩2,700 이다.

⑤ 20×3년 당기순이익이 ₩700 증가한다.

15 ㈜한국은 20×1년 12월 10일 주식 A를 취득하였다. 취득 이후 주식 A의 공정가치와 순매각금액은 다음과 같다. 취득시 주식 A를 당기손익－공정가치 측정 금융자산 혹은 기타포괄손익－공정가치 측정 금융자산으로 분류하여 회계처리할 경우 옳은 내용은?

취득원가	공정가치	순매각가치
20×1.12.10	20×1.12.31	20×2.2.1
₩770,000	₩720,000	₩810,000

① 금융자산의 분류에 관계없이 20×1년 당기순이익에 미치는 영향은 동일하다.

② 당기손익금융자산으로 분류할 경우 20×1년 당기순이익에 미치는 영향은 없다.

③ 당기손익금융자산으로 분류할 경우 20×2년 처분이익은 ₩90,000 발생한다.

④ 기타포괄손익금융자산으로 분류할 경우 20×1년 당기순이익은 ₩50,000 감소한다.

⑤ 기타포괄손익금융자산으로 분류할 경우 20×2년 처분이익은 ₩40,000 발생한다.

16 ㈜한국은 20×1년 6월 말에 주식 A와 B를 각각 ₩500, ₩600에 취득하였다. 주식 A는 당기손익금융자산으로, 주식 B는 기타포괄손익금융자산으로 분류하였으며, 보유기간 중 해당 주식의 손상은 발생하지 않았다. 다음 자료를 이용할 경우, 해당 주식보유에 따른 기말평가 및 처분에 관한 설명으로 옳은 것은?

구 분	20×1년 말 공정가치	20×2년 말 공정가치	20×3년 매각금액
주식 A	₩550	₩480	₩520
주식 B	₩580	₩630	₩610

① 20×1년 당기순이익은 ₩30 증가한다.
② 20×1년 기타포괄손익은 ₩50 증가한다.
③ 20×2년 말 기타포괄손익누계액에 표시된 기타포괄손익금융자산평가이익은 ₩30이다.
④ 20×2년 당기순이익은 ₩10 증가한다.
⑤ 20×3년 금융자산처분이익은 ₩20이다.

17 다음은 ㈜한국이 20×1년과 20×2년에 ㈜대한의 지분상품을 거래한 내용이다.

	20×1년		20×2년
취득금액	매입수수료	기말 공정가치	처분금액
₩1,000	₩50	₩1,100	₩1,080

동 지분상품을 당기손익-공정가치 측정 금융자산 또는 기타포괄손익-공정가치 측정 금융자산으로 분류하였을 경우, 옳지 않은 것은?

① 당기손익-공정가치 측정 금융자산으로 분류할 경우, 20×1년 당기이익이 ₩50 증가한다.
② 기타포괄손익-공정가치 측정 금융자산으로 분류할 경우, 20×1년 기타포괄손익누계액이 ₩50 증가한다.
③ 당기손익-공정가치 측정 금융자산으로 분류할 경우, 20×2년 당기이익이 ₩20 감소한다.
④ 기타포괄손익-공정가치 측정 금융자산으로 분류할 경우, 20×2년 기타포괄손익누계액이 ₩30 감소한다.
⑤ 기타포괄손익-공정가치 측정 금융자산으로 분류할 경우, 20×2년 당기손익은 발생하지 않는다.

18 상중하 ㈜한국은 20×3년 10월 7일 상장회사인 ㈜대한의 보통주식을 ₩3,000,000에 취득하고, 취득에 따른 거래비용 ₩30,000을 지급하였다. 20×3년 말 ㈜대한의 보통주식 공정가치는 ₩3,500,000이었다. ㈜한국은 20×4년 1월 20일 ㈜대한의 보통주식을 ₩3,400,000에 매도하였으며, 매도와 관련하여 부대비용 ₩50,000을 지급하였다. ㈜대한의 보통주식을 당기손익−공정가치 측정 금융자산이나 기타포괄손익−공정가치 선택 금융자산으로 분류할 경우, ㈜한국의 회계처리에 관한 설명으로 옳은 것은?

① 당기손익금융자산으로 분류한 경우나 기타포괄금융자산으로 분류한 경우 취득원가는 동일하다.
② 기타포괄금융자산으로 분류한 경우나 당기손익금융자산으로 분류한 경우 20×3년 말 공정가치 변화가 당기손익에 미치는 영향은 동일하다.
③ 당기손익금융자산으로 분류한 경우 20×4년 금융자산처분손실은 ₩200,000 이다.
④ 당기손익금융자산으로 분류한 경우 20×3년 총포괄이익은 기타포괄금융자산으로 분류한 경우보다 ₩30,000 더 크다.
⑤ 기타포괄금융자산으로 분류한 경우 20×4년 당기손익으로 인식할 금융자산처분이익은 없다.

19 상중하 ㈜한국은 20×1년 초 3년 후 만기가 도래하는 사채(액면금액 ₩1,000,000, 표시이자율 연 10%, 유효이자율 연 12%, 이자는 매년 말 후급)를 ₩951,963에 취득하고 상각후원가측정금융자산으로 분류하였다. ㈜한국이 20×1년도와 20×2년도에 인식할 이자수익은? (단, 금액은 소수점 첫째자리에서 반올림하며 단수차이가 있으면 가장 근사치를 선택한다)

	20×1년도	20×2년도
①	₩100,000	₩112,000
②	₩114,236	₩115,944
③	₩115,944	₩119,857
④	₩117,857	₩122,000
⑤	₩120,000	₩124,400

20
⑧⑧⑨

㈜한국은 20×1년 초 회사채(액면금액 ₩100,000, 표시이자율 8%, 이자는 매년 말 후급, 만기 20×3년 말)를 ₩95,025에 구입하고, 상각후원가 측정 금융자산으로 분류하였다. 20×1년 이자수익이 ₩9,502일 때, 20×2년과 20×3년에 인식할 이자 수익의 합은? (단, 단수차이가 발생할 경우 가장 근사치를 선택한다)

① ₩18,452

② ₩19,025

③ ₩19,473

④ ₩24,000

⑤ ₩28,975

21
⑧⑧⑨

㈜한국은 20×1년 초 만기보유 목적으로 ㈜대한이 발행한 사채를 ₩1,049,732에 구입하여 상각후원가로 측정한다. 발행조건이 다음과 같을 때, 20×2년 초 동 금융 자산의 장부금액과 20×2년에 인식할 이자수익은? (단, 계산된 금액은 소수점 이 하의 단수차이가 발생할 경우 근사치를 선택한다)

- 액면금액 : ₩1,000,000
- 표시이자율 : 연 12%(매년 말 지급)
- 유효이자율 : 연 10%
- 만기 : 3년(만기 일시상환)

	20×2년 초 장부금액	20×2년 이자수익
①	₩1,034,705	₩103,471
②	₩1,043,764	₩124,165
③	₩1,049,732	₩104,973
④	₩1,064,759	₩127,771
⑤	₩1,154,705	₩115,471

22
⊗⊗⊗
㈜한국은 20×1년 1월 1일 A주식 100주를 주당 ₩10,000에 취득하여 기타포괄손익-공정가치측정금융자산으로 분류하였으며, 20×1년 4월 1일 3년 만기 B회사채(20×1년 1월 1일 액면발행, 액면가액 ₩1,000,000, 표시이자율 연 4%, 매년 말 이자지급)를 ₩1,010,000에 취득하여 상각후원가측정금융자산으로 분류하였다. 20×1년 말 A주식의 공정가치는 주당 ₩9,500이고, B회사채의 공정가치는 ₩1,050,000이다. ㈜한국의 A주식과 B회사채 보유가 20×1년도 당기손익 및 기타포괄손익에 미치는 영향은?

① 당기손익 ₩40,000 감소, 기타포괄손익 ₩30,000 증가
② 당기손익 ₩40,000 증가, 기타포괄손익 ₩50,000 감소
③ 당기손익 ₩30,000 증가, 기타포괄손익 불변
④ 당기손익 ₩30,000 증가, 기타포괄손익 ₩50,000 감소
⑤ 당기손익 ₩40,000 증가, 기타포괄손익 ₩30,000 감소

23
⊗⊗⊗
㈜한국은 20×1년 초 타사발행 사채A(액면금액 ₩500,000, 액면이자율 연 8%, 유효이자율 연 10%, 이자 매년 말 후급)를 ₩460,000에 취득하고, 이를 '기타포괄손익-공정가치측정금융자산'으로 분류하였다. 사채A의 20×1년 기말 공정가치는 ₩520,000이며, 20×2년 초 사채A의 50%를 ₩290,000에 처분하였다. 사채A와 관련하여 ㈜한국이 인식할 20×1년 평가이익과, 20×2년 처분이익은?

① 평가이익 ₩54,000, 처분이익 ₩30,000
② 평가이익 ₩54,000, 처분이익 ₩57,000
③ 평가이익 ₩54,000, 처분이익 ₩60,000
④ 평가이익 ₩60,000, 처분이익 ₩60,000
⑤ 평가이익 ₩60,000, 처분이익 ₩57,000

24
상중하

㈜한국은 20×1년 1월 1일에 액면금액 ₩1,000,000(액면이자율 연 8%, 유효이자율 연 10%, 이자지급일 매년 12월 31일, 만기 3년)의 사채를 ₩950,258에 발행하였다. ㈜민국은 이 사채를 발행과 동시에 전액 매입하여 상각후원가 측정 금융자산으로 분류하였다. 다음 설명 중 옳지 않은 것은? (단, 거래비용은 없고 유효이자율법을 적용하며, 소수점 발생 시 소수점 아래 첫째 자리에서 반올림한다)

① ㈜한국의 20×1년 12월 31일 재무상태표상 사채할인발행차금 잔액은 ₩34,716이다.

② ㈜민국은 20×1년 12월 31일 인식할 이자수익 중 ₩15,026을 상각후원가 측정 금융자산으로 인식한다.

③ ㈜한국이 20×1년 12월 31일 인식할 이자비용은 ₩95,026이다.

④ 상각후원가 측정 금융자산의 장부금액은 매기 증가한다.

⑤ ㈜민국이 20×2년 1월 1일에 현금 ₩970,000에 동 사채 전부를 처분할 경우 금융자산 처분이익 ₩19,742을 인식한다.

25
상중하

㈜한국은 20×1년 초 채무상품 A를 ₩950,000에 취득하고, 상각후원가 측정 금융자산으로 분류하였다. 채무상품 A로부터 매년 말 ₩80,000의 현금이자를 수령하며, 취득일 현재 유효이자율은 10%이다. 채무상품 A의 20×1년 말 공정가치는 ₩980,000이며, 20×2년 초 해당 채무상품 A의 50%를 ₩490,000에 처분하였을 때 ㈜한국이 인식할 처분손익은?

① 처분손실 ₩7,500

② 처분손익   ₩0

③ 처분이익 ₩7,500

④ 처분이익 ₩10,000

⑤ 처분이익 ₩15,000

26
 상중하 20×1년 1월 1일 기흥㈜은 서천㈜의 발행주식 40%를 ₩2,000,000에 매입하였다. 한편 20×1년 12월 31일 서천㈜는 당년도에 총 ₩1,000,000의 당기순이익을 보고 하였으며, 동일자에 ₩600,000의 현금배당을 선언하였다. 20×1년 12월 31일 현재 지분법 하에서 기흥㈜의 서천㈜에 대한 관계기업투자의 장부가액은?

① ₩2,000,000

② ₩2,640,000

③ ₩2,400,000

④ ₩1,840,000

⑤ ₩2,160,000

27
 상중하 ㈜한국은 20×1년 초에 A사 유통보통주식 1,000주 가운데 30%에 해당하는 주식을 주당 ₩2,000에 취득함으로써 A사에 유의적인 영향력을 행사하게 되었다. A사는 20×1년 9월 말에 1주당 ₩50의 현금배당을 선언하고 지급하였으며, 20×1년 말에 당기순손실 ₩200,000을 보고하였다. ㈜한국이 20×1년 말 재무상태표에 표시할 관계기업투자주식은?

① ₩500,000

② ₩525,000

③ ₩540,000

④ ₩585,000

⑤ ₩600,000

28
 상중하 ㈜한국은 20×1년 1월 1일 장기투자 목적으로 ㈜서울의 발행 주식 중 25%를 취득하였고, 이 주식에 지분법을 적용하고 있다. 취득 시점에 ㈜서울의 순자산장부금액에 대한 ㈜한국의 지분금액은 취득 당시 매입가격과 일치하였다. ㈜서울은 20×1년 당기순이익으로 ₩12,000을 보고하였고 동일 회계연도에 ₩6,000의 현금을 배당하였다. ㈜한국의 20×1년 회계연도 말 재무상태표에 표시된 ㈜서울에 대한 투자주식 금액이 ₩50,000이라면, ㈜한국의 20×1년 1월 1일 ㈜서울 주식의 취득원가는? (단, 두 기업 간 내부거래는 없었다)

① ₩48,500

② ₩50,000

③ ₩51,500

④ ₩53,000

⑤ ₩58,500

29 ㈜한국은 20×1년 4월 1일에 ㈜대한의 의결권 있는 주식 25%를 ₩1,000,000에 취득하였다. 취득 당시 ㈜대한의 자산과 부채의 공정가치는 각각 ₩15,000,000, ₩12,000,000이다. ㈜대한은 20×1년 당기순이익으로 ₩600,000을 보고하였으며 20×2년 3월 1일에 ₩200,000의 현금배당을 지급하였다. 20×2년 9월 1일에 ㈜한국은 ㈜대한의 주식 전부를 ₩930,000에 처분하였다. 위의 관계기업투자에 대한 설명으로 옳은 것은?

① ㈜대한의 순자산 공정가치는 ₩3,000,000이므로 ㈜한국은 ㈜대한의 주식 취득 시 ₩250,000의 영업권을 별도로 기록한다.

② ㈜대한의 20×1년 당기순이익은 ㈜한국의 관계기업투자 장부금액을 ₩150,000만큼 증가시킨다.

③ ㈜대한의 현금배당은 ㈜한국의 당기순이익을 ₩50,000만큼 증가시킨다.

④ ㈜대한의 20×1년 관계기업투자 계정의 장부금액은 ₩1,200,000이다.

⑤ ㈜한국의 관계기업투자 처분손실은 ₩70,000이다.

재고자산

연계학습 기본서 p.246~295

단·원·열·기

본 장은 매년 4~5문제가 출제되는 중요한 단원이다. 재고자산은 계산문제 뿐만 아니라 이론문제도 출제된다. 계산문제는 '기말상품재고액', '매출액', '매출원가', '매출총이익'의 계산문제가 출제되는데, 문제유형은 총액으로 주어진 경우, 수량과 단가로 주어진 경우, 감모손실과 평가손실이 있는 경우로 분류할 수 있다. 또한 추정하는 경우(매출총이익률법)도 자주 출제된다. 따라서 재고자산은 어느 단원보다 더 꼼꼼하게 학습하여야 한다.

대표문제 상중하

㈜한국이 20×1년 말 실지재고조사한 재고자산 원가는 ₩50,000으로 파악되었다. ㈜한국이 재고자산과 관련하여 다음 추가사항을 고려할 경우 정확한 기말재고자산은? (단, 재고자산감모손실과 재고자산평가손실은 없다)

- 20×1년 12월 27일 ㈜대한으로부터 FOB 선적지 인도조건으로 매입하여 운송 중인 상품의 원가는 ₩15,000이며, 이 상품은 20×2년 초 ㈜한국에 도착할 예정이다.
- ㈜한국이 20×1년 중 구매자에게 시용판매의 목적으로 인도한 상품의 원가는 ₩20,000이며, 기말 현재 구매자는 이 상품에 대해 30%의 구매의사 표시를 하였다.
- ㈜한국의 20×1년 말 실사한 재고자산 중 ₩20,000은 주거래은행의 차입금에 대한 담보로 제공 중이며, 저당권은 아직 실행되지 않았다.
- ㈜한국이 20×1년 중 위탁판매를 위해 수탁자인 ㈜민국에게 적송한 상품의 원가는 ₩15,000원이며, 기말 현재 ㈜민국은 60%의 판매완료를 통보해 왔다.

① ₩70,000
② ₩77,000
③ ₩85,000
④ ₩91,000
⑤ ₩105,000

해설

기말재고자산: ₩50,000 + ₩15,000 + (20,000×70%) + (15,000×40%) = ₩85,000

✓ 정답 ③

01 재고자산에 관한 설명으로 옳지 않은 것은?
상중하
① 재고자산이란 정상적인 영업활동과정에서 판매를 목적으로 소유하고 있거나 판매할 자산을 제조하는 과정에 있거나 제조과정에 사용될 자산을 말한다.
② 재고자산의 취득원가는 매입원가, 전환원가 및 재고자산을 현재의 장소에 현재의 상태로 이르게 하는 데 발생한 기타 원가 모두를 포함한다.
③ 재고자산의 매입원가는 매입가격에 수입관세와 매입운임, 하역료, 매입할인, 리베이트 등을 가산한 금액이다.
④ 표준원가법이나 소매재고법 등의 원가측정방법은 그러한 방법으로 평가한 결과가 실제 원가와 유사한 경우에 사용할 수 있다.
⑤ 후입선출법은 재고자산의 원가결정방법으로 허용되지 않는다.

02 재고자산의 회계처리에 대한 설명으로 옳지 않은 것은?
상중하
① 재고자산은 판매를 목적으로 보유하거나 생산중인 자산을 말한다.
② 재고자산의 취득 시 구매자가 인수운임, 하역비, 운송기간 동안의 보험료 등을 지불하였다면, 이는 구매자의 재고자산의 취득원가에 포함된다.
③ 재고자산의 매입단가가 지속적으로 하락하는 경우, 선입선출법을 적용하였을 경우의 매출총이익이 평균법을 적용하였을 경우의 매출총이익보다 더 높게 보고된다.
④ 재고자산의 매입단가가 지속적으로 상승하는 경우, 계속기록법하에서 선입선출법을 사용할 경우와 실지재고조사법하에서 선입선출법을 사용할 경우의 매출원가는 동일하다.
⑤ 위탁상품은 수탁기업의 판매시점에서 위탁기업이 수익으로 인식한다.

03 재고자산에 관한 설명으로 옳지 않은 것은?
상중하
① 원가측정방법으로 소매재고법은 그 평가결과가 실제원가와 유사한 경우에 편의상 사용할 수 있다.
② 재고자산의 단위원가 결정방법으로 후입선출법을 사용할 수 있다.
③ 정상적인 영업과정에서 판매를 위하여 보유중인 자산은 재고자산이다.
④ 재고자산의 판매시, 관련된 수익을 인식하는 기간에 재고자산의 장부금액을 비용으로 인식한다.
⑤ 매입운임은 재고자산의 취득원가에 포함된다.

04 재고자산 회계처리에 관한 설명으로 옳지 않은 것은?

① 재고자산의 취득원가는 매입원가, 전환원가 및 재고자산을 현재의 장소에 현재상태에 이르게 하는 데 발생한 기타원가 모두를 포함한다.

② 재고자산을 순실현가능가치로 감액하는 저가법은 항목별로 적용한다.

③ 재고자산을 순실현가능가치로 감액한 평가손실과 모든 감모손실은 감액이나 감모가 발생한 기간에 비용으로 인식한다.

④ 도착지 인도기준의 미착상품은 판매자의 재고자산으로 분류한다.

⑤ 기초재고수량과 기말재고수량이 같다면, 선입선출법과 가중평균법을 적용한 매출원가는 항상 같게 된다.

05 재고자산에 대한 설명으로 옳은 것은?

① 기초재고자산 금액과 당기매입액이 일정할 때, 기말재고자산 금액이 과대계상 될 경우 당기순이익은 과소계상 된다.

② 선입선출법은 기말에 재고로 남아있는 항목은 가장 최근에 매입 또는 생산된 항목이라고 가정하는 방법이다.

③ 실지재고조사법을 적용하면 기록유지가 복잡하고 번거롭지만 특정시점의 재고자산 잔액과 그 시점까지 발생한 매출원가를 적시에 파악할 수 있는 장점이 있다.

④ 도착지 인도기준에 의해서 매입이 이루어질 경우, 발생하는 운임은 매입자의 취득원가에 산입하여야 한다.

⑤ 선입선출법과 후입선출법은 계속기록법을 적용하나 실지재고조사법을 적용하나 매출원가나 기말재고자산 금액이 일치한다.

06 다음 자료를 이용하여 계산된 ㈜한국의 20×1년 기말재고자산은?
상중하

- 20×1년 말 ㈜한국의 창고에 보관중인 기말재고자산 실사액은 ₩10,000이다.
- 20×1년 12월 1일 위탁한 적송품 중 기말까지 판매되지 않은 상품의 판매가는 ₩1,000(매출총이익은 판매가의 20%)이다.
- 20×1년 12월 11일 발송한 시송품(원가 ₩2,000) 중 기말 현재 80%에 대하여 고객의 매입 의사표시가 있었다.
- 20×1년 말 현재 ㈜한국이 FOB 도착지인도조건으로 매입하여 운송중인 상품의 원가는 ₩3,000이다.
- 20×1년 말 현재 ㈜한국이 FOB 선적지인도조건으로 매출하여 운송중인 상품의 원가는 ₩4,000이다.

① ₩11,200   ② ₩11,400
③ ₩14,200   ④ ₩15,200
⑤ ₩18,200

07 ㈜한국의 20×1년 기초재고자산은 ₩100,000, 당기매입액은 ₩200,000이다. ㈜
상중하 한국은 20×1년 12월 말 결산과정에서 재고자산 실사 결과 기말재고가 ₩110,000
인 것으로 파악되었으며, 다음의 사항은 고려하지 못하였다. 이를 반영한 후 ㈜한
국의 20×1년 매출원가는?

- 도착지 인도조건으로 매입한 상품 ₩20,000은 20×1년 12월 31일 현재 운송 중이며, 20×2년 1월 2일 도착 예정이다.
- 20×1년 12월 31일 현재 시용판매를 위하여 고객에게 보낸 상품 ₩40,000(원가) 가운데 50%에 대하여 고객이 구매의사를 표시하였다.
- 20×1년 12월 31일 현재 ㈜민국에 담보로 제공한 상품 ₩50,000은 창고에 보관 중이며, 재고자산 실사 시 이를 포함하였다.

① ₩170,000   ② ₩180,000
③ ₩190,000   ④ ₩220,000
⑤ ₩250,000

08
상중하

다음은 ㈜한국의 20×1년 1월 1일부터 12월 31일까지 재고자산 관련 자료이다. 20×1년 ㈜한국의 매출원가는?

- 기초 재고자산 ₩200,000
- 당기 매입액 ₩1,000,000
- 기말 재고자산 ₩100,000 (창고보관분 실사 금액)
- 미착상품 ₩60,000 (도착지 인도조건으로 매입하여 12월 31일 현재 운송 중)
- 적송품 ₩200,000 (이 중 12월 31일 현재 80% 판매 완료)
- 시송품 ₩60,000 (이 중 12월 31일 현재 고객이 매입 의사표시를 한 금액 ₩20,000)

① ₩780,000
② ₩820,000
③ ₩920,000
④ ₩1,000,000
⑤ ₩1,020,000

09
상중하

㈜한국은 20×1년 결산완료 직전 재고자산 실사로 다음 사항을 발견하였다.

- 외부 회사로부터 판매위탁을 받아 보관하고 있는 상품 ₩16,000을 기말재고자산에 포함시켰다.
- F.O.B. 도착지기준으로 12월 27일에 ₩25,000의 상품구매계약을 체결하였으나, 그 상품이 기말까지 도착하지 않아 기말재고자산에 포함하지 않았다.
- 외부 창고에 보관하고 있는 ㈜한국의 상품 ₩22,000을 기말재고자산에 포함하지 않았다.
- 기말재고자산의 매입운임 ₩10,000을 영업비용으로 처리하였다.
- 중복 실사로 인해 상품 ₩8,000이 기말재고자산에 두 번 포함되었다.

위의 사항이 ㈜한국의 20×1년 매출총이익에 미치는 영향은? (단, 재고자산은 실지재고조사법을 적용한다)

① 매출총이익 ₩8,000 증가
② 매출총이익 ₩33,000 증가
③ 매출총이익 ₩18,000 감소
④ 매출총이익 ₩24,000 감소
⑤ 매출총이익 ₩16,000 증가

10 ㈜대한은 20×1년 12월 초 위탁판매를 위해 ㈜민국에게 단위당 원가 ₩1,200인 상품 500개를 적송하면서 운임 ₩30,000을 현금 지급하였다. 20×2년 1월 초 위탁판매와 관련하여 ㈜대한은 ㈜민국에서 다음과 같은 판매현황을 보고받았다.

매출액	400개 × @₩1,500	₩600,000
판매수수료	₩18,000	
운임 및 보관료	₩12,000	(₩30,000)
㈜대한에게 송금한 금액		₩570,000

㈜대한이 위탁판매와 관련하여 20×1년 재무제표에 인식할 매출액과 적송품 금액은? (단, ㈜대한은 계속기록법을 채택하고 있다)

	매출액	적송품 금액
①	₩570,000	₩120,000
②	₩570,000	₩126,000
③	₩600,000	₩100,000
④	₩600,000	₩126,000
⑤	₩630,000	₩126,000

11 다음은 ㈜서울과 ㈜한성의 매입 및 매출에 관련된 자료이다. ㈎와 ㈏의 금액은? (단, 재고감모손실 및 재고평가 손실은 없다고 가정한다)

구 분	기초재고액	당기매입액	기말재고액	매출원가
㈜서울	₩100,000	₩240,000	(㈎)	₩280,000
㈜한성	(㈏)	₩220,000	₩180,000	₩280,000

	(㈎)	(㈏)
①	₩60,000	₩240,000
②	₩340,000	₩240,000
③	₩60,000	₩320,000
④	₩340,000	₩320,000
⑤	₩140,000	₩120,000

12 ㈜한국의 20×1년 매출액은 ₩1,000,000이고 매출원가는 ₩630,000이다. 총매입액
(상중하) 은 ₩600,000이며 매입환출 및 에누리는 ₩60,000이다. 기초재고자산이 ₩400,000
일 경우 기말재고자산은?

① ₩240,000   ② ₩275,000

③ ₩300,000   ④ ₩310,000

⑤ ₩335,000

13 다음 자료를 이용하여 계산한 총 매출액은?
(상중하)

기초재고	₩50,000	매출할인	₩6,000
기말재고	₩30,000	매출운임	₩4,000
매입에누리	₩5,000	매출환입	₩7,000
매입할인	₩2,000	매출총이익	₩80,000
총매입액	₩400,000		

① ₩493,000   ② ₩500,000

③ ₩506,000   ④ ₩510,000

⑤ ₩513,000

14 ㈜한국의 수정전시산표의 각 계정잔액이 다음과 같다. 매출총이익이 ₩2,000일
(상중하) 때, 총매입액은?

매출관련 자료		매입관련 자료	
총매출	₩11,000	총매입	?
매출에누리	₩1,000	매입에누리	₩800
매출운임	₩300	매입운임	₩200
재고관련 자료			
기초재고	₩600		
기말재고	₩500		

① ₩8,500   ② ₩8,600

③ ₩8,700   ④ ₩8,800

⑤ ₩9,500

15
상 중 하

다음 자료를 이용하여 매출원가를 구하면 얼마인가? (단, 재고자산평가손실과 재고자산감모손실은 없다)

기초제품재고액	₩17,000
기말제품재고액	₩15,000
기초재공품재고액	₩3,000
기말재공품재고액	₩6,000
당기제품제조원가	₩280,000

① ₩272,000

② ₩274,000

③ ₩280,000

④ ₩282,000

⑤ ₩284,000

16
상 중 하

다음 자료를 이용하여 계산한 매출총이익은?

기초재고	₩70,000	기말재고	₩20,000
총매입	₩40,000	매입환출	₩10,000
매출	₩120,000		

① ₩10,000

② ₩20,000

③ ₩30,000

④ ₩40,000

⑤ ₩50,000

17
상중하

다음은 ㈜한국의 20×1년 상품과 관련된 자료이다. ㈜한국이 선입선출법을 적용할 경우, 20×1년 기말재고자산 금액은? (단, 재고자산에 대한 감모 및 평가손실은 발생하지 않았다)

- 기초상품재고액은 ₩5,000(개당 취득원가 ₩500)이다.
- 기중에 상품 100개(개당 매입가격 ₩500)를 매입하였으며, 매입운임으로 개당 ₩50이 지출되었다.
- 기중에 매입한 상품 중 하자가 있어 개당 ₩50의 할인(매입에누리)을 받았다.
- 기중에 상품 50개를 판매하였다.

① ₩25,000
② ₩30,000
③ ₩35,000
④ ₩40,000
⑤ ₩45,000

18
상중하

다음의 자료를 이용하여 계산된 매출총이익은?

1. 기초상품재고액은 ₩120,000이고, 기말상품재고액은 ₩150,000이다.
2. 당기의 상품 총매입액은 ₩1,300,000이고 당기의 상품 총매출액은 ₩1,700,000이다.
3. 당기의 매출에누리와 환입은 ₩180,000이고, 매입에누리와 환출은 ₩100,000이다.
4. 당기의 판매운임은 ₩30,000이고 매입운임은 ₩40,000이다.

① ₩210,000
② ₩280,000
③ ₩310,000
④ ₩350,000
⑤ ₩490,000

19 다음은 ㈜한국의 20×1년 거래 자료이다. 20×1년 말 재무상태표 상 매입채무 잔액은? (단, 매입거래는 모두 외상거래이다)

• 기초매입채무	₩8,000
• 당기 중 매입채무 현금지급액	₩35,000
• 기초상품재고	₩12,000
• 기말상품재고	₩11,000
• 당기매출액	₩50,000
• 매출총이익	₩10,000

① ₩11,000

② ₩12,000

③ ₩13,000

④ ₩14,000

⑤ ₩15,000

20 다음은 20×1년 ㈜한국의 재무제표와 거래 자료 중 일부이다.

기초매입채무	₩4,000
기말매입채무	₩6,000
현금지급에 의한 매입채무 감소액	₩17,500
기초상품재고	₩6,000
기말상품재고	₩5,500
매출총이익	₩5,000

20×1년 손익계산서상 당기 매출액은?

① ₩24,000

② ₩25,000

③ ₩26,000

④ ₩27,000

⑤ ₩27,500

21
상중하

㈜대한은 모든 상품을 전액 외상으로 매입하여, 외상으로 판매한 다음 차후에 현금으로 결제한다. 다음 자료를 이용할 때 ㈜대한의 매출총이익은?

항 목	기초잔액	기말잔액	현금회수/지급액
매출채권	₩120,000	₩80,000	₩890,000(회수)
매입채무	₩60,000	₩130,000	₩570,000(지급)
상품(재고액)	₩70,000	₩90,000	

① ₩210,000
② ₩220,000
③ ₩230,000
④ ₩240,000
⑤ ₩250,000

22
상중하

㈜한국은 20×1년 7월 1일 홍수로 인해 창고에 있는 상품재고 중 30%가 소실된 것으로 추정하였다. 다음은 소실된 상품재고를 파악하기 위한 20×1년 1월 1일부터 7월 1일까지의 회계자료이다. ㈜한국의 원가에 대한 이익률이 25%일 때 소실된 상품재고액은?

- 20×1년 기초재고자산은 ₩60,000이다.
- 1월 1일부터 7월 1일까지 발생한 매출액은 ₩1,340,000이고, 매입액은 ₩1,260,000이다.
- 7월 1일 현재 F.O.B. 선적지인도조건으로 매입하여 운송 중인 상품 ₩4,000이 있다.

① ₩73,200
② ₩74,400
③ ₩93,300
④ ₩94,500
⑤ ₩104,200

23
상중하

㈜한국의 20×1년 재고자산 자료가 다음과 같을 때, ㈜한국의 20×1년 매출액은?

• 기초상품재고	₩20,000
• 당기매입액	₩100,000
• 기말상품재고	₩40,000
• 매출총이익률	20%

① ₩66,000 ② ₩72,000

③ ₩80,000 ④ ₩88,000

⑤ ₩100,000

24
상중하

㈜한국은 실지재고조사법을 적용하고 있으며, 20×1년 12월 31일 화재로 인해 창고에 보관하고 있던 재고자산 일부가 소실되었다. ㈜한국의 과거 매출총이익률은 25%이고, 20×1년 중 재고자산 거래 내역이 다음과 같을 때, 기말재고자산 추정액은?

• 총매출액	₩215,000	• 총매입액	₩140,000
• 매입환출	₩5,000	• 기초재고자산	₩18,000
• 매출에누리	₩20,000	• 매입할인	₩13,000
• 매입운임	₩10,000	• 매출환입	₩15,000

① ₩5,000 ② ₩8,000

③ ₩15,000 ④ ₩20,000

⑤ ₩25,000

25
상중하

㈜한국의 창고에 화재가 발생하여 재고자산의 일부가 소실되었다. 남아있는 재고 자산의 순실현가능가치는 ₩20,000이다. ㈜한국의 기초재고자산은 ₩400,000이고 화재 발생 직전까지 재고자산 매입액은 ₩1,600,000이며 매출액은 ₩2,000,000 이었다. ㈜한국의 과거 3년 평균 매출총이익률이 25%일 경우 재고자산 화재손실 추정액은?

① ₩380,000 ② ₩400,000

③ ₩440,000 ④ ₩480,000

⑤ ₩500,000

26 ㈜한국의 재고자산과 관련한 자료가 다음과 같을 때, 홍수로 소실된 상품의 추정원가는?

- 20×1년 1월 1일 기초상품재고액은 ₩250,000이다.
- 20×1년 7월 31일 홍수가 발생하여 ₩150,000의 상품만 남고 모두 소실되었다.
- 20×1년 7월 31일까지 당기상품매입액은 ₩1,300,000이다.
- 20×1년 7월 31일까지 당기매출액은 ₩1,200,000이다.
- ㈜한국의 매출총이익률은 20%이다.
---

① ₩200,000
② ₩260,000
③ ₩440,000
④ ₩500,000
⑤ ₩590,000

27 다음 자료에서 기초재고액을 구하면 얼마인가?

| 당기매입액 | ₩2,500,000 | 당기매출액 | ₩3,000,000 |

기초재고액은 기말재고액의 80%이며 매출총이익률은 30%이다.
---

① ₩900,000
② ₩1,200,000
③ ₩2,000,000
④ ₩1,600,000
⑤ ₩3,400,000

28 ㈜한국의 20×1년 재고자산 자료가 다음과 같을 때, ㈜한국의 20×1년 매출액은?

- 기초상품재고   ₩2,000
- 당기매입액   ₩10,000
- 기말상품재고   ₩4,000
- 매출원가에 가산되는 이익률   10%
---

① ₩6,600
② ₩7,200
③ ₩8,000
④ ₩8,800
⑤ ₩10,800

29 ㈜우리는 20×9년 기말에 감사를 실시한 결과, 회계담당자가 매출채권 회수대금 중 일부를 횡령한 사실을 발견하였다. 감사결과 기말 매출채권 잔액은 ₩15,000으로 확인되었고, 이 회사는 매출원가에 25%의 이익을 가산한 가격으로 신용판매하고 있다. 다음의 자료를 이용하여 회계담당자가 횡령한 금액을 추정하면?

기초상품재고액	₩30,000	당기 상품매입액	₩90,000
당기 매출채권회수금액	₩100,000	기초매출채권	₩10,000
기말상품재고액	₩20,000		

① ₩10,000   ② ₩15,000
③ ₩20,000   ④ ₩25,000
⑤ ₩35,000

30 다음은 상품매매기업인 ㈜한국의 재고자산에 대한 자료이다. 실지재고조사법에 따른 결산수정분개로 옳은 것은?

• 기초상품재고액 : ₩1,000	• 당기상품매입액 : ₩6,000
• 기말상품재고액 : ₩2,000	

① (차) 상   품   ₩2,000   (대) 매   입   ₩7,000
        매 출 원 가   ₩5,000
② (차) 매   입   ₩5,000   (대) 매 출 원 가   ₩5,000
③ (차) 매   입   ₩6,000   (대) 매 출 원 가   ₩7,000
        상   품   ₩1,000
④ (차) 상   품   ₩2,000   (대) 상   품   ₩1,000
        매 출 원 가   ₩5,000   매   입   ₩6,000
⑤ 결산수정분개 없음

31 상중하 ㈜한국의 20×1년 상품 A의 거래내역은 다음과 같다. 상품 A에 대하여 계속기록법에 의한 선입선출법을 사용할 경우 20×1년 매출원가는?

일 자	내 용	수 량	매입단가
1. 1	기초재고	200개	₩1,000
3. 8	매입	300개	₩1,200
5. 27	판매	400개	—
6. 16	매입	700개	₩1,300
9. 21	판매	300개	—

① ₩360,000

② ₩440,000

③ ₩650,000

④ ₩700,000

⑤ ₩820,000

32 상중하 다음은 계속기록법을 적용하고 있는 ㈜한국의 20×1년 재고자산에 대한 거래 내역이다. 선입선출법을 적용한 경우의 매출원가는?

일 자	적 요	수량(개)	단위당원가
1월 1일	기초재고	100	₩11
5월 1일	판매	30	
7월 1일	매입	50	₩20
8월 1일	판매	90	
11월 1일	매입	150	₩30
12월 1일	판매	140	

① ₩1,200

② ₩2,860

③ ₩5,400

④ ₩5,800

⑤ ₩6,160

33
㈜여수는 실지재고조사법에 의해 기말재고수량을 파악하고 원가흐름에 대한 가정으로 선입선출법을 적용한다. 20×1년 재고자산과 관련된 자료는 다음과 같다.

거래내용	수량(개)	단가(₩)	원가(₩)
기초재고	100	10	1,000
1차 매입	500	12	6,000
2차 매입	400	15	6,000
합 계	1,000		13,000

㈜여수의 20×1년 회계기간의 판매량은 700개, 기말재고는 300개이며, 단위당 판매가격은 ₩20으로 일정하였다. ㈜여수의 20×1년 매출총이익은?

① ₩4,400
② ₩4,700
③ ₩4,900
④ ₩5,500
⑤ ₩6,500

34
다음은 ㈜한국의 20×1년 상품 매입 및 매출 관련 자료이다. 선입선출법을 적용할 경우, 20×1년도 기말재고자산과 매출총이익을 바르게 연결한 것은? (단, 재고자산 감모 및 평가손실은 발생하지 않았으며, 재고자산 수량결정은 계속기록법에 의한다)

일 자	구 분	수 량	단 가
1월 1일	기초재고	20개	₩150
5월 1일	매입	30개	₩200
7월 1일	매출	25개	₩300
9월 1일	매입	20개	₩180
11월 1일	매출	25개	₩320

	기말재고자산	매출총이익
①	₩3,000	₩5,900
②	₩3,000	₩6,500
③	₩3,600	₩5,900
④	₩3,600	₩6,500
⑤	₩3,900	₩6,500

35 다음은 ㈜한국의 1월 동안 거래내역이다. 선입선출법과 이동평균법에 따라 계산된
상중하 매출원가는?

일 자	구 분	수량(개)	단 가
1월 1일	기초	50	₩100
1월 10일	매입	150	₩108
1월 15일	판매	120	₩160

	선입선출법	이동평균법
①	₩12,960	₩12,840
②	₩12,560	₩12,840
③	₩12,720	₩12,560
④	₩12,840	₩12,720
⑤	₩12,560	₩12,720

36 다음은 ㈜한국의 20×1년 6월 중 재고자산의 매입 및 매출과 관련된 자료이다. 선
상중하 입선출법과 가중평균법을 적용한 매출원가는? (단, 재고수량 결정은 실지재고조사
법에 따른다)

구 분	수 량	×	단 가	=	금 액
기초재고(6월 1일)	12		₩100		₩1,200
당기매입 :					
6월 10일	20		₩110		₩2,200
6월 15일	20		₩130		₩2,600
6월 26일	8		₩150		₩1,200
판매가능액	60				₩7,200
당기매출 :					
6월 12일	24				
6월 25일	20				
기말재고(6월 30일)	16				

	선입선출법	가중평균법
①	₩4,960	₩5,014
②	₩4,960	₩5,280
③	₩5,560	₩5,014
④	₩5,560	₩5,280
⑤	₩5,280	₩4,960

37 ㈜한국의 7월 상품 매매거래는 다음과 같다. 7월의 매출원가와 7월 말의 상품재고에 관한 설명으로 옳은 것은? (단, 장부상 기말재고는 실지재고수량과 일치한다)

7월 1일	월초재고	10개 (단위당 ₩20)
7월 5일	매 입	40개 (단위당 ₩21)
7월 15일	매 출	30개
7월 20일	매 입	50개 (단위당 ₩22)
7월 30일	매 출	40개

① 7월 15일자 매출에 대한 선입선출법의 매출원가는 이동평균법의 매출원가보다 ₩4이 더 많다.

② 7월 30일자 매출에 대한 선입선출법의 매출원가는 이동평균법이나 후입선출법의 매출원가보다 많다.

③ 선입선출법의 월말재고액이 총평균법의 월말 재고액보다 ₩18이 더 많다.

④ 선입선출법의 월말재고액은 이동평균법이나 후입선출법의 월말재고액보다 적다.

⑤ 선입선출법에 의한 7월의 매출총이익은 후입선출법보다 적다.

38 다음은 20×4년 초 개업한 한국백화점의 2년간 자료이다. 이 백화점은 지난 2년 동안 재고 자산을 후입선출법으로 평가해 왔다. 만약 한국백화점이 20×4년부터 선입선출법을 사용해왔다면 20×5년도의 순이익은?

	20×4	20×5
후입선출법 당기순이익	₩70,000	₩120,000
선입선출법 기말재고액	₩210,000	₩350,000
후입선출법 기말재고액	₩160,000	₩310,000

① ₩110,000

③ ₩120,000

⑤ ₩150,000

② ₩130,000

④ ₩100,000

39 다음 자료를 이용하여 평균법에 의한 매가환원법을 적용하여 기말재고자산을 평가하면?

	원 가	매 가
기초재고	₩20,000	₩30,000
당기매입	₩220,000	₩350,000
가격인상		₩30,000
가격인하		₩10,000
매출액		₩300,000

① ₩60,000

② ₩100,000

③ ₩108,000

④ ₩120,000

⑤ ₩125,000

40 다음 자료로 전통소매재고조사법에 의한 기말재고액을 계산하면 얼마인가?

	원 가	매 가
• 기초재고액	₩600,000	₩700,000
• 당기매입액	₩1,200,000	₩2,100,000
• 순 인 상 액		₩200,000
• 순 인 하 액		₩100,000
• 당기매출액		₩2,000,000

① ₩337,500

② ₩400,000

③ ₩425,500

④ ₩450,000

⑤ ₩540,000

41 〈보기〉의 자료를 이용하여 계산한 ㈜서울의 기말재고자산의 원가는?

상중하

> **보기**
>
> • ㈜서울의 재고자산평가방법은 원가기준 가중평균 소매재고법이다.
> • ㈜서울은 비정상파손품의 원가는 매출원가에 포함하지 않는다.

항 목	원 가	판매가
기초재고자산	₩1,000	₩1,500
당기매입액	₩20,000	₩24,000
매출액		₩22,000
순인상액		₩1,300
순인하액		₩700
정상파손		₩1,000
비정상파손	₩1,000	₩1,100

① ₩1,500 ② ₩1,600
③ ₩1,700 ④ ₩1,800
⑤ ₩2,000

42 ㈜한국은 원가기준 소매재고법을 사용하고 있으며, 원가흐름은 선입선출법을 가정하고 있다. 다음 자료를 근거로 한 기말재고자산 원가는?

상중하

구 분	원 가	판매가
기초재고	₩1,200	₩3,000
당기매입액	₩14,900	₩19,900
매출액		₩20,000
인상액		₩270
인상취소액		₩50
인하액		₩180
인하취소액		₩60
종업원할인		₩200

① ₩1,890 ② ₩1,960
③ ₩2,086 ④ ₩2,235
⑤ ₩3,025

43 ㈜한국은 평균원가 소매재고법으로 재고자산을 평가하고 있으며, 모든 상품에 대하여 동일한 이익률을 적용하고 있다. 최근 도난 사건이 빈발하자, 재고관리 차원에서 재고조사를 실시한 결과 기말재고는 판매가격기준으로 ₩12,000이었다. 다음 자료를 이용할 때, 당기 도난 상품의 원가 추정액은?

구 분	원 가	판매가격
기초재고	₩4,000	₩5,000
당기매입	₩32,000	₩40,000
당기매출		₩30,000

① ₩2,400
② ₩2,600
③ ₩2,800
④ ₩3,000
⑤ ₩3,400

44 재고자산에 대한 설명으로 옳지 않은 것은?

① 재고자산은 취득원가와 순실현가능가치 중 낮은 금액으로 측정하고, 취득원가는 매입원가, 전환원가 및 재고자산을 현재의 장소에 현재의 상태로 이르게 하는 데 발생한 기타 원가 모두를 포함한다.

② 재고자산을 순실현가능가치로 감액하는 저가법은 항목별로 적용한다. 그러나 경우에 따라서는 서로 비슷하거나 관련된 항목들을 통합하여 적용하는 것이 적절할 수 있다.

③ 재고자산의 순실현가능가치가 상승한 증거가 명백한 경우 최초의 장부금액을 초과하지 않는 범위 내에서 평가손실을 환입한다. 그 결과 새로운 장부금액은 취득원가와 수정된 순실현가능가치 중 큰 금액이 된다.

④ 순실현가능가치의 상승으로 인한 재고자산 평가손실의 환입은 환입이 발생한 기간의 비용으로 인식된 재고자산 금액의 차감액으로 인식한다.

⑤ 완성될 제품이 원가 이상으로 판매될 것으로 예상하는 경우에는 그 생산에 투입하기 위해 보유하는 원재료 및 기타 소모품을 감액하지 아니한다. 그러나 원재료 가격이 하락하여 제품의 원가가 순실현가능가치를 초과할 것으로 예상된다면 해당 원재료를 순실현가능가치로 감액한다.

45
상중하

㈜한국의 20×1년 12월 31일 재고자산 관련 자료는 다음과 같다.

- 장부상 재고수량 5,000개
- 실지재고 조사수량 4,500개
- 재고자산 단위당 취득원가 ₩500/개
- 재고자산 단위당 순실현가능가치 ₩350/개

㈜한국이 20×1년 12월 31일에 인식해야 할 재고자산감모손실과 재고자산평가손실을 바르게 연결한 것은?

	재고자산감모손실	재고자산평가손실
①	₩175,000	₩175,000
②	₩175,000	₩750,000
③	₩250,000	₩675,000
④	₩250,000	₩750,000
⑤	₩275,000	₩675,000

46
상중하

㈜한국의 20×1년 말 재고자산(상품) 관련 자료는 다음과 같다.

• 장부상 재고수량	1,100개
• 실지재고 조사수량	1,000개
• 재고자산감모손실	₩50,000
• 재고자산평가손실	₩40,000

㈜한국의 20×1년 말 재고자산(상품)의 단위당 순실현가능가치는?

① ₩40
② ₩460
③ ₩500
④ ₩540
⑤ ₩640

47 ㈜서영의 20×4년 기말재고자산 현황은 다음과 같다. 재고자산의 평가에 대한 회계처리로 옳은 것은? (단, 현재 재고자산평가충당금 잔액은 없으며 각각의 상품은 서로 유사하거나 관련이 없다)

	기말재고수량	단위당취득원가	단위당 순실현가능가액
상품A	100개	@₩100	@₩90
상품B	200개	@₩200	@₩210
상품C	300개	@₩300	@₩280

① (차) 재고자산평가차손   ₩1,000   (대) 재고자산평가충당금   ₩1,000
② (차) 재고자산평가충당금 ₩5,000   (대) 재고자산평가충당금   ₩5,000
③ (차) 재고자산평가차손   ₩6,000   (대) 재고자산평가충당금   ₩6,000
④ (차) 재고자산평가차손   ₩7,000   (대) 재고자산평가충당금   ₩7,000
⑤ (차) 재고자산평가충당금 ₩7,000   (대) 재고자산평가충당금환입 ₩7,000

48 ㈜한국은 재고자산을 항목별 저가기준으로 평가하고 있다. 아래의 기말 자료를 이용하여 재고자산평가손실을 구하면 얼마인가?

항 목	재고수량	단위당 취득원가	단위당 추정판매가격	단위당 추정판매비용
A	120개	₩4,000	₩5,500	₩600
B	150개	₩3,400	₩3,400	₩500
C	130개	₩2,300	₩2,500	₩300
D	100개	₩3,500	₩4,600	₩600

① ₩88,000
② ₩89,000
③ ₩98,000
④ ₩99,000
⑤ ₩109,000

49
상중하

㈜서울은 재고자산의 평가를 저가법에 의하여 실시하고 있다. ㈜서울의 기말재고자산에 대한 자료가 다음과 같은 경우 종목기준과 총액기준에 의하여 재고자산을 평가하면 기말재고자산가액은 각각 얼마인가?

종 목	재고량	단위당취득원가	추정판매단가	단위당 판매비
A	100개	₩3,000	₩4,000	₩500
B	80개	₩4,500	₩5,000	₩1,000
C	30개	₩2,000	₩3,000	₩1,000
D	20개	₩4,000	₩4,500	₩1,500

	종목기준	총계기준
①	₩740,000	₩790,000
②	₩740,000	₩800,000
③	₩790,000	₩800,000
④	₩800,000	₩790,000
⑤	₩840,000	₩490,000

50
상중하

㈜한국의 기말재고자산평가충당금은?

• 재고자산은 실지재고조사법과 총평균법 적용	
• 기말재고자산 장부상 취득단가	₩85/개
• 기말재고자산 현행대체원가	₩74/개
• 기말재고자산 순실현가치	₩83/개
• 기말재고자산(장부수량)	480개
• 기말재고자산(실사수량)	476개
• 기초재고자산평가충당금	₩0

① ₩0

② ₩340

③ ₩952

④ ₩1,235

⑤ ₩5,236

51 ㈜한국의 20×1년 재고자산 관련 자료가 다음과 같을 때, ㈜한국의 20×1년 재고자산 매입액은? (단, 재고자산평가손실과 원가성 있는 재고자산감모손실은 포괄손익계산서의 매출원가에 포함한다)

• 기초재고자산	₩50,000
• 기말 장부상 재고자산 수량	110단위
• 기말 실제 재고자산 수량	100단위
• 기말 장부상 재고자산의 단위당 원가	₩1,000
• 기말재고자산의 단위당 순실현가능가치	₩950
• 20×1년 포괄손익계산서상 매출원가	₩651,000
• 재고자산감모손실 중 40%는 원가성 없음	

① ₩689,000
② ₩694,000
③ ₩700,000
④ ₩702,000
⑤ ₩750,000

52 ㈜한국의 20×1년 손익관련 자료는 다음과 같다.

• 매출액	₩4,400,000
• 기초재고자산	₩1,000,000
• 매입액	₩3,000,000
• 20×1년 말 장부상 재고자산은 ₩2,500,000(2,500개, @₩1,000)이었으나, 실사결과 재고자산은 ₩1,800,000(2,000개, @₩900)이다.	

20×1년도 ㈜한국의 당기순이익은?

① ₩1,000,000
② ₩1,700,000
③ ₩1,800,000
④ ₩2,000,000
⑤ ₩2,200,000

53
상중하

㈜한국의 20×4년 재고자산 관련 자료는 다음과 같다.

• 기초재고액	₩10,000	• 당기순매입액	₩100,000
• 기말재고자산(장부수량)	100개	• 장부상 취득단가	₩500/개
• 기말재고자산(실사수량)	90개	• 추정판매가액	₩450/개
• 현행대체원가	₩380/개	• 추정판매수수료	₩50/개

㈜한국은 재고자산감모손실 중 40%를 정상적인 감모로 간주하며, 재고자산평가손실과 정상적 재고자산감모손실을 매출원가에 포함한다. ㈜한국이 20×4년 포괄손익계산서에 보고할 매출원가는? (단, 재고자산은 계속기록법을 적용하며 기초재고자산의 재고자산평가충당금은 ₩0이다)

① ₩60,000

② ₩71,000

③ ₩75,000

④ ₩79,000

⑤ ₩85,000

10 유형자산

Chapter

연계학습 기본서 p.299~363

단·원·열·기

본 장은 매년 4~5문제가 출제된다. 유형자산은 재고자산과 함께 자산 중에서 가장 출제비중이 높은 단원이다. 계산문제 뿐만 아니라 이론문제도 출제된다. 계산문제는 '취득원가', '감가상각비', '처분손익', '재평가손익' '손상차손(환입)'의 계산문제가 출제된다. 따라서 재고자산과 마찬가지로 꼼꼼하게 학습하여야 한다.

대표문제 상중하

유형자산에 대한 설명으로 옳지 않은 것은?

① 유형자산의 일상적인 수선·유지와 관련하여 발생하는 원가는 해당 유형자산의 장부금액에 포함하여 인식하지 아니한다.

② 안전 또는 환경상의 이유로 취득하는 유형자산은 다른 자산에서 미래경제적효익을 얻기 위해 필요한 경우에도 그 자체로는 미래경제적효익을 얻을 수 없으므로 자산으로 인식하지 아니한다.

③ 유형자산으로 인식되기 위해서는 자산으로부터 발생하는 미래경제적효익이 기업에 유입될 가능성이 높아야 한다.

④ 유형자산으로 인식되기 위해서는 자산의 원가를 신뢰성 있게 측정할 수 있어야 한다.

⑤ 기업은 최초 인식시점 이후 원가모형이나 재평가모형 중 하나를 회계정책으로 선택하여 유형자산의 유형별로 동일하게 적용한다.

해설

② 안전 또는 환경상의 이유로 취득하는 유형자산은 그 자체로는 직접적인 미래경제적효익을 얻을 수 없지만, 다른 자산에서 미래경제적효익을 얻기 위하여 필요할 수 있다. 이러한 유형자산은 당해유형자산을 취득하지 않았을 경우보다 관련 자산으로부터 미래경제적효익을 더 많이 얻을 수 있게 해주기 때문에 자산으로 인식할 수 있다.

✓ 정답 ②

01 유형자산의 원가를 구성하는 것은?

상중하

① 새로운 시설을 개설하는 데 소요되는 원가

② 경영진이 의도한 방식으로 유형자산을 가동할 수 있는 장소와 상태에 이르게 하는 동안에 재화가 생산된다면 그러한 재화를 판매하여 얻은 매각금액과 그 재화의 원가

③ 유형자산이 경영진이 의도하는 방식으로 가동될 수 있으나 아직 실제로 사용되지는 않고 있는 경우 또는 가동수준이 완전조업도 수준에 미치지 못하는 경우에 발생하는 원가

④ 자산을 해체, 제거하거나 부지를 복구하는 데 소요될 것으로 최초에 추정되는 원가

⑤ 기업의 영업 전부 또는 일부를 재배치하거나 재편성하는 과정에서 발생하는 원가

02 유형자산의 취득원가에 대한 설명으로 옳지 않은 것은?

상중하

① 지상 건물이 있는 토지를 일괄취득하여 구 건물을 계속 사용할 경우 일괄구입가격을 토지와 건물의 공정가액에 따라 배분한다.

② 토지의 취득 시 중개수수료, 취득세, 등록세와 같은 소유권 이전비용은 토지의 취득원가에 포함한다.

③ 기계장치를 취득하여 기계장치를 의도한 용도로 사용하기 적합한 상태로 만들기 위해서 지출한 시운전비는 기계장치의 취득원가에 포함한다.

④ 건물 신축을 목적으로 건물이 있는 토지를 일괄취득한 경우, 구 건물의 철거비용은 신축 건물의 취득원가에 가산한다.

⑤ 유형자산이 정상적으로 작동되는지 여부를 시험하는 과정에서 발생하는 시험원가도 취득원가에 포함한다.

03 유형자산의 회계처리에 관한 설명으로 옳은 것은?

① 기업이 판매를 위해 1년 이상 보유하며, 물리적 실체가 있는 것은 유형자산으로 분류된다.

② 유형자산과 관련된 산출물에 대한 수요가 형성되는 과정에서 발생하는 초기 가동손실은 취득원가에 포함한다.

③ 유형자산의 제거로 인하여 발생하는 손익은 총매각금액과 장부금액의 차이로 결정한다.

④ 기업은 유형자산 전체에 대해 원가모형이나 재평가모형 중 하나를 회계정책으로 선택하여 동일하게 적용한다.

⑤ 유형자산의 감가상각방법과 잔존가치, 그리고 내용연수는 적어도 매 회계연도 말에 재검토한다.

04 한국채택국제회계기준서에 의할 때 유형자산의 취득원가 결정에 관한 설명 중 옳지 않은 것은?

① 자산의 취득, 건설, 개발에 따른 복구비용에 대한 충당부채는 유형자산을 취득하는 시점에서 해당 유형자산의 취득원가에 반영하는 것을 원칙으로 한다.

② 유형자산을 장기후불조건으로 구입하거나, 대금지급기간이 일반적인 신용기간보다 긴 경우 취득원가는 취득시점의 현금구입가격으로 한다.

③ 취득세, 등록세 등 유형자산의 취득과 직접 관련된 제세공과금은 유형자산의 취득원가에 반영한다.

④ 건물을 신축하기 위하여 회사가 사용중인 기존 건물을 철거하는 경우 철거비용은 토지의 취득원가에 반영한다.

⑤ 현물출자로 취득한 자산의 가액은 공정가치를 취득원가로 한다.

05 유형자산의 취득과 관련하여 경영진이 의도하는 방식으로 자산을 가동하는데 필요한 장소와 상태에 이르게 하는데 직접 관련되는 원가가 아닌 것은?

① 유형자산의 건설과 직접적으로 관련되어 발생한 종업원급여

② 설치장소 준비 원가

③ 관리 및 기타 일반간접원가

④ 최초의 취급 관련 원가

⑤ 설치원가 및 조립원가

06 다음 자료의 토지 취득원가는?

상중하

> • 토지구입비 ₩500,000, 취득세 ₩20,000을 지급하였다.
> • 토지구입을 위한 조사비용 ₩15,000, 감정평가 비용 ₩20,000을 지급하였다.
> • 토지 정지작업 중에 발견된 폐기물을 몰래 투기하여 범칙금 ₩5,000을 지급하였다.

① ₩520,000
② ₩545,000
③ ₩550,000
④ ₩555,000
⑤ ₩560,000

07 ㈜한국은 공장건물을 신축하기 위하여 토지를 구입하고 토지 위에 있는 낡은 건물을 철거하였다. 토지의 취득원가는?

상중하

토지구입대금	₩500,000
토지구입에 따른 취득세	₩30,000
낡은 건물 철거비	₩50,000
낡은 건물 철거에 따른 고철 매각대금	₩20,000
토지 정지비	₩100,000
신축 공장건물 설계비	₩50,000

① ₩500,000
② ₩530,000
③ ₩600,000
④ ₩660,000
⑤ ₩680,000

08 20×1년 ㈜한국의 사옥건설을 위해 매입한 토지와 건물신축과 관련된 금액이 다음
과 같을 때, 토지의 취득원가는? (단, 토지 진입로는 영구적이나 울타리는 내용연
수가 5년이다)

내 역	금액(₩)
구건물 포함 토지 매입대금	3,000
구건물 철거비	500
구건물 철거 시 발생한 고철 매각대금	300
울타리 공사비	1,000
건물을 신축한 건설회사에 지급한 건설원가	6,000
토지진입로 공사비	1,000
건물 건설 계약금	500
토지 취득 시 부담하기로 한 미지급 재산세	50
토지 취득 중개수수료	100
건축설계비	500
신축건물 지정차입금의 건설기간 이자비용	100
취득 후 토지분재산세	200

① ₩4,350
② ₩4,500
③ ₩4,550
④ ₩5,500
⑤ ₩5,750

09

㈜한국은 20×1년 초 토지, 건물 및 기계장치를 일괄취득하고 현금 ₩1,500,000을 지급하였다. 취득일 현재 자산의 장부금액과 공정가치가 다음과 같을 때, 각 자산의 취득원가는? (단, 취득 자산은 철거 혹은 용도변경 없이 계속 사용한다)

구 분	장부금액	공정가치
토 지	₩1,095,000	₩1,350,000
건 물	₩630,000	₩420,000
기계장치	₩380,000	₩230,000

	토 지	건 물	기계장치
①	₩1,350,000	₩420,000	₩230,000
②	₩1,095,000	₩630,000	₩380,000
③	₩1,095,000	₩315,000	₩162,500
④	₩1,012,500	₩315,000	₩172,500
⑤	₩1,012,500	₩300,000	₩187,500

10

㈜한국은 20×1년 초에 토지를 새로 구입한 후, 토지 위에 새로운 사옥을 건설하기로 하였다. 이를 위해 토지 취득 후 토지 위에 있는 창고건물을 철거하였다. 토지의 취득 후 바로 공사를 시작하였으며, 토지 취득 및 신축 공사와 관련된 지출내역은 다음과 같다. 20×1년 12월 31일 현재 사옥 신축공사가 계속 진행 중이라면 건설 중인 자산으로 계상할 금액은?

• 토지의 구입가격	₩20,000
• 토지의 구입에 소요된 부대비용	₩1,300
• 토지 위의 창고 철거비용	₩900
• 새로운 사옥의 설계비	₩2,000
• 기초공사를 위한 땅 굴착비용	₩500
• 건설자재 구입비용	₩4,000
• 건설자재 구입과 직접 관련된 차입금에서 발생한 이자	₩150
• 건설 근로자 인건비	₩1,700

① ₩8,200
② ₩8,350
③ ₩9,100
④ ₩9,250
⑤ ₩10,150

11
상중하

㈜한국은 공장 건물을 신축하기 위해 ㈜대한으로부터 장부가액이 각각 ₩50,000과 ₩100,000인 건물과 토지를 ₩300,000에 일괄 취득하였다. 취득 즉시 ㈜한국은 기존 건물을 철거하면서 철거비 ₩20,000을 지출하였고 공장 건물 신축공사를 시작하였다. ㈜한국이 인식할 토지의 취득원가는?

① ₩200,000   ② ₩220,000
③ ₩300,000   ④ ₩320,000
⑤ ₩620,000

12
상중하

㈜한국은 20×1년 초 ₩10,000을 지급하고 토지와 건물을 일괄 취득하였다. 취득 과정에서 발생한 수수료는 ₩100이며, 취득일 현재 토지와 건물의 공정가치는 각각 ₩6,000으로 동일하다. (1) 취득한 건물을 계속 사용할 경우와 (2) 취득한 건물을 철거하고 새로운 건물을 신축하는 경우의 토지 취득원가는 각각 얼마인가? (단, (2)의 경우 철거비용이 ₩500이 발생했고, 철거 시 발생한 폐기물의 처분수익은 ₩100이었다)

① (1) ₩5,000   (2) ₩10,400
② (1) ₩5,000   (2) ₩10,500
③ (1) ₩5,050   (2) ₩10,400
④ (1) ₩5,050   (2) ₩10,500
⑤ (1) ₩6,000   (2) ₩6,000

13
상중하

㈜한국은 제품생산을 위하여 외국에서 선적지인도조건으로 공작기계를 ₩25,000에 수입하면서 운송비 ₩5,000과 관세 ₩4,000을 지불했다. 공작기계를 수입한 직후 시운전 중에 이 기계의 중대한 결함을 발견하였다. 이에 대해 판매처로부터 ₩3,000을 환불받기로 하고 ㈜한국이 ₩3,000을 지출하여 결함을 복구하였다. 이 공작기계의 취득원가는?

① ₩25,000   ② ₩29,000
③ ₩31,000   ④ ₩34,000
⑤ ₩37,000

14
상중하

㈜서울은 영업부에서 사용하고 있는 **차량운반구**(장부금액 ₩50,000, 공정가치 ₩60,000)와 ㈜한성의 **차량운반구**(장부 금액 ₩65,000, 공정가치 ₩70,000)를 교환하였다. 교환 시 ㈜서울은 현금 ₩15,000을 ㈜한성에 추가로 지급하였다. 동 자산의 교환 시 ㈜서울이 인식할 자산처분손익은? (단, 동 교환거래는 상업적 실질이 있으며, ㈜서울이 보유 하던 차량운반구의 공정가치가 ㈜한성의 차량운반구 공정 가치보다 더 명백하다)

① 손실 ₩5,000
② 손실 ₩10,000
③ 이익 ₩5,000
④ 이익 ₩10,000
⑤ 이익 ₩15,000

15
상중하

㈜한국은 사용 중인 기계장치 A(장부금액 ₩300,000, 공정가치 ₩150,000)를 ㈜대한의 사용 중인 기계장치 B(장부금액 ₩350,000, 공정가치 ₩250,000)와 교환하였으며 공정가치 차액에 대하여 현금 ₩100,000을 지급하였다. 해당 교환거래가 상업적 실질이 존재하는 경우, ㈜한국과 ㈜대한이 각각 인식할 유형 자산처분손실은?

	㈜한국	㈜대한
①	₩100,000	₩100,000
②	₩100,000	₩150,000
③	₩150,000	₩100,000
④	₩150,000	₩150,000
⑤	₩150,000	₩250,000

16
상중하

㈜대한과 ㈜민국은 사용하고 있는 기계장치를 서로 교환하였으며 이 교환은 상업적 실질이 있다. 교환시점에서 기계장치와 관련된 자료는 다음과 같다.

구 분	㈜대한	㈜민국
취득원가	₩700,000	₩600,000
장부금액	₩550,000	₩350,000

기계장치의 교환시점에서 ㈜대한의 공정가치가 ㈜민국의 공정가치보다 더 명백하다. 이 교환거래로 ㈜대한은 ₩100,000의 손실을, ㈜민국은 ₩50,000의 손실을 인식하였다. 동 교환거래는 공정가치 차이만큼 현금을 수수하는 조건이다. ㈜대한이 ㈜민국으로부터 현금을 수령하였다고 가정할 경우, ㈜대한이 수령한 현금액은? (단, 교환거래로 발생한 손익은 제시된 손익 이외에는 없다)

① ₩100,000

② ₩150,000

③ ₩250,000

④ ₩400,000

⑤ ₩450,000

17
상중하

㈜대한은 20×1년 1월 1일 컴퓨터 A를 취득하였다.(취득원가 ₩2,100,000, 잔존가치 ₩100,000, 내용연수 5년, 정액법 상각) 20×3년 1월 1일 ㈜대한은 사용하고 있는 컴퓨터 A를 ㈜민국의 신형 컴퓨터 B와 교환하면서 현금 ₩1,500,000을 추가로 지급하였다. 교환 당시 컴퓨터 A의 공정가치는 ₩1,325,450이며, 이 교환은 상업적 실질이 있다. ㈜대한이 인식할 유형자산처분손익은?

① 처분손실 ₩25,450

② 처분이익 ₩25,450

③ 처분손실 ₩65,450

④ 처분이익 ₩65,450

⑤ 처분이익 ₩75,750

18
상종하

㈜종로는 20×4년 1월 1일 정부로부터 정부보조금 ₩2,500,000을 지원받아 기계장치(취득가액 ₩10,000,000, 내용년수 5년, 잔존가치 없음)를 취득하였다. 기계장치를 정액법으로 상각할 경우, 20×4년에 인식할 감가상각비는 얼마인가?

① ₩500,000

② ₩1,500,000

③ ₩2,000,000

④ ₩2,500,000

⑤ ₩3,000,000

19
상종하

㈜한국은 20×1년 10월 1일 ₩100,000의 정부보조금을 받아 ₩1,000,000의 설비자산을 취득(내용연수 5년, 잔존가치 ₩0, 정액법 상각)하였다. 정부보조금은 설비자산을 6개월 이상 사용한다면 정부에 상환할 의무가 없다. 20×3년 4월 1일 동자산을 ₩620,000에 처분한다면 이때 처분손익은? (단, 원가모형을 적용하며 손상차손은 없는 것으로 가정한다)

① 처분손실 ₩10,000

② 처분이익 ₩10,000

③ 처분손실 ₩80,000

④ 처분이익 ₩80,000

⑤ 처분손실 ₩100,000

20
상종하

㈜한국은 20×1년 초에 상환의무가 없는 정부보조금 ₩100,000을 수령하여 기계장치를 ₩200,000에 취득하였으며, 기계장치에 대한 자료는 다음과 같다.

• 내용연수 : 5년	• 잔존가치 : ₩0
• 감가상각방법 : 정액법	

정부보조금을 자산의 장부금액에서 차감하는 방법으로 회계처리 할 때, 20×1년 말 재무상태표에 표시될 기계장치의 장부금액은?

① ₩60,000

② ₩80,000

③ ₩100,000

④ ₩160,000

⑤ ₩200,000

21 ㈜한국은 20×1년 초 내용연수 종료 후 원상복구 의무가 있는 구축물을 ₩500,000
에 취득하였다. 내용연수 종료시점의 복구비용은 ₩100,000이 소요될 것으로 추정
되며, 복구비용의 현재가치 계산에 적용될 할인율은 연 10%이다. 구축물에 대한
자료가 다음과 같을 때, 20×1년도 감가상각비와 복구충당부채전입액은? (단, 이자
율 10%, 5기간에 대한 단일금액 1의 현재가치는 0.6209이다)

• 내용연수 : 5년	• 잔존가치 : ₩50,000
• 감가상각방법 : 정액법	

	감가상각비	복구충당부채전입액
①	₩90,000	₩6,209
②	₩90,000	₩20,000
③	₩110,000	₩6,209
④	₩102,418	₩6,209
⑤	₩102,418	₩20,000

22 ㈜한국은 20×1년 초 ₩720,000에 구축물을 취득(내용연수 5년, 잔존가치 ₩20,000,
정액법 상각)하였으며, 내용연수 종료 시점에 이를 해체하여 원상복구 해야 할 의
무가 있다. 20×1년 초 복구비용의 현재가치는 ₩124,180으로 추정되며 이는 충당
부채의 요건을 충족한다. 복구비용의 현재가치 계산에 적용한 할인율이 10%일 때
옳지 않은 것은? (단, 소수점 발생 시 소수점 아래 첫째자리에서 반올림한다)

① 20×1년 초 구축물의 취득원가는 ₩844,180이다.
② 20×1년 말 복구충당부채전입액(또는 이자비용)은 ₩12,418이다.
③ 20×1년 말 복구충당부채는 ₩136,598이다.
④ 20×1년 말 인식할 비용 총액은 ₩152,418이다.
⑤ 20×1년 말 구축물의 장부금액은 ₩679,344이다.

23
상중하

㈜서울은 20×1년 1월 1일에 구축물을 ₩100,000에 취득하였다. 동 구축물은 내용연수가 종료되는 시점에 원상복구해야 한다. 구축물의 내용연수는 5년, 잔존가치는 없으며 정액법으로 감가상각한다. ㈜서울은 복구비용으로 지출할 금액을 ₩30,000으로 예상하였으며 복구비용의 현재가치는 ₩18,600이었다. ㈜서울이 실제 복구 시에 지출한 금액은 ₩30,000이다. 복구 의무가 없을 경우와 비교하여 ㈜서울이 5년 동안 추가로 인식해야 하는 총비용은?

① ₩18,600   ② ₩30,000

③ ₩60,000   ④ ₩100,000

⑤ ₩118,600

24
상중하

㈜한국은 기계를 구입하였는데 향후 5년 동안 매년도 말에 ₩10,000씩 지급하기로 하였다. 이자율이 15%일 때 기계의 취득원가는 얼마로 기록해야 하는가?

> - 이자율 15%, 기간 5년, ₩1의 연금현재가치 ₩3.35
> - 이자율 15%, 기간 5년, ₩1의 연금미래가치 ₩6.74
> - 이자율 15%, 기간 5년, ₩1의 현재가치 ₩0.50

① ₩16,750   ② ₩50,000

③ ₩25,000   ④ ₩67,400

⑤ ₩33,500

25
상중하

적격자산의 취득, 건설 또는 생산과 직접 관련된 차입원가는 당해 자산원가의 일부로 자본화하여야 한다. 다음 중 적격자산의 범위에 해당되지 않은 것은?

① 투자부동산

② 제조설비자산

③ 금융자산

④ 무형자산

⑤ 생산용식물

26 취득과 직접 관련된 차입원가를 자본화하여야 하는 적격자산이 아닌 것은?
상종하

① 금융자산
② 장기간 동안 생산되는 재고자산
③ 투자부동산
④ 제조설비자산
⑤ 전력생산설비

27 유형자산에 대한 후속 원가의 예로 그 성격이 다른 것은? (단, 후속 원가는 신뢰성
상종하 있게 측정할 수 있다)

① 기계장치의 생산량을 증가시킬 것으로 기대되는 부품의 부착
② 내용연수를 연장시킬 것으로 기대되는 기존 부품의 교체
③ 기계설비의 성능을 증가시킬 것으로 기대되는 핵심 부품의 교체
④ 자동차의 성능을 유지시킬 것으로 기대되는 윤활유의 교체
⑤ 기계장치의 재배치비용(미래효익이 존재할 것으로 예상됨)

28 유형자산을 분류되는 아파트 관리시설의 수선·유지, 교체 등과 관련하여 발생하
상종하 는 후속원가의 회계처리로 옳지 않은 것은?

① 일상적인 수선·유지를 위한 사소한 부품의 교체원가는 자산으로 인식될
  수 없다.
② 시설 일부에 대한 교체로 인해 관리의 효율이 향상되고 교체원가가 자산인
  식기준을 충족한다면 자산으로 인식한다.
③ 시설에 대한 정기적인 종합검사원가는 자산인식기준을 충족하더라도 비용
  으로 처리한다.
④ 일상적인 수선·유지에서 발생하는 원가에는 시설수선·유지 인원의 노무
  비가 포함될 수 있다.
⑤ 자산인식기준을 충족한다면 자산으로 인식한다.

29
상중하

㈜한국은 20×1년 한 해 동안 영업사업부 건물의 일상적인 수선 및 유지를 위해 ₩5,300을 지출하였다. 이 중 ₩3,000은 도색비용이고 ₩2,300은 소모품 교체 비용이다. 또한, 해당 건물의 승강기 설치에 ₩6,400을 지출하였으며 새로운 비품을 ₩9,300에 구입하였다. 위의 거래 중 20×1년 12월 31일 재무상태표에 자산으로 기록할 수 있는 지출의 총액은?

① ₩11,700   ② ₩15,700
③ ₩18,000   ④ ₩21,000
⑤ ₩25,000

30
상중하

유형자산의 감가상각에 대한 설명 중 옳지 않은 것은?

① 유형자산의 기말 공정가치 변동을 반영하기 위해 감가상각한다.
② 감가상각방법은 자산의 미래경제적효익이 소비될 것으로 예상되는 형태를 반영한다.
③ 각 기간의 감가상각액은 다른 자산의 장부금액에 포함되는 경우가 아니라면 당기손익으로 인식한다.
④ 잔존가치, 내용연수, 감가상각방법은 적어도 매 회계연도 말에 재검토한다.
⑤ 감가상각방법은 합리적인 방법을 선택하여 적용할 수 있다.

31
상중하

자산의 감가상각 및 상각에 대한 설명으로 옳지 않은 것은?

① 유형자산을 구성하는 일부의 원가가 당해 유형자산의 전체원가에 비교하여 유의적이라면, 해당 유형자산을 감가상각할 때 그 부분은 별도로 구분하여 감가상각한다.
② 내용연수가 유한한 무형자산의 상각기간과 상각방법은 적어도 매 회계연도 말에 검토한다.
③ 내용연수가 비한정적인 무형자산에 대해 상각비를 인식하지 않는다.
④ 정액법을 적용하여 상각하던 기계장치가 유휴상태가 되면 감가상각비를 인식하지 않는다.
⑤ 가속상각법은 수익·비용의 대응원칙에 부합되는 감가상각방법이다.

32 상중하 다음 중 매기 감가상각비의 차액을 동일하게 나타내는 감가상각방법은?

① 정액법   ② 정률법
③ 연수합계법   ④ 연금법
⑤ 생산량비례법

33 상중하 20×1년 7월 초 ㈜한국은 토지와 건물을 ₩2,400,000에 일괄 취득하였다. 취득 당시 토지의 공정가치는 ₩2,160,000이고, 건물의 공정가치는 ₩720,000이었으며, ㈜한국은 건물을 본사 사옥으로 사용하기로 하였다. 건물에 대한 자료가 다음과 같을 때, 20×1년도에 인식할 감가상각비는? (단, 건물에 대해 원가모형을 적용하며, 월할상각한다)

| • 내용연수 : 5년 | • 잔존가치 : ₩60,000 |
| • 감가상각방법 : 연수합계법 | |

① ₩90,000
② ₩110,000
③ ₩120,000
④ ₩180,000
⑤ ₩220,000

34 상중하 ㈜한국은 20×1년 1월 1일 건물을 ₩110에 취득하였다. 건물의 잔존가치는 ₩10이며, 내용연수는 10년이고, 정액법으로 감가상각을 하기로 하였다. 해당 건물에 대한 감가상각과 관련한 설명으로 옳지 않은 것은?

① 감가상각대상금액 ₩110이 내용연수 10년에 걸쳐 배분된다.
② 20×1년에 인식되는 감가상각비는 ₩10이다.
③ 20×2년 말 해당 건물의 감가상각누계액은 ₩20으로 보고된다.
④ 20×3년 말 해당 건물의 장부금액은 ₩80으로 보고된다.
⑤ 20×4년 말 해당 건물을 ₩80에 처분할 경우 유형자산처분이익이 발생한다.

35
상중하

㈜동양의 20×4년 12월 31일 현재 건물 감가상각비 누계액은 ₩34,000,000(20×4년 감가상각비 계상 후)이다. 건물의 내용연수는 10년이며, 잔존가치는 ₩0, 정액법으로 감가상각을 하고 있다. 20×4년 12월 31일 현재 경과 내용연수는 4년이다. 건물의 취득원가는 얼마인가?

① ₩65,000,000 ② ₩70,000,000
③ ₩75,000,000 ④ ₩80,000,000
⑤ ₩85,000,000

36
상중하

㈜한국은 20×1년 7월 1일 생산에 필요한 기계장치를 ₩1,200,000에 취득(내용연수 4년, 잔존가치 ₩200,000)하였다. 동 기계장치를 연수합계법을 적용하여 감가상각할 때, 20×4년 손익계산서에 보고할 감가상각비는? (단, 원가모형을 적용하고 손상차손은 없으며, 감가상각은 월할 계산한다)

① ₩50,000 ② ₩150,000
③ ₩180,000 ④ ₩200,000
⑤ ₩250,000

37
상중하

20×1년 1월 1일 A회사는 제조활동을 위하여 기계를 취득하였다. 그 기계의 내용연수는 5년이며, 잔존가치는 ₩5,000이다. 20×3년의 감가상각비는 ₩20,000이며 연수합계법을 사용하고 있다. 이 기계의 취득원가는 얼마인가?

① ₩100,000 ② ₩105,000
③ ₩110,000 ④ ₩115,000
⑤ ₩200,000

38
상중하

㈜한국은 20×1년 7월 1일 차량운반구(내용연수 5년, 잔존가치 ₩1,000)를 ₩10,000에 취득하였다. 이 차량운반구에 대해 감가상각방법으로 이중체감법을 적용할 경우, 20×2년도 감가상각비는? (단, 감가상각은 월할 상각한다)

① ₩2,000 ② ₩2,880
③ ₩3,200 ④ ₩3,600
⑤ ₩4,000

39
상중하

㈜한국은 20×1년 7월 1일 토지와 건물을 ₩2,000,000에 일괄취득하였으며, 취득 당시 토지의 공정가치는 ₩1,000,000, 건물의 공정가치는 ₩1,500,000이었다. 건물의 경우 원가모형을 적용하며, 연수합계법(내용연수 3년, 잔존가치 ₩0)으로 상각한다. 건물에 대해 20×2년에 인식할 감가상각비는? (단, 감가상각비는 월할 상각한다)

① ₩750,000
② ₩625,000
③ ₩600,000
④ ₩500,000
⑤ ₩800,000

40
상중하

다음은 ㈜대한의 20×2년 말 수정전시산표의 일부이다.

	차 변	대 변
비품	₩100,000	
감가상각누계액(비품)		₩40,000

비품은 20×1년 초에 구입한 것이며, 정률법을 이용하여 감가상각하고 있다. 기말 수정분개 후 20×2년 말 비품의 장부금액은?

① ₩24,000
② ₩36,000
③ ₩60,000
④ ₩64,000
⑤ ₩100,000

41
상중하

㈜한국은 20×1년 초 차량 A(내용연수 4년, 잔존가치 ₩0, 감가상각방법 연수합계법 적용)를 ₩900,000에 매입하면서 취득세 ₩90,000을 납부하였고, 의무적으로 매입해야 하는 국공채를 액면가 ₩100,000(현재가치 ₩90,000)에 매입하였다. 차량 A를 취득한 후 바로 영업활동에 사용하였을 때, 차량 A와 관련하여 ㈜한국이 인식할 20×2년 감가상각비는?

① ₩270,000
② ₩300,000
③ ₩327,000
④ ₩375,000
⑤ ₩432,000

42
상 중 하

㈜한국은 20×1년 10월 1일에 기계장치를 ₩1,200,000(내용연수 4년, 잔존가치 ₩200,000)에 취득하고 연수합계법을 적용하여 감가상각하고 있다. 20×2년 말 포괄손익계산서와 재무상태표에 보고할 감가상각비와 감가상각누계액은? (단, 감가상각비는 월할 계산한다)

① 감가상각비 ₩375,000   감가상각누계액 ₩475,000
② 감가상각비 ₩375,000   감가상각누계액 ₩570,000
③ 감가상각비 ₩450,000   감가상각누계액 ₩475,000
④ 감가상각비 ₩450,000   감가상각누계액 ₩570,000
⑤ 감가상각비 ₩475,000   감가상각누계액 ₩475,000

43
상 중 하

㈜한국은 20×1년 초에 총 100톤의 철근을 생산할 수 있는 기계장치(내용연수 4년, 잔존가치 ₩200,000)를 ₩2,000,000에 취득하였다. 정률은 0.44이고, 1차 년도부터 4차 년도까지 기계장치의 철근생산량은 10톤, 20톤, 30톤, 40톤인 경우 1차 년도에 인식할 감가상각비가 가장 크게 계상되는 방법은?

① 정액법
② 정률법
③ 연수합계법
④ 생산량비례법
⑤ 모두 동일함

44
상 중 하

㈜한국은 20×1년 1월 1일에 다음과 같은 2동의 건물을 취득하였다. 정액법에 따라 종합상각을 하고자 할 때, 건물의 평균내용연수를 계산하면?

건 물	취득원가	추정잔존가치	추정내용연수
A	₩110,000	₩10,000	5년
B	₩550,000	₩50,000	10년

① 7.50년   ② 8.25년
③ 8.36년   ④ 8.57년
⑤ 7.75년

45
상중하

㈜한국은 20×1년 초에 설비(내용연수 4년, 잔존가치 ₩200)를 ₩2,000에 취득하여, 정액법으로 감가상각하고 있다. 20×1년 말에 동 설비를 ₩1,300에 처분하였다면 인식할 처분손익은?

① ₩150 손실
② ₩200 이익
③ ₩250 손실
④ ₩600 손실
⑤ ₩650 이익

46
상중하

㈜한국은 20×1년 10월 1일 기계장치를 ₩80,000(내용연수 5년, 잔존가치 ₩5,000, 연수합계법, 월할 상각)에 취득하였다. 동 기계장치를 20×3년 3월 31일 ₩40,000에 처분할 경우, 처분시점의 장부금액과 처분손익을 바르게 연결한 것은? (단, 기계장치는 원가모형을 적용하고 손상차손은 발생하지 않았다)

	장부금액	처분손익
①	₩35,000	손실 ₩5,000
②	₩35,000	이익 ₩5,000
③	₩45,000	손실 ₩5,000
④	₩45,000	이익 ₩5,000
⑤	₩80,000	₩0

47
상중하

㈜한국은 20×1년 4월 1일 기계장치를 ₩80,000에 취득하였다. 이 기계장치는 내용연수가 5년이고 잔존가치가 ₩5,000이며, 연수합계법에 의해 월할로 감가상각한다. ㈜한국이 이 기계장치를 20×2년 10월 1일 ₩43,000에 처분한 경우 기계장치 처분손익은? (단, ㈜한국은 원가모형을 적용한다)

① 처분손실 ₩2,000
② 처분이익 ₩2,000
③ 처분손실 ₩3,000
④ 처분이익 ₩3,000
⑤ 처분손실 ₩4,000

48
⊛⊛⊛

㈜대한은 20×1년 1월 1일 유형자산(취득원가 ₩10,000, 내용연수 4년, 잔존가치 ₩0)을 취득하고 이를 연수합계법으로 상각해 왔다. 그 후 20×2년 12월 31일 동 자산을 ₩4,000에 처분하였다. 동 유형자산의 감가상각비와 처분손익이 20×2년 당기순이익에 미치는 영향의 합계는?

① ₩4,000 감소

② ₩3,000 감소

③ ₩2,000 감소

④ ₩1,000 감소

⑤ ₩1,000 증가

49
⊛⊛⊛

㈜한국은 20×1년 1월 1일 기계장치를 ₩100,000에 취득하여 원가모형(잔존가치 ₩10,000, 내용연수 6년, 정액법 월할 상각)으로 평가하고 있다. 20×2년 1월 1일 ㈜한국은 기계장치의 생산능력 증대를 위해 ₩5,000을 지출하였고, 이러한 지출로 인해 기계장치의 잔존내용연수와 잔존가치 변동은 없다. ㈜한국이 20×3년 4월 1일 기계장치를 ₩65,000에 처분하였다면, 동 기계장치와 관련하여 인식할 기계장치처분손익은?

① 기계장치처분이익 ₩1,250

② 기계장치처분손실 ₩1,250

③ 기계장치처분손실 ₩5,000

④ 기계장치처분손실 ₩9,000

⑤ 기계장치처분이익 ₩5,000

50
⊛⊛⊛

㈜한국은 20×1년 1월 1일 기계장치를 ₩1,300,000(내용연수 4년, 잔존가치 ₩100,000, 정액법, 월할 상각)에 취득하면서, 정부로부터 상환의무 조건이 없는 정부보조금 ₩200,000을 수령하였다. 동 기계장치를 20×2년 12월 31일 ₩700,000에 처분한 경우 유형자산처분손익은? (단, ㈜한국은 정부보조금을 관련자산에서 차감하는 원가차감법으로 회계처리하고 있다)

① 유형자산처분이익 ₩100,000

② 유형자산처분이익 ₩150,000

③ 유형자산처분손실 ₩100,000

④ 유형자산처분손실 ₩150,000

⑤ 유형자산처분손실 ₩200,000

51 ㈜한국은 원가모형을 적용하던 기계장치를 20×1년 1월 1일에 매각하고 처분대금은 2년 후 일시불로 ₩100,000을 받기로 하였다. 매각 당시 기계장치의 취득원가는 ₩100,000, 감가상각누계액은 ₩80,000이다. 기계장치 처분대금의 명목금액과 현재가치의 차이는 중요하며, 본 거래에 적용할 유효이자율은 6%이다. 본 거래가 20×1년 ㈜한국의 당기순이익에 미치는 영향은? (단, 2기간 6% 단일금액 ₩1의 현재가치계수는 0.89이며, 법인세효과는 고려하지 않는다)

① ₩5,340 증가
② ₩69,000 증가
③ ₩74,340 증가
④ ₩80,000 증가
⑤ ₩84,350 증가

52 다음 자료를 이용하여 계산한 건물처분으로 유입된 현금흐름은?

구 분	건 물	감가상각누계액
기 초	₩400,000	₩140,000
기 말	₩460,000	₩160,000

- 기중 건물 취득금액은 ₩140,000이다.
- 기중 건물의 처분이익은 ₩10,000이다.
- 당기 건물의 감가상각비는 ₩50,000이다.

① ₩30,000
② ₩40,000
③ ₩50,000
④ ₩60,000
⑤ ₩70,000

53 ㈜한국은 20×1년 1월 1일에 토지와 토지 위의 건물을 일괄하여 ₩1,000,000에 취득하고 토지와 건물을 계속 사용하였다. 취득시점 토지의 공정가치는 ₩750,000이며 건물의 공정가치는 ₩500,000이다. 건물의 내용연수는 5년, 잔존가치는 ₩100,000이며, 정액법을 적용하여 건물을 감가상각한다(월할 상각, 원가모형 적용). 20×3년 1월 1일 ㈜한국은 더 이상 건물을 사용할 수 없어 해당 건물을 철거하였다. 건물의 철거와 관련하여 철거비용이 발생하지 않았을 경우, 20×3년 1월 1일에 인식하는 손실은?

① ₩120,000
② ₩280,000
③ ₩320,000
④ ₩380,000
⑤ ₩400,000

54 유형자산의 회계처리로 옳지 않은 것은?
(상)(중)(하)

① 원가모형에서 최초 인식 이후 유형자산의 장부금액은 원가에서 감가상각누계액과 손상차손누계액을 차감한 금액을 말한다.
② 재평가는 보고기간말에 자산의 장부금액이 공정가치와 중요하게 차이가 나지 않도록 주기적으로 수행한다.
③ 감가상각방법의 변경은 회계정책의 변경으로 회계처리한다.
④ 유형자산의 잔존가치와 내용연수는 적어도 매 회계연도말에 재검토한다.
⑤ 유형자산의 장부금액은 처분하는 때 또는 사용이나 처분을 통하여 미래경제적효익이 기대되지 않을 때 제거한다.

55 한국채택국제회계기준에 규정하고 있는 유형자산의 손상차손에 대한 회계처리의
(상)(중)(하) 설명 중 잘못된 것은?

① 유형자산손상차손은 유형자산의 회수가능액이 장부금액에 미달하는 금액이다.
② 유형자산의 회수가능액은 자산의 순공정가치와 사용가치 중 적은 금액을 말한다.
③ 유형자산의 손상차손과 손상차손환입은 즉시 당기손익으로 인식한다.
④ 자산의 손상차손환입으로 증가된 장부금액은 과거에 손상차손을 인식하기 전 장부금액의 감가상각 또는 상각 후 잔액을 초과할 수 없다.
⑤ 재평가되는 자산의 손상차손은 당해 자산에서 발생한 재평가잉여금에 해당하는 금액까지는 기타포괄손익으로 인식한다.

56 ㈜한국은 수술용기계(취득원가 ₩1,200,000이고 감가상각누계액은 ₩300,000)가
(상)(중)(하) 진부화되어 손상차손을 인식하려고 한다. 이 기계의 순공정가치는 ₩400,000이고, 사용가치는 ₩500,000이다. ㈜한국이 인식할 수술용기계의 손상차손은?

① ₩400,000
② ₩500,000
③ ₩600,000
④ ₩800,000
⑤ ₩900,000

57
상중하

㈜한국은 20×1년 초에 기계장치(내용연수 5년, 잔존가치 ₩0)를 ₩2,000,000에 취득하여 정액법으로 감가상각하고 있다. 20×1년 말 기계장치의 순공정가치와 사용가치가 다음과 같을 때 기계장치의 손상차손은? (단, 동 기계장치에 대해 원가모형을 적용하고 있다)

순공정가치	사용가치
₩1,100,000	₩1,000,000

① ₩350,000
② ₩400,000
③ ₩500,000
④ ₩700,000
⑤ ₩900,000

58
상중하

㈜한국은 20×1년 1월 1일에 기계장치를 취득하고 원가모형을 적용하여 감가상각하고 있다. 기계장치와 관련된 자료는 다음과 같다.

• 취득원가	₩2,000,000	• 잔존가치	₩200,000
• 내용연수	6년	• 감가상각방법	정액법

20×3년 말 기계장치에 대해 손상이 발생하였으며 손상시점의 순공정가치는 ₩600,000이고 사용가치는 ₩550,000이다. 20×3년 말 손상차손 인식 후 장부금액은?

① ₩550,000
② ₩600,000
③ ₩650,000
④ ₩700,000
⑤ ₩1,100,000

59
상중하

㈜합격은 20×1년 4월 1일 5,000,000에 기계장치를 취득하였다. 내용년수는 5년, 상각방법은 정액법, 월할상각, 잔존가치는 500,000이다. 20×1년 기말에 동 기계장치의 진부화로 인해 회수가능가액이 950,000로 확인되었다. 다음 중 옳은 것은?

① 20×1년 감가상각비는 ₩900,000이다.
② 20×1년도 말에 인식하는 유형자산손상차손액은 ₩3,375,000이다.
③ 20×1년에 당기손익에 영향을 주는 금액은 ₩3,425,000이다.
④ 20×1년에 당기손익에 영향을 주는 금액은 ₩675,000이다.
⑤ 20×1년말 기계장치의 장부금액은 ₩1,450,000이다.

60
(상)(중)(하)

㈜경주는 20×1년 1월 1일에 원가 ₩10,000, 내용연수 10년, 잔존가치 ₩0인 기계를 취득하였으며, 원가모형을 선택하며 감가상각은 정액법을 사용한다. 동 유형자산의 회수가능가액이 20×2년 12월 31일에 ₩6,400으로 추정되었으며, 다시 20×4년 12월 31일에는 ₩7,000으로 회복된 것으로 추정되었다. 20×4년 12월 31일 유형자산의 손상차손 환입액은 얼마인가?

① ₩2,200   ② ₩2,000
③ ₩1,600   ④ ₩1,200
⑤ ₩800

61
(상)(중)(하)

원가모형을 적용하는 ㈜서울은 20×1년 1월 1일에 건물을 ₩10,000,000에 취득(정액법 상각, 내용연수 10년, 잔존가치 없음)하여 사용하고 있다. 20×4년 12월 31일 동 건물에 손상이 발생하였으며, 이때 건물의 순공정가치와 사용가치는 각각 ₩3,000,000과 ₩3,600,000이었다. 반면 20×5년 12월 31일에는 동 건물의 순공정가치와 사용가치가 각각 ₩4,800,000과 ₩5,500,000으로 회복되어 손상차손환입이 발생하였다. ㈜서울이 20×5년도에 인식할 손상차손 환입액은?

① ₩1,800,000   ② ₩2,000,000
③ ₩2,300,000   ④ ₩2,500,000
⑤ ₩3,000,000

62
(상)(중)(하)

㈜한국은 20×1년 7월 1일 기계장치를 ₩1,200,000에 취득(정액법, 내용연수 3년, 잔존가치 ₩0, 원가모형 적용, 월할 상각)하였다. ㈜한국은 기계장치에 대해 20×1년 말 손상차손이 발생하였고, 20×2년 말 손상차손환입이 발생하였다고 판단하였다. 기계장치의 회수가능액이 20×1년 말 ₩600,000이고, 20×2년 말 ₩700,000이면, 20×2년 말 인식할 손상차손 환입액은?

① ₩240,000   ② ₩340,000
③ ₩360,000   ④ ₩400,000
⑤ ₩600,000

63 ㈜한국은 20×1년 초 기계를 ₩480,000(내용연수 5년, 잔존가치 ₩0, 정액법 상각)에 구입하고 원가모형을 채택하였다. 20×2년 말 그 기계에 손상징후가 있었으며, 이때 기계의 순공정가치는 ₩180,000, 사용가치는 ₩186,000으로 추정되었다. 20×3년 말 회수가능액이 ₩195,000으로 회복되었다면 옳지 않은 것은?

① 20×2년 말 손상차손 인식 전 장부금액은 ₩288,000이다.

② 20×2년 말 손상차손으로 인식할 금액은 ₩102,000이다.

③ 20×3년 말 감가상각비로 인식할 금액은 ₩62,000이다.

④ 20×3년 말 손상차손환입액의 한도액은 회수가능액과 자산이 손상되기 전의 감가상각후장부금액 중 작은 금액으로 한다.

⑤ 20×3년 말 손상차손 환입액으로 인식할 금액은 ₩71,000이다.

64 ㈜한국은 20×1년 1월 1일에 기계장치를 ₩200,000에 취득하고 원가모형을 적용하였다(내용연수 5년, 잔존가치 ₩0, 정액법 상각). 20×1년 말 기계장치의 순공정가치와 사용가치는 각각 ₩120,000, ₩100,000이었다. 20×2년 7월 1일에 ₩90,000의 현금을 받고 처분하였다. ㈜한국이 인식할 유형자산처분손익은? (단, 감가상각비는 월할 상각한다)

① 처분이익 ₩50,000

② 처분이익 ₩30,000

③ 처분손실 ₩15,000

④ 처분손실 ₩12,000

⑤ 처분이익 ₩15,000

65 유형자산에 관한 설명으로 옳은 것은?

① 유형자산의 공정가치가 장부금액을 초과하면 감가상각액을 인식하지 아니한다.

② 유형자산이 손상된 경우 장부금액과 회수가능액의 차액은 기타포괄손익으로 처리하고, 유형자산에서 직접 차감한다.

③ 건물을 재평가모형으로 평가하는 경우 감가상각을 하지 않고 보고기간말의 공정가치를 재무상태표에 보고한다.

④ 토지에 재평가모형을 최초 적용하는 경우 재평가손익이 발생하면 당기손익으로 인식한다.

⑤ 유형자산의 감가상각대상금액을 내용연수 동안 체계적으로 배부하기 위해 다양한 감가상각방법을 사용할 수 있다.

66
상중하

유형자산의 측정, 평가 및 손상에 관한 설명으로 옳지 않은 것은?

① 현물출자 받은 유형자산의 취득원가는 공정가치를 기준으로 결정한다.

② 최초 재평가로 인한 평가손익은 기타포괄손익에 반영한다.

③ 유형자산의 취득 이후 발생한 지출로 인해 동 자산의 미래경제적효익이 증가한다면, 해당 원가는 자산의 장부금액에 포함한다.

④ 유형자산의 장부금액이 순공정가치보다 크지만 사용가치보다 작은 경우 손상차손은 계상되지 않는다.

⑤ 과거기간에 인식한 손상차손은 직전 손상차손의 인식시점 이후 회수가능액을 결정하는 데 사용된 추정치에 변화가 있는 경우에만 환입한다.

67
상중하

유형자산 재평가모형에 대한 설명으로 옳지 않은 것은?

① 최초 인식 후에 공정가치를 신뢰성 있게 측정할 수 있는 유형자산은 재평가일의 공정가치에서 이후의 감가상각누계액과 손상차손누계액을 차감한 재평가금액을 장부금액으로 한다.

② 자산의 장부금액이 재평가로 인하여 증가된 경우에 그 증가액은 기타포괄손익으로 인식하고 재평가잉여금의 과목으로 자본에 가산한다. 그러나 동일한 자산에 대하여 이전에 당기손익으로 인식한 재평가감소액이 있다면 그 금액을 한도로 재평가증가액만큼 당기손익으로 인식한다.

③ 자산의 장부금액이 재평가로 인하여 감소된 경우에 그 감소액은 기타포괄손익으로 인식한다. 그러나 그 자산에 대한 재평가잉여금의 잔액이 있다면 그 금액을 한도로 재평가감소액을 당기손익으로 인식한다.

④ 특정 유형자산을 재평가할 때, 해당 자산이 포함되는 유형자산의 유형 전체를 재평가한다.

⑤ 재평가는 보고기간말에 자산의 장부금액이 공정가치와 중요하게 차이가 나지 않도록 주기적으로 수행한다.

68 ㈜한국은 원가모형을 적용해오던 건물에 대해 20×1년부터 재평가모형을 적용하기로 하였다. 재평가 시 건물의 장부가액이 공정가치보다 낮을 경우, 다음 설명 중 옳지 않은 것은? (단, 다른 재무제표항목의 변동과 회계처리방법의 변경은 없다고 가정한다)

① 기타포괄이익이 20×1년의 포괄손익계산서에 보고된다.

② 20×1년 말 부채비율(기말부채 ÷ 기말자본)이 원가모형 적용에 비해 하락한다.

③ 20×1년 재평가한 건물의 감가상각비는 원가모형 적용 시의 감가상각비보다 크다.

④ 20×1년 말 자기자본이익률(당기순이익 ÷ 기말자본)은 원가모형을 적용할 경우에 비해 상승한다.

⑤ 기타포괄손익으로 인식된 재평가잉여금은 당기손익으로 인식하지 않는다.

69 유·무형자산의 재평가모형에 대한 설명으로 옳지 않은 것은?

① 재평가는 보고기간말에 자산의 장부금액이 공정가치와 중요하게 차이가 나지 않도록 주기적으로 수행해야 한다.

② 무형자산의 재평가모형에서 활성시장이 없는 경우 전문가의 감정가액을 재평가금액으로 할 수 있다.

③ 자본에 계상된 재평가잉여금은 그 자산이 제거될 때 이익잉여금으로 직접 대체할 수 있다.

④ 재평가모형에서 원가모형으로 변경할 때 비교표시되는 과거기간의 재무제표를 소급하여 재작성한다.

⑤ 자산을 재평가하는 회계정책을 최초로 적용하는 경우의 회계정책 변경은 소급적용하지 않는다.

70
상중하

다음은 유형자산의 재평가모형과 관련된 내용들이다. 틀린 설명은 어느 것인가?

① 최초 인식 후에 공정가치를 신뢰성 있게 측정할 수 있는 유형자산은 재평가일의 공정가치에서 이후의 감가상각누계액과 손상차손누계액을 차감한 재평가금액을 장부금액으로 한다.

② 특정 유형자산을 재평가할 때에는 해당 자산이 포함되는 유형자산 분류 전체를 재평가한다.

③ 자산의 장부금액이 재평가로 인하여 증가된 경우에 그 증가액은 기타포괄손익으로 인식하고 재평가잉여금의 과목으로 자본에 가산하되, 이전에 당기손익으로 인식한 재평가감소액이 있다면 그 금액을 한도로 재평가증가액만큼 당기손익으로 인식한다.

④ 자산의 장부금액이 재평가로 인하여 감소된 경우에 그 감소액은 당기손익으로 인식하되, 재평가잉여금의 잔액이 있다면 그 금액을 한도로 재평가감소액을 기타포괄손익으로 인식한다.

⑤ 유형자산 항목과 관련하여 자본에 계상된 재평가잉여금은 그 자산이 제거될 때 이익잉여금으로 대체할 수 있으며, 대체되는 금액은 당기손익으로 인식한다.

71
상중하

㈜한국은 20×1년 초 토지를 ₩10,000,000에 취득하여 재평가모형을 적용하고 있다. ㈜한국은 매년 말 토지를 재평가하며, 토지의 공정가치는 다음과 같다.

구 분	20×1년 말	20×2년 말
공정가치	₩12,000,000	₩9,000,000

20×2년 말 ㈜한국의 토지 재평가 시 회계처리는?

① (차) 재평가잉여금 ₩2,000,000 (대) 토 지 ₩3,000,000
　　　 재 평 가 손 실 ₩1,000,000

② (차) 재 평 가 손 실 ₩2,000,000 (대) 토 지 ₩3,000,000
　　　 재평가잉여금 ₩1,000,000

③ (차) 재평가잉여금 ₩3,000,000 (대) 토 지 ₩3,000,000

④ (차) 재 평 가 손 실 ₩3,000,000 (대) 토 지 ₩3,000,000

⑤ (차) 재 평 가 손 실 ₩1,000,000 (대) 토 지 ₩1,000,000

72 ㈜한국은 기계장치를 20×1년 1월 1일 ₩100,000에 취득하여 정액법(내용연수 3년, 잔존가치 ₩10,000)으로 감가상각하였다. 20×1년 말 기계장치의 공정가치가 ₩90,000인 경우 재평가모형 적용시 인식할 재평가잉여금은?

① ₩10,000

② ₩20,000

③ ₩30,000

④ ₩40,000

⑤ ₩50,000

73 ㈜대한은 20×1년 초 토지를 ₩100,000에 취득하였으며 재평가모형을 적용하여 매년 말 재평가하고 있다. 동 토지의 공정가치가 다음과 같을 때 20×2년에 당기손익으로 인식할 재평가손실은?

	20×1년 말	20×2년 말
공정가치	₩130,000	₩95,000

① ₩5,000

② ₩15,000

③ ₩20,000

④ ₩30,000

⑤ ₩35,000

74 ㈜대한은 20×1년 초에 토지(유형자산)를 ₩1,000,000에 취득한 후 매년 재평가모형을 적용하여 평가하고 있다. 20×1년 말과 20×2년 말 토지의 공정가치가 각각 ₩800,000과 ₩1,200,000이었다면, ㈜대한이 20×2년도 포괄손익계산서에 인식할 당기손익은?

① ₩400,000 손실

② ₩200,000 손실

③ ₩0

④ ₩200,000 이익

⑤ ₩400,000 이익

75
상중하

㈜한국은 20×1년 초에 ₩15,000을 지급하고 항공기를 구입하였다. 20×1년 말 항공기의 감가상각누계액은 ₩1,000이며, 공정가치는 ₩16,000이다. 감가상각누계액을 전액 제거하는 방법인 재평가모형을 적용하고 있으며 매년 말 재평가를 실시하고 있다. 20×2년 말 항공기의 감가상각누계액은 ₩2,000이며, 공정가치는 ₩11,000이다. 상기의 자료만을 근거로 도출된 설명으로 옳지 않은 것은? (단, 재평가잉여금을 당해 자산을 사용하면서 이익잉여금으로 대체하는 방법은 선택하고 있지 않다)

① 20×1년 말 재평가잉여금은 ₩2,000이다.
② 20×1년 말 항공기의 장부금액은 ₩16,000이다.
③ 20×2년에 인식하는 재평가손실은 ₩3,000이다.
④ 20×2년에 인식하는 재평가손실은 포괄손익계산서의 비용 항목으로 당기순이익에 영향을 준다.
⑤ 20×2년의 당기순이익에 영향을 미치는 금액은 ₩3,000이다.

76
상중하

㈜한국은 20×1년 초에 기계장치를 ₩2,000,000에 취득하여 내용연수 10년, 잔존가치 ₩0, 정액법에 의하여 감가상각을 하고 있다. ㈜대한은 기계장치에 대하여 재평가모형을 선택하였고 20×1년 말과 20×2년 말 기계장치의 공정가치는 각각 ₩1,890,000, ₩1,400,000이다. 20×2년 포괄손익계산서에 ㈜한국이 기계장치로 인하여 인식하게 되는 감가상각비와 재평가손실의 합계금액은 약 얼마인가?

① ₩190,000   ② ₩210,000
③ ₩280,000   ④ ₩400,000
⑤ ₩490,000

77
상중하

토지에 대해 재평가모형을 적용하고 있는 ㈜서울은 20×1년 초 영업에 사용할 목적으로 토지를 ₩500,000에 구입하였다. 20×1년 말 토지의 공정가치는 ₩600,000이었으며, 20×2년 말의 공정가치는 ₩550,000이었다. 특히 20×2년 말에는 토지의 순공정가치와 사용가치가 각각 ₩450,000과 ₩430,000으로 토지에 손상이 발생하였다고 판단하였다. 이 토지와 관련하여 ㈜서울이 20×2년도에 손상차손(당기손익)으로 인식할 금액은?

① ₩50,000   ② ₩75,000
③ ₩100,000   ④ ₩150,000
⑤ ₩200,000

78 ㈜한국의 기능통화는 원화이며, 달러화 대비 원화의 환율은 다음과 같다.

일 자	20×1. 10. 1	20×1. 12. 31	20×2. 3. 1
환율	₩1,000	₩1,040	₩1,020

㈜한국은 20×1년 10월 1일 캐나다에 소재하는 사업목적의 토지를 $10,000에 취득하였고, 20×1년 12월 31일 현재 토지의 공정가치는 $12,000이다. ㈜한국은 재평가모형을 적용하고 있으며 매년 재평가를 실시한다. 20×2년 3월 1일에 토지를 $15,000에 판매한 경우 인식해야 하는 유형자산처분이익은?

① ₩5,300,000
② ₩5,100,000
③ ₩2,820,000
④ ₩2,480,000
⑤ ₩2,180,000

11 기타의 자산

Chapter

⚯ **연계학습** 기본서 p.366~389

단·원·열·기

본 장은 매년 2문제 정도 출제된다. 무형자산은 주로 이론문제가 출제되며, 영업권 계산문제도 대비하여야 한다. 투자부동산은 공정가치법에 의한 평가손익과 처분손익의 계산문제가 출제된다.

대표문제 상중하

무형자산의 회계처리에 대한 설명으로 옳지 않은 것은?

① 무형자산의 회계정책으로 원가모형이나 재평가모형을 선택할 수 있으며, 재평가모형을 적용하는 경우 공정가치는 활성시장을 기초로 하여 결정한다.

② 내부적으로 창출한 영업권은 원가를 신뢰성 있게 측정할 수 없고 기업이 통제하고 있는 식별가능한 자원이 아니기 때문에 자산으로 인식하지 아니한다.

③ 내부 프로젝트의 연구단계에서는 미래경제적효익을 창출할 무형자산이 존재한다는 것을 제시할 수 있기 때문에, 내부 프로젝트의 연구단계에서 발생한 지출은 무형자산으로 인식할 수 있다.

④ 내용연수가 유한한 무형자산의 상각은 자산을 사용할 수 있는 때부터 시작하며, 상각대상금액은 내용연수 동안 체계적인 방법으로 배분하여야 한다.

⑤ 무형자산 상각방법은 자산 배분에 있어 합리적인 방법이면 가능하지만, 합리적인 상각방법을 정할 수 없는 경우에는 정액법을 사용한다.

> **해설**
> ③ 연구단계에서 발생한 지출은 당기비용으로 처리한다.
>
> ⚯ 정답 ③

01 투자부동산에 관한 설명으로 옳지 않은 것은?

① 투자부동산은 임대수익이나 시세차익을 얻기 위하여 보유하는 부동산을 말한다.

② 본사 사옥으로 사용하고 있는 건물은 투자부동산이 아니다.

③ 최초 인식 후 예외적인 경우를 제외하고 원가모형과 공정가치 모형 중 하나를 선택하여 모든 투자부동산에 적용한다.

④ 원가모형을 적용하는 투자부동산은 감가상각과 손상회계를 적용한다.

⑤ 투자부동산에 대한 공정가치모형을 적용할 경우 공정가치의 변동으로 발생하는 손익은 발생한 기간의 기타포괄손익으로 반영한다.

02 투자부동산 회계처리 방법에 대한 설명으로 가장 옳은 것은?

① 원칙적으로 공정가치모형과 원가모형 중 하나를 선택할 수 있으므로 투자부동산인 토지는 공정가치모형을 적용하고, 투자부동산인 건물은 원가모형을 적용할 수도 있다.

② 공정가치모형을 선택한 경우에는 공정가치 변동으로 발생하는 손익은 발생한 기간의 기타포괄손익에 반영한다.

③ 자가사용부동산을 공정가치로 평가하는 투자부동산으로 대체하는 경우, 대체하는 시점까지 그 부동산을 감가상각하고, 발생한 손상차손을 인식한다.

④ 공정가치로 평가한 투자부동산을 자가사용부동산이나 재고자산으로 대체하는 경우, 후속적인 회계를 위한 간주원가는 최초의 취득원가가 된다.

⑤ 투자부동산이 유형자산이 아니므로 감가상각비를 인식하지 않는다.

03 ㈜한국은 20×1년 1월 1일 임대수익과 시세차익을 목적으로 건물을 ₩100,000,000 (내용연수 10년, 잔존가치 ₩0, 정액법)에 구입하고, 해당 건물에 대해서 공정가치모형을 적용하기로 하였다. 20×1년 말 해당 건물의 공정가치가 ₩80,000,000일 경우 ㈜한국이 인식해야 할 평가손실은?

① 기타포괄손실 ₩10,000,000

② 당기손실 ₩10,000,000

③ 기타포괄손실 ₩20,000,000

④ 당기손실 ₩20,000,000

⑤ 기타포괄이익 ₩20,000,000

04 ㈜한국은 20×1년 초 임대목적으로 건물(취득원가 ₩50,000,000, 내용연수 10년, 잔존가치 ₩5,000,000, 정액법 상각)을 취득하여 공정가치모형을 적용하였다. 20×1년 12월 31일 건물의 공정가치가 ₩50,000,000일 경우 당기순이익에 미치는 영향은?

① ₩0   ② ₩4,500,000 증가

③ ₩4,500,000 감소   ④ ₩5,000,000 증가

⑤ ₩5,000,000 감소

05 ㈜한국은 20×1년 초 시세차익 목적으로 건물(취득원가 ₩800,000, 내용연수 4년, 잔존가치 없음)을 취득하고 투자부동산으로 분류하였다. ㈜한국은 건물에 대하여 공정가치모형을 적용하고 있으며, 20×1년 말과 20×2년 말 동 건물의 공정가치는 각각 ₩700,000과 ₩900,000으로 평가되었다. 동 건물에 대한 회계처리가 20×2년도 당기순이익에 미치는 영향은? (단, ㈜한국은 통상적으로 건물을 정액법으로 감가상각한다)

① ₩100,000 증가   ② ₩100,000 감소

③ 영향 없음   ④ ₩200,000 증가

⑤ ₩200,000 감소

06 ㈜한국이 20×1년 1월 초 건물을 취득하여 투자부동산으로 분류하였을 때, 다음 자료의 거래가 ㈜한국의 20×1년 당기손익에 미치는 영향은? (단, 투자부동산에 대하여 공정가치모형을 적용하며, 감가상각비는 정액법으로 월할 계산한다)

- 건물(내용연수 5년, 잔존가치 ₩0) 취득가액은 ₩2,000,000이며, 이와 별도로 취득세 ₩100,000을 납부하였다.
- 20×1년 6월 말 건물의 리모델링을 위해 ₩1,000,000을 지출하였으며, 이로 인해 건물의 내용연수가 2년 증가하였다.
- 20×1년 12월 말 건물의 공정가치는 ₩4,000,000이다.

① ₩550,000   ② ₩900,000

③ ₩1,450,000   ④ ₩1,900,000

⑤ ₩2,000,000

07 ㈜서울은 〈보기〉의 3가지 자산을 소유하고 있으며 투자부동산으로 분류하고 있다.
㈜서울은 투자부동산에 대하여 공정가치모형을 사용하고 있다. 20×2년 ㈜서울의
포괄손익계산서에 포함되어야 할 손익은?

보기

구 분	취득원가	20×1년 말 공정가치	20×2년 말 공정가치
자산1	₩300	₩390	₩370
자산2	₩350	₩290	₩275
자산3	₩310	₩385	₩390

① ₩105 이익   ② ₩80 이익
③ ₩35 손실   ④ ₩30 손실
⑤ ₩75 이익

08 다음 자료에 따른 건물 관련 손익이 20×2년 ㈜대한의 당기순이익에 미치는 영향
은? (단, 감가상각은 월할상각한다)

- 20×1년 1월 1일 투자목적으로 건물(취득원가 ₩1,000, 잔존가치 ₩0, 내용연
수 4년, 정액법 상각)을 취득한 후 공정가치 모형을 적용하였다.
- 20×2년 7월 1일 ㈜대한은 동 건물을 공장용 건물 (잔존가치 ₩0, 내용연수
2.5년, 정액법 상각)로 대체하여 자가사용하기 시작하였으며 재평가모형을
적용하였다.
- 일자별 건물 공정가치

20×1년 말	20×2년 7월 1일	20×2년 말
₩1,200	₩1,400	₩1,500

① ₩300 증가   ② ₩280 감소
③ ₩180 증가   ④ ₩80 감소
⑤ ₩80 증가

09 ㈜한국이 20×1년 초 투자목적으로 취득한 건물과 관련된 자료는 다음과 같다.

> • 취득원가 : ₩50,000 • 내용연수 : 5년
> • 잔존가치 : ₩0   • 감가상각방법 : 정액법
> • 20×1년 말 공정가치 : ₩60,000

㈜한국이 해당 건물에 대하여 원가모형과 공정가치모형을 각각 적용하였을 경우, 20×1년도 당기순이익에 미치는 영향을 바르게 연결한 것은?

	원가모형	공정가치모형
①	₩0	₩0
②	₩10,000 감소	₩20,000 증가
③	₩10,000 감소	₩10,000 증가
④	₩20,000 증가	₩20,000 감소
⑤	₩20,000 증가	₩10,000 감소

10 ㈜한국은 20×1년 초 건물을 ₩1,000,000에 취득하고 그 건물을 유형자산 또는 투자부동산으로 분류하고자 한다. 유형자산은 재평가모형을 적용하며 내용연수 10년, 잔존가치 ₩0, 정액법 상각하고, 투자부동산은 공정가치모형을 적용한다. 20×1년과 20×2년 기말 공정가치가 각각 ₩990,000, ₩750,000일 경우, 다음 설명 중 옳지 않은 것은? (단, 건물은 유형자산 또는 투자부동산의 분류요건을 충족하며, 내용연수 동안 재평가잉여금의 이익잉여금 대체는 없는 것으로 가정한다)

① 건물을 유형자산으로 분류한다면, 20×1년 말 재평가잉여금(기타포괄손익)이 계상된다.
② 건물을 유형자산으로 분류한다면, 20×2년 말 재평가손실(당기손익)이 계상된다.
③ 건물을 투자부동산으로 분류한다면, 20×1년 말 투자부동산 평가이익(기타포괄손익)이 계상된다.
④ 건물을 투자부동산으로 분류한다면, 20×2년 말 투자부동산 평가손실(당기손익)이 계상된다.
⑤ 건물을 유형자산으로 분류하면 감가상각을 해야 하고, 투자부동산으로 분류하면 감가상각을 하지 않는다.

11 ㈜한국은 20×1년 초 건물(내용연수 10년, 잔존가치 ₩0, 정액법으로 감가상각)을 ₩200,000에 구입하여 투자부동산으로 분류(공정가치모형 선택)하였다. 20×3년 초 이 건물을 외부에 ₩305,000에 처분하였을 때 인식할 손익은?

구 분	20×1년 말	20×2년 말
건물의 공정가치	₩280,000	₩240,000

① 손실 ₩15,000

② 이익 ₩15,000

③ 이익 ₩25,000

④ 이익 ₩65,000

⑤ 이익 ₩105,000

12 투자부동산에 대한 설명으로 옳지 않은 것은?

① 장기 시세차익을 얻기 위하여 보유하고 있는 토지는 투자부동산으로 분류되나, 통상적인 영업과정에서 단기간에 판매하기 위하여 보유하는 토지는 투자부동산에서 제외한다.

② 재고자산을 공정가치로 평가하는 투자부동산으로 대체하는 경우, 재고자산의 장부금액과 대체시점의 공정가치의 차액은 당기손익으로 인식한다.

③ 투자부동산에 대하여 공정가치모형을 선택한 경우 감가상각하지 않으며, 공정가치 변동으로 발생하는 손익은 기타포괄손익으로 분류한다.

④ 장래 용도를 결정하지 못한 채로 보유하고 있는 토지는 투자부동산으로 분류한다.

⑤ 투자부동산의 폐기나 처분으로 발생하는 손익은 순처분금액과 장부금액의 차액이며 폐기나 처분이 발생한 기간에 당기손익으로 인식한다.

13 무형자산에 대한 설명으로 옳은 것은?

① 무형자산에는 영업권, 산업재산권, 브랜드명, 임차보증금, 개발비 등이 있다.

② 라이선스는 특정 기술이나 지식을 일정지역 내에서 이용하기로 한 권리를 말하며, 취득원가로 인식하고 일정기간 동안 상각한다.

③ 내부적으로 창출한 상호, 상표와 같은 브랜드 네임은 그 경제적 가치를 측정하여 재무제표에 자산으로 기록하여 상각한다.

④ 영업권은 내용연수가 비한정이므로 상각하지 않는다.

⑤ 무형자산은 유형자산과 달리 재평가모형을 사용할 수 없다.

14 무형자산의 회계처리에 대한 설명으로 옳지 않은 것은?

① 무형자산을 최초로 인식할 때에는 원가로 측정한다.
② 무형자산이란 물리적 실체는 없지만 식별할 수 있는 비화폐성 자산이다.
③ 내부적으로 창출한 영업권은 자산으로 인식하지 아니한다.
④ 연구(또는 내부 프로젝트의 연구단계)에 대한 지출은 무형자산으로 인식한다.
⑤ 무형자산의 내용연수가 유한한지 또는 비한정인지를 평가하여, 내용연수가 유한하면 상각하고 내용연수가 비한정이면 상각하지 않는다.

15 무형자산의 회계처리에 관한 설명으로 옳지 않은 것은?

① 무형자산을 최초로 인식할 때에는 원가로 측정한다.
② 내용연수가 비한정인 무형자산에 대해서는 상각을 하지 않는다.
③ 최초에 비용으로 인식한 무형항목에 대한 지출은 그 이후에 무형자산의 원가로 인식할 수 없다.
④ 내부적으로 창출한 브랜드와 고객목록은 무형자산으로 인식한다.
⑤ 무형자산의 상각방법은 자산의 경제적효익이 소비되는 형태를 반영한 방법이어야 한다.

16 무형자산의 설명으로 옳은 것은?

① 내부적으로 창출된 영업권은 자산으로 인식할 수 있다.
② 무형자산은 당해 자산의 법률적 취득시점부터 합리적 기간 동안 상각한다.
③ 물리적 형체가 없다는 점에서 유형자산과 다르며, 손상차손의 대상은 아니다.
④ 무형자산은 정액법 또는 생산량비례법으로만 상각해야 한다.
⑤ 최초에 비용으로 인식한 무형항목에 대한 지출은 그 이후에 무형자산의 원가로 인식할 수 없다.

17 무형자산에 대한 설명으로 옳지 않은 것은?
상중하
① 내부적으로 창출한 브랜드, 제호, 출판표제, 고객 목록과 이와 실질이 유사한 항목은 무형자산으로 인식한다.
② 계약상 권리 또는 기타 법적 권리로부터 발생하는 무형자산의 내용연수는 그러한 계약상 권리 또는 기타 법적 권리의 기간을 초과할 수는 없지만, 자산의 예상사용기간에 따라 더 짧을 수는 있다.
③ 무형자산의 상각방법은 자산의 경제적 효익이 소비될 것으로 예상되는 형태를 반영한 방법이어야 한다. 다만, 그 형태를 신뢰성 있게 결정할 수 없는 경우에는 정액법을 사용한다.
④ 새로운 제품이나 용역의 홍보원가 그리고 새로운 계층의 고객을 대상으로 사업을 수행하는 데서 발생하는 원가는 무형자산의 원가에 포함하지 않는 지출이다.
⑤ 내부적으로 창출한 영업권은 원가를 신뢰성 있게 측정할 수없고 기업이 통제하고 있는 식별가능한 자원이 아니기 때문에 자산으로 인식하지 아니한다.

18 내부적으로 창출된 무형자산의 취득원가에 포함될 항목으로 가장 적절하지 않은
상중하 예는 무엇인가?
① 법적 권리를 등록하기 위한 수수료
② 자본화대상 차입원가
③ 무형자산의 창출을 위하여 발생한 종업원급여와 무형자산을 운용하는 직원의 교육훈련과 관련된 지출
④ 무형자산의 창출에 사용된 특허권과 라이선스의 상각비
⑤ 무형자산의 창출에 사용되었거나 소비된 재료원가, 용역원가

19
상중하

무형자산에 대한 설명으로 옳지 않은 것은?

① 생산이나 사용 전의 시제품과 모형을 설계, 제작, 시험하는 활동과 같은 개발단계의 지출은 일정요건을 충족하면 무형자산으로 인식한다.

② 새로운 지식을 얻고자 하는 활동과 같은 연구단계의 지출은 발생시점에 비용으로 인식한다.

③ 내부적으로 창출된 영업권은 원가를 신뢰성 있게 측정할 수 없고 기업이 통제하고 있는 식별가능한 자원이 아니기 때문에 자산으로 인식하지 아니한다.

④ 신규 또는 개선된 재료, 장치, 제품, 공정, 시스템이나 용역에 대하여 최종적으로 선정된 안을 설계, 제작, 시험하는 활동은 개발단계에 속하는 활동에 속한다.

⑤ 무형자산을 창출하기 위한 내부 프로젝트를 연구단계와 개발단계로 구분할 수 없는 경우에는 모두 개발단계에서 발생한 것으로 본다.

20
상중하

㈜대한의 당기 신기술 개발프로젝트와 관련하여 발생한 지출은 다음과 같다.

구 분	연구단계	개발단계	기 타
원재료 사용액	₩1,000,000	₩300,000	
연구원 급여	₩200,000	₩800,000	
자문료			₩300,000

연구단계와 개발단계로 구분이 곤란한 항목은 기타로 구분하였으며, 개발단계에서 발생한 지출은 무형자산의 인식조건에 충족한다. 동 지출과 관련하여 당기에 비용으로 인식할 금액과 무형자산으로 인식할 금액은? (단, 무형자산의 상각은 고려하지 않는다)

	비 용	무형자산
①	₩300,000	₩600,000
②	₩400,000	₩1,100,000
③	₩450,000	₩750,000
④	₩1,500,000	₩1,100,000
⑤	₩1,200,000	₩1,400,000

21
상 중 하

㈜한국의 20×1년 연구개발 관련 자료는 다음과 같다.

• 1월 31일 종료된 연구단계에서 발생한 비용	₩300,000
• 3월 31일 종료된 개발단계에서 발생한 비용	₩1,000,000

- 이 중 ₩400,000은 무형자산의 개발비 인식요건을 충족하여 개발비로 계상함
- 개발비의 사용가능 시점은 4월 1일, 내용연수 10년, 잔존가액 없음, 정액법, 월할 상각, 활성시장이 존재하지 않음

㈜한국이 20×1년 포괄손익계산서상 인식할 비용은?

① ₩700,000
② ₩730,000
③ ₩900,000
④ ₩930,000
⑤ ₩960,000

22
상 중 하

㈜세화의 다음 자료를 보고 무형자산으로 인식할 수 있는 개발비의 최대한도는 얼마인가?

• 신지식 탐구를 위한 연구실 지출	₩320,000
• 연구결과 평가를 위한 지출	₩130,000
• 실험실에 구축된 전용시설물 구축비	₩190,000
• 새롭게 개선된 시스템에 대한 대체안 설계를 위한 지출	₩70,000
• 신기술과 관련된 공구, 금형, 주형의 설계를 위한 지출	₩140,000
• 상업생산 전 시작품의 설계, 제작, 시험을 위한 지출	₩210,000
• 상업생산 중의 품질관리비	₩150,000

① ₩210,000
② ₩350,000
③ ₩420,000
④ ₩500,000
⑤ ₩580,000

23
상⦁중⦁하

〈보기〉는 ㈜서울의 연구, 개발과 관련된 자료이다. 〈보기〉와 관련하여 ㈜서울이 당기손익으로 인식할 연구비는? (단, 개발비로 분류되는 지출의 경우 개발비 자산인식요건을 충족한다고 가정한다)

┌─ 보기 ─────────────────────────────────
• 새로운 지식을 얻고자 하는 활동의 지출   ₩10,000
• 새롭거나 개선된 재료, 장치, 제품, 공정, 시스템이나 용역에 대한 여러 가지 대체안을 제안, 설계, 평가, 최종 선택하는 활동의 지출   ₩10,000
• 생산이나 사용 전의 시제품과 모형을 설계, 제작, 시험하는 활동의 지출
                                              ₩10,000
• 상업적 생산 목적으로 실현가능한 경제적 규모가 아닌 시험공장을 설계, 건설, 가동하는 활동의 지출   ₩10,000
• 무형자산을 창출하기 위한 내부 프로젝트를 연구단계와 개발단계로 구분할 수 없는 경우 그 프로젝트에서 발생한 지출   ₩10,000

① ₩10,000   ② ₩20,000
③ ₩30,000   ④ ₩40,000
⑤ ₩50,000

24
상⦁중⦁하

무형자산의 회계처리로 옳은 것은?
① 무형자산에 대한 손상차손은 인식하지 않는다.
② 내용연수가 한정인 무형자산은 상각하지 않는다.
③ 내용연수가 비한정인 무형자산은 정액법에 따라 상각한다.
④ 무형자산은 유형자산과 달리 재평가모형을 선택할 수 없으며 원가모형을 적용한다.
⑤ 무형자산의 잔존가치는 영(0)이 아닌 경우가 있다.

25 무형자산에 관한 설명으로 옳지 않은 것은?

① 내용연수가 비한정인 무형자산은 상각하지 아니한다.

② 무형자산은 미래에 경제적효익이 기업에 유입될 가능성이 높고 원가를 신뢰성 있게 측정가능할 때 인식한다.

③ 무형자산의 손상차손은 장부금액이 회수가능액을 초과하는 경우 인식하며, 회수가능액은 순공정가치와 사용가치 중 큰 금액으로 한다.

④ 내부적으로 창출된 영업권은 무형자산으로 인식하지 아니한다.

⑤ 무형자산의 내용연수는 경제적 내용연수와 법적 내용연수 중 긴 기간으로 한다.

26 ㈜한국은 20×1년 7월 1일 특허권을 ₩960,000(내용연수 4년, 잔존가치 ₩0)에 취득하여 사용하고 있다. 특허권의 경제적 효익이 소비될 것으로 예상되는 형태를 신뢰성 있게 결정할 수 없을 경우, 20×1년도에 특허권에 대한 상각비로 인식할 금액은? (단, 특허권은 월할상각한다.)

① ₩0
② ₩120,000
③ ₩125,000
④ ₩240,000
⑤ ₩250,000

27 ㈜한국은 내용연수가 유한한 무형자산에 대하여 정액법(내용연수 5년, 잔존가치 ₩0)으로 상각하여 비용처리한다. ㈜한국의 20×4년 무형자산 관련 자료가 다음과 같을 때, 20X4년에 인식할 무형자산상각비는? (단, 20×4년 이전에 인식한 무형자산은 없으며, 무형자산상각비는 월할 상각한다)

- 1월 1일: 새로운 제품의 홍보를 위해 ₩10,000을 지출하였다.
- 4월 1일: 회계법인에 의뢰하여 평가한 '내부적으로 창출한 영업권'의 가치는 ₩200,000이었다.
- 7월 1일: 라이선스를 취득하기 위하여 ₩5,000을 지출하였다.

---

① ₩500
② ₩20,500
③ ₩30,500
④ ₩32,000
⑤ ₩41,000

28 ㈜서울은 20×1년 1월 1일에 무형자산인 특허권을 ₩5,000,000에 취득하여 사용하기 시작하였다. 특허권의 잔존가치는 없으며, 내용연수는 5년, 정액법을 사용하여 상각하기로 하였다. 또한 특허권에 대한 활성시장이 존재하여 ㈜서울은 매 회계연도 말에 공정가치로 재평가하기로 하였다. 단, 재평가잉여금의 일부를 이익잉여금으로 대체하는 회계처리는 하지 않기로 하였다. 각 연도별 공정가치는 다음 자료와 같을 때, 이 특허권과 관련하여 ㈜서울의 20×2년 포괄손익계산서에 보고될 당기손익과 재무상태표에 보고될 재평가잉여금은?

20×1.12.31	20×2.12.31
₩3,600,000	₩3,100,000

① 손실 : ₩600,000 재평가잉여금 : ₩0
② 손실 : ₩500,000 재평가잉여금 : ₩0
③ 손실 : ₩900,000 재평가잉여금 : ₩400,000
④ 이익 : ₩300,000 재평가잉여금 : ₩300,000
⑤ 손실 : ₩900,000 재평가잉여금 : ₩500,000

29 ㈜한국은 현금 ₩180,000을 합병대가로 지급하고 ㈜일본을 합병하였다. 합병일 현재 ㈜일본의 식별가능한 자산과 부채의 공정가치가 다음과 같을 때, ㈜한국이 인식할 영업권은?

• 매출채권	₩80,000	• 비유동부채	₩150,000
• 차량운반구	₩50,000	• 매입채무	₩30,000
• 토지	₩150,000		

① ₩30,000 ② ₩50,000
③ ₩80,000 ④ ₩100,000
⑤ ₩180,000

30
상중하

㈜한국은 ㈜민국에 대한 다음의 실사 결과를 이용하여 인수를 고려하고 있다.

- 자산의 장부가치: ₩4,000 (공정가치   ?   )
- 부채의 장부가치: ₩2,500 (공정가치 ₩2,500)
- 자본금: ₩500
- 자본잉여금: ₩300
- 이익잉여금: ₩700

만약, 이 중 75%를 ₩2,000에 취득하고 영업권 ₩500을 인식한다면 ㈜민국의 자산 공정가치는?

① ₩3,500

② ₩4,000

③ ₩4,500

④ ₩5,000

⑤ ₩5,500

31
상중하

20×1년 초에 ㈜서울은 ㈜한성을 흡수합병하였다. 취득일 현재 ㈜한성이 보유한 자산의 장부금액과 공정가치는 각각 ₩100,000과 ₩120,000이고, 부채의 장부금액과 공정가치는 각각 ₩40,000과 ₩70,000이다. 합병 과정에서 ㈜서울은 이전대가로 현금 ₩50,000과 ㈜서울의 주식(액면 금액 ₩20,000, 공정가치 ₩30,000)을 지급하였다. 이 합병으로 인해 ㈜서울이 인식할 영업권 금액은?

① ₩0

② ₩10,000

③ ₩20,000

④ ₩30,000

⑤ ₩40,000

32 ㈜한국은 20×1년 1월 1일 ㈜민국의 지분 100%를 취득하여 흡수합병하면서, 주당 공정가치 ₩10,000, 액면금액 ₩5,000의 ㈜한국 주식 100주를 발행하여 이전대가로 ㈜민국의 주주에게 지급하였다. 취득일 현재 ㈜민국의 식별가능한 자산과 부채의 장부금액과 공정가치가 다음과 같을 때, ㈜한국이 인식할 영업권은?

재 무 상 태 표

㈜민국				20×1. 1. 1 현재	
	장부금액	공정가치		장부금액	공정가치
현금	₩100,000	₩100,000	단기차입금	₩50,000	₩50,000
재고자산	₩100,000	₩150,000	자본금	₩130,000	
비유동자산	₩100,000	₩200,000	(주당 ₩5,000)		
			이익잉여금	₩120,000	

① ₩0

② ₩100,000

③ ₩400,000

④ ₩600,000

⑤ ₩1,000,000

33 甲乙사의 재무제표는 다음과 같다. 甲乙사의 연평균 순이익이 ₩3,000,000이고, 초과이익률이 15%라면 초과이익 환원법에 의한 甲乙사의 영업권 평가액은 얼마인가? (동종산업 정상이익률은 10%이고 초과이익의 지속연수는 5년이다)

자산: ₩30,000,000	부채: ₩22,500,000	자본: ₩7,500,000

① ₩30,000,000

② ₩22,500,000

③ ₩20,000,000

④ ₩15,000,000

⑤ ₩11,250,000

12

Chapter

부채회계

⚭ **연계학습** 기본서 p.393~427

단·원·열·기

본 장은 매년 2~3문제 정도 출제된다. 금융자산(부채)와 비금융자산(부채)의 분류문제, 사채와 관련 발행 금액 계산, 이자비용 계산, 상환손익 계산 등의 계산문제가 자주 출제된다. 충당부채, 우발부채와 우발자산 은 주로 이론문제가 출제된다.

대표문제 상중하

금융부채에 해당하지 않는 것을 〈보기〉에서 모두 고른 것은?

> 보기
> ㄱ. 미지급금   ㄴ. 사채
> ㄷ. 미지급법인세   ㄹ. 단기차입금
> ㅁ. 선수금   ㅂ. 매입채무
> ㅅ. 퇴직급여충당부채

① ㄱ, ㄴ
② ㄴ, ㄹ
③ ㄷ, ㅁ, ㅅ
④ ㄹ, ㅂ
⑤ ㄷ, ㅂ, ㅅ

해설
금융부채: 미지급금, 사채, 단기차입금, 매입채무

⚭ 정답 ③

01
상중하

부채에 관한 설명으로 옳은 것은?

① 우발부채는 재무상태표에 보고한다.
② 상품매입으로 인한 채무를 인식하는 계정과목은 미지급금이다.
③ 부채는 결산일로부터 상환기일에 따라 유동부채와 비유동부채로 분류할 수 있다.
④ 충당부채는 지급금액이 확정된 부채이다.
⑤ 선수수익은 금융부채에 해당한다.

02
_{상중하}

20×1년 말 재무제표에 부채로 반영해야 하는 항목을 모두 고른 것은? (단, 각 거래는 독립적이다)

ㄱ. 20×1년 근무결과로 20×2년에 연차를 사용할 수 있게 됨(해당 연차는 20×2년에 모두 사용될 것으로 예상되나, 사용되지 않은 연차에는 20×3년 초에 수당이 지급됨)

ㄴ. 20×1년 말 구매계약이 체결되고 20×2년에 컴퓨터 납품예정

ㄷ. 20×1년 재무제표 승인을 위해 20×2년 3월에 개최된 정기주주총회에서 현금배당 결의

---

① ㄱ   ② ㄴ
③ ㄷ   ④ ㄱ, ㄷ
⑤ ㄱ, ㄴ, ㄷ

03
_{상중하}

유동부채에 관한 설명으로 옳지 않은 것은?

① 일반적으로 정상영업주기 내 또는 보고기간 후 12개월 이내에 결제하기로 되어 있는 부채이다.
② 미지급비용, 선수수익, 퇴직급여충당부채 등은 유동부채에 포함된다.
③ 매입채무는 일반적 상거래에서 발생하는 부채로 유동부채에 속한다.
④ 유동부채는 보고기간 후 12개월 이상 부채의 결제를 연기할 수 있는 무조건의 권리를 가지고 있지 않다.
⑤ 종업원 및 영업원가에 대한 미지급비용 항목은 보고기간 후 12개월 후에 결제일이 도래한다 하더라도 유동부채로 분류한다.

04
_{상중하}

금융부채로 분류되지 않는 것은?

① 차입금   ② 매입채무
③ 선수금   ④ 사채
⑤ 지급어음

05 미래에 현금을 수취할 계약상 권리에 해당하는 금융자산과 이에 대응하여 미래에
현금을 지급할 계약상 의무에 해당하는 금융부채로 옳지 않은 것은?

① 선급금과 선수금
② 외상매출금과 외상매입금
③ 받을어음과 지급어음
④ 투자사채와 사채
⑤ 단기대여금과 단기차입금

06 다음은 20×1년 초에 설립된 ㈜대전의 당기 중 발생 거래의 기말 상황이다.

- 3월 1일: 은행으로부터 현금 ₩100 차입 (만기 3년)
- 4월 1일: 거래처A에게 내년 초 신제품을 공급하는 대가로 미리 현금 ₩50
  을 수령
- 7월 1일: 거래처B에게 재고자산 매입대금으로 어음(만기 1년) ₩200 발행
- 11월 1일: 거래처C로부터 자금을 차입하면서, 어음(만기 3개월) ₩300 발행
- 12월 1일: 사무용비품 구입대금 ₩500 중 ₩100은 어음(만기 3개월) 발행,
  나머지는 5개월 후에 지급약정

㈜대전의 20×1년 말 금융부채는?

① ₩550
② ₩600
③ ₩850
④ ₩1,100
⑤ ₩1,150

07 다음 중 충당부채로 재무상태표에 계상하기 위한 인식 요건에 해당하는 것은?

경제적 효익이 있는 자원 유출가능성 \ 금액추정가능성	신뢰성 있게 추정 가능	신뢰성 있게 추정 불가능
가능성이 높음	ㄱ	ㄴ
가능성이 어느 정도 있음	ㄷ	ㄹ
가능성이 희박함	ㅁ	

① ㄱ
② ㄴ
③ ㄷ
④ ㄹ
⑤ ㅁ

08 충당부채 및 우발부채에 관한 설명으로 옳은 것은?
- ① 충당부채와 우발부채는 재무제표 본문에 표시되지 않고 주석으로 표시된다.
- ② 자원의 유출가능성이 높고, 금액의 신뢰성 있는 추정이 가능한 경우 충당부채로 인식한다.
- ③ 자원의 유출가능성이 높지 않더라도, 금액의 신뢰성 있는 추정이 가능한 경우 충당부채로 인식한다.
- ④ 금액의 신뢰성 있는 추정이 가능하지 않더라도, 자원의 유출가능성이 높은 경우 충당부채로 인식한다.
- ⑤ 금액의 신뢰성 있는 추정이 가능하더라도, 자원의 유출 가능성이 높지 않은 경우에는 주석에 공시하지 않는다.

09 충당부채의 측정에 관한 설명으로 옳지 않은 것은?
- ① 충당부채로 인식하는 금액은 현재의무를 보고기간 말에 이행하기 위하여 필요한 지출에 대한 최선의 추정치이어야 한다.
- ② 충당부채로 인식하여야 하는 금액과 관련된 불확실성은 상황에 따라 판단한다.
- ③ 화폐의 시간가치 영향이 중요한 경우에 충당부채는 의무를 이행하기 위하여 예상되는 지출액의 현재가치로 평가한다.
- ④ 할인율은 부채 특유한 화폐의 시간가치에 대한 현행 시장의 평가를 반영한 세전이율이다.
- ⑤ 예상되는 자산 처분이익은 충당부채를 객관적으로 측정하기 위하여 고려하여야 한다.

10 충당부채, 우발부채 및 우발자산의 회계처리에 관한 설명으로 옳지 않은 것은?
- ① 미래의 예상 영업손실은 충당부채로 인식한다.
- ② 우발자산은 자산으로 인식하지 아니한다.
- ③ 우발부채는 부채로 인식하지 아니한다.
- ④ 자산의 예상처분이익은 충당부채를 측정하는 데 고려하지 아니한다.
- ⑤ 충당부채로 인식하는 금액은 현재의무를 보고기간말에 이행하기 위하여 소요되는 지출에 대한 최선의 추정치이어야 한다.

11 충당부채와 우발부채에 대한 설명으로 옳은 것은?

① 미래의 예상 영업손실에 대하여 충당부채로 인식한다.

② 우발부채는 자원의 유출가능성을 최초 인식시점에 판단하며 지속적으로 평가하지 않는다.

③ 충당부채를 결제하기 위하여 필요한 지출액의 일부나 전부를 제3자가 변제할 것으로 예상되는 경우에는 기업의 의무를 이행한다면 변제받을 것이 거의 확실하게 되는 때에 변제금액을 별도의 자산으로 인식한다.

④ 다수의 항목과 관련되는 충당부채를 측정하는 경우에 해당 의무는 가능한 모든 결과에 관련된 확률 중 최댓값으로 추정한다.

⑤ 예상되는 자산처분이 충당부채를 발생시킨 사건과 밀접하게 관련되었을 경우 예상되는 자산처분이익은 충당부채를 측정하는 데 고려해야 한다.

12 충당부채에 대한 설명으로 옳지 않은 것은?

① 충당부채를 인식하기 위해서는 과거사건의 결과로 현재 의무가 존재하여야 한다.

② 충당부채를 인식하기 위한 현재의 의무는 법적 의무로서 의제의무는 제외된다.

③ 충당부채의 인식요건 중 경제적 효익이 있는 자원의 유출가능성이 높다는 것은 발생할 가능성이 발생하지 않을 가능성보다 더 높다는 것을 의미한다.

④ 충당부채를 인식하기 위해서는 과거사건으로 인한 의무가 기업의 미래행위와 독립적이어야 한다.

⑤ 충당부채로 인식하는 금액은 현재의무를 보고기간말에 이행하기 위하여 소요되는 지출에 대한 최선의 추정치이어야 한다.

13 충당부채, 우발부채 및 우발자산에 대한 설명으로 옳은 것은?

① 의무를 이행하기 위하여 경제적 효익이 있는 자원을 유출할 가능성이 희박하지 않다면, 우발부채를 재무제표에 인식한다.

② 예상되는 자산 처분이 충당부채를 생기게 한 사건과 밀접하게 관련되어 있다면, 예상되는 자산 처분이익은 충당부채를 측정하는 데 고려한다.

③ 수익의 실현이 거의 확실하다면, 관련 자산은 우발자산이 아니므로 해당 자산을 재무제표에 인식하는 것이 타당하다.

④ 손실부담계약을 체결하고 있는 경우에는 관련된 현재의무를 우발부채로 인식하고 측정한다.

⑤ 충당부채를 발생시킨 사건과 밀접하게 관련된 자산의 처분이익이 예상되는 경우 당해 처분이익을 충당부채금액을 측정하는 데 고려하여야 한다.

14 다음 20×1년 말 ㈜한국과 관련된 자료이다. 충당부채와 우발부채금액으로 옳은 것은?

- 기말 현재 매출채권에 대한 대손충당금으로 계상되어야 할 금액은 ₩20,000이다.
- 20×1년 초 제품보증충당부채는 없었으며 20×1년 말 현재 향후 보증청구가 이루어질 것으로 판단되는 최선의 추정치는 ₩50,000이다.
- ㈜한국은 경쟁업체가 제기한 특허권 무단사용에 따른 침해소송에 제소되었으며, 패소시 부담하게 될 손해배상액은 ₩100,000이다. 패소가능성은 높지 않다.
- 유형자산의 내용연수가 종료된 후 복구공사비용으로 추정되는 금액은 ₩200,000이며 그 현재가치는 ₩150,000이다.

	충당부채	우발부채
①	₩320,000	₩50,000
②	₩200,000	₩120,000
③	₩270,000	₩150,000
④	₩200,000	₩100,000
⑤	—	₩300,000

15 ㈜대한은 20×1년부터 전자제품을 판매하면서 3년간 보증수리를 무상으로 해주는
상중하 데 20×1년도에 ₩250,000, 20×2년도에 ₩500,000을 보증수리비로 인식하였다.
실제 지출한 보증수리비는 20×1년도에 ₩150,000, 20×2년도에 ₩320,000이었다.
20×2년도 말 제품보증충당부채 잔액은?

① ₩180,000   ② ₩220,000
③ ₩250,000   ④ ₩260,000
⑤ ₩280,000

16 20×1년 초에 영업을 개시한 ㈜한국은 품질보증 기간을 1년으로 하여 에어컨을 판
상중하 매하고 있다. 20×1년 에어컨 판매 수량은 500대이고, 대당 판매가격은 ₩1,000이
며, 동종업계의 과거 경험에 따르면 제품보증비용은 대당 ₩50이 발생할 것으로 추
정된다. 20×1년 중 실제 제품보증비 지출이 ₩10,000이면, ㈜한국의 20×1년 말
재무상태표에 표시될 제품보증충당부채는?

① ₩5,000   ② ₩10,000
③ ₩15,000   ④ ₩25,000
⑤ ₩40,000

17 ㈜한국은 제품매출액의 3%에 해당하는 금액을 제품보증비용(보증기간 2년)으로 추정
상중하 하고 있다. 20×1년의 매출액과 실제 보증청구로 인한 보증비용지출액은 다음과 같다.

제품매출액(20×1년)	실제 보증비용 지출액	
	20×1년	20×2년
₩600,000	₩14,000	₩6,000

20×2년 포괄손익계산서의 보증활동으로 인한 비용과 20×2년 말 재무상태표의 충
당부채 잔액은? (단, ㈜한국은 20×1년 초에 설립되었으며, 20×2년의 매출은 없다
고 가정한다)

	제품보증비	충당부채		제품보증비	충당부채
①	₩2,000	₩0	②	₩3,000	₩0
③	₩4,000	₩0	④	₩5,000	₩4,000
⑤	₩6,000	₩4,000			

18
_{상중하}

서울주식회사는 20×1년 초에 컴퓨터판매업을 시작하면서 2년간의 보증수리를 보장하고 있다. 과거의 경험으로 보아 판매한 해에는 매출액의 1%, 그 다음 해에는 3%의 보증비용이 발생할 것으로 추정된다. 20×1년과 20×2년의 매출액과 실제 발생한 보증수리비지출액은 다음과 같다. 20×2년 말 현재의 판매보증충당부채계정의 잔액은 얼마인가?

연 도	매출액	보증수리비지출액
20×1년	₩90,000,000	₩1,400,000
20×2년	₩240,000,000	₩3,200,000

① ₩1,200,000   ② ₩3,300,000

③ ₩6,000,000   ④ ₩8,600,000

⑤ ₩9,600,000

19
_{상중하}

㈜우식은 20×1년 1월 1일에 신상품의 판촉캠페인을 시작하였다. 각 신상품의 상자 안에는 쿠폰 1매가 동봉되어 있으며 쿠폰 4매를 가져오면 ₩100의 경품을 제공한다. ㈜우식은 발행된 쿠폰의 50%가 회수될 것으로 예상하고 있으며, 20×1년 중의 판촉활동과 관련된 자료는 다음과 같다.

• 판매된 신상품의 상자 수	600개
• 교환 청구된 쿠폰 수	240매

20×1년 중의 경품비와 20×1년 12월 31일의 경품충당부채는?

	경품비	경품충당부채
①	₩6,000	₩1,500
②	₩7,500	₩1,500
③	₩6,000	₩7,500
④	₩7,500	₩7,500
⑤	₩7,500	₩6,000

20 당기손익인식금융부채가 아닌 사채에 관한 설명으로 옳지 않은 것은?

① 액면(표시)이자율이 유효이자율보다 낮은 경우에는 할인발행된다.
② 유효이자율법에서 사채할인발행차금의 상각액은 매년 증가한다.
③ 유효이자율법을 적용할 경우 할인 및 할증발행 모두 이자비용은 매년 감소한다.
④ 할증발행의 경우 사채의 장부금액은 매면 감소한다.
⑤ 최초인식 후 유효이자율법을 사용하여 상각후원가로 측정한다.

21 사채발행차금을 유효이자율법에 따라 상각할 때 설명으로 옳지 않은 것은? (단, 이 자율은 0보다 크다)

① 할증발행 시 상각액은 매기 감소한다.
② 할인발행 시 이자비용은 매기 증가한다.
③ 할인발행 시 상각액은 매기 증가한다.
④ 할증발행 시 이자비용은 매기 감소한다.
⑤ 유효이자율법은 정액법에 비해 초기 상각액이 더 적다.

22 ㈜기업은 3년 만기의 사채를 할증발행하였으며, 이자는 매년 기말시점에 현금으로 지급하기로 하였다. 유효이자율법을 적용할 경우 이에 대한 내용으로 옳지 않은 것은?

① 사채의 액면이자율이 시장이자율보다 크다.
② 투자자의 입장에서 인식되는 이자수익은 매년 증가한다.
③ 사채발행자의 입장에서 사채할증발행차금 상각액은 매년 증가한다.
④ 투자자에게 현금으로 지급되는 이자비용은 매년 동일하다.
⑤ 포괄손익계산서에 계상되는 사채이자비용은 매기 감소한다.

23 사채에 관한 설명으로 옳지 않은 것은?
상중하
① 사채의 표시이자율을 사채소유자에게 현금으로 지급해야 할 이자계산에 사용된다.
② 사채할인발행차금은 발행금액에서 차감하는 형식으로 표시된다.
③ 사채발행시점에서 사채발행비가 지출된 경우 발행당시의 유효이자율은 시장이자율보다 높다.
④ 사채발행시 사채의 유효이자율이 표시이자율보다 낮은 경우 사채는 할증발행된다.
⑤ 사채가 할인발행되는 경우 사채발행자가 사채만기일에 상환해야 하는 금액은 발행금액보다 크다.

24 상각후원가측정금융부채로 분류하는 사채의 회계처리에 대한 설명으로 옳지 않은 것은?
상중하
① 사채발행시 사채발행비가 발생한 경우의 유효이자율은 사채발행비가 발생하지 않는 경우보다 높다.
② 사채의 액면이자율이 시장이자율보다 낮은 경우 사채를 할인발행하게 된다.
③ 사채를 할증발행한 경우 사채의 장부금액은 시간이 흐를수록 감소한다.
④ 사채의 할인발행과 할증발행의 경우 사채발행차금상각액이 모두 점차 감소한다.
⑤ 발행시의 시장이자율보다 상환시의 시장이자율이 상승하는 경우 사채상환이익이 발생한다.

25 사채 이자비용에 대한 설명으로 옳은 것은? (단, 이자율은 0보다 크다)
상중하
① 사채가 할증발행된다면 만기에 가까워질수록 매년 사채의 유효이자는 증가한다.
② 사채가 할인발행된다면 만기에 가까워질수록 매년 사채의 유효이자는 감소한다.
③ 사채가 할증발행된다면 매년 사채의 유효이자는 액면이자보다 적다.
④ 사채가 액면발행된다면 매년 사채의 유효이자는 액면이자와 같지 않다.
⑤ 사채가 할인발행된다면 매년 지급되는 액면이자는 증가한다.

26
상중하

20×1년 1월 1일 충남주식회사는 액면 ₩1,000,000, 표시이자율 8%, 5년 만기의 사채를 발행하였다. 사채의 이자는 매년 12월 31일 후급으로 지급된다. 사채의 투자자들이 기대하는 투자수익률은 시장이자율인 10%이다. 다음의 현가계수 자료에 의하여 충남주식회사의 사채발행가액을 계산하면 얼마인가?

㉠ 5년 후 8% 이자율 ₩1의 현재가치		0.68058
㉡ 5년 후 10% 이자율 ₩1의 현재가치		0.62092
㉢ 5년간 8% 이자율 ₩1의 연금현재가치		3.99271
㉣ 5년간 10% 이자율 ₩1의 연금현재가치		3.79097

① ₩900,000   　　　　　② ₩983,858

③ ₩940,337   　　　　　④ ₩924,198

⑤ ₩1,000,000

27
상중하

㈜평화는 20×1년 1월 1일 다음과 같이 사채를 발행하였다. 20×1년 12월 31일 이 사채와 관련된 이자비용은 얼마인가? (단, 소수점 이하는 절사함)

- 사채의 액면금액 : ₩1,000,000
- 액면이자율 : 연 8% (이자지급일 : 매년 12월 31일)
- 유효이자율 : 연 10%
- 만기 : 3년
- 사채 발행금액 : ₩950,258

① ₩76,020   　　　　　② ₩80,000

③ ₩95,025   　　　　　④ ₩100,000

⑤ ₩104,975

28
상중하

㈜한국은 20×1년 1월 1일에 사채(표시이자율 10%, 만기 3년, 액면금액 ₩100,000, 이자 후급)를 ₩95,200에 발행하였다. 20×1년 이자비용이 ₩11,400 발생하였을 경우, 20×1년 말 사채의 장부금액은?

① ₩95,200   　　　　　② ₩96,600

③ ₩98,600   　　　　　④ ₩100,000

⑤ ₩101,400

29
상중하

㈜한라는 20×1년 1월 1일에 표시이자율 8%, 액면금액 ₩100,000인 3년 만기 사채를 ₩95,030에 발행하였다. 이자는 매년 12월 31일에 지급되며, 발생이자와 관련된 회계처리는 유효이자율법에 따르고 있다. 유효이자율이 10%일 때, 20×2년 12월 31일 이 사채의 장부금액은? (단, 소수점 이하는 반올림함)

① ₩85,527
② ₩93,527
③ ₩96,533
④ ₩98,186
⑤ ₩100,000

30
상중하

㈜한국은 20×1년 1월 1일에 액면금액 ₩100,000, 액면이자율 연 8%, 5년 만기의 사채를 ₩92,416에 발행하였다. 이자는 매년 12월 31일에 지급하기로 되어 있고 20×1년 1월 1일 시장이자율은 연 10%이다. 동 사채의 회계처리에 대한 설명으로 옳지 않은 것은? (단, 계산결과는 소수점 아래 첫째 자리에서 반올림한다)

① 사채발행 시 차변에 현금 ₩92,416과 사채할인발행차금 ₩7,584을 기록하고, 대변에 사채 ₩100,000을 기록한다.
② 20×1년 12월 31일 이자지급 시 차변에 사채이자비용 ₩9,242을 기록하고 대변에 현금 ₩8,000과 사채할인발행차금 ₩1,242을 기록한다.
③ 20×1년 12월 31일 사채의 장부금액은 ₩91,174이다.
④ 사채만기까지 인식할 총 사채이자비용은 액면이자 합계액과 사채할인발행차금을 합한 금액이다.
⑤ 유효이자율법에 의한 사채할인발행차금 상각액은 매기 증가한다.

31
 ㈜한라는 20×1년 1월 1일 다음과 같은 사채를 발행하였으며 유효이자율법에 따라 회계처리한다. 동 사채와 관련하여 옳지 않은 것은?

> 액면금액 : ₩1,000,000
> 만기일 : 20×3년 12월 31일
> 표시이자율 : 연 6%
> 이자지급일 : 매년 말
> 사채발행비 : ₩20,000
> 유효이자율 : 연 9%(유효이자율은 사채발행비가 고려됨)

① 동 사채는 할인발행 사채이다.
② 매년 말 지급할 현금이자는 ₩60,000이다.
③ 이자비용은 만기가 가까워질수록 증가한다.
④ 사채발행비가 ₩30,000이라면 동 사채에 적용되는 유효이자율은 연 9%보다 낮다.
⑤ 사채할인발행차금 상각이 완료된 시점에서 사채 장부금액은 액면금액과 같다.

32
 ㈜대한은 20×1년 1월 1일에 액면가액 ₩8,000,000(이자는 매년도 말에 후불로 지급)의 사채를 ₩7,400,000에 발행하였다. ㈜대한은 20×1년 12월 31일에 사채와 관련하여 유효이자율법에 따라 다음과 같이 분개하였다.

| (차) 이 자 비 용 | ₩962,000 | (대) 현 | 금 | ₩800,000 |
| | | 사채할인발행차금 | | ₩162,000 |

이 사채의 연간 유효이자율과 표시이자율은 각각 몇 %인가?

① 12%, 10%
② 13%, 10%
③ 13%, 11%
④ 14%, 10%
⑤ 14%, 11%

33 ㈜한국은 20×1년 1월 1일 액면금액 ₩100,000, 만기 3년의 사채를 ₩92,410에 발행하였다. 사채의 연간 액면이자는 매년 말 지급되며 20×1년 12월 31일 사채의 장부금액은 ₩94,730이다. 사채의 연간 액면이자율을 추정한 것으로 가장 가까운 것은? (단, 사채발행 시 유효이자율은 9%이다)

① 5%　　　　　　　　　　② 6%
③ 7%　　　　　　　　　　④ 8%
⑤ 10%

34 ㈜한국은 20×1년 7월 1일 액면금액 ₩2,000,000(표시이자율 연 9%, 만기 5년)의 사채를 ₩1,950,000에 발행하였다. 이자는 매년 6월 30일에 지급한다. 발행시부터 만기까지 ㈜한국이 인식할 총이자비용은?

① ₩450,000　　　　　　　② ₩500,000
③ ₩850,000　　　　　　　④ ₩900,000
⑤ ₩950,000

35 ㈜한국은 20×1년 4월 1일 사채(표시이자율 10%, 만기 3년, 액면금액 ₩100,000)를 ₩95,200에 발행하였다. 한편, 사채의 발행과 관련된 사채발행비 ₩2,000이 발생하였다. ㈜한국이 사채발행으로 만기까지 인식해야 할 이자비용 총액은?

① ₩30,000　　　　　　　② ₩34,800
③ ₩35,200　　　　　　　④ ₩36,800
⑤ ₩39,600

36 ㈜한국은 20×1년 초 액면금액 ₩1,000,000의 사채(액면이자율 연 12%, 유효이자율 연 10%, 만기 3년)를 발행하였으며, 발행 시부터 만기까지 인식한 총이자비용은 ₩310,263이다. 20×1년 초 이 사채의 발행가액은? (단, 액면이자는 매년 말 지급하고, 원금은 만기에 일시 상환한다)

① ₩950,273　　　　　　　② ₩1,000,000
③ ₩1,049,737　　　　　　④ ₩1,310,163
⑤ ₩1,360,000

37 ㈜한국은 20×1년 1월 1일 액면금액이 ₩1,000,000인 사채(액면이자율 8%, 만기 3년)를 ₩950,263에 발행하였다. ㈜한국이 발행한 사채와 관련한 설명으로 옳지 않은 것은? (단, 액면이자는 매년 말 지급하고, 원금은 만기에 일시 상환한다)

① 사채발행 시 액면이자율이 시장이자율보다 낮다.
② 매년 인식해야 할 이자비용은 증가한다.
③ 만기까지 인식해야 할 이자비용의 총액은 ₩240,000이다.
④ 이자비용으로 지출하는 현금은 매년 ₩80,000으로 일정하다.
⑤ 사채의 장부금액은 매년 증가한다.

38 ㈜한국은 20×1년 1월 1일에 액면금액 ₩120,000, 만기 2년, 이자지급일이 매년 12월 31일인 사채를 발행하였다. ㈜한국의 회계담당자는 다음과 같은 유효이자율 법에 의한 상각표를 작성하였다. ㈜한국의 동 사채에 대한 설명으로 옳은 것은?

날 짜	이자지급	유효이자	상각액	장부금액
20×1. 1. 1				₩115,890
20×1. 12. 31	₩10,800	₩12,748	₩1,948	₩117,838
20×2. 12. 31	₩10,800	₩12,962	₩2,162	₩120,000

① 사채의 표시이자율은 연 8%이다.
② 20×1년 말 사채할인발행차금 상각액은 ₩2,162이다.
③ 20×2년 말 사채관련 유효이자비용은 ₩12,962이다.
④ 사채의 유효이자율은 연 12%이다.
⑤ 유효이자율법에 의한 사채할인발행차금 상각액은 매기 증가하고, 사채할증 발행차금 상각(환입)액은 매기 감소한다.

39 ㈜서울은 액면금액이 ₩100,000, 표시이자율이 연 10%(1년에 1회 이자지급)인 사채를 이자지급일에 현금 ₩113,000을 지급하고 조기상환하였다. 이때 사채상환손실이 ₩8,000이었다면, 상환시점의 사채할인발행차금은?

① ₩8,000 ② ₩5,000
③ ₩3,000 ④ ₩2,000
⑤ ₩13,000

40
상중하

㈜한국은 20×1년 1월 1일에 액면가액 ₩1,000, 액면이자율 연 8%, 유효이자율 연 10%, 만기 3년, 이자지급일 매년 12월 31일인 사채를 발행하였다. ㈜한국은 유효이자율법을 적용하여 사채할인발행차금을 상각하고 있으며, 20×2년 12월 31일 사채의 장부금액은 ₩982이다. ㈜한국이 20×3년 6월 30일 동 사채를 ₩1,020에 조기 상환하였다면, 이때의 사채상환손실은? (단, 계산은 월할 계산하며, 소수점 발생 시 소수점 아래 첫째 자리에서 반올림한다)

① ₩11   ② ₩20
③ ₩29   ④ ₩31
⑤ ₩49

41
상중하

㈜대한은 20×1년 초 다음과 같은 조건의 사채를 발행하고, 상각후원가로 측정하였다.

- 액면금액 : ₩100,000   • 만기 : 5년
- 표시이자율 : 5%   • 시장이자율 : 8%
- 표시이자 지급방법 : 매년 말   • 상환방법 : 만기 일시상환

만기를 1년 앞 둔 20×4년 말에 현금이자 지급 후 동 사채를 ₩95,000에 상환하였을 경우, 사채상환손익은? (단, 계산과정에서 단수차이가 있는 경우 가장 근사치를 선택한다)

〈현재가치계수〉

• 단일 금액의 현재가치계수

구 분	1기간	2기간	3기간	4기간	5기간
5%	0.9524	0.9070	0.8638	0.8227	0.7835
8%	0.9259	0.8573	0.7938	0.7350	0.6806

• 정상연금의 현재가치계수

구 분	1기간	2기간	3기간	4기간	5기간
5%	0.9524	1.8594	2.7232	3.5460	4.3295
8%	0.9259	1.7833	2.5771	3.3121	3.9927

① 손실 ₩5,000   ② 손실 ₩2,220
③ ₩0   ④ 이익 ₩2,220
⑤ 이익 ₩5,000

42
상중하

㈜한국은 20×1년 초 다음과 같은 조건의 사채를 ₩47,512에 발행하였다. 20×2년 말 이자지급 후, 동 사채 전부를 ₩47,000에 조기상환한 경우 사채상환손익은? (단, 금액은 소수점 첫째자리에서 반올림하여 단수차이가 있으면 가장 근사치를 선택한다)

- 액면금액 : ₩50,000
- 표시이자율 : 연 8%(매년 말 이자지급)
- 유효이자율 : 연 10%
- 만기 : 3년(만기 일시상환)

① ₩2,090 손실
② ₩2,090 이익
③ ₩3,000 손실
④ ₩3,000 이익
⑤ ₩512 이익

43
상중하

㈜한국이 발행한 사채(액면금액 ₩100,000, 액면이자율 연 8%, 발행 시 유효이자율 연 10%)의 20×1년 말 장부금액은 ₩95,000이다. ㈜한국은 20×2년 말 동 사채에 대한 액면이자를 지급한 후 즉시 사채 전부를 ₩98,000에 상환하였다. 사채가 ㈜한국의 20×2년 당기순이익에 미치는 영향은? (단, 액면이자는 매년 말 지급하고, 원금은 만기에 일시 상환한다)

① ₩8,000 감소
② ₩9,500 감소
③ ₩10,000 감소
④ ₩11,000 감소
⑤ ₩12,000 감소

∞ **연계학습** 기본서 p.430~457

단·원·열·기

본 장은 매년 2문제 정도 출제된다. 자본의 분류문제, 자본거래, 자기주식, 주당이익이 주로 출제되는데, 특히 자본거래는 매년 출제되므로 꼼꼼히 학습하여야 한다.

대표문제 상 중 하

㈜한국의 20×1년 초 자산과 부채 총계는 각각 ₩5,000,000과 ₩2,000,000이며, 20×1년 중 발생한 자본 관련 거래는 다음과 같다.

- 3월 20일: 현금배당 ₩100,000을 결의하였으며, 현금배당의 10%를 이익준비금으로 적립하였다.
- 4월 10일: 3월 20일 결의한 현금배당 ₩100,000을 주주에게 지급하였다.
- 7월 15일: 보통주 100주(주당 액면금액 ₩500)를 주당 ₩800에 발행하였다.
- 8월 20일: 자기주식 30주를 최초로 취득(주당 취득금액 ₩700)하였다.
- 9월 20일: 자기주식 20주를 매각(주당 매각금액 ₩750)하였다.

㈜한국이 20×1년도 포괄손익계산서상 당기순이익과 총포괄이익으로 각각 ₩100,000과 ₩30,000을 보고했다면, 20×1년 말의 재무상태표상 자본 총계는?

① ₩2,994,000
② ₩3,004,000
③ ₩3,016,000
④ ₩3,104,000
⑤ ₩3,204,000

해설

기초자본		₩3,000,000
3/20	현금배당	−100,000
4/10	배당금지급	—
7/15	보통주 발행	80,000
8/20	자기주식 취득	−21,000
9/20	자기주식 처분	15,000
총포괄이익		30,000
기말자본		₩3,004,000

⊘ 정답 ②

01 자본과 관련된 설명으로 옳은 것은?
① 자본 구성항목의 표시는 유동성배열법을 따른다.
② 주식배당으로 주식을 교부하면 자본금이 증가한다.
③ 주식발행초과금과 같은 자본잉여금이라도 제한없이 주주에게 배당이 가능하다.
④ 자본이란 자산총액에서 부채총액을 차감한 잔액으로 채권자에게 귀속될 잔여지분의 성격을 갖는다.
⑤ 기타포괄손익누계액은 자본거래로부터 발생한다.

02 자본에 관한 설명 중 옳지 않은 것은?
① 자본조정은 당해 항목의 성격상 자본거래에 해당하지만, 자본의 차감 성격을 가지는 것으로 자본금이나 자본잉여금으로 처리할 수 없는 누적적 적립금의 성격을 갖는 계정이다.
② 상환우선주의 보유자가 발행자에게 상환을 청구할 수 있는 권리를 보유하고 있는 경우, 이 상환우선주는 자본으로 분류하지 않는다.
③ 자본잉여금은 납입된 자본 중에서 액면금액을 초과하는 금액 또는 주주와의 자본거래에서 발생하는 잉여금을 처리하는 계정이다.
④ 이익잉여금은 손익거래(자본거래 이외의 영업활동거래)에서 획득한 이익으로 배당 등으로 처분한 후의 사내에 유보된 잉여금이나 적립금을 말한다.
⑤ 기타포괄손익누계액 중 일부는 당기손익으로의 재분류조정 과정을 거치지 않고 직접 이익잉여금으로 대체할 수 있다.

03 다음의 자료를 사용하여 계산된 재무상태표상의 자본총계는?

자본금	₩10,000
자기주식	₩2,500
사채	₩6,000
예수금	₩3,000
이익준비금	₩3,500
주식할인발행차금	₩1,200

① ₩9,800
② ₩11,000
③ ₩12,300
④ ₩13,500
⑤ ₩14,600

04 다음의 자료를 사용하여 계산된 기말이익잉여금은?
상중하

기초자본금	₩200,000
기초이익잉여금	₩27,200
배당금 선언 및 지급액	₩18,000
매출액	₩140,000
매출원가	₩40,300
급여	₩68,000
신주발행금액	₩100,000

① ₩27,200   ② ₩31,700
③ ₩40,900   ④ ₩50,600
⑤ ₩61,200

05 다음은 ㈜한강의 재무제표에서 추출한 자료이다. 이익잉여금 합계는 얼마인가?
상중하

• 해외사업환산손실	₩400,000	• 자기주식	₩80,000
• 자본금	₩600,000	• 신주인수권대가	₩50,000
• 자기주식처분이익	₩150,000	• 미처분이익잉여금	₩300,000
• 주식발행초과금	₩200,000	• 이익준비금	₩400,000
• 재평가잉여금	₩150,000	• 신주청약증거금	₩60,000
• 감자차익	₩100,000	• 기타포괄금융자산평가이익	₩150,000

① ₩400,000   ② ₩700,000
③ ₩300,000   ④ ₩950,000
⑤ ₩850,000

06 다음 중 자본총계에 영향을 주는 거래는?
상중하
① 현물출자   ② 주식배당
③ 무상증자   ④ 주식분할
⑤ 주식병합

07 자본총액에 영향을 주지 않는 거래는?

① 당기손익인식금융자산에 대하여 평가손실이 발생하다.
② 이익준비금을 자본금으로 전입하다.
③ 주주로부터 자산을 기부받다.
④ 자기주식을 재발행하다.
⑤ 재평가모형을 적용하고 있는 유형자산에 대하여 재평가이익이 발생하다.

08 ㈜서울은 20×1년 12월 말에 주당 액면금액 ₩5,000인 보통주 1,000주를 주당 ₩10,000에 발행(유상증자)하였으며, 주식인쇄비 등 주식발행과 관련된 비용이 ₩1,000,000 발생하였다. 유상증자 직전에 ㈜서울의 자본에는 주식할인발행차금의 미상각잔액이 ₩1,500,000 존재하였다. 이 거래와 관련하여 ㈜서울이 20×1년 말에 보고할 주식발행초과금은?

① ₩2,500,000
② ₩4,000,000
③ ₩5,500,000
④ ₩9,000,000
⑤ ₩10,000,000

09 ㈜한국의 20×1년 자본관련 거래가 다음과 같을 때, 20×1년에 증가한 주식발행초과금은? (단, 기초 주식할인발행차금은 없다고 가정한다)

- 3월 2일: 보통주 100주(주당 액면금액 ₩500)를 주당 ₩700에 발행하였다.
- 5월 10일: 우선주 200주(주당 액면금액 ₩500)를 주당 ₩600에 발행하였다.
- 9월 25일: 보통주 50주(주당 액면금액 ₩500)를 발행하면서 그 대가로 건물을 취득하였다. 취득당시 보통주 주당 공정가치는 ₩1,000이었다.

① ₩20,000
② ₩40,000
③ ₩45,000
④ ₩65,000
⑤ ₩80,000

10
상중하

20×1년 1월 1일 설립한 ㈜한국의 자본관련 거래는 다음과 같다.

일 자	거래 내역
1월 1일	보통주 1,000주를 주당 ₩120(액면금액 ₩100)에 발행하고, 주식발행과 관련된 직접비용 ₩700을 현금 지급하였다.
7월 1일	보통주 1,000주를 주당 ₩90(액면금액 ₩100)에 발행하고, 주식발행과 관련된 직접비용은 발생하지 않았다.

이와 관련된 설명으로 옳은 것은?

① 1월 1일 현금 ₩120,000이 증가한다.
② 1월 1일 주식발행과 관련된 직접비용 ₩700을 비용으로 계상한다.
③ 7월 1일 자본금 ₩90,000이 증가한다.
④ 7월 1일 자본총계는 ₩100,000 증가한다.
⑤ 12월 31일 재무상태표에 주식발행초과금으로 표시될 금액은 ₩9,300이다.

11
상중하

㈜한국은 자본금 ₩10,000,000, 주식할인발행차금 잔액 ₩500,000이 있는 상태에서 주당 액면금액 ₩5,000인 보통주 1,000주를 주당 ₩10,000에 발행하였다. 주식발행과 관련한 직접적인 총비용은 ₩800,000이 발생하였다. 이 거래의 결과에 대한 설명으로 옳은 것은? (단, 모든 거래는 현금거래이다)

① 주식발행관련비용 ₩800,000은 비용처리 된다.
② 자본증가액은 ₩9,200,000이다.
③ 주식할인발행차금 잔액은 ₩500,000이다.
④ 주식발행초과금 잔액은 ₩4,500,000이다.
⑤ 증자 후의 자본금은 ₩19,200,000이다.

12
상중하

㈜한국은 20×1년 초 보통주 200주(주당 액면금액 ₩5,000, 주당 발행금액 ₩6,000)를 발행하였으며, 주식 발행과 관련된 직접원가 ₩80,000과 간접원가 ₩10,000이 발생하였다. ㈜한국의 주식발행에 대한 설명으로 옳은 것은? (단, 기초 주식할인발행차금은 없다고 가정한다)

① 자본의 증가는 ₩1,200,000이다.
② 자본금의 증가는 ₩1,120,000이다.
③ 자본잉여금의 증가는 ₩120,000이다.
④ 주식발행초과금의 증가는 ₩110,000이다.
⑤ 주식발행과 관련된 직·간접원가 ₩90,000은 비용으로 인식한다.

13 다음의 거래 중에서 자본을 실질적으로 감소시키는 거래는?

① 소정의 절차를 밟아 주식을 액면 이하로 할인발행하고 대금을 현금으로 납입받는다.
② 자금의 부족으로 인하여 주주에게 현금배당 대신 주식배당을 실시하였다.
③ 이익준비금의 자본전입으로 무상증자를 실시하였다.
④ 증권시장에서 유통중인 자기회사주식을 발행가액보다 낮은 금액으로 취득하였다.
⑤ 보유중인 자기주식을 취득원가 이하로 매각처분하고 대금을 현금으로 받다.

14 다음 내용 중 자본의 실질적인 감소를 초래하는 것으로 적합한 것을 모두 묶은 것은?

> 가. 주주총회의 결의에 의하여 주식배당을 실시하였다.
> 나. 주주총회의 결의에 따라 주당 8,000로 50,000주를 유상증자하였다.
> 다. 이사회 결의에 의하여 중간배당으로 현금배당을 실시하였다.
> 라. 결손금 보전을 위해 이익준비금을 자본금에 전입하였다.
> 마. 상각후원가금융자산을 기타포괄손익금융자산으로 재분류한 결과 평가손실이 발생하였다.

① 가, 나   ② 나, 다
③ 다, 라   ④ 다, 마
⑤ 라, 마

15 다음 자료를 이용하여 계산된 기말자본 금액은?

> 〈기초자본 자료〉
>
> | | |
> |---|---|
> | 자본금 | ₩20,000 |
> | 이익잉여금 | ₩1,500 |
> | 재평가잉여금 | ₩1,200 |
> | 계 | ₩22,700 |
>
> • 당기중 액면금액 ₩500의 보통주 40주를 주당 ₩1,000에 발행
> • 당기순손실 : ₩800
> • 당기 재평가잉여금 증가액 : ₩300

① ₩36,200   ② ₩42,200
③ ₩60,200   ④ ₩61,200
⑤ ₩62,200

16
상중하

20×1년 자본과 관련한 다음 정보를 이용할 때, 20×1년 말 재무상태표에 표시될 이익잉여금은?

- 20×1년 기초 이익잉여금 ₩200
- 2월 25일: 주주총회에서 현금 ₩100 배당 결의와 함께 이익준비금 ₩10과 배당평균적립금 ₩20 적립 결의
- 6월 30일: 전기 이전부터 보유하던 장부금액 ₩30의 자기주식을 ₩32에 매각
- 20×1년 당기순이익 ₩250

① ₩320
② ₩350
③ ₩352
④ ₩422
⑤ ₩450

17
상중하

㈜한국의 20×1년 초 자본잉여금은 ₩1,000,000이다. 당기에 다음과 같은 거래가 발생하였을 때, 20×1년 말 자본잉여금은? (단, 다음 거래를 수행하는 데 충분한 계정 금액을 보유하고 있으며, 자기주식에 대하여 원가법을 적용한다)

- 2월에 1주당 액면금액이 ₩2,000인 보통주 500주를 1주당 ₩3,000에 발행하였다.
- 3월에 주주총회에서 총액 ₩200,000의 배당을 결의하였다.
- 4월에 자기주식 100주를 1주당 ₩2,500에 취득하였다.
- 3월에 결의한 배당금을 4월에 현금으로 지급하였다.
- 4월에 취득한 자기주식 40주를 9월에 1주당 ₩4,000에 처분하였다.

① ₩1,000,000
② ₩1,110,000
③ ₩1,510,000
④ ₩1,560,000
⑤ ₩1,650,000

18
상중하

㈜한국은 다음과 같이 액면가 ₩1,000인 자기주식을 취득하여 매각하였다. 11월 10일 매각 시점의 분개로 옳은 것은?

날 짜	적 요	금 액	주식수
11월 1일	취득	₩950	50주
11월 5일	매각	₩970	20주
11월 10일	매각	₩930	30주

	차 변			대 변	
①	현 금	₩27,900		자기주식	₩27,900
②	현 금	₩27,900		자기주식	₩28,500
	자기주식처분손실	₩600			
③	현 금	₩27,900		자기주식	₩28,500
	자기주식처분이익	₩400			
	자기주식처분손실	₩200			
④	현 금	₩30,000		자기주식	₩28,500
				자기주식처분손실	₩600
				자기주식처분이익	₩900
⑤	현 금	₩30,000		자기주식	₩28,500
				자기주식처분이익	₩1,500

19
상중하

다음은 ㈜한국의 20×1년도 자기주식과 관련된 거래이다. 자본 총계가 증가하는 거래만을 모두 고르면?

> ㄱ. 자기주식 1,000주를 주당 ₩700에 취득하였다.
> ㄴ. 자기주식 200주를 주당 ₩800에 재발행하였다.
> ㄷ. 자기주식 300주를 소각하였다.
> ㄹ. 자기주식 500주를 주당 ₩600에 재발행하였다.

① ㄱ, ㄴ
③ ㄴ, ㄹ
⑤ ㄱ, ㄴ, ㄹ

② ㄱ, ㄷ
④ ㄷ, ㄹ

20
상중하

㈜한국은 자기주식에 대하여 원가법을 적용하고 있다. 기중에 자기주식 20주를 외상으로 ₩40,000에 취득하였고 이 중 10주를 현금 ₩30,000에 처분하였다. 이 주식거래로 인한 결과로 옳지 않은 것은? (단, 기초 자기주식처분손익은 없다고 가정한다)

① 자산은 ₩30,000 증가한다.

② 자본은 ₩20,000 감소한다.

③ 부채는 ₩40,000 증가한다.

④ 자본잉여금은 ₩10,000 증가한다.

⑤ 자본조정항목은 ₩20,000 감소한다.

21
상중하

20×1년 초 설립한 ㈜한국의 자본거래는 다음과 같다. ㈜한국의 20×1년 말 자본총액은?

- 20×1년 1월: 보통주 1,000주(주당 액면가 ₩5,000)를 액면발행하였다.
- 20×1년 3월: 자기주식 200주를 주당 ₩6,000에 매입하였다.
- 20×1년 4월: 자기주식 200주를 주당 ₩7,000에 매입하였다.
- 20×1년 5월: 3월에 구입한 자기주식 100주를 주당 ₩8,000에 처분하였다.
- 20×1년 9월: 3월에 구입한 자기주식 100주를 주당 ₩9,000에 처분하였다.

① ₩3,600,000

② ₩4,100,000

③ ₩5,000,000

④ ₩5,500,000

⑤ ₩6,100,000

22
상중하

다음은 ㈜한국의 20×1년 1월 1일 자본계정의 내역이다.

자본 :	
자본금 (보통주, 주당 액면가 ₩1,000)	₩3,000,000
자본잉여금	₩1,500,000
이익잉여금	₩5,500,000
자본 총계	₩10,000,000

다음과 같은 거래가 발생하였을 때, ㈜한국의 20×1년 말 재무상태표상 자본 총계는? (단, 기초 주식할인발행차금은 없다)

- 4월 1일 : 증자를 결의하고 보통주 1,000주(주당 액면가 ₩1,000)를 주당 ₩2,000에 전액 현금으로 납입받았다. 이때 신주발행비 ₩500,000은 모두 현금으로 지급하였다.
- 5월 1일 : ㈜한국이 발행한 보통주 100주를 주당 ₩3,000에 매입하였다.
- 11월 1일 : 자기주식 전량을 주당 ₩2,000에 외부 매각하였다.
- ㈜한국의 20×1년 당기순이익은 ₩1,000,000이며, 20×2년 3월 말 주주총회에서 보통주 1주당 0.1주의 주식배당을 결의하였다.

① ₩12,400,000
② ₩12,500,000
③ ₩12,800,000
④ ₩12,900,000
⑤ ₩13,800,000

23
상 중 하

㈜한국의 20×1년 12월 31일의 재무상태표상의 자본은 보통주자본금 ₩100,000 (주식수 100주, 주당 액면금액 ₩1,000), 주식발행초과금 ₩30,000, 이익잉여금 ₩50,000으로 구성되어 있다. 20×2년의 자본과 관련된 거래내역이 다음과 같을 때, 자본 변동에 대한 설명으로 옳지 않은 것은? (단, 자기주식에 대하여 원가법을 적용하고, 기초 자기주식처분손익은 없다)

- 3월 10일 : 주주에게 보통주 한 주당 0.1주의 주식배당을 결의하였다.
- 3월 31일 : 3월 10일에 결의한 주식배당을 실시하였다.
- 4월 9일 : 자기주식 10주를 주당 ₩2,100에 취득하였다.
- 6월 13일 : 4월 9일 취득한 자기주식 4주를 주당 ₩2,200에 매각하였다.
- 8월 24일 : 4월 9일 취득한 자기주식 6주를 주당 ₩1,700에 매각하였다.
- 11월 20일 : 보통주 1주를 2주로 하는 주식분할을 의결하고 시행하였다.

① 자본과 관련된 거래로 인해 이익잉여금은 ₩8,000 감소한다.
② 자기주식처분손실은 ₩2,000이다.
③ 20×2년 12월 31일의 보통주자본금은 ₩110,000이다.
④ 20×2년 12월 31일의 보통주 주식수는 220주이다.
⑤ 자본잉여금 총액은 ₩30,000으로 변동없다.

24
상 중 하

다음 자료로 기업회계기준에 의하여 당기에 적립할 이익준비금의 최저한도액을 계산하면?

㉠ 법정자본금	₩100,000,000
㉡ 당기순이익	₩25,000,000
㉢ 배당률 12%(금전배당 80%, 주식배당 20%의 비율로 배당)	
㉣ 결산일 직전의 이익준비금계정잔액	₩49,200,000

① ₩1,200,000
② ₩300,000
③ ₩960,000
④ ₩800,000
⑤ ₩160,000

25 12월 31일 합격회사의 자본금 ₩900,000, 자본잉여금 ₩300,000, 이익준비금
상중하 ₩50,000, 전기이월이익잉여금 ₩15,000, 당기순이익 ₩23,500이다. 이익준비금
의 적립 이외에 기타 법정적립금과 주식배당이 없다고 할 경우 합격회사의 금전배
당 가능액은 얼마인가?

① ₩15,000   ② ₩35,000
③ ₩23,500   ④ ₩38,500
⑤ ₩3,500

26 20×5년 말 차기이월미처분이익잉여금은 ₩648,000이다. 20×5년의 당기순이익은
상중하 ₩158,000이고, 배당금은 ₩80,000이다. 전기이월미처분이익잉여금은 얼마인가?

① ₩570,000   ② ₩670,000
③ ₩726,000   ④ ₩886,000
⑤ ₩960,000

27 소유주에 대한 비현금자산의 분배(현물배당)에 대한 설명으로 옳지 않은 것은?
상중하
① 기업은 분배를 선언하고 소유주에게 관련 자산을 분배할 의무를 부담할 때,
미지급배당을 부채로 인식하여야 한다.
② 소유주에게 배당으로 비현금자산을 분배해야하는 부채는 분배될 자산의 공
정가치로 측정한다.
③ 비현금자산을 받거나 현금을 받을 수 있는 선택권을 기업이 소유주에게 부
여한다면, 기업은 각 대안의 공정가치와 소유주가 각 대안을 선택할 확률을
고려하여 미지급배당을 추정한다.
④ 각 보고기간말과 결제일에, 기업은 미지급배당의 장부금액을 검토하고 조정
하며, 이 경우 미지급배당의 장부금액 변동은 분배금액에 대한 조정으로 자
본에서 인식한다.
⑤ 기업이 미지급배당을 결제할 때, 분배된 자산의 장부금액과 미지급배당의
장부금액이 차이가 있다면 이를 당기손익으로 인식하지 않는다.

28
상중하

다음 중 주식배당과 주식분할을 옳게 설명한 것은?

① 주식배당과 주식분할에서 이익잉여금은 불변이다.
② 주식배당과 주식분할에서 주당액면가는 불변이다.
③ 주식배당과 주식분할에서 유통주식수는 감소한다.
④ 주식배당과 주식분할에서 주당시장가치는 변한다.
⑤ 주식배당과 주식분할에서 자본총계는 변한다.

29
상중하

㈜한국은 20×1년 1월 1일 영업을 시작하였으며, 20×2년 말 현재 자본금 계정은 다음과 같다.

• 보통주(주당액면가액 ₩5,000, 발행주식수 80주)	₩400,000
• 우선주A(배당률 10%, 비누적적 · 비참가적, 주당 액면가액 ₩5,000, 발행주식수 40주)	₩200,000
• 우선주B(배당률 5%, 누적적 · 완전참가적; 주당 액면가액 ₩5,000, 발행주식수 80주)	₩400,000

모든 주식은 영업개시와 동시에 발행하였으며, 그 이후 아직 배당을 한 적이 없다. 20×3년 초 ₩100,000의 배당을 선언하였다면 배당금 배분과 관련하여 옳은 것은?

① 보통주 소유주에게 배당금 ₩20,000 지급
② 보통주 소유주에게 배당금 우선 지급 후 우선주A 소유주에게 배당금 지급
③ 우선주A 소유주에게 배당금 ₩30,000 지급
④ 우선주B 소유주에게 배당금 ₩50,000 지급
⑤ 보통주 소유주에게 배당금 지급 후 잔여액을 우선주 소유주 A와 B에게 배당

30
상중하

㈜한국은 20×1년 3월 7일 자기주식 500주를 매입하고 20×1년 7월 7일 이 중 100주를 소각하였다. 그리고 20×1년 8월 31일 자기주식 200주를 ㈜서울에 매도하였다. ㈜한국의 20×1년 자기주식거래가 ㈜한국의 유통주식수에 미치는 영향은?

① 500주 감소
② 400주 감소
③ 300주 감소
④ 200주 감소
⑤ 변화 없다.

31
상중하

다음 ㈜한국의 20×1년 보통주 변동내역은 다음과 같다.

> • 기초유통보통주식수 6,000주
> • 7월 1일 보통주 무상증자 500주
> • 9월 1일 보통주 공정가치 발행 유상증자 900주

20×1년 가중평균유통보통주식수는? (단, 기간은 월할 계산한다)

① 6,550주
② 6,800주
③ 6,900주
④ 7,100주
⑤ 7,400주

32
상중하

㈜한국의 20×1년 1월 1일 유통보통주식수는 10,000주이다. 20×1년도에 발행된 보통주는 다음과 같다. 20×1년도 ㈜한국의 가중평균유통보통주식수는? (단, 가중평균유통보통주식수는 월수를 기준으로 계산한다)

> • 4월 1일 무상증자 10%를 실시하였다.
> • 9월 1일 유상으로 신주 15%를 공정가치로 발행하였다.

① 11,550주
② 11,600주
③ 11,650주
④ 11,700주
⑤ 11,750주

33
상 중 하

20×1년 1월 1일에 ㈜한국의 보통주 1,000주(주당액면가 ₩5,000)가 유통되고 있었으며, 10월 1일에 보통주 800주가 추가로 발행되었다. 다음 자료에 따른 ㈜한국의 기본주당순이익은? (단, 유통보통주식수의 가중평균은 월수로 계산하며, 다른 자본의 변동은 없는 것으로 가정한다)

- 우선주(주당액면가 ₩5,000) 유통주식 수 : 100주
- 우선주배당률 : 연 10%
- 20×1년 당기순이익 : ₩650,000

---

① ₩500   ② ₩550
③ ₩600   ④ ₩650
⑤ ₩700

34
상 중 하

다음은 미래주식회사의 재무제표에서 얻은 자료이다. 미래주식회사의 주당이익은?

이자지급액	₩3,800,000	당기순이익	₩5,200,000
우선주배당금	₩700,000	보통주배당금	₩3,000,000
우선주발행총수	1,500주	보통주발행총수(연초)	7,000주
연중 보통주발행(7월 1일 발행, 유상증자)	1,000주		

---

① ₩578   ② ₩600
③ ₩563   ④ ₩750
⑤ ₩850

35
상 중 하

㈜대한의 20×1년 1월 1일 현재 유통보통주식수는 10,000주이고, 이중에서 4,000주를 20×1년 7월 1일 자기주식으로 취득하였다. ㈜대한의 20×1년 당기순이익은 ₩15,000,000이고, 비누적적 우선주에 대한 배당결의 금액은 ₩3,000,000이다. ㈜대한의 20×1년 기본주당순이익은? (단, 가중평균유통보통주식수는 월수를 기준으로 계산한다)

① ₩800   ② ₩900
③ ₩1,000   ④ ₩1,125
⑤ ₩1,500

36 다음은 ㈜전주의 20×1년 회계기간 중의 자료이다. 20×1년 ㈜전주의 주당순이익은?

• 1월 1일의 보통주식수	30,000주
• 당기순이익	₩4,500,000
• 우선주배당금	₩500,000
• 유상증자 (10월 1일)	8,000주

① ₩80 ② ₩90
③ ₩100 ④ ₩110
⑤ ₩125

37 신설법인인 ㈜한국의 당기순이익은 ₩805,000이며, 보통주 1주당 ₩200의 현금배당을 실시하였다. 유통보통주식수는 1,000주(주당 액면금액 ₩500), 우선주식수는 500주(주당 액면금액 ₩100, 배당률 10%)이다. 보통주의 주당 시가를 ₩4,000이라 할 때 옳은 것은? (단, 적립금은 고려하지 않는다)

① 보통주의 기본주당순이익은 ₩805이다.
② 보통주의 주가수익비율은 20%이다.
③ 보통주의 배당률은 30%이다.
④ 보통주의 배당수익률은 5%이다.
⑤ 배당성향은 20%이다.

14

Chapter

수익과 비용회계

단·원·열·기

본 장은 매년 2문제 정도 출제된다. 수익인식 5단계, 위탁판매와 장기할부판매, 건설계약 등이 주로 출제된다. 특히, 건설계약손익계산은 매년 출제되므로 꼼꼼하게 학습하여야 한다.

대표문제 상중하

㈜한국은 20×1년 초 고객과 총 대가 ₩500,000(설치용역 수수료 ₩50,000 포함)에 기계장치를 판매한 뒤 설치해 주기로 계약하였다. 기계장치 판매와 설치용역은 별개의 수행의무이다. 고객은 기계장치를 인도 시점에 통제하지만, 설치용역에 대한 통제는 기간에 걸쳐 이전된다. ㈜한국은 20×1년 11월 초 고객에게 기계장치를 인도하였고, 20×1년 말 설치용역에 대한 진행률은 40%이다. ㈜한국이 20×1년 포괄손익계산서상 인식할 수익은?

① ₩200,000

② ₩450,000

③ ₩470,000

④ ₩500,000

⑤ ₩550,000

해설

수익 인식액: 기계장치 ₩450,000 + 설치용역 ₩50,000 × 40% = ₩470,000

◎ 정답 ③

01 수익인식 5단계를 순서대로 바르게 나열한 것은?
상중하

> ㄱ. 수행의무의 식별
> ㄴ. 고객과의 계약을 식별
> ㄷ. 거래가격을 산정
> ㄹ. 거래가격을 계약 내 수행의무에 배분
> ㅁ. 수행의무를 이행할 때 수익을 인식

① ㄱ ⇨ ㄴ ⇨ ㄷ ⇨ ㄹ ⇨ ㅁ
② ㄱ ⇨ ㄷ ⇨ ㄴ ⇨ ㄹ ⇨ ㅁ
③ ㄴ ⇨ ㄱ ⇨ ㄷ ⇨ ㄹ ⇨ ㅁ
④ ㄴ ⇨ ㄱ ⇨ ㄹ ⇨ ㄷ ⇨ ㅁ
⑤ ㄷ ⇨ ㄱ ⇨ ㄴ ⇨ ㄹ ⇨ ㅁ

02 고객과의 계약에서 생기는 수익에 대한 설명으로 옳지 않은 것은?
상중하

① 고객에게 이전할 재화나 용역에 대하여 받을 권리를 갖게 될 대가의 회수가능성이 높지 않더라도, 계약에 상업적 실질이 존재하고 이전할 재화나 용역의 지급조건을 식별할 수 있으면 고객과의 계약으로 회계처리한다.
② 수익을 인식하기 위해서는 '고객과의 계약 식별', '수행의무 식별', '거래가격 산정', '거래가격을 계약 내 수행의무에 배분', '수행의무를 이행할 때 수익인식'의 단계를 적용한다.
③ 거래가격 산정 시 제삼자를 대신해서 회수한 금액은 제외하며, 변동대가, 비현금 대가, 고객에게 지급할 대가 등이 미치는 영향을 고려한다.
④ 거래가격을 식별된 각 수행의무에 배분할 경우 상대적 개별 판매가격을 기준으로 배분한다.
⑤ 고객에게 약속한 자산을 이전하여 수행의무를 이행할 때 수익을 인식하며, 자산은 고객이 그 자산을 통제할 때 이전된다.

03 기업회계기준서 제1115호 '고객과의 계약에서 생기는 수익'에서 고객과의 계약을
식별하기 위한 기준으로 제시한 것이 아닌 것은?
① 이전할 재화나 용역과 관련된 각 당사자의 권리를 식별할 수 있다.
② 이전할 재화나 용역의 지급조건을 식별할 수 있다.
③ 재화나 용역을 이전하는대로 고객은 효익을 동시에 얻고 소비한다.
④ 계약에 상업적 실질이 있다.
⑤ 고객에게 이전할 재화나 용역에 대하여 받을 권리를 갖게 될 대가의 회수가
능성이 높다.

04 '고객과의 계약에서 생기는 수익'에 제시되어 있는 고객과의 계약을 식별하기 위한
기준과 일치하는 내용은?
① 계약당사자들이 계약을 서면으로만 승인해야 하며, 각자의 의무를 수행하기
로 확약한다.
② 이전할 재화나 용역에 대한 각 당사자의 권리를 식별할 수 있다면, 재화나
용역의 대가로 받는 지급조건은 식별할 수 없어도 된다.
③ 계약에 상업적 실질 없이 재화나 용역을 서로 주고받을 수 있다.
④ 고객에게 이전할 재화나 용역에 대하여 받을 권리를 갖게 될 대가의 회수가
능성이 높다.
⑤ 고객과의 계약을 식별하는 5가지 기준을 대부분 충족하는 때에 고객과의 계
약을 식별한다.

05 수익인식 단계에 대한 설명으로 옳은 것은?

① 수익인식 5단계 순서는 '수행의무 식별 → 계약식별 → 거래가격 산정 → 거래가격 배분 → 수행의무별 수익인식'이다.

② 계약 개시시점에 고객과의 계약에서 약속한 재화나 용역을 검토하여 고객에게 구별되는 재화나 용역을 이전하기로 한 약속을 하나의 수행의무로 식별한다.

③ 거래가격은 고객에게 약속한 재화나 용역을 이전하고 그 대가로 기업이 받을 권리를 갖게 될 것으로 예상하는 금액이며, 이때 제삼자를 대신하여 회수한 금액을 포함한다.

④ 계약 당사자들이 계약을 승인하고 각자의 의무를 수행하기로 확약하거나, 이전할 재화나 용역과 관련된 각 당사자의 권리를 식별할 수만 있으면 계약을 식별할 수 있다.

⑤ 계약 개시시점에 계약상 각 수행의무의 대상인 구별되는 재화나 용역의 개별 판매가격을 산정하고, 이 개별 판매가격에 비례하여 거래가격을 배분한다. 이때 개별 판매가격은 계약상 표시가격을 말한다.

06 다음 중 기업회계기준서 제1115호 '고객과의 계약에서 생기는 수익'에 따라 재화나 용역을 이전하기로 하는 약속이 계약상 구별되지 못하는 것으로만 짝지어진 것은?

> ⊙ 계약에서 약속한 하나 이상의 다른 재화나 용역에 의해 변형되거나 고객 맞춤화된다.
> ⓒ 해당 재화나 용역이 상호의존도나 상호관련성이 매우 높다.
> ⓒ 고객이 이전받은 재화나 용역으로부터 효익을 얻을 수 있다.

① ⊙   ② ⓒ
③ ⓒ   ④ ⊙, ⓒ
⑤ ⓒ, ⓒ

07 수행의무가 기간에 걸쳐 이행되지 않는다면, 그 수행의무는 한 시점에 이행되는 것
(상중하) 이다. 고객이 약속된 자산을 통제하고 기업이 수행의무를 이행하는 시점을 판단하
는 사항으로 옳지 않은 것은?

① 기업은 자산에 대해 현재 지급청구권이 있다.
② 고객에게 자산의 법적 소유권이 있다.
③ 기업이 자산의 물리적 점유를 이전하였다
④ 자산의 소유에 따른 유의적인 위험과 보상이 기업에게 있다.
⑤ 고객이 자산을 인수하였다.

08 고객과의 계약으로부터 발생하는 수익에서 거래가격 산정에 대한 설명으로 옳지
(상중하) 않은 것은?

① 거래가격을 산정하기 위해서는 계약 조건과 기업의 사업 관행을 참고한다.
② 기업에 특성이 비슷한 계약이 많은 경우에 '기댓값'은 변동대가(금액)의 적
   절한 추정치일 수 있다.
③ 고객과의 계약에서 약속한 대가는 고정금액, 변동금액 또는 둘 다를 포함할
   수 있다.
④ 거래가격을 산정할 때에는 변동대가, 환불부채, 계약에 있는 유의적 금융요
   소, 고객에게 지급할 대가는 고려하나 비현금 대가는 고려하지 않는다.
⑤ 거래가격에는 부가가치세와 같이 제3자를 대신하여 회수한 금액은 포함하
   지 않는다.

09 고객과의 계약에서 생기는 수익에서 측정에 대한 설명으로 옳지 않은 것은?
(상중하)
① 기업이 받을 권리를 갖게 될 변동대가(금액)에 미치는 불확실성의 영향을
   추정할 때에는 그 계약 전체에 하나의 방법을 일관되게 적용한다.
② 거래가격은 고객에게 약속한 재화나 용역을 이전하고 그 대가로 기업이 받
   을 권리를 갖게 될 것으로 예상하는 금액이며, 제삼자를 대신해서 회수한 금
   액도 포함된다.
③ 거래가격을 산정하기 위하여 기업은 재화나 용역을 현행 계약에 따라 약속
   대로 고객에게 이전할 것이고 이 계약은 취소·갱신·변경되지 않을 것이라
   고 가정한다.
④ 고객이 약속한 대가의 특성, 시기, 금액은 거래가격의 추정치에 영향을 미친다.
⑤ 계약에서 약속한 대가에 변동금액이 포함된 경우에 고객에게 약속한 재화
   나 용역을 이전하고 그 대가로 받을 권리를 갖게 될 금액을 추정한다.

10 갑회사는 반품조건부로 제품 100개를 개당 ₩200에 판매하는 계약을 체결하였다.
상중하 고객은 제품 구매 후 1개월 이내에 반품을 할 수 있는데, 갑회사의 과거 경험 등에
기초하여 볼 때 95개의 제품이 반환되지 않을 것으로 추정하였다. 갑회사의 반품
조건부 판매의 회계처리에 대한 다음의 설명 중 옳지 않은 것은? 단, 제품의 단위
당 원가는 ₩150이며, 갑회사는 재고자산에 대해서 계속기록법을 적용한다.

① 제품의 통제 이전 시점에 인식할 매출은 ₩19,000이다.
② 제품의 통제 이전 시점에 인식할 매출채권은 ₩20,000이다.
③ 제품의 통제 이전 시점에 인식할 환불부채는 ₩1,000이다.
④ 고객이 반품을 할 때 갑회사가 재화를 회수할 수 있는 권리 ₩750을 별개의
자산으로 인식한다.
⑤ 환불부채 ₩1,000은 실제 반품되는 제품이 얼마나 되는지 관계없이 반품기
한이 종료되면 모두 장부에서 제거된다.

11 갑회사는 제품을 판매하면서 3년의 무상보증 서비스 제공을 약속하였다. 그런데
상중하 고객이 판매가의 1%를 추가 부담하면 2년의 무상보증기간을 연장해준다. 갑회사는
20×1년 4월 1일에 ₩300,000의 매출을 하면서 고객이 ₩3,000을 추가로 지급하
고 5년의 무상보증 서비스를 제공하기로 하였다. 이와 관련된 다음의 회계처리 중
옳지 않는 것은?

① 20×1년 4월 1일에 인식할 매출은 ₩300,000이다.
② 갑회사가 수령한 금액 중 ₩3,000은 용역 유형의 보증에 해당된다.
③ 갑회사가 수령한 금액 중 ₩3,000은 수행의무에 대한 대가로서 20×1년 4월
1일부터 5년간 기간에 걸쳐 수익으로 인식한다.
④ 당초 약속한 3년의 무상보증 서비스 제공은 확신 유형의 보증에 해당된다.
⑤ 확신 유형의 보증에 대해서는 거래가격을 배분하지 않고 충당부채를 인식
한다.

12 수익에 관한 설명으로 옳지 않은 것은?
상중하 ① 수익의 발생에 따라 자산이 수취되거나 증가할 수 있다.
② 수익은 부채의 상환에 따라 발생할 수도 있다.
③ 수익은 받았거나 받을 대가의 공정가치로 측정한다.
④ 부가가치세와 같이 제3자를 대신하여 받은 금액은 수익이 아니다.
⑤ 지분참여자에 의한 출자는 수익의 정의를 충족한다.

13
상중하

수익의 인식을 수반하지 않는 사건에 해당하는 것은?

① 상품을 도착지 인도기준으로 판매하기로 하고 운송선박에 선적하였다.
② 상품을 거래처에 위탁하여 판매하였다.
③ 이자부 채권을 매입하고 3개월이 지났으나 이자는 수취하지 못하였다.
④ 판매용 승용차를 36개월 할부로 판매하고 승용차를 인도하였다.
⑤ 용역을 제공하고 용역대금으로 거래처에 대한 매입채무를 상계하였다.

14
상중하

수익의 인식에 관한 설명으로 옳지 않은 것은?

① 위탁판매의 경우 위탁자는 수탁자가 제3자에게 재화를 판매한 시점에 인식한다.
② 시용판매에서는 고객에게 상품을 인도한 날에 인식한다.
③ 용역수익은 용역제공 거래의 결과를 신뢰성 있게 추정할 수 있을 때 보고기간말에 그 거래의 진행률에 따라 인식한다.
④ 광고매체수수료는 광고가 소비대중에게 방영되거나 전달되었을 때 인식한다.
⑤ 정기간행물의 가액이 매기 비슷한 경우에는 발송기간에 걸쳐 정액기준으로 인식한다.

15
상중하

수익인식 기준에 대한 설명으로 옳은 것은?

① 설치 과정이 성격상 단순한 경우, 설치 및 검사조건부 판매는 구매자가 재화의 인도를 수락한 시점에 즉시 수익을 인식한다.
② 배당수익은 주주로서 배당을 수취한 시점에 수익을 인식한다.
③ 인도결제판매는 현금의 수취가 없더라도 인도가 완료된 시점에 즉시 수익을 인식한다.
④ 위탁판매는 위탁자가 수탁자에게 상품을 인도한 날 수익을 인식한다.
⑤ 할부판매는 이자수익에 해당하는 부분을 포함한 판매가격에 해당하는 수익을 판매시점에 인식한다.

16
상중하

12월 한 달간 상품판매와 관련된 자료가 다음과 같을 때 매출액은? (단, 상품판매 가격은 단위당 ₩1,000으로 동일하다)

> • 12월 1일. 상품 100개를 외상으로 판매하였다.
> • 12월 17일. 상품 200개를 3개월 할부로 판매하고, 대금은 매월 말 20%씩 받기로 하다.
> • 12월 24일. 시용매출로 80개를 발송하였고, 12월 31일 현재 매입의사표시를 받은 상품은 50개이다.
> • 12월 28일. 위탁상품 50개를 수탁자에게 발송하였고, 12월 31일 현재 수탁자가 20개를 판매한 것으로 확인되었다.
> • 12월 30일. 상품 40개를 선적지 인도조건으로 판매하여 다음 달에 도착할 예정이다.

① ₩300,000
② ₩310,000
③ ₩360,000
④ ₩390,000
⑤ ₩410,000

17
상중하

다음의 상황에서 ㈜대한이 인식할 수익은?

> 1. ㈜대한은 수탁판매업자에게 원가 ₩200,000의 상품을 적송하였다.
> 2. 수탁판매업자는 위 상품을 모두 판매하고 판매대금 중 판매수수료 ₩40,000을 제외한 ₩360,000을 ㈜대한에게 송금하고 이를 통보하였다.

① ₩100,000
② ₩160,000
③ ₩200,000
④ ₩320,000
⑤ ₩400,000

18
상중하

㈜한국은 20×1년부터 상품 A(단위당 판매가 ₩100,000, 단위당 매입원가 ₩60,000)의 위탁판매를 시작하면서, 수탁자에게 단위당 ₩10,000의 판매수수료를 지급하기로 하였다. 20×1년 ㈜한국이 수탁자에게 적송한 상품 A는 100개이며, 적송운임 ₩40,000은 ㈜한국이 부담하였다. 수탁자는 이 중 50개를 20×1년에 판매하였다. 20×1년 ㈜한국이 상품 A의 위탁판매와 관련하여 인식할 당기이익은?

① ₩1,460,000
② ₩1,480,000
③ ₩1,500,000
④ ₩3,000,000
⑤ ₩4,500,000

19 다음은 건설계약의 회계처리에 관한 설명들이다. 틀린 것은 어느 것인가?

① 건설계약대금 중 발주자에게 청구한 금액은 진행청구액의 과목으로 하여 부채로 인식한다.

② 당기말까지 수행한 공사에 해당하는 건설계약대금은 미성공사의 과목으로 하여 자산으로 인식한다.

③ 미성공사와 진행청구액은 서로 상계하여 재무상태표에 공시한다.

④ 공사가 완성되는 시점에서 미성공사계정의 장부금액은 건설계약금액과 일치한다.

⑤ 공사전체에 손실이 예상되는 경우 손실예상액은 당기비용으로 인식하고, 동금액을 진행청구액에 가산한다.

20 ㈜한국은 20×1년 초에 ₩800,000의 건설공사를 수주하였다. 공사기간은 3년, 총계약원가는 ₩640,000이 될 것으로 예상되며 20×1년 중 ₩80,000의 공사원가가 발생하였다. ㈜한국이 진행기준에 따라 수익을 인식할 경우 20×1년 공사수익은?

① ₩10,000   ② ₩30,000

③ ₩70,000   ④ ₩100,000

⑤ ₩200,000

21 ㈜한국은 고객과 20×1년부터 3년간 용역제공 계약을 체결하고 용역을 제공하고 있다. 최초 계약 시 총계약금액은 ₩2,000이었다. 20×2년 중 용역계약원가의 상승으로 총계약금액을 ₩2,400으로 변경하였다. 용역제공과 관련된 자료가 다음과 같을 때, ㈜한국이 인식할 20×2년도 용역계약손익은? (단, 진행률에 의해 계약수익을 인식하며, 진행률은 총추정계약원가 대비 누적발생계약원가로 산정한다)

구 분	20×1년	20×2년	20×3년
당기발생계약원가	₩320	₩880	₩800
총추정계약원가	₩1,600	₩2,000	₩2,000

① 손실 ₩120   ② 손실 ₩80

③ 이익 ₩120   ④ 이익 ₩160

⑤ 이익 ₩240

22 12월말 결산법인인 ㈜한국은 20×6년 초에 도급금액이 ₩160,000인 건설공사를 수주하였다. 동 공사는 20×8년 말에 완공할 예정이며, 용역제공 거래에 대한 수익인식은 진행기준을 적용한다. 다음의 자료를 기초로 ㈜한국이 20×7년도에 인식해야 할 계약이익은 얼마인가? (단, 공사진행률 계산은 발생원가기준에 따른다)

구 분	20×6년	20×7년	20×8년
각 연도 발생한 계약원가	₩40,000	₩30,000	₩40,000
각 연도말 추정 예상추가계약원가	₩40,000	₩30,000	—

① ₩2,000
② ₩5,000
③ ₩8,000
④ ₩10,000
⑤ ₩12,000

23 다음은 ㈜청풍의 20×1년 초에 시작해서 20×3년 말에 끝나는 공사계약(총공사계약금액 ₩5,000,000)과 관련된 자료이다. ㈜청풍이 20×2년도에 인식할 공사 관련 이익은 얼마인가? (단, ㈜청풍은 발생한 누적 계약원가를 추정총계약원가로 나눈 진행률(진행기준)을 사용하여 수익과 비용을 인식한다)

구 분	20×1년	20×2년	20×3년
발생한 누적계약원가	₩800,000	₩2,700,000	₩4,500,000
추정 총계약원가	₩4,000,000	₩4,500,000	₩4,500,000

① ₩100,000
② ₩150,000
③ ₩200,000
④ ₩250,000
⑤ ₩300,000

24
상중하

㈜대한은 20×1년 1월 1일에 도로건설계약(공사기간 : 20×1.1.1.~20×3.12.31)을 체결하고 공사를 진행하였다. 총계약수익은 ₩300,000이며, 이 도로를 건설하는 데 필요한 총계약원가는 ₩200,000으로 추정되었다. 당해 건설계약에서 실제로 발생한 누적계약원가가 다음과 같을 때, 이 건설계약에 대한 설명으로 옳지 않은 것은? (단, 진행률은 실제 발생한 누적계약원가를 추정총계약원가로 나눈 비율로 계산한다)

구 분	20×1년	20×2년	20×3년
누적계약원가	₩50,000	₩130,000	₩200,000

① 20×1년의 계약진행률은 25%이다.
② 20×1년의 계약이익은 ₩25,000이다.
③ 20×2년까지의 누적계약진행률은 65%이다.
④ 20×2년에 인식할 계약이익은 ₩65,000이다.
⑤ 20×3년의 계약수익은 ₩105,000이다.

25
상중하

㈜대한의 건설계약과 관련된 자료는 다음과 같다.

계약기간 : 20×1년 1월 1일 ~ 20×3년 12월 31일
총계약금액 : ₩1,200,000
계약원가 관련자료 :

구 분	20×1년	20×2년	20×3년
연도별 발생원가	₩400,000	₩575,000	₩325,000
완성시까지 추가소요예정원가	₩600,000	₩325,000	—

㈜대한의 20×2년도 계약손실은? (단, 진행기준을 적용하여 수익을 인식하며, 진행률은 발생한 누적 계약원가를 추정총계약원가로 나누어 산정한다)

① ₩180,000   ② ₩185,000
③ ₩190,000   ④ ₩195,000
⑤ ₩200,000

26 甲사는 20×1년 중 강원도로부터 춘천–원주간 자동차전용도로 건설공사를 ₩5,000,000
에 수주하였다. 준공예정일은 20×3년 12월 31일로 발생한 계약원가와 관련된 자
료들은 다음과 같다. 이들 자료를 기초로 할 경우 A사가 20×2년과 20×3년에 인
식할 계약손익은 얼마인가? (단, 진행률은 소수점 첫째자리에서 반올림 할 것)

	20×1년	20×2년	20×3년
누적계약원가	₩1,200,000	₩4,000,000	₩5,200,000
추정총계약원가	₩4,000,000	₩5,100,000	₩5,200,000

	20×2년	20×3년
①	₩400,000 손실	₩100,000 손실
②	₩400,000 손실	₩22,000 손실
③	₩378,000 손실	₩100,000 손실
④	₩378,000 손실	₩22,000 손실
⑤	₩378,000 손실	₩0

27 ㈜한국은 20×1년 1월 1일 총계약금액 ₩60,000의 건설공사를 수주하였다. ㈜한국
이 진행기준을 사용하여 해당 건설공사를 회계처리하는 경우, 20×2년 말 재무상
태표에 표시할 미청구공사(유동자산) 금액은?

	20×1년	20×2년	20×3년
발생 누적계약원가	₩8,000	₩35,000	₩50,000
총계약예정원가	₩40,000	₩50,000	₩50,000
계약대금청구	₩10,000	₩30,000	₩20,000
계약대금회수	₩7,000	₩28,000	₩25,000

① ₩2,000 ② ₩3,000
③ ₩12,000 ④ ₩40,000
⑤ ₩42,000

28 수익과 비용은 대응원칙에 따라 각 수익항목과 관련되는 비용항목을 대응 표시하
여야 한다. 그런데 대응에는 직접대응과 기간대응(간접대응)의 두 가지 형태가 있
다. 다음의 비용항목 중에서 관련 수익항목에 대해 직접대응되는 것은?

① 판매비 ② 관리비
③ 매출원가 ④ 감가상각비
⑤ 보험료

회계변경과 오류수정

∝ **연계학습** 기본서 p.489~504

단·원·열·기

본 장은 매년 1문제 정도 출제된다. 재고자산측정기준변경, 감가상각변경, 재고자산 오류 등이 출제되는데, 특히 감가상각변경의 문제가 중요하다.

대표문제 상중하

회계정책, 회계추정의 변경, 오류의 수정에 대한 설명으로 옳지 않은 것은?

① 회계정책의 변경은 특정기간에 미치는 영향이나 누적효과를 실무적으로 결정할 수 없는 경우를 제외하고는 소급적용한다.

② 회계정책의 변경과 회계추정의 변경을 구분하는 것이 어려운 경우에는 이를 회계정책의 변경으로 본다.

③ 측정기준의 변경은 회계추정의 변경이 아니라 회계정책의 변경에 해당한다.

④ 전기오류는 특정기간에 미치는 오류의 영향이나 오류의 누적효과를 실무적으로 결정할 수 없는 경우를 제외하고는 소급재작성에 의하여 수정한다.

⑤ 과거에 발생한 거래와 실질이 다른 거래, 기타 사건 또는 상황에 대하여 다른 회계정책을 적용하는 것은 회계정책의 최초적용이므로 회계정책의 변경으로 보지 아니한다.

해설
② 회계추정의 변경으로 본다.

⊘ 정답 ②

01 회계변경에 관한 우리나라 기업회계기준의 규정으로 틀린 것은?
상중하

① 정액법에서 정률법으로 변경하는 것은 회계추정의 변경이다.

② 유형자산의 내용연수를 변경하는 것은 회계추정의 변경이다.

③ 회계추정을 변경한 때에는 당기 이후에 그 영향이 미치는 것으로 한다.

④ 회계정책을 변경한 때는 회계변경의 누적 효과를 계산하여 당기순이익에 반영한다.

⑤ 회계정책의 변경과 추정의 변경의 구분이 곤란한 경우에는 회계추정의 변경으로 본다.

02 회계변경 및 오류수정에 관한 설명으로 옳지 않은 것은?

① 과거의 합리적 추정이 후에 새로운 정보추가로 수정되는 것은 오류수정이 아니다.
② 거래의 실질이 다른 거래에 대해 다른 회계정책을 적용하는 것은 회계정책의 변경이다.
③ 측정기준의 변경은 회계정책의 변경이다.
④ 자산으로 처리해야할 항목을 비용처리한 것은 오류에 해당된다.
⑤ 감가상각자산의 추정내용연수가 변경되는 경우 그 변경 효과는 전진적으로 인식한다.

03 회계정책의 변경에 해당하지 않는 것은?

① 유형자산 감가상각 방법을 정액법에서 정률법으로 변경
② 투자부동산 평가방법을 원가모형에서 공정가치모형으로 변경
③ 재고자산 측정방법을 선입선출법에서 평균법으로 변경
④ 영업권에 대해 정액법 상각에서 손상모형으로 변경
⑤ 지분증권의 취득단가 산정방법을 총평균법에서 이동평균법으로 변경

04 회계추정의 변경에 해당되지 않는 것은?

① 유형자산의 잔존가치를 취득원가의 10%에서 5%로 변경하는 경우
② 유형자산의 내용연수를 5년에서 10년으로 변경하는 경우
③ 유형자산의 감가상각방법을 정률법에서 정액법으로 변경하는 경우
④ 제품보증충당부채의 적립비율을 매출액의 1%에서 2%로 변경하는 경우
⑤ 재고자산의 단위원가 결정방법을 선입선출법에서 총평균법으로 변경하는 경우

05
상중하

회계변경을 회계정책의 변경과 회계추정의 변경으로 분류할 때, 그 분류가 다른 것은?

① 감가상각자산의 감가상각방법을 정률법에서 정액법으로 변경
② 감가상각자산의 내용연수를 10년에서 15년으로 변경
③ 감가상각자산의 잔존가치를 취득원가의 10%에서 5%로 변경
④ 감가상각자산의 측정모형을 원가모형에서 재평가모형으로 변경
⑤ 매출채권의 기대신용손실 추정액의 변경

06
상중하

회계변경 또는 회계선택 결과로 당기순이익이 감소하는 것은? (단, 회계변경은 모두 정당한 변경으로 간주한다)

① 매입한 재고자산의 단가가 계속 상승할 때, 재고자산 단위원가결정방법을 가중평균법에서 선입선출법으로 변경하였다.
② 정액법을 적용하여 감가상각하는 비품의 내용연수를 5년에서 7년으로 변경하였다.
③ 신규취득 기계장치의 감가상각비 계산 시 정액법이 아닌 정률법을 선택하였다.
④ 정액법으로 감가상각하는 기계장치에 대해 수선비가 발생하여 이를 수익적 지출이 아닌 자본적 지출로 처리하였다.
⑤ 사무용 소모품을 구입하고 비용처리하지 않고 자산으로 처리하였다.

07
상중하

기업회계기준에 의한 회계정책의 변경과 오류수정의 회계처리방법은 어떤 것인가?

	회계정책변경	오류수정
①	소급법	소급법
②	당기일괄처리법	소급법
③	전진법	소급법
④	소급법	당기일괄처리법
⑤	전진법	당기일괄처리법

08 회계정책, 회계추정의 변경 및 오류에 대한 설명으로 옳지 않은 것은?

상종하

① 투입변수나 측정기법의 변경이 회계추정치에 미치는 영향은 전기오류수정에서 비롯되지 않는 한 회계추정치 변경이다.

② 기업의 재무상태, 재무성과 또는 현금흐름을 특정한 의도대로 표시하기 위하여 중요하거나 중요하지 않은 오류를 포함하여 작성된 재무제표는 한국채택국제회계기준에 따라 작성되었다고 할 수 없다.

③ 회계추정의 변경효과가 변경이 발생한 기간과 미래기간에 모두 영향을 미치는 경우 발생한 기간에는 회계추정 변경 효과를 당기손익에 포함하여 전진적으로 인식하고, 미래기간에는 회계추정 변경 효과를 기타포괄손익으로 하여 전진적으로 인식한다.

④ 회계정책의 변경과 회계추정의 변경을 구분하는 것이 어려운 경우에는 이를 회계추정의 변경으로 본다.

⑤ 당기 중에 발견한 당기의 잠재적 오류는 재무제표의 발행승인일 전에 수정한다. 그러나 중요한 오류를 후속기간에 발견하는 경우, 이러한 전기오류는 해당 후속기간의 재무제표에 비교표시된 재무정보를 재작성하여 수정한다.

09 ㈜한국이 20×1년에 재고자산 평가방법을 선입선출법에서 총평균법으로 변경한 결과

상종하 20×1년 기초재고자산과 기말재고자산이 각각 ₩50,000, ₩20,000 감소하였다. 이와 같은 회계변경이 ㈜한국의 20×1년 기초이익잉여금과 당기순이익에 미치는 영향은?

	기초이익잉여금	당기순이익
①	₩50,000 감소	₩20,000 감소
②	₩50,000 증가	₩20,000 감소
③	₩50,000 감소	₩30,000 증가
④	영향 없음	₩30,000 증가
⑤	₩50,000 감소	영향 없음

10

상중하

㈜한국은 20×1년 10월 1일 기계장치(잔존가치 ₩5,000, 내용연수 5년, 정액법 상각)를 ₩155,000에 현금으로 취득하면서 기계장치를 소모품비로 잘못 기입하였다. 20×1년 결산 시 장부를 마감하기 전에 동 오류를 확인한 경우, 필요한 수정분개는? (단, 원가모형을 적용하며, 감가상각은 월할상각한다)

	차 변		대 변	
①	기계장치	₩147,500	현금	₩147,500
②	기계장치	₩155,000	현금	₩155,000
③	기계장치	₩147,500	소모품비	₩147,500
	감가상각비	₩7,500	감가상각누계액	₩7,500
④	기계장치	₩155,000	소모품비	₩155,000
	감가상각비	₩7,500	감가상각누계액	₩7,500
⑤	기계장치	₩155,000	소모품비	₩155,000
	감가상각비	₩30,000	감가상각누계액	₩30,000

11

상중하

㈜한국은 20×1년 1월 1일 건물을 ₩1,000,000(내용연수 8년, 잔존가치 ₩200,000)에 취득하여 정액법으로 감가상각하고 있다. 20×4년 1월 1일 ㈜한국은 감가상각방법을 연수합계법으로 변경하였으며, 잔존가치를 ₩40,000으로 재추정하였다. 20×4년의 감가상각비는?

① ₩44,000
② ₩46,667
③ ₩100,000
④ ₩220,000
⑤ ₩233,333

12

상중하

㈜한국은 20×1년 10월 초 기계장치를 ₩100,000(내용연수 4년, 잔존가치 ₩20,000, 연수합계법, 월할 상각)에 취득한 후, 20×2년 1월 초 ₩30,000의 자본적 지출을 하였다. 그 결과 20×2년 1월 초 기계장치의 내용연수는 10년, 잔존가치는 ₩50,000으로 추정되었다. ㈜한국이 20×2년 1월 초부터 감가상각 방법을 정액법으로 변경하였다면, 20×2년 포괄손익계산서에 보고할 감가상각비는? (단, 원가모형을 적용하고, 손상차손은 발생하지 않았다)

① ₩7,200
② ₩8,000
③ ₩10,200
④ ₩12,200
⑤ ₩37,200

박문각 주택관리사

13
_{상중하}

㈜태양(보고기간말 12월 31일)은 20×6년 1월 1일에 기계장치 A를 ₩90,000,000에 구입하였다. 구입당시에 기계장치 A의 내용연수는 5년이고 잔존가치는 ₩9,000,000으로 추정되었다. ㈜태양은 감가상각방법으로서 연수합계법을 사용하여 왔다. 20×9년 초에 ㈜태양은 기계장치 A의 내용연수를 당초 5년에서 6년으로 변경하고, 잔존가치는 ₩6,000,000으로 변경하였다. 이 경우 ㈜태양이 20×9년에 기계장치 A에 대한 감가상각비로 기록해야 할 금액은 얼마인가?

① ₩2,560,000
② ₩6,400,000
③ ₩9,000,000
④ ₩9,600,000
⑤ ₩6,000,000

14
_{상중하}

㈜대한은 20×1년 1월 1일에 ₩880,000에 취득한 기계장치(내용연수 10년, 잔존가치 ₩0)를 정액법에 따라 감가상각해 오던 중 20×3년 1월 1일에 잔여 내용연수를 5년으로 새롭게 추정하였다. 20×3년 12월 31일 기계장치 장부금액은?

① ₩537,143
② ₩552,456
③ ₩563,200
④ ₩616,240
⑤ ₩740,500

15
_{상중하}

㈜구봉은 20×1년 1월 1일에 생산용 기계 1대를 ₩100,000에 구입하였다. 이 기계의 내용연수는 4년, 잔존가액은 ₩20,000으로 추정되었으며 정액법에 의해 감가상각하고 있었다. ㈜구봉은 20×3년도 초에 동 기계의 성능을 현저히 개선하여 사용할 수 있게 하는 대규모의 수선을 시행하여 ₩16,000을 지출하였다. 동 수선으로 내용연수는 2년이 연장되었으나 잔존가치는 변동이 없을 것으로 추정된다. 이 기계와 관련하여 20×3년도에 인식될 감가상각비는?

① ₩28,000
② ₩24,000
③ ₩20,000
④ ₩14,000
⑤ ₩10,000

16
(상)(중)(하)

㈜서울은 20×1년 초 건물을 구입(취득원가 ₩300,000, 내용연수 5년, 잔존가치 ₩0, 연수합계법으로 상각)하여 원가모형을 적용하였다. 20×3년 초 동 건물에 대한 감가상각방법을 정액법으로 변경하였으며, ₩40,000의 자본적 지출로 내용연수는 3년 연장되었고 잔존가치는 ₩10,000 증가하였다. ㈜서울이 인식할 동 건물의 20×3년 감가상각비는?

① ₩21,250
② ₩25,000
③ ₩41,250
④ ₩50,000
⑤ ₩55,000

17
(상)(중)(하)

㈜한국은 20×1년 초에 업무용 차량운반구를 ₩10,000(내용연수 5년, 잔존가치 ₩0)에 취득하여 정액법으로 감가상각하여 오다가 20×2년부터 감가상각방법을 연수합계법으로 변경하였다. 이와 관련하여 20×2년도 말 재무상태표에 표시되는 동 차량운반구의 장부금액은? (단, 원가모형을 적용함)

① ₩2,000
② ₩3,200
③ ₩4,000
④ ₩4,800
⑤ ₩6,000

18
(상)(중)(하)

㈜한국은 20×1년 1월 1일에 업무용 차량(취득원가 ₩500,000, 내용연수 5년, 잔존가치 ₩50,000)을 취득하여 연수합계법으로 감가상각하였다. ㈜한국은 20×3년 초 동 차량의 잔존내용연수를 3년, 잔존가치를 ₩20,000으로 추정하여 변경하였으며, 동시에 감가상각방법을 정액법으로 변경하였다. 이러한 변경이 정당한 회계변경에 해당할 경우, ㈜한국이 20×3년도에 인식할 동 차량의 감가상각비는? (단, 원가모형을 적용한다)

① ₩70,000
② ₩110,000
③ ₩125,000
④ ₩145,000
⑤ ₩150,000

19
상중하

㈜한국은 20×1년 1월 1일 기계장치를 ₩1,550에 취득하고 연수합계법(잔존가치 ₩50, 내용연수 5년)으로 감가상각하였다. 20×3년 1월 1일 현재 동 기계장치의 감가상각방법을 정액법으로 변경하고, 잔존내용연수를 20×7년 말까지인 5년으로 변경하였다. 잔존가치의 변동이 없다고 할 경우 ㈜한국이 20×3년 포괄손익 계산서에 인식할 감가상각비와 재무상태표에 인식할 감가상각누계액은?

	감가상각비	감가상각누계액
①	₩100	₩900
②	₩120	₩1,020
③	₩100	₩1,000
④	₩120	₩1,120
⑤	₩150	₩1,250

20
상중하

서울회사는 20×1년 초에 트럭을 ₩4,000,000에 구입하여 정액법으로 상각해 오고 있다. 구입당시 트럭의 내용연수는 4년, 잔존가치는 ₩400,000이었다. 그런데 20×2년 말에 서울회사의 경영자는 이 트럭을 정률법에 의해서 감가상각하는 것이 더 타당하다는 것을 발견하고, 20×2년부터 감가상각방법을 변경하였다. 20×2년도의 감가상각비를 구하고, 감가상각방법의 변경 전과 변경 후의 감가상각누계액의 차이를 계산하면 얼마인가? (단, 정률법에 의한 감가상각률은 50%라고 가정한다)

	누계액의 차이	감가상각비
①	₩1,200,000	₩1,000,000
②	₩1,200,000	₩900,000
③	₩650,000	₩1,000,000
④	₩1,100,000	₩900,000
⑤	₩650,000	₩1,550,000

21
상중하

㈜한국은 20×1년 7월 초 설비자산(내용연수 5년, 잔존가치 ₩3,000, 연수합계법으로 감가상각)을 ₩30,000에 취득하였다. 20×3년 초 ₩10,000을 지출하여 설비자산의 내용연수를 6개월 더 연장하고, 잔존내용연수는 4년으로 재추정되었으며 잔존가치는 변화가 없다. 20×4년 초 설비자산을 ₩25,000에 처분하였을 때 인식할 처분이익은? (단, 감가상각은 월할상각하며, 원가모형을 적용한다)

① ₩1,167
② ₩2,580
③ ₩3,360
④ ₩4,950
⑤ ₩7,360

22
상중하

다음 중 자동조정적 오류가 아닌 것은?

① 선급비용의 과대계상
② 자본적 지출을 수익적 지출로 표시
③ 매입액의 과대표시
④ 기말재고자산의 과소표시
⑤ 미지급비용의 과소계상

23
상중하

실지재고조사법을 사용하는 기업이 당기 중 상품 외상매입에 대한 회계처리를 누락하였다. 기말현재 동 매입채무는 아직 상환되지 않았다. 기말실지재고조사에서는 이 상품이 포함되었다. 외상매입에 대한 회계처리 누락의 영향으로 옳은 것은?

	자 산	부 채	자 본	당기순이익
①	과소	과소	영향없음	영향없음
②	과소	과소	과대	과대
③	과소	과소	영향없음	과소
④	영향없음	영향없음	영향없음	영향없음
⑤	영향없음	과소	과대	과대

24 다음의 (A), (B)에 들어갈 내용을 정확히 표시한 항목은?

> 기초재고 자산이 (₩ A) 만큼 (B) 평가되고, 기말재고자산이 ₩80,000 만큼 과대평가 되었다. 이로 인하여 법인세비용차감전 순이익이 ₩230,000 만큼 과대계상 되었다.

	A	B		A	B
①	₩310,000	과소	②	₩310,000	과대
③	₩80,000	과대	④	₩150,000	과대
⑤	₩150,000	과소			

25 ㈜대한은 20×3년에 처음 회계감사를 받았는데, 기말상품재고에 대하여 다음과 같은 오류가 발견되었다. 각 연도별로 ㈜대한이 보고한 당기순이익이 다음과 같을 때, 20×3년의 오류 수정 후 당기순이익은? (단, 법인세효과는 무시한다)

연 도	당기순이익	기말상품재고 오류
20×1년	₩15,000	₩2,000(과소평가)
20×2년	₩20,000	₩3,000(과소평가)
20×3년	₩25,000	₩2,000(과대평가)

① ₩25,000
② ₩23,000
③ ₩22,000
④ ₩20,000
⑤ ₩18,000

26 방탄실업의 20×1년도와 20×2년도 회계기말에 다음과 같은 재고자산 오류가 있는 것을 20×3년에 발견하였다.

> 기말상품재고액
> 20×1년 12월 31일   ₩800,000 과대평가
> 20×2년 12월 31일   ₩500,000 과소평가

위 자료를 이용할 때 20×2년 12월 31일 이익잉여금에 대한 오류총액은? (단, 법인세비용은 무시한다)

① ₩300,000 과소계상
② ₩500,000 과소계상
③ ₩300,000 과대계상
④ ₩800,000 과소계상
⑤ ₩1,300,000 과소계상

27
상 중 하

甲乙회사는 다음과 같은 오류가 발생하였다. 20×4년 12월 31일 현재의 기말 이익 잉여금은 얼마나 과대 또는 과소계상 되었는가?

구 분	20×2년	20×3년
감가상각비	₩5,000 과소계상	₩20,000 과대계상
기말재고자산	₩25,000 과소계상	₩50,000 과대계상

① ₩15,000 과소계상
② ₩15,000 과대계상
③ ₩25,000 과소계상
④ ₩25,000 과대계상
⑤ ₩55,000 과대계상

28
상 중 하

20×1년 말 ㈜한국이 작성한 재무제표에서 다음과 같은 오류가 발견되었다. 이들 오류가 당기순이익에 미치는 영향은?

- 선적지인도조건으로 매입하여 20×1년 말 운송중인 상품 ₩600,000이 장부에 기록되지 않았으며, 기말재고자산에도 포함되지 않았다.
- 20×1년 초 본사의 사무용 비품 ₩1,000,000(내용연수 5년, 잔존가치 없음)을 취득하면서 비용으로 처리하였다. 동 비품은 정액법으로 감가상각하여야 한다.

① ₩400,000 과소계상
② ₩800,000 과소계상
③ ₩1,000,000 과소계상
④ ₩1,400,000 과소계상
⑤ ₩1,600,000 과소계상

29 상중하 ㈜서울은 20×1년과 20×2년에 당기순이익으로 각각 ₩1,000,000과 ₩2,000,000 을 보고하였다. 그러나 20×1년과 20×2년의 당기순이익에는 〈보기〉와 같은 중요한 오류가 포함되어 있었다. 이러한 오류가 20×1년과 20×2년의 당기순이익에 미친 영향으로 가장 옳은 것은?

보기

구 분	20×1년	20×2년
감가상각비	₩100,000 과대계상	₩200,000 과대계상
기말선급보험료	₩30,000 과소계상	₩20,000 과소계상
기말미지급임차료	₩10,000 과대계상	₩40,000 과대계상
기말재고자산	₩70,000 과소계상	₩50,000 과소계상

	20×1년	20×2년
①	₩210,000 과대계상	₩200,000 과대계상
②	₩210,000 과대계상	₩200,000 과소계상
③	₩210,000 과소계상	₩200,000 과대계상
④	₩210,000 과소계상	₩200,000 과소계상
⑤	₩210,000 과소계상	₩250,000 과소계상

30 상중하 ㈜한국은 당기에 다음과 같은 오류를 발견하고, 장부 마감 전에 이를 수정하였다. 오류수정 전 당기순이익이 ₩100,000이라고 할 때, 오류수정 후 당기순손익은?

• 당기 7월 1일 수령한 선수임대료 ₩120,000을 전액 임대료수익으로 계상하였다. (임대기간은 당기 7월 1일부터 차기 6월 30일까지이다)
• 당기 발생 미지급급여 ₩100,000을 누락하고 인식하지 않았다.
• 당기 발생 미수이자 ₩40,000을 누락하고 인식하지 않았다.
• FOB 도착지 인도조건으로 당기 12월 29일 선적하여 차기 1월 5일 인도예정인 상품에 대해 당기 12월 29일에 매출 ₩200,000과 매출원가 ₩150,000을 인식하였다.

① 당기순이익 ₩30,000
② 당기순이익 ₩70,000
③ 당기순손실 ₩70,000
④ 당기순손실 ₩150,000
⑤ 당기순이익 ₩100,000

16

Chapter

재무제표

✎ **연계학습** 기본서 p.509~547

단·원·열·기

본 장은 매년 3~4문제 출제된다. 재무제표 표시는 이론문제로 매년 출제되고, 현금흐름표의 영업활동현금흐름계산(직접법 또는 간접법)은 매년 출제되므로 꼼꼼히 학습하여야 한다.

대표문제 상중하

한국채택국제회계기준에서 제시하고 있는 전체 재무제표에 해당하지 않는 것을 모두 고른 것은?

ㄱ. 기말 재무상태표	ㄴ. 경영진 재무검토보고서
ㄷ. 환경보고서	ㄹ. 기간 현금흐름표
ㅁ. 기간 손익과 기타포괄손익계산서	ㅂ. 주석

① ㄱ, ㄴ   ② ㄴ, ㄷ
③ ㄷ, ㄹ   ④ ㄹ, ㅁ
⑤ ㅁ, ㅂ

해설

재무제표: 재무상태표, 포괄손익계산서, 자본변동표, 현금흐름표 및 주석

✓ 정답 ②

---

01 재무제표에 관한 설명으로 옳지 않은 것은?
상중하

① 각각의 재무제표는 전체 재무제표에서 동등한 비중으로 표시한다.
② 경영진은 재무제표를 작성할 때 계속기업으로서의 존속가능성을 평가해야 한다.
③ 기업은 현금흐름 정보를 제외하고는 발생기준 회계를 사용하여 재무제표를 작성한다.
④ 부적절한 회계정책에 대하여 공시나 주석 또는 보충 자료를 통해 설명하며 정당화될 수 있다.
⑤ 재무제표의 목적은 광범위한 정보이용자의 경제적 의사결정에 유용한 기업의 재무상태, 재무성과와 재무상태변동에 관한 정보를 제공하는 것이다.

02 재무제표 구조와 내용에 관한 설명으로 옳지 않은 것은?

① 수익과 비용 항목이 중요한 경우 성격과 금액을 별도로 공시한다.

② 유동성 순서에 따른 표시방법을 적용할 경우 모든 자산과 부채는 유동성 순서에 따라 표시한다.

③ 정상적인 활동과 명백하게 구분되는 수익이나 비용은 당기손익과 기타포괄손익을 표시하는 보고서에 특별손익 항목으로 표시한다.

④ 중요한 정보가 누락되지 않는 경우 재무제표의 표시통화를 천 단위나 백만 단위로 표시할 수 있으며 금액 단위를 공시해야 한다.

⑤ 비용의 성격별 또는 기능별 분류방법 중에서 신뢰성 있고 목적적합한 정보를 제공할 수 있는 방법을 적용하여 당기손익으로 인식한 비용의 분석내용을 표시한다.

03 재무제표 표시에 대한 설명으로 옳지 않은 것은?

① 재무제표의 목적은 광범위한 정보이용자의 경제적 의사결정에 유용한 기업의 재무상태, 재무성과와 재무상태변동에 관한 정보를 제공하는 것이다.

② 전체 재무제표는 적어도 1년마다 작성한다. 따라서 보고기간 종료일을 변경하는 경우라도 재무제표의 보고기간은 1년을 초과할 수 없다.

③ 재무제표의 목적을 충족하기 위하여 자산, 부채, 자본, 차익과 차손을 포함한 광의의 수익과 비용, 소유주로서의 자격을 행사하는 소유주에 의한 출자와 소유주에 대한 배분 및 현금흐름 정보를 제공한다.

④ 재무제표는 위탁받은 자원에 대한 경영진의 수탁책임 결과도 보여준다.

⑤ 경영진이 기업을 청산하거나 경영활동을 중단할 의도를 가지고 있지 않거나, 청산 또는 경영활동의 중단 외에 다른 현실적 대안이 없는 경우가 아니면 계속기업을 전제로 재무제표를 작성한다.

04
상중하

재무제표 표시에 제시된 계속기업에 대한 설명으로 옳지 않은 것은?

① 경영진은 재무제표를 작성할 때, 계속기업으로서의 존속가능성을 평가하지 않는다.

② 경영진이 기업을 청산하거나 경영활동을 중단할 의도를 가지고 있지 않거나, 청산 또는 경영활동의 중단 외에 다른 현실적 대안이 없는 경우가 아니면 계속기업을 전제로 재무제표를 작성한다.

③ 계속기업으로서의 존속능력에 유의적인 의문이 제기될 수 있는 사건이나 상황과 관련된 중요한 불확실성을 알게 된 경우, 경영진은 그러한 불확실성을 공시하여야 한다.

④ 재무제표가 계속기업의 기준하에 작성되지 않는 경우에는 그 사실과 함께 재무제표가 작성된 기준 및 그 기업을 계속기업으로 보지 않는 이유를 공시하여야 한다.

⑤ 경영진은 재무제표를 작성할 때 적어도 향후 12개월 기간에 대하여 이용가능한 모든 정보를 고려하여 계속기업으로서의 존속가능성을 평가해야 한다.

05
상중하

재무제표에 대한 설명으로 옳지 않은 것은?

① 자산은 미래경제적효익이 기업에 유입될 가능성이 높고 해당 항목의 원가 또는 가치를 신뢰성 있게 측정할 수 있을 때 재무상태표에 인식한다.

② 역사적원가를 측정기준으로 사용할 때, 자산은 취득의 대가로 취득 당시에 지급한 현금 또는 현금성자산이나 그 밖의 대가의 공정가치로 기록한다.

③ 재무제표는 일반적으로 기업이 계속기업이며 예상가능한 기간 동안 영업을 계속할 것이라는 가정 하에 작성된다.

④ 재무제표를 작성할 때 기업이 가장 보편적으로 채택하고 있는 측정기준은 공정가치이다.

⑤ 기업은 현금흐름 정보를 제외하고는 발생기준 회계를 사용하여 재무제표를 작성한다.

06 재무제표 표시에 대한 설명으로 옳지 않은 것은?

상중하

① 경영진은 청산 또는 경영활동의 중단 외에 다른 현실적 대안이 없는 경우가 아니면 계속기업을 전제로 재무제표를 작성한다.

② 한국채택국제회계기준에서 요구하거나 허용하지 않는 한 자산과 부채 그리고 수익과 비용은 상계하지 아니한다.

③ 당기 재무제표를 이해하는 데 목적적합하다면 서술형 정보의 경우에도 비교정보를 제공하여야 한다.

④ 수익과 비용 항목은 당기손익과 기타포괄손익을 표시하는 보고서나 주석에 특별손익 항목을 별도로 표시할 수 있다.

⑤ 기업은 현금흐름 정보를 제외하고는 발생기준 회계를 사용하여 재무제표를 작성한다.

07 재무제표 표시에 관한 설명으로 옳지 않은 것은?

상중하

① 재무제표의 목적은 광범위한 정보이용자의 경제적 의사결정에 유용한 기업의 재무상태, 재무성과와 재무상태변동에 관한 정보를 제공하는 것이다.

② 당기손익과 기타포괄손익은 단일의 포괄손익계산서에 두 부분으로 나누어 표시할 수 있다.

③ 기업은 재무상태, 경영성과, 현금흐름 정보를 발생기준 회계에 따라 재무제표를 작성한다.

④ 경영진은 재무제표를 작성할 때 계속기업으로서의 존속가능성을 평가해야 한다.

⑤ 부적절한 회계정책은 이에 대하여 공시나 주석 또는 보충 자료를 통해 설명하더라도 정당화될 수 없다.

08 한국채택국제회계기준에서 정하는 전체 재무제표에 포함되지 않는 것은?

상중하

① 기말 세무조정계산서

② 기말 재무상태표

③ 기간 손익과 기타포괄손익계산서

④ 기간 현금흐름표

⑤ 주석(유의적인 회계정책 및 그 밖의 설명으로 구성)

09 재무제표 작성원칙에 관한 설명으로 옳지 않은 것은?
상중하
① 전체 재무제표(비교정보를 포함)는 적어도 1년마다 작성한다.
② 재무제표의 표시통화는 천 단위 이상으로 표시할 수 없다. 예를 들어, 백만 단위로 표시할 경우 정보가 지나치게 누락되어 이해가능성이 훼손될 수 있다.
③ 자산과 부채, 수익과 비용은 상계하지 않고 구분하여 표시하는 것을 원칙으로 한다.
④ 한국채택국제회계기준이 달리 허용하거나 요구하는 경우를 제외하고는 당기 재무제표에 보고되는 모든 금액에 대해 전기 비교정보를 표시한다.
⑤ 상이한 성격이나 기능을 가진 항목은 구분하여 표시한다. 다만 중요하지 않은 항목은 성격이나 기능이 유사한 항목과 통합하여 표시할 수 있다.

10 재무제표에 관한 설명으로 옳지 않은 것은?
상중하
① 재무상태표는 일정시점의 경제적 자원과 그에 대한 청구권을 나타낸다.
② 포괄손익계산서는 반드시 비용을 기능별 분류방법으로 표시하여야 한다.
③ 자본의 구성요소는 각 분류별 납입자본, 각 분류별 기타포괄손익의 누계액과 이익잉여금의 누계액 등을 포함한다.
④ 포괄손익계산서에 포함되는 기타포괄손익 금액은 기말 장부마감을 통해 이익잉여금으로 대체되지 않는다.
⑤ 현금흐름표는 기업의 활동을 영업활동, 투자활동, 재무활동으로 구분한 현금흐름을 표시한다.

11 재무제표의 표시에 대한 설명으로 옳지 않은 것은?
상중하
① 당기손익과 기타포괄손익은 단일의 포괄손익계산서에 두 부분으로 나누어 표시할 수 있지만 당기손익 부분을 별개의 손익계산서로 표시할 수 없다.
② 「한국채택국제회계기준」에 따라 작성된 재무제표(필요에 따라 추가공시한 경우 포함)는 공정하게 표시된 재무제표로 본다.
③ 「한국채택국제회계기준」에서 요구하거나 허용하지 않는 한 자산과 부채 그리고 수익과 비용은 상계하지 아니한다.
④ 재무제표가 「한국채택국제회계기준」의 요구사항을 모두 충족한 경우가 아니라면 주석에 「한국채택국제회계기준」을 준수하여 작성되었다고 기재하여서는 아니 된다.
⑤ 경영진은 재무제표를 작성할 때 계속기업으로서의 존속가능성을 평가해야 한다.

12 재무제표 표시에 관한 설명으로 옳지 않은 것은?

① 재고자산의 판매 또는 매출채권의 회수시점이 보고기간 후 12개월을 초과 한다면 유동자산으로 분류하지 못한다.

② 재무상태표의 자산과 부채는 유동과 비유동자산으로 구분하여 표시하거나 유동성 순서에 따라 표시할 수 있다.

③ 수익과 비용의 어느 항목도 당기손익과 기타포괄손익을 표시하는 보고서에 특별손익항목으로 표시할 수 없다.

④ 당기손익의 계산에 포함된 비용항목에 대해 성격별 또는 기능별 분류방법 중에서 신뢰성 있고 더욱 목적적합한 정보를 제공할 수 있는 방법을 적용하 여 표시한다.

⑤ 포괄손익계산서는 단일 포괄손익계산서로 작성되거나 두 개의 보고서(당기 손익 부분을 표시하는 별개의 손익계산서와 포괄손익을 표시하는 보고서) 로 작성될 수 있다.

13 재무제표 표시에 대한 다음의 설명 중 옳지 않은 것은?

① 한국채택국제회계기준에서 요구하거나 허용하지 않는 경우 자산과 부채 그 리고 수익과 비용은 상계하지 않는다. 따라서 재고자산평가충당금을 차감하 여 재고자산을 순액으로 표시할 수 없다.

② 기타포괄손익의 항목은 이와 관련된 법인세효과 반영 전 금액으로 표시하고 각 항목들에 관련된 법인세효과는 단일금액으로 합산하여 표시할 수 있다.

③ 회계정책을 적용하는 과정에서 추정에 관련된 공시와는 별도로, 재무제표에 인식되는 금액에 유의적인 영향을 미친 경영진이 내린 판단을 유의적인 회 계정책의 요약 또는 기타 주석 사항으로 공시한다.

④ 영업손익을 포괄손익계산서 본문에 구분하여 표시해야 한다. 이 경우 영업 손익은 영업의 특수성을 고려할 필요가 있는 경우나 비용을 성격별로 분류 하는 경우를 제외하고는 수익에서 매출원가 및 판매비와 관리비를 차감하여 산출한다.

⑤ 수익과 비용의 어떠한 항목도 포괄손익계산서, 별개의 손익계산서(표시하 는 경우) 또는 주석에 특별손익 항목으로 표시할 수 없다.

14 재무제표 표시에 관한 설명으로 옳지 않은 것은?
① 한국채택국제회계기준서는 재무제표에 표시되어야 할 항목의 순서나 형식을 규정하지 아니한다.
② 충당부채와 관련된 지출을 제3자와의 계약관계에 따라 보전 받는 경우, 당해 지출과 보전받는 금액은 상계하여 표시할 수 있다.
③ 기업이 기존의 대출계약조건에 따라 보고기간 후 적어도 12개월 이상 부채를 차환하거나 연장할 것으로 기대하고 있지만, 그런 재량권이 없다면 차환가능성을 고려하지 않고 유동부채로 분류한다.
④ 기타포괄손익-공정가치측정 금융자산(채무상품)의 평가손익, 확정급여제도의 재측정요소, 현금흐름위험회피 파생상품의 평가손익 중 효과적인 부분은 재분류조정이 되는 기타포괄손익이다.
⑤ 회계정책을 적용하는 과정에서 추정에 관련된 공시와는 별도로, 재무제표에 인식되는 금액에 유의적인 영향을 미친 경영진이 내린 판단은 유의적인 회계정책 또는 기타 주석 사항과 함께 공시한다.

15 재무상태표의 구성요소에 대한 설명으로 옳지 않은 것은?
① 자산이란 과거 사건의 결과로 기업이 통제하고 있고 미래경제적효익이 기업에 유입될 것으로 기대되는 자원이다.
② 부채란 과거사건으로 생긴 현재의무로서, 기업이 가진 경제적 효익이 있는 자원의 유출을 통해 그 이행이 예상되는 의무이다.
③ 자본(Equity)은 기업의 자산에서 모든 부채를 차감한 잔여지분이다.
④ 자본은 주주에 대한 의무로서 기업이 가지고 있는 자원의 활용을 나타낸다.
⑤ 일반적으로 자본은 자본금, 자본잉여금, 자본조정, 기타포괄손익누계액, 이익잉여금으로 구분한다.

16 재무상태표에 나타나지 않는 계정은?
① 자본금   ② 선급보험료
③ 손실충당금   ④ 이익준비금
⑤ 임차료

17 재무상태표에 해당되는 금액을 표시할 때, 구분해서 표시할 최소한의 항목에 해당되지 않는 것은?

① 현금및현금성자산
② 투자부동산
③ 무형자산
④ 당좌자산
⑤ 생물자산

18 유동자산과 유동부채에 대한 설명으로 옳지 않은 것은?

① 기업의 정상영업주기 내에 실현될 것으로 예상하거나, 정상 영업주기 내에 판매하거나 소비할 의도가 있는 자산은 유동자산으로 분류한다.
② 보고기간 후 12개월 이내에 실현될 것으로 예상되는 자산은 유동자산으로 분류한다.
③ 보고기간 후 12개월 이상 부채의 결제를 연기할 수 있는 무조건의 권리를 가지고 있지 않은 부채는 유동부채로 분류한다.
④ 매입채무와 같이 기업의 정상영업주기 내에 사용되는 운전자본의 일부항목이라도 보고기간 후 12개월 후에 결제일이 도래할 경우 비유동부채로 분류한다.
⑤ 보고기간 말 이전에 차입약정을 위배하여 대여자가 즉시 상환요구를 할 수 있는 경우, 보고기간 후 재무제표 발행승인일 전에 대여자가 약정위반을 이유로 상환을 요구하지 않기로 합의하더라도 유동부채로 분류한다.

19 재무상태표에 관한 설명으로 옳지 않은 것은?

① 자산과 부채는 유동성이 높은 항목부터 배열하는 것을 원칙으로 하고 있다.
② 유동성 순서에 따른 표시방법을 적용하지 않는 경우 자산과 부채는 유동과 비유동으로 구분하여 표시한다.
③ 기업의 재무상태를 이해하는 데 목적적합한 경우 재무상태표에 항목, 제목 및 중간합계를 추가하여 표시한다.
④ 주식회사의 경우 자본은 소유주가 출연한 자본, 이익잉여금, 적립금 등으로 구분하여 표시할 수 있다.
⑤ 매입채무와 충당부채는 구분하여 표시한다.

20 재무제표 표시에 대한 설명으로 옳지 않은 것은?

상중하

① 유동성 순서에 따른 표시방법을 적용할 경우 모든 자산과 부채는 유동성의 순서에 따라 표시한다.

② 금융회사와 같은 일부 기업의 경우에는 오름차순이나 내림차순의 유동성 순서에 따른 표시방법으로 자산과 부채를 표시하는 것이 유동/비유동 구분법보다 신뢰성 있고 더욱 목적적합한 정보를 제공한다.

③ 기업이 명확히 식별 가능한 영업주기 내에서 재화나 용역을 제공하는 경우, 재무상태표에 유동자산과 비유동자산 및 유동부채와 비유동부채를 구분하여 표시한다.

④ 기업이 기존의 대출계약조건에 따라 보고기간 후 적어도 12개월 이상 부채를 차환하거나 연장할 것으로 기대하고 있고, 그런 재량권이 있더라도, 보고기간 후 12개월 이내에 만기가 도래한다면 유동부채로 분류한다.

⑤ 기업의 재무상태를 이해하는 데 목적적합한 경우 재무상태표에 항목, 제목 및 중간합계를 추가하여 표시한다.

21 재무상태표에 대한 설명으로 옳지 않은 것은?

상중하

① 기업이 재무상태표에 유동자산과 비유동자산, 그리고 유동부채와 비유동부채로 구분하여 표시하는 경우, 이연법인세자산(부채)은 유동자산(부채)으로 분류한다.

② 유동성 순서에 따른 표시방법이 신뢰성 있고 더욱 목적적합한 정보를 제공하는 경우를 제외하고는 유동자산과 비유동자산, 유동부채와 비유동부채로 재무상태표에 구분하여 표시한다.

③ 유동자산은 주로 단기매매목적으로 보유하고 있는 자산과 비유동금융자산의 유동성 대체 부분을 포함한다.

④ 보고기간 후 12개월 이상 결제를 연기할 수 있는 무조건의 권리를 가지고 있지 않으면 유동부채로 분류한다.

⑤ 기업이 기존의 대출계약조건에 따라 보고기간 후 적어도 12개월 이상 부채를 차환하거나 연장할 것으로 기대하고 있고, 그런 재량권이 있는 경우 12개월 이내에 만기가 도래한다 하더라도 비유동부채로 분류한다.

22 상중하

다음은 ㈜한국의 20×1년 12월 31일 현재의 수정후시산표잔액이다.

계정과목	차 변	계정과목	대 변
현금	₩20,000	매입채무	₩20,000
매출채권	₩10,000	차입금	₩100,000
재고자산	₩5,000	감가상각누계액	₩50,000
토지	₩100,000	대손충당금	₩2,000
건물	₩200,000	자본금	?
매출원가	₩10,000	이익잉여금	₩9,000
감가상각비	₩5,000	매출	₩20,000
급여	₩1,000		
합 계	₩351,000	합 계	₩351,000

㈜한국의 20×1년 12월 31일 현재 재무상태표의 이익잉여금과 자본총계는?

	이익잉여금	자본총계
①	₩13,000	₩163,000
②	₩13,000	₩150,000
③	₩10,000	₩150,000
④	₩10,000	₩163,000
⑤	₩13,000	₩165,000

23 상중하

20×3년 12월 31일 현재 ㈜한국의 재무제표 정보를 이용하여 계산한 유동자산 금액은?

- 20×1년 10월 1일 3년 만기로 발행한 사채의 장부금액 ₩100,000이 남아 있다.
- 결산일 현재 만기가 8개월 남은 정기예금 ₩200,000이 있다.
- 당좌예금 ₩50,000이 있다.
- 만기가 3년 남은 정기적금 ₩500,000이 있다.
- ₩100,000에 취득한 당기손익−공정가치 측정 금융자산의 기말 공정가치가 ₩150,000이다.

① ₩900,000
② ₩500,000
③ ₩400,000
④ ₩350,000
⑤ ₩300,000

24
상중하

㈜한국의 20×4년 말 수정전시산표와 결산정리사항은 다음과 같다. 결산정리사항을 반영한 20×4년 말 재무상태표 상의 자산 총액은?

수정전시산표			
현금	₩92,000	매입채무	₩32,000
매출채권	₩65,000	대손충당금-매출채권	₩2,000
상품	₩5,000	단기차입금	₩35,000
매입	₩100,000	미지급금	₩50,000
건물	₩300,000	미지급비용	₩10,000
임차료	₩10,000	감가상각누계액-건물	₩30,000
급여	₩7,500	자본금	₩250,000
보험료	₩3,500	이익잉여금	₩40,000
이자비용	₩5,000	매출	₩135,000
		임대수익	₩4,000
	₩588,000		₩588,000

〈결산정리사항〉

• 20×4년 말 재고자산은 ₩3,500이다.
• 건물 ₩300,000은 20×3년 1월 1일에 취득하였고 정액법(내용연수 10년, 잔존가액 ₩0)으로 상각한다. (단, 건물은 원가모형을 적용한다)
• 보험료 미경과액은 ₩1,750이다.
• 20×4년 말 현재 매출채권의 회수가능액을 ₩60,000으로 추정하였다.

① ₩397,250
② ₩430,000
③ ₩462,250
④ ₩530,000
⑤ ₩545,400

25 ㈜한국은 20×1년 1월 1일 영업을 시작하였다. 20×1년과 20×2년에 발생한 다음 거래들을 참고하여 20×2년 말 재무제표에 자산으로 계상하여야 할 금액은? (단, 일자는 월할 계산 하며, 금액 정보가 없는 자산항목은 계산에 반영하지 않는다)

일 자	내 용
20×1. 3. 1	제품 제작용 기기를 ₩10,000에 구입하면서 운반비 ₩500과 설치비 ₩1,500을 함께 지급하였다. 감가상각은 내용연수 5년, 잔존가액 ₩0 으로 정액법을 사용한다.
20×2. 1. 7	20×1년 말에 주차장으로 사용할 목적으로 토지를 ₩100,000에 구입 하고 구입한 토지 위의 사용하지 못하는 건물에 대한 철거비용으로 ₩20,000을 지급하였다. 철거에서 파생된 고철은 ₩5,000에 처분하였다.
20×2. 6. 1	₩6,000 상당의 소모품을 구입하여 20×2년 12월 31일까지 3/4을 사용하였다.
20×2. 7. 1	₩100,000 상당의 상품을 매입하여 이 중 ₩10,000 상당의 상품은 불량으로 인하여 반품하고 나머지 상품 중 90%는 20×2년 12월 31일 까지 판매하였다.
20×2. 10. 1	₩20,000의 무상증자를 실시하였다.

① ₩128,100
② ₩133,100
③ ₩134,100
④ ₩148,100
⑤ ₩153,100

26 20×1년 12월 31일에 ㈜한국에서 발생한 거래가 다음과 같을 때, 20×1년 말 재무 상태표상 부채에 포함할 금액은?

- 제품보증에 대한 충당부채 ₩1,000을 설정하였다.
- 사무실을 임대하고 12개월분 임대료 ₩2,000을 미리 받았다.
- 거래처로부터 원재료 ₩1,000을 외상으로 구입하였다.
- 공장 확장 자금을 조달하기 위해 보통주 10주(주당 액면가 ₩100, 주당 발행 가 ₩200)를 발행하였다.

① ₩2,000
② ₩3,000
③ ₩4,000
④ ₩5,000
⑤ ₩14,000

27
상중하

포괄손익계산서에 표시되는 계정과목이 아닌 것은?

① 선급보험료
② 사채상환손실
③ 수수료수익
④ 법인세비용
⑤ 자산수증이익

28
상중하

다음 중 재무상태표와 포괄손익계산서에 관한 설명으로 옳지 않은 것은?

① 자산항목을 재무상태표에서 구분표시하기 위해서는 금액의 크기, 성격, 기능 및 유동성을 고려한다.
② 기업이 재무상태표에 유동자산과 비유동자산, 그리고 유동부채와 비유동부채로 구분하여 표시하는 경우, 이연법인세자산(부채)은 유동자산(부채)으로 분류하지 아니한다.
③ 당기손익으로 인식한 비용항목은 기능별 또는 성격별로 분류하여 표시할 수 있다.
④ 수익과 비용의 어느 항목도 포괄손익계산서 또는 주석에 특별손익항목으로 표시할 수 없다.
⑤ 과거기간에 발생한 중요한 오류를 해당 기간에는 발견하지 못하고 당기에 발견하는 경우, 그 수정효과는 당기손익으로 인식한다.

29
상중하

포괄손익계산서에 대한 설명으로 옳지 않은 것은?

① 비용을 기능별로 분류하는 기업은 감가상각비, 기타 상각비와 종업원급여비용을 포함하여 비용의 성격에 대한 추가 정보를 공시한다.
② 재분류조정을 주석에 표시하는 경우에는 관련 재분류조정을 반영한 후에 당기손익의 항목을 표시한다.
③ 수익과 비용의 어느 항목도 당기손익과 기타포괄손익을 표시하는 보고서 또는 주석에 특별손익 항목으로 표시할 수 없다.
④ 유형자산재평가잉여금을 이익잉여금으로 대체하는 경우 그 금액은 당기손익으로 인식하지 않는다.
⑤ 한 기간에 인식되는 모든 수익과 비용 항목은 한국채택국제회계기준이 달리 정하지 않는 한 당기손익으로 인식한다.

30 ㈜한국은 포괄손익계산서에 표시되는 비용을 매출원가, 물류원가, 관리활동원가 등으로 구분하고 있다. 이는 비용항목의 구분표시 방법 중 무엇에 해당하는가?

① 성격별 분류
② 기능별 분류
③ 증분별 분류
④ 행태별 분류
⑤ 비용별 분류

31 비용의 성격별 분류와 기능별 분류에 대한 설명으로 옳은 것은?

① 비용의 성격별 분류는 기능별 분류보다 재무제표 이용자에게 더욱 목적적합한 정보를 제공할 수 있다.
② 비용의 성격별 분류는 기능별 분류보다 비용을 배분하는 데 자의성과 상당한 정도의 판단이 개입될 수 있다.
③ 비용을 성격별로 분류하는 경우 비용을 기능별 분류로 배분할 필요가 없기 때문에 적용이 간단할 수 있다.
④ 비용의 기능별 분류는 성격별 분류보다 미래현금흐름을 예측하는 데 더 유용하다.
⑤ 비용을 성격별로 분류하는 기업은 감가상각비, 종업원급여비용 등을 포함하여 비용의 기능별 분류에 대한 추가 정보를 제공한다.

32 다음은 ㈜한국의 20×1년 11월에 발생한 거래이다.

- 상품 ₩70,000을 외상으로 매입하다.
- 원가 ₩70,000의 상품을 ₩100,000에 외상으로 판매하다.

㈜한국은 20×1년 12월에 상품 판매대금 ₩100,000 중 ₩50,000을 회수하였고, 상품의 매입원가 ₩70,000 중 ₩35,000을 현금으로 지급하였다. 현금기준에 의한 20×1년의 순현금유입액과 발생기준에 의한 20×1년의 순이익은?

	현금기준에 의한 20×1년 순현금유입액	발생기준에 의한 20×1년 순이익
①	₩15,000	₩15,000
②	₩15,000	₩30,000
③	₩30,000	₩15,000
④	₩30,000	₩30,000
⑤	₩35,000	₩35,000

33 ㈜한국의 20×1년 중 발생한 거래는 다음과 같다.

(1)	20×1년 7월 1일 만기 1년의 정기예금에 현금 ₩100,000을 예치하였다. 정기예금의 연 이자율은 4%이며, 만기시점에 이자를 받는다.
(2)	종업원에 대한 급여는 매월 말에 지급했으나, 20×1년 12월 급여 ₩1,000은 20×1년 12월 31일에 지급하지 않고 20×2년 1월 3일에 지급하였다.
(3)	20×1년 11월 1일에 창고를 6개월간 임대하고, 1개월에 ₩1,000씩 6개월 임대료 ₩6,000을 현금으로 받아 수익으로 처리하였다.

20×1년에 발생한 기중 거래 및 결산 수정사항을 반영하여 발생기준과 현금기준으로 회계처리 하였을 때, 20×1년 당기순이익에 각각 미치는 영향은?

	발생기준	현금기준
①	₩3,000 감소	₩0
②	₩3,000 증가	₩0
③	₩3,000 증가	₩6,000 증가
④	₩3,000 감소	₩6,000 증가
⑤	₩6,000 증가	₩6,000 증가

34 ㈜한국은 당기에 발생한 외상매출과 미지급비용을 차기에 모두 회수하거나 지급한다. 다음 자료를 이용한 ㈜한국의 20×2년 현금기준과 발생기준 당기순손익은?

	20×1년도	20×2년도
현금매출	₩320,000	₩450,000
외상매출	₩740,000	₩910,000
비용지출※	₩480,000	₩450,000
기말 미지급비용	₩210,000	₩370,000

※ '비용지출'은 당기 발생한 비용의 현금지출이며, 전기 미지급비용의 당기 현금지출은 포함하지 않는다.

	현금기준		발생기준	
①	당기순손익	₩0	당기순이익	₩540,000
②	당기순이익	₩530,000	당기순이익	₩540,000
③	당기순이익	₩540,000	당기순이익	₩530,000
④	당기순손실	₩160,000	당기순이익	₩370,000
⑤	당기순손실	₩180,000	당기순이익	₩350,000

35 상중하 제조기업인 ㈜한국의 20×1년도 자료를 이용하여 영업손익을 계산하면?

• 매출액	₩100,000	• 이자비용	₩5,000
• 이자수익	₩10,000	• 매출원가	₩70,000
• 감가상각비	₩10,000	• 종업원급여	₩5,000
• 기타포괄금융자산평가이익	₩10,000	• 광고선전비	₩5,000

① 영업이익 ₩10,000
② 영업손실 ₩10,000
③ 영업이익 ₩20,000
④ 영업손실 ₩20,000
⑤ 영업이익 ₩15,000

36 상중하 다음 자료를 이용하여 영업이익을 구하시오.

• 매출액	₩30,000,000	• 매출원가	₩25,000,000
• 임직원급여	₩2,000,000	• 직원회식비	₩200,000
• 광고선전비	₩200,000	• 거래처 접대비	₩200,000
• 유형자산처분손실	₩200,000	• 기부금	₩200,000
• 장기대여금의 손상차손	₩200,000		

① ₩1,800,000
② ₩2,000,000
③ ₩2,200,000
④ ₩2,400,000
⑤ ₩2,500,000

37
상중하

다음 ㈜한국의 20×1년 자료를 이용한 매출총이익과 영업이익을 바르게 연결한 것은?

• 기초상품재고액	₩10,000	• 기말상품재고액	₩12,000
• 당기상품총매입액	₩20,000	• 매입운임	₩2,000
• 매입에누리	₩1,000	• 매입환출	₩600
• 매입할인	₩400	• 당기상품총매출액	₩27,000
• 판매운임	₩2,500	• 매출에누리	₩1,800
• 매출환입	₩1,200	• 매출할인	₩500
• 판매사원 급여	₩1,000		

	매출총이익	영업이익
①	₩5,500	₩2,000
②	₩5,500	₩4,500
③	₩8,000	₩4,500
④	₩8,000	₩7,000
⑤	₩7,000	₩7,000

38
상중하

다음은 ㈜한국이 20×1년도 재무제표 작성 시 누락한 거래들이다. 이를 반영할 경우 20×1년도에 증가하는 당기순이익은?

• 토지 최초 재평가로 인한 기말 평가이익	₩30,000
• 사업결합과정에서 발생한 염가매수차익	₩15,000
• 공정가치모형 적용 투자부동산의 기말 평가이익	₩14,000
• 주식 취득 시 발생한 거래원가 (단, 주식은 당기손익−공정가치 측정 금융자산으로 분류)	₩10,000

① ₩5,000

② ₩19,000

③ ₩29,000

④ ₩39,000

⑤ ₩49,000

39 다음의 자료를 사용하여 계산된 당기순이익과 총포괄손익은? (단, 법인세율은 30%이다)

총매출액	₩824,000
매출할인	₩12,000
기타수익	₩30,000
기초재고자산	₩82,000
기말재고자산	₩62,000
매입액	₩392,000
물류비와 관리비	₩200,000
기타포괄손익-공정가치 측정 금융자산 평가이익	₩20,000

① 당기순이익 ₩155,000   총포괄이익 ₩181,000
② 당기순이익 ₩167,000   총포괄이익 ₩181,000
③ 당기순이익 ₩173,000   총포괄이익 ₩175,000
④ 당기순이익 ₩161,000   총포괄이익 ₩175,000
⑤ 당기순이익 ₩161,000   총포괄이익 ₩181,000

40 ㈜한국의 당기 포괄손익계산서에 보고할 당기순이익은?

- 기초자본은 자본금과 이익잉여금으로만 구성되어 있다.
- 기말자산은 기초자산에 비해 ₩500,000 증가하였고, 기말부채는 기초부채에 비해 ₩200,000 증가하였다.
- 당기 중 유상증자 ₩100,000이 있었다.
- 당기 중 기타포괄손익-공정가치 측정 금융자산의 평가손실 ₩10,000을 인식하였다.
- 당기 중 재평가모형을 적용하는 유형자산의 재평가이익 ₩20,000을 인식하였다(단, 전기 재평가손실은 없다).

① ₩180,000
② ₩190,000
③ ₩200,000
④ ₩280,000
⑤ ₩300,000

41
상중하

㈜한국의 다음 20×1년 수정전시산표상 계정잔액과 결산수정사항을 이용한 법인세차감전순손익은? (단, 매출채권의 기초 대손충당금은 없으며 재고자산은 실지재고조사법을 적용한다)

<수정전시산표상 계정잔액>

현금및현금성자산	₩10,000	매출	₩12,000
기초상품	₩2,000	매입	₩5,000
선급임차료	₩4,000	매입채무	₩5,000
매출채권	₩10,000	선수금	₩5,000
비품	₩8,000	급여	₩5,000
단기차입금	₩7,000	자본금	₩15,000

〈결산수정사항〉
• 선급임차료의 기간 경과분은 ₩2,000이다.
• 비품의 감가상각비는 ₩1,500이다.
• 단기차입금의 이자비용 발생액은 ₩500이다.
• 매출채권의 대손추정액은 ₩500이다.
• 기말상품 재고액은 ₩2,000이다.

① 법인세차감전순이익 ₩2,500
② 법인세차감전순손실 ₩2,500
③ 법인세차감전순이익 ₩3,500
④ 법인세차감전순손실 ₩3,500
⑤ 법인세차감전순이익 ₩4,500

42
상중하

포괄손익계산서에서 기타포괄손익의 세부항목으로 표시되는 항목은?
① 지분법손실
② 상각후원가 측정 금융자산 처분이익
③ 기타포괄손익-공정가치 측정 금융자산 평가이익
④ 유형자산 손상차손
⑤ 중단영업손실

43 기타포괄손익 항목 중 후속적으로 당기손익으로 재분류조정 될 수 있는 것은?
상중하
① 최초 인식시점에서 기타포괄손익-공정가치측정 금융자산으로 분류한 지분 상품의 공정가치 평가손익
② 확정급여제도의 재측정요소
③ 현금흐름위험회피 파생상품평가손익 중 위험회피에 효과적인 부분
④ 무형자산 재평가잉여금
⑤ 관계기업 유형자산 재평가로 인한 지분법기타포괄손익

44 다음은 현금흐름표와 관련된 설명이다. 틀린 것은?
상중하
① 현금흐름표는 일정기간동안의 현금의 유입과 유출을 알려주는 동적인 재무 제표이다.
② 현금흐름표는 기업의 지급능력, 유동성 및 재무적 탄력성을 평가하는 데 유용한 정보를 제공해준다.
③ 감가상각, 대손상각(손상차손) 등의 원가배분의 임의성을 배제할 수 있다는 점에서 현금기준이 발생주의 기준보다 더 유용하다.
④ 현행 기업회계기준상 현금흐름표 작성방법으로 간접법만 인정된다.
⑤ 현금흐름표상 현금은 '현금 및 현금성자산'을 의미한다.

45 현금흐름표에 관한 설명으로 옳지 않은 것은?
상중하
① 현금흐름표는 일정시점의 현금유입액과 현금유출액에 대한 정보를 제공하는 재무제표이다.
② 현금흐름표상의 현금흐름은 영업활동으로 인한 현금흐름, 투자활동으로 인한 현금흐름, 재무활동으로 인한 현금흐름으로 분류된다.
③ 현금흐름표는 다른 재무제표와 같이 사용되는 경우 순자산의 변화, 재무구조(유동성과 지급능력 포함), 그리고 변화하는 상황과 기회에 적응하기 위하여 현금흐름의 금액과 시기를 조절하는 능력을 평가하는 데 유용한 정보를 제공한다.
④ 역사적 현금흐름정보는 미래현금흐름의 금액, 시기 및 확실성에 대한 지표로 자주 사용된다. 또한 과거에 추정한 미래현금흐름의 정확성을 검증하고, 수익성과 순현금흐름 간의 관계 및 물가 변동의 영향을 분석하는 데 유용하다.
⑤ 현금흐름표 작성의 기준이 되는 현금이란 현금(보유 현금과 요구불예금) 및 현금성자산을 말한다.

46 영업활동 현금흐름의 예로 옳지 않은 것은?

① 단기매매목적으로 보유하는 계약에서 발생하는 현금유입과 현금유출
② 종업원과 관련하여 직·간접으로 발생하는 현금유출
③ 로열티, 수수료, 중개료 및 기타수익에 따른 현금유입
④ 리스이용자의 리스부채 상환에 따른 현금유출
⑤ 상품의 매매로 발생하는 현금유입과 현금유출

47 다음의 자료를 이용하여 매출원가를 산출하면?

• 상품매입을 위한 현금지출액	₩290,000
• 외상매입금 증가액	₩25,000
• 재고자산 증가액	₩20,000

① ₩245,000
② ₩275,000
③ ₩295,000
④ ₩305,000
⑤ ₩315,000

48 다음은 ㈜한국의 20×1년 상품매매와 관련한 자료이다.

• 매출액	₩7,500	• 기초상품재고액	₩2,000
• 기초매입채무	₩500	• 기말상품재고액	₩1,000
• 기말매입채무	₩3,000		

㈜한국이 매출원가의 50%를 이익으로 가산하여 상품을 판매할 경우, 20×1년 상품매입을 위한 현금 유출액은?

① ₩1,500
② ₩2,500
③ ₩3,000
④ ₩4,000
⑤ ₩5,000

49
상중하

당기 현금흐름표상 고객으로부터의 현금유입액은 ₩54,000이고 공급자에 대한 현금유출액은 ₩31,000이다. 포괄손익계산서상의 매출채권손상차손이 ₩500일 때, 다음 자료를 이용하여 매출총이익을 계산하면? (단, 매출채권(순액)은 매출채권에서 손실충당금을 차감한 금액이다)

과 목	기 초	기 말
매출채권(순액)	₩7,000	₩9,500
매입채무	₩4,000	₩6,000
재고자산	₩12,000	₩9,000

① ₩20,500

② ₩21,000

③ ₩25,000

④ ₩27,500

⑤ ₩31,000

50
상중하

㈜한국의 20×1년도 당기순이익 ₩100,000이고, 감가상각비 ₩10,000, 유형자산처분이익 ₩8,000이다. 영업활동과 관련 있는 자산과 부채의 기말금액에서 기초금액을 차감한 변동금액이 다음과 같을 때, ㈜한국의 20×1년 영업활동현금흐름은?

- 매출채권 ₩9,000 증가
- 매입채무 ₩5,000 증가
- 선급비용 ₩4,000 감소
- 미지급비용 ₩3,000 감소

① ₩95,000

② ₩99,000

③ ₩101,000

④ ₩105,000

⑤ ₩109,000

51 ㈜한국의 20×1년 법인세비용차감전순이익은 ₩1,000,000이다. 다음 자료를 이용하여 간접법으로 구한 영업활동현금흐름은?

감가상각비	₩50,000	유상증자	₩2,000,000
유형자산처분손실	₩20,000	건물의 취득	₩1,500,000
사채의 상환	₩800,000	매출채권의 증가	₩150,000
매입채무의 감소	₩100,000	재고자산의 증가	₩200,000

① ₩320,000
② ₩620,000
③ ₩960,000
④ ₩1,070,000
⑤ ₩1,380,000

52 ㈜한국은 내부보고 목적으로 현금기준에 따라 순이익을 산출한 후 이를 발생기준으로 수정하여 외부에 공시하고 있다. ㈜한국의 현금기준 순이익이 ₩55,000일 경우, 다음 자료를 토대로 계산한 발생기준 순이익은? (단, 법인세효과는 무시한다)

〈재무상태표〉	기초금액	기말금액
매출채권	₩15,000	₩20,000
매입채무	₩25,000	₩32,000
미수수익	₩10,000	₩8,000
〈포괄손익계산서〉	당기발생금액	
감가상각비	₩3,000	

① ₩48,000
② ₩54,000
③ ₩56,000
④ ₩59,000
⑤ ₩64,000

53 다음 주어진 자료를 이용하여 영업활동 현금흐름을 구하면?
⑨중⑨

> 1. 포괄손익계산서 중의 일부:
>   유형자산감가상각비   ₩12,000
>   당기순이익   ₩200,000
> 2. 영업 관련 자산/부채
>
> | | 기초잔액 | 기말잔액 |
> |---|---|---|
> | 재고자산 | ₩30,000 | ₩29,000 |
> | 매입채무 | ₩45,000 | ₩39,000 |

① ₩205,000

② ₩207,000

③ ₩213,000

④ ₩215,000

⑤ ₩218,000

54 ㈜한국의 20×1년도 재무제표 자료는 다음과 같다. 20×1년도 영업활동현금흐름이
⑨중⑨ ₩1,000,000인 경우 당기순이익은?

> | 대손상각비 | ₩30,000 | 매출채권(장부금액) 증가액 | ₩80,000 |
> |---|---|---|---|
> | 감가상각비 | ₩100,000 | 재고자산평가손실 | ₩20,000 |
> | 건물처분이익 | ₩200,000 | 재고자산(장부금액) 감소액 | ₩50,000 |

① ₩1,130,000

② ₩1,100,000

③ ₩1,080,000

④ ₩870,000

⑤ ₩750,000

55 20×1년 초에 컴퓨터 매매업을 시작한 ㈜한국에 대한 회계정보이다. 영업활동으로 부터 조달된 현금액은?

• 포괄손익계산서 (20×1년 1월 1일부터 12월 31일까지)	
매출액	₩700,000
매출원가	₩400,000
매출총이익	₩300,000
이자비용	₩150,000
감가상각비	₩35,000
당기순이익	₩115,000
• 현금을 제외한 유동자산과 유동부채의 20×1년 기말잔액	
매출채권	₩20,000
재고자산	₩12,000
매입채무	₩15,000

① ₩103,000
② ₩133,000
③ ₩152,000
④ ₩165,000
⑤ ₩183,000

56 ㈜한국의 20×1년도 당기순이익은 ₩90,000이고 영업활동 현금흐름은 ₩40,000 이다. 간접법에 따라 영업활동 현금흐름을 구할 때, 다음 자료에 추가로 필요한 조정 사항은?

• 매출채권 ₩45,000 증가	• 매입채무 ₩10,000 증가
• 선급비용 ₩15,000 감소	• 선수수익 ₩12,000 감소
• 감가상각비 ₩18,000 발생	

① 미수임대료수익 ₩36,000 감소
② 미지급급여 ₩36,000 감소
③ 미수임대료수익 ₩100,000 증가
④ 미지급급여 ₩100,000 증가
⑤ 선수금 ₩58,000 감소

57 다음은 현금흐름표의 일부이다.

Ⅰ. 영업활동현금흐름	?
Ⅱ. 투자활동현금흐름	(₩1,214,000)
Ⅲ. 재무활동현금흐름	₩354,000

기초 현금및현금성자산이 ₩80,000이고, 기말 현금및현금성자산이 ₩105,000일 때, 영업활동현금흐름은?

① ₩755,000

② ₩780,000

③ ₩885,000

④ ₩940,000

⑤ ₩965,000

58 제조업의 현금흐름표에서 투자활동으로 인한 현금흐름에 속하지 않은 것은?

① 대여금의 회수에 따른 현금유입

② 투자부동산의 취득에 따른 현금유출

③ 무형자산의 취득에 따른 현금유출

④ 이자비용으로 인한 현금유출

⑤ 기타포괄손익금융자산의 처분으로 인한 현금유입

59 현금흐름표상 재무활동 현금흐름이 발생할 수 없는 거래는?

① 단기차입금의 상환

② 유상증자

③ 사채의 발행

④ 주식배당

⑤ 자기주식의 재매각

60
상·중·하

㈜한국은 20×2년 중 취득원가 ₩20,000인 토지를 ₩30,000에 처분하고 대금은 1년 후에 받기로 했으며, 장부금액 ₩60,000(취득원가 ₩100,000, 감가상각누계액 ₩40,000)인 건물을 현금 ₩70,000에 처분하였다. ㈜한국의 20×2년 현금흐름표 상 투자활동으로 인한 현금유입액은?

① ₩60,000

② ₩70,000

③ ₩80,000

④ ₩100,000

⑤ ₩30,000

61
상·중·하

다음 자료를 이용하여 계산된 20×1년도 재무활동순현금흐름은? (단, 이자지급은 재무활동으로 분류하며, 납입자본의 변동은 현금 유상증자에 의한 것이다)

• 이자비용 ₩3,000
• 재무상태표 관련자료

구 분	20×1.1.1	20×1.12.31
자본금	₩10,000	₩20,000
주식발행초과금	₩10,000	₩20,000
단기차입금	₩50,000	₩45,000
미지급이자	₩4,000	₩6,000

① ₩4,000

② ₩13,000

③ ₩14,000

④ ₩15,000

⑤ ₩16,000

62
상중하 ㈜한국의 〈재무상태표상 자본〉 및 〈추가자료〉가 다음과 같을 때, 재무활동으로 인한 순현금흐름은?

〈재무상태표상 자본〉

과 목	기 초	기 말
자본금	₩300,000	₩350,000
자본잉여금	₩100,000	₩132,000
이익잉여금	₩20,000	₩25,000
자기주식	(₩10,000)	—
자본 총계	₩410,000	₩507,000

〈추가자료〉
- 당기 중 유상증자(주식의 총 발행가액 ₩80,000, 총 액면금액 ₩50,000)가 있었다.
- 기초 보유 자기주식을 기중에 전량 ₩12,000에 처분하였다.
- 당기순이익은 ₩15,000이며 배당금 지급 이외 이익잉여금의 변동을 초래하는 거래는 없었다(단, 배당금 지급은 재무활동으로 인한 현금흐름으로 분류한다).

① ₩32,000
② ₩52,000
③ ₩80,000
④ ₩82,000
⑤ ₩85,000

63 (상)(중)(하) ㈜한국의 20×1년 토지와 단기차입금 자료가 다음과 같을 때, 20×1년의 투자 및 재무 현금흐름에 대한 설명으로 옳은 것은? (단, 모든 거래는 현금거래이다)

	기 초	기 말
토지(유형자산)	₩150,000	₩250,000
단기차입금	₩100,000	₩180,000

〈추가자료〉
• 토지는 취득원가로 기록하며, 2020년에 손상차손은 없었다.
• 20×1년 중에 토지(장부금액 ₩50,000)를 ₩75,000에 매각하였다.
• 20×1년 중에 단기차입금 ₩100,000을 차입하였다.

① 토지 취득으로 인한 현금유출은 ₩100,000이다.
② 토지의 취득과 매각으로 인한 투자활동 순현금유출은 ₩75,000이다.
③ 단기차입금 상환으로 인한 현금유출은 ₩80,000이다.
④ 단기차입금의 상환 및 차입으로 인한 재무활동 순현금유입은 ₩100,000이다.
⑤ 투자활동 및 재무활동으로 인한 순현금유출은 ₩5,000이다.

64 (상)(중)(하) 주석에 관한 설명으로 옳지 않은 것은?
① 한국채택국제회계기준에서 요구하는 정보이지만 재무제표 어느 곳에도 표시되지 않는 정보를 제공한다.
② 재무제표 어느 곳에도 표시되지 않지만 재무제표를 이해하는 데 목적적합한 정보를 제공한다.
③ 재무제표의 이해가능성과 비교가능성에 미치는 영향을 고려하여 실무적으로 적용 가능한 한 체계적인 방법으로 표시한다.
④ 재무제표에 첨부되는 서류로 주요 계정과목의 변동을 세부적으로 기술한 보조적 명세서이다.
⑤ 재무제표 작성 근거와 구체적인 회계정책에 대한 정보를 제공한다.

65 주석은 일반적으로 재무제표 이용자가 재무제표를 이해하고 다른 기업의 재무제표와 비교하는 데 도움이 될 수 있도록 순서대로 작성하여야 한다. 다음 중 주석의 배열순서로 옳은 것은?

> ㉠ 적용한 유의적인 회계정책의 요약
> ㉡ 기타 우발상황, 약정사항 등의 정보와 비재무적 공시항목
> ㉢ 한국채택국제회계기준을 준수하였다는 사실
> ㉣ 재무제표에 표시된 항목에 대한 보충정보

① ㉠ - ㉣ - ㉢ - ㉡
② ㉢ - ㉠ - ㉣ - ㉡
③ ㉢ - ㉣ - ㉡ - ㉠
④ ㉠ - ㉢ - ㉣ - ㉡
⑤ ㉣ - ㉢ - ㉠ - ㉡

∞ **연계학습** 기본서 p.549~565

단·원·열·기

본 장은 매년 2문제 정도 출제된다. 유동성비율, 안전성비율, 활동성비율 및 수익성비율이 출제되고, 나아가 거래가 재무비율에 미치는 영향이 출제된다. 또한 고난이도의 응용 및 변형문제도 출제되는데, 이런 문제는 과감하게 스킵하여야 한다.

대표문제 상 중 하

㈜한국의 20×1년 초 재무상태표상 당좌자산은 ₩3,500, 재고자산은 ₩1,500, 유동부채는 ₩2,000으로 나타났다. ㈜한국이 20×1년 중 상품 ₩1,000을 현금매입하고 외상매출금 ₩500을 현금회수한 경우 (가) 당좌비율과 (나) 유동비율에 미치는 영향은?
(단, ㈜한국의 유동자산은 당좌자산과 재고자산만으로 구성되어 있으며, 계속기록법을 적용한다)

	(가)	(나)			(가)	(나)
①	감소	감소		②	감소	불변
③	증가	감소		④	증가	불변
⑤	불변	불변				

해설

(1) (차) 상품   ₩1,000   (대) 현금   ₩1,000
    (유동자산, 재고자산)   (유동자산, 당좌자산)

(2) (차) 현금   ₩500   (대) 외상매출금   ₩500
    (유동자산, 당좌자산)   (유동자산, 당좌자산)

∴ 유동자산 불변, 당좌자산 1,000 감소, 유동부채 불변

(3) 당좌비율: $\dfrac{당좌자산}{유동부채}$ $\dfrac{3,500}{2,000}$ = 1.75   ⇒ $\dfrac{2,500}{2,000}$ = 1.25 〈감소〉

(4) 유동비율: $\dfrac{유동자산}{유동부채}$ $\dfrac{5,000}{2,000}$ = 2.5   ⇒ $\dfrac{5,000}{2,000}$ = 2.5 〈불변〉

Ⓒ 정답 ②

01 재무비율분석과 관련된 설명으로 옳은 것은?

① 기업영업활동의 수익성을 분석하는 주요 비율로 자기자본이익률과 이자보상비율이 사용된다.

② 총자산이익률은 매출액순이익률과 총자산회전율의 곱으로 표현할 수 있다.

③ 유동성비율은 기업의 단기지급능력을 분석하는 데 사용되며 유동비율, 당좌비율, 총자산이익률이 주요 지표이다.

④ 이자보상비율은 기업의 이자지급능력을 측정하는 지표로 이자 및 법인세비용차감전이익을 이자비용으로 나누어 구하며 그 비율이 낮은 경우 지급능력이 양호하다고 판단할 수 있다.

⑤ 매출액이익률, 자본이익률, 배당수익률, 매출채권회전율 등은 수익성 비율에 해당된다.

02 ㈜한국의 현재 유동자산은 ₩100, 유동부채는 ₩200이다. 다음 거래가 ㈜한국의 유동비율에 미치는 영향으로 옳지 않은 것은?

① 토지를 ₩30에 취득하면서 취득 대금 중 ₩10은 현금으로 지급하고 나머지는 2년 후에 지급하기로 한 거래는 유동비율을 감소시킨다.

② 재고자산을 현금 ₩10에 구입한 거래는 유동비율에 영향을 미치지 않는다.

③ 단기차입금을 현금 ₩20으로 상환한 거래는 유동비율에 영향을 미치지 않는다.

④ 3년 만기 사채를 발행하고 현금 ₩30을 수령한 거래는 유동비율을 증가시킨다.

⑤ 재고자산 ₩50을 외상매입한 거래는 유동비율을 증가시킨다.

03 ㈜한국은 상품을 ₩1,000에 취득하면서 현금 ₩500을 지급하고 나머지는 3개월 이내에 지급하기로 하였다. 이 거래가 발생하기 직전의 유동비율과 당좌비율은 각각 70%와 60%이었다. 상품 취득 거래가 유동비율과 당좌비율에 미치는 영향은? (단, 상품거래에 대해 계속기록법을 적용한다)

	유동비율	당좌비율
①	감소	감소
②	감소	변동없음
③	변동없음	감소
④	증가	변동없음
⑤	증가	감소

04
상중하

㈜한국의 유동비율은 150%, 당좌비율은 70%이다. ㈜한국이 은행으로부터 자금대출을 받기 위해서는 유동비율이 120% 이상이고 당좌비율이 100% 이상이어야 한다. ㈜한국이 자금대출을 받기 위해 취해야 할 전략으로 옳은 것은?

① 기계장치를 현금으로 매입한다.
② 장기차입금을 단기차입금으로 전환한다.
③ 외상거래처의 협조를 구해 매출채권을 적극적으로 현금화한다.
④ 단기매매금융자산(주식)을 추가 취득하여 현금비중을 줄인다.
⑤ 재고자산 판매를 통해 현금을 조기 확보하고 재고자산을 줄인다.

05
상중하

다음은 서울상사의 20×6년도 기말 재무상태표의 유동자산과 유동부채에 관련된 내용이다.

재 무 상 태 표			
당 좌 자 산	₩1,000,000	유 동 부 채	?
재 고 자 산	?		

20×6년도 기말 서울상사의 당좌비율이 100%이고, 유동비율은 200%이다. 또한 매출원가가 ₩10,000,000이고, 당기매입액이 ₩8,000,000이라면 기초재고자산은?

① ₩2,000,000
② ₩3,000,000
③ ₩4,000,000
④ ₩1,000,000
⑤ ₩5,000,000

06 ㈜한국의 20×1년 말 재무상태표는 다음과 같다. 유동비율과 당좌비율이 각각 150%와 120%일 때, 재고자산(A)과 장기차입금(B)을 바르게 연결한 것은?

재무상태표

유동자산			유동부채		
현금	₩2,000		매입채무	₩1,000	
매출채권			단기차입금		
재고자산	A		비유동부채		
비유동자산		₩16,000	장기차입금	B	
유형자산	₩8,000		부채총계		
투자부동산	₩2,000		자본금	₩5,000	
무형자산	₩6,000		이익잉여금	₩8,000	
			자본총계		₩13,000
자산총계		₩28,000	부채 및 자본 총계		₩28,000

	A	B
①	₩2,400	₩7,000
②	₩2,400	₩8,000
③	₩7,600	₩7,000
④	₩7,600	₩8,000
⑤	₩7,900	₩8,600

07 ㈜갑의 당기 매출액은 ₩50,000,000이다. 그리고 ㈜갑의 기말 현재 유동부채는 ₩3,000,000, 유동비율은 300%, 당좌비율은 200%이다. 재고자산회전율이 12회일 경우 매출총이익은? (단, 재고자산회전율은 기말재고자산과 매출원가를 기준으로 산정된 것이다)

① ₩10,000,000
② ₩14,000,000
③ ₩20,000,000
④ ₩24,000,000
⑤ ₩30,000,000

08
㈜한국의 20×1년 초 재고자산은 ₩25,000이고, 당기매입액은 ₩95,000이다. ㈜한국의 20×1년 말 유동비율은 120 %, 당좌비율은 70 %, 유동부채는 ₩80,000일 때, 20×1년도 매출원가는? (단, 재고자산은 상품으로만 구성되어 있다)

① ₩52,000

② ₩64,000

③ ₩76,000

④ ₩80,000

⑤ ₩96,000

09
다음 자료를 이용하여 두 개의 기업 중 당기 총자산순이익률이 높은 기업과 기말 부채비율이 높은 기업을 선택한 것은? (단, 당기 중 자본거래와 부채의 증감은 없음)

A기업	기초자산	4,000억원
	기초부채	3,000억원
	당기순이익	1,000억원
B기업	기초자산	6,000억원
	기초부채	5,000억원
	당기순이익	2,000억원

	총자산순이익률	부채비율
①	A기업	A기업
②	A기업	B기업
③	B기업	A기업
④	B기업	B기업
⑤	B기업	A, B기업 동일

10 상중하 ㈜서울의 현재 당좌비율은 100%이고 매출채권회전율은 10회이다. 〈보기〉의 거래를 모두 반영할 경우 당좌비율과 매출채권회전율의 변동으로 가장 옳은 것은?

보기

• 은행차입금에 대한 이자비용 ₩1,000,000을 현금으로 지급하였다.
• 재고자산 ₩2,000,000을 현금으로 구입하였다.
• 매출채권 ₩4,000,000을 현금으로 회수하였다.

	당좌비율	매출채권회전율
①	증가	증가
②	증가	감소
③	감소	증가
④	감소	감소
⑤	감소	불변

11 상중하 재무상태표에 표시되는 기말 재고자산 금액이 오류로 인하여 과소계상되었다. 이러한 오류가 존재하지 않는 경우(A)와 오류가 존재하는 경우(B)에 유동비율 및 매출총이익률 각각에 대한 비교로 옳은 것은?

	유동비율	매출총이익률
①	A < B	A > B
②	A < B	A < B
③	A > B	A > B
④	A > B	A = B
⑤	A = B	A = B

12 상중하 20×1년 말 화재로 인해 창고에 보관 중인 상품 중 ₩100을 제외한 나머지가 모두 소실되었다. 상품과 관련된 자료는 다음과 같다. 화재로 인해 소실된 상품의 추정 금액은?

기초상품	₩1,460
총매입액	₩2,300
매입환출	₩100
총매출액	₩4,200
매출환입	₩200
과거 매출총이익률	20%

① ₩360
② ₩460
③ ₩560
④ ₩660
⑤ ₩760

13 상중하 다음 재무분석자료에서 기업의 활동성을 분석할 수 있는 것을 모두 고른 것은?

ㄱ. 매출채권회전율	ㄴ. 재고자산회전율
ㄷ. 총자산회전율	ㄹ. 부채비율
ㅁ. 매출채권평균회수기간	ㅂ. 자기자본이익률

① ㄱ, ㄷ, ㅁ
② ㄱ, ㄴ, ㄷ, ㅁ
③ ㄱ, ㄴ, ㄹ, ㅂ
④ ㄱ, ㄷ, ㅁ, ㅂ
⑤ ㄴ, ㄷ, ㄹ, ㅁ, ㅂ

14
상중하

㈜한국의 다음 자료를 이용하여 구한 재고자산회전율은? (단, 재고자산회전율은 매출원가 및 기초와 기말의 평균재고자산을 이용하며, 결산결과는 소수점 둘째자리에서 반올림한다)

• 기초재고자산	₩18,000	• 당기 매입액	₩55,000
• 당기 매출액	₩80,000	• 매출총이익률	30%

① 2.0회
② 3.2회
③ 4.7회
④ 5.1회
⑤ 6.0회

15
상중하

㈜한국의 매출채권회전율은 8회이고 재고자산회전율은 10회이다. 다음 자료를 이용한 ㈜한국의 매출총이익은? (단, 재고자산회전율은 매출원가를 기준으로 한다)

과 목	기 초	기 말
매출채권	₩10,000	₩20,000
재고자산	₩8,000	₩12,000

① ₩20,000
② ₩16,000
③ ₩13,000
④ ₩12,000
⑤ ₩25,000

16
상중하

다음 자료를 이용할 경우 재고자산회전율은? (단, 재고자산회전율과 매입채무회전율의 분모 계산 시 기초와 기말의 평균값을 이용한다)

• 기초재고자산	₩700,000	• 기말재고자산	₩500,000
• 기초매입채무	₩340,000	• 기말매입채무	₩160,000
• 매입채무회전율	4회		

① 4회
② 3회
③ 2회
④ 1회
⑤ 0.6회

17
상중하

다음 자료를 토대로 계산한 ㈜한국의 당기순이익은?

• 평균총자산액	₩3,000
• 부채비율 (＝부채/자본)	200%
• 매출액순이익률	20%
• 총자산회전율(평균총자산 기준)	0.5회

① ₩100

② ₩200

③ ₩300

④ ₩400

⑤ ₩500

18
상중하

다음은 ㈜전주의 재무비율이다. 자기자본이익률은 얼마인가?

• 매출액이익률	5%	• 총자산회전율	200%
• 자기자본비율	50%		

① 5%

② 15%

③ 20%

④ 30%

⑤ 40%

19
상중하

㈜한국의 20×1년 재무자료가 다음과 같을 때, 20×1년도 매출액은?

• 평균재고자산 : ₩100,000		• 재고자산 회전율 : 5회	
• 매출총이익 : ₩50,000			

① ₩400,000

② ₩450,000

③ ₩500,000

④ ₩550,000

⑤ ₩800,000

20 다음 자료를 이용하여 20×2년 매출채권 평균회수기간을 구하면? (단, 1년을 360일로 계산한다)

20×1년 외상매출액	₩850,000
20×2년 외상매출액	₩900,000
20×1년 말 매출채권	₩190,000
20×2년 말 매출채권	₩210,000

① 60일   ② 65일
③ 70일   ④ 75일
⑤ 80일

21 ㈜한국의 20×1년 재고자산과 매입채무 T계정에 대한 설명 중 옳지 않은 것은?

재고자산

기초재고 X	₩600,000	매출원가	₩5,150,000
	?	기말재고	₩400,000
	₩5,550,000		₩5,550,000

매입채무

현금	₩5,030,000	기초매입채무	₩700,000
기말매입채무	₩620,000	Y	?
	₩5,650,000		₩5,650,000

• 재고자산 매입거래는 모두 외상거래이다.
• 재고자산은 계속기록법을 적용한다.
• 재고자산회전율과 매입채무회전율의 분모 계산 시 기초와 기말의 평균값을 이용한다.

① 당기 매입채무 결제로 인한 현금유출액은 ₩5,030,000이다.
② 당기 재고자산 매입금액은 ₩5,080,000이다.
③ 재고자산회전율은 10.3이다.
④ 매입채무회전율은 7.5이다.
⑤ 재고자산평균회전기간은 약 35일이다.

22
⑤⑧⑨

㈜한국은 정상영업주기를 상품매입 시점부터 판매 후 대금회수 시점까지의 기간으로 산정한다. 다음 자료를 이용하여 계산한 ㈜한국의 정상영업주기는? (단, 매입과 매출은 전액 외상거래이고, 1년은 360일로 가정한다)

• 총자산회전율	3회	• 매출채권회전율	4회
• 매입채무회전율	5회	• 재고자산회전율	6회

① 102일
② 120일
③ 150일
④ 162일
⑤ 222일

23
⑤⑧⑨

㈜세무의 20×5년 다음 자료를 이용하여 연간 영업일수를 360일로 가정할 경우 정상영업주기를 구하면 얼마인가? (단, 평균재고자산은 기초와 기말잔액의 평균치를 사용하고, 재고자산회전기간은 매출원가를 기준으로 산정할 것)

기초재고	₩800,000	순매입액	₩4,700,000
기말재고	₩1,000,000	순매출액	₩5,600,000
평균매출채권	₩700,000		

① 100일
② 117일
③ 135일
④ 145일
⑤ 157일

24
⑤⑧⑨

㈜한국은 20×1년 1월 1일 토지를 ₩100,000에 구입하였고 이 토지에 재평가모형을 적용한다. 20×1년 12월 31일 이 토지를 재평가한 결과 공정가치는 ₩90,000이다. 이 재평가회계처리에 영향을 받지 않는 재무비율은?

① 부채대자본비율
② 매출액순이익률
③ 총자산회전율
④ 당좌비율
⑤ 자기자본비율

25 다음은 우선주를 발행하지 않은 ㈜한국의 재무자료이다.

유동자산	₩2,200,000	당기순이익	₩60,000
발행보통주식수	6,000주	유동부채	₩1,000,000
주당액면가	₩100	현금배당액	주당 ₩5
보통주주식의 연말주당시장가치	₩250		

위의 자료를 근거로 한 재무분석 결과 중 옳지 않은 것은?

① 주가수익률은 25이다.
② 유동비율은 220% 이다.
③ 배당성향은 50% 이다.
④ 배당수익률은 5% 이다.
⑤ 보통주주당이익은 ₩10이다.

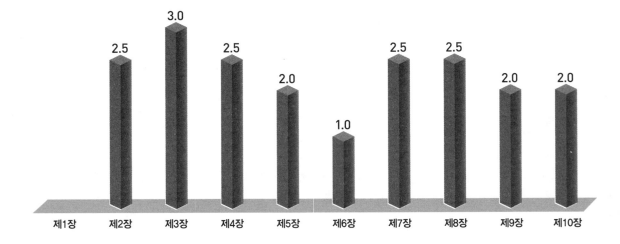

제1장   제2장   제3장   제4장   제5장   제6장   제7장   제8장   제9장   제10장

🔍 최근 5년간 기출문제 분석

회계원리 40문제 중 원가관리회계는 8문제(20%)가 출제되고, 대부분 계산문제이며 원가회계 4문제와 관리회계 4문제가 출제되었다.

최근 5년간 기출문제를 분석하면 원가흐름, 제조간접원가 배분, 개별원가계산, 종합원가계산, 결합원가계산, 전부원가계산과 변동원가계산, CVP분석, 표준원가계산, 의사결정회계, 예산회계 등 원가관리회계의 전 범위에서 고루 출제되는 경향이 있다.

특히 원가흐름, 종합원가계산, CVP분석, 표준원가계산, 의사결정회계는 매년 출제되므로 충실한 학습이 요구된다.

PART

02

원가·관리회계

01 Chapter

원가관리회계의 기초

◁ **연계학습** 기본서 p.570~591

단·원·열·기

본 장은 매년 1문제 정도 출제된다. 원가의 분류문제가 주로 출제되는데, 이론문제 뿐만 아니라 계산문제도 출제될 수 있다. 따라서 다양한 분류기준에 따른 원가의 분류를 꼼꼼하게 학습하여야 한다.

대표문제 상중하

원가행태에 관한 설명 중 옳지 않은 것은?

① 계단(준고정)원가는 일정한 범위의 조업도 수준에서만 원가총액이 일정하다.
② 직접재료원가는 변동원가에 속한다.
③ 단위당 변동원가는 조업도가 증가함에 따라 증가한다.
④ 기본료와 사용시간당 통화료로 부과되는 전화요금은 사용시간을 조업도로 본 혼합원가로 볼 수 있다.
⑤ 원가 − 조업도 − 이익(CVP) 분석에서 고정판매관리비도 고정원가에 포함된다.

해설
③ 단위당변동원가는 일정하다.

◁ **정답 ③**

01 직접원가와 간접원가의 분류에 영향을 미치지 않는 것은?

상중하

① 원가의 추적가능성
② 원가의 중요성
③ 원가정보시스템의 정교성
④ 원가의 변동성
⑤ 원가대상

02 단위 조업도가 0일 때도 일정한 원가가 발생하고, 조업도가 증가할수록 비례적으
로 원가가 발생하는 형태를 지닌 원가는?

① 고정원가   ② 준변동원가
③ 변동원가   ④ 준고정원가
⑤ 가공원가

03 다음 그래프는 어떤 원가 행태를 나타낸 것인가?

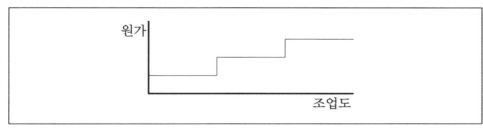

① 준고정원가   ② 단위당 변동원가
③ 단위당 고정원가   ④ 고정원가
⑤ 준변동원가

04 원가행태에 대한 설명으로 옳지 않은 것은?

① 원가행태는 조업도 수준이 증가하거나 감소함에 따라 원가 발생액이 변화
하는 행태를 말한다.
② 월급제로 급여를 받는 경우, 작업자가 받는 급여는 노무시간에 비례하지 않
지만, 총생산량에 따라 작업자의 인원을 조정할 수 있으면 총노무원가는 계
단원가가 된다.
③ 제품수준(유지)원가는 제품 생산량과 무관하게 제품의 종류수 등 제품수준
(유지) 원가동인에 비례하여 발생한다.
④ 초변동원가계산에서는 직접재료원가와 직접노무원가를 제품 원가로 재고
화하고 제조간접원가는 모두 기간비용으로 처리한다.
⑤ 고정제조간접원가가 발생하는 기업에서 전부원가계산을 채택하면 생산량
이 많아질수록 제품단위당 이익은 크게 보고된다.

05
상중하

다음 중 기초원가와 가공원가에 공통으로 포함되는 원가는?

① 직접재료원가　　　　　　　　② 직접노무원가
③ 제조경비　　　　　　　　　　④ 간접재료원가
⑤ 제조간접원가

06
상중하

다음은 (주)한국이 생산하는 제품에 대한 원가자료이다.

• 단위당 직접재료원가	₩28,000
• 단위당 직접노무원가	₩40,000
• 단위당 변동제조간접원가	₩60,000
• 월간 총고정제조간접원가	₩200,000

㈜한국의 제품 단위당 기초(기본)원가와 단위당 가공(전환)원가는? (단, 고정제조간접원가는 월간 총생산량 20단위를 기초로 한 것이다)

	단위당 기초(기본)원가	단위당 가공(전환)원가
①	₩68,000	₩110,000
②	₩68,000	₩128,000
③	₩110,000	₩68,000
④	₩128,000	₩68,000
⑤	₩68,000	₩150,000

07
상중하

다음의 설명과 가장 관련이 있는 원가로 올바른 것은?

음식점 사장들이 휴식을 취하기 위하여 가게 문을 닫고 해외여행을 가는 경우 영업을 하지 못하여 휴가기간동안 수익을 벌 수 없게 된다. 이 경우 휴가기간 동안의 수익은 (　　　)이다.

① 기회원가　　　　　　　　　　② 매몰원가
③ 관련원가　　　　　　　　　　④ 결합원가
⑤ 변동원가

08 아래의 괄호 안에 들어갈 내용이 순서대로 적힌 것으로 옳은 것은?

상중하

- (A)란 의사결정 대안 간에 차이가 나는 원가로 의사결정에 영향을 주는 원가를 말한다.
- (B)는 연산품원가 계산시 하나의 공정에서 동일한 재료를 사용하여 생산된 두 종류 이상의 제품에서 공통적으로 발생한 원가를 말한다.
- (C)란 과거의 의사결정으로부터 발생한 역사적원가로서 현재 또는 미래에 어떤 의사결정을 하더라도 회수할 수 없는 원가를 말한다.

	A	B	C
①	관련원가	기회원가	매몰원가
②	기회원가	결합원가	관련원가
③	관련원가	결합원가	매몰원가
④	결합원가	매몰원가	기회원가
⑤	차액원가	공통원가	매몰원가

09 ㈜주원은 야구모자를 생산 및 판매하고 있다. 연간 조업도는 2,000개~10,000개 범위 내에 있다. 조업도 범위 내에서 생산할 경우 단위당 변동원가는 단위당 ₩300, 고정원가는 ₩3,000,000일 때, 20×1년 야구모자를 6,000개를 생산한다면 제품 총원가는?

상중하

① ₩3,600,000
② ₩4,800,000
③ ₩6,000,000
④ ₩9,000,000
⑤ ₩12,000,000

10 상중하 최근 2년간 총고정제조원가와 단위당 변동제조원가는 변화가 없으며 생산량과 총제조원가는 다음과 같다.

	생산량	총제조원가
20×1년	200단위	₩600,000
20×2년	300단위	₩800,000

20×3년도에 총고정제조원가가 10% 증가할 경우, 생산량이 400단위일 때 총제조원가는?

① ₩1,000,000
② ₩1,020,000
③ ₩1,040,000
④ ₩1,060,000
⑤ ₩1,080,000

11 상중하 ㈜한국은 ₩63,000에 구입한 원재료 A를 보유하고 있으나, 현재 제품생산에 사용할 수 없다. ㈜한국은 원재료 A에 대해 다음과 같은 두 가지 대안을 고려할 수 있다.

(대안 1) 원재료 A를 그대로 외부에 ₩45,000에 판매
(대안 2) 원재료 A에 ₩6,000의 다른 원재료를 혼합하여 원재료 B로 변환한 후, 외부에 ₩58,000에 판매

㈜한국이 (대안 2)를 선택하는 경우, (대안 1)에 비하여 증가 또는 감소하는 이익은?

① ₩5,000 증가
② ₩7,000 증가
③ ₩13,000 증가
④ ₩7,000 감소
⑤ ₩13,000 감소

02
Chapter

원가의 흐름

∞ **연계학습** 기본서 p.593~611

단·원·열·기

본 장은 매년 1문제 정도 출제된다. 원가흐름(원가투입 - 제품생산 - 제품완성 - 제품판매) 각 단계의 계산문제가 출제된다. 주로 당기제품제조원가, 매출원가 등이 출제된다.

대표문제 상충하

㈜한국의 20×1년 4월 초와 4월 말 재고자산 금액은 다음과 같다.

	20×1. 4. 1	20×1. 4. 30
직접재료	₩18,000	₩16,000
재공품	4,000	14,000
제품	16,000	12,000

4월 중 직접재료 매입액은 ₩150,000이고, 가공원가는 ₩594,000이다. ㈜한국의 4월 매출원가는?

① ₩726,000   ② ₩738,000

③ ₩740,000   ④ ₩752,000

⑤ ₩840,000

해설

직접재료 + 재공품 + 제품			
기초재료	18,000	매출원가	740,000
기초재공품	4,000		
기초제품	16,000	기말재료	16,000
직접재료매입액	150,000	기말재공품	14,000
가공원가	594,000	기말제품	12,000
	782,000		782,000

☑ 정답 ③

01 다음 자료에서 당기의 경비소비액은 얼마인가?

• 전기선급경비	₩70,000	• 전기미지급경비	₩45,000
• 당기지급경비	₩435,000	• 당기미지급경비	₩85,000
• 당기선급경비	₩90,000		

① ₩550,000

② ₩415,000

③ ₩445,000

④ ₩455,000

⑤ ₩610,000

02 ㈜서영은 제조간접비를 월별로 계산을 하고 있다. 다음 자료에 의하여 20×1년 9월에 인식할 제조간접원가는 얼마인가?

• 공장건물에 대한 20×1년도 재산세 : ₩240,000
• 공장에서 발생한 9월 소모품비 : ₩12,000
• 20×1년 상반기(1월~6월)분 기계장치 수선비 : ₩50,000
• 공장 3/4분기 화재보험료 : ₩30,000
• 9월 본사 영업부 사무용품비 : ₩60,000
• 연간 기계장치 감가상각비 : ₩72,000

① ₩48,000

② ₩60,000

③ ₩72,000

④ ₩90,000

⑤ ₩124,000

03 다음 자료를 이용하여 계산한 20×1년도 매출총이익은?

구 분	20×1년 초	20×1년 기중	20×1년 말
직접재료	₩20		₩15
재공품	₩30		₩10
제품	₩20		₩10
직접재료 매입액		₩350	
직접노무원가		₩250	
간접노무원가		₩80	
공장 임차료		₩10	
영업장 화재보험료		₩5	
공장 수도광열비		₩15	
판매원 상여금		₩40	
매출액		₩1,400	

① ₩660
② ₩665
③ ₩730
④ ₩740
⑤ ₩780

04 다음 중 제조원가명세서상의 당기총제조원가에 영향을 미치지 않는 것은?

① 생산직 사원의 퇴직급여충당부채를 추가로 설정하였다.
② 생산공장의 건물신축을 위하여 토지를 구입하였다.
③ 완제품 페인트를 공장내부의 수선(수익적지출)을 위하여 사용하였다.
④ 공장건물에 대한 재산세를 납부하였다.
⑤ 제품생산에 필요한 원재료를 외상으로 구입하였다.

05 다음은 제조원가명세서를 작성하기 위한 자료들이다. 제조원가명세서에 포함되지 않는 항목은?

① 당기 직접재료원가 사용액
② 당기 제조간접비 발생액
③ 당기 기초제품 재고액
④ 당기 기초재공품 재고액
⑤ 당기 기말재료 재고액

06 회계기간 중 재공품계정 기말재고액이 증가한다면?
상중하
① 당기총제조원가가 당기제품제조원가보다 더 적을 것이다.
② 제품제조원가가 매출원가보다 더 클 것이다.
③ 당기총제조원가가 당기제품제조원가보다 더 클 것이다.
④ 매출원가가 제품제조원가보다 더 클 것이다.
⑤ 당기총제조원가와 당기제품제조원가가 동일할 것이다.

07 당기의 기초재공품이 기말재공품보다 더 큰 경우에 대한 상황을 바르게 설명한
상중하 것은?
① 당기제품제조원가가 매출원가보다 작을 것이다.
② 당기총제조원가가 당기제품제조원가보다 작을 것이다.
③ 당기제품제조원가가 매출원가보다 클 것이다.
④ 당기총제조원가가 당기제품제조원가보다 클 것이다.
⑤ 당기제품제조원가는 클 것이나 매출원가는 작을 것이다.

08 ㈜태평은 3월 중에 ₩20,000의 원재료를 구입하였고, 직접노무원가가 ₩10,000
상중하 이 발생하였으며 제조간접원가는 ₩35,000이 발생하였다. 원재료의 재고관련 자
료가 다음과 같을 때 3월 중 총제조원가는 얼마인가?

원 재 료			
3월 1일	₩50,000		
		3월 31일	₩40,000

① ₩65,000   ② ₩75,000
③ ₩95,000   ④ ₩105,000
⑤ ₩125,000

09 다음 중 기초원가를 계산하면 얼마인가?

• 전기이월원재료	₩1,200	• 전기미지급노무원가	₩800
• 당기매입원재료	₩1,800	• 당기지급노무원가	₩1,300
• 기말재고원재료	₩700	• 당기미지급노무원가	₩600
• 당기제조간접원가	₩1,100	• 당기총제조원가	₩4,500

① ₩2,200
② ₩2,300
③ ₩3,400
④ ₩4,500
⑤ ₩5,400

10 다음 자료를 토대로 계산한 당기총제조원가와 당기제품제조원가는?

• 기초직접재료재고액	₩15,000
• 당기직접재료매입액	₩50,000
• 기말직접재료재고액	₩10,000
• 직접노무원가 발생액	₩25,000
• 제조간접원가 발생액	₩40,000
• 기초재공품재고액	₩30,000
• 기말재공품재고액	₩21,000
• 기초제품재고액	₩15,000
• 기말제품재고액	₩30,000

	당기총제조원가	당기제품제조원가
①	₩110,000	₩120,000
②	₩120,000	₩111,000
③	₩120,000	₩129,000
④	₩129,000	₩114,000
⑤	₩132,000	₩124,000

11
상·중·하

다음은 ㈜한국의 20×1년 6월 생산과 관련된 원가자료이다.

• 재고자산 현황

일 자 \ 구 분	직접재료	재공품	제 품
6월 1일	₩3,000	₩6,000	₩9,000
6월 30일	₩2,000	₩2,000	₩8,000

• 6월의 직접재료 매입액은 ₩35,000이다.
• 6월 초 직접노무원가에 대한 미지급임금은 ₩5,000, 6월에 현금 지급한 임금은 ₩25,000, 6월 말 미지급임금은 ₩10,000이다.
• 6월에 발생한 제조간접원가는 ₩22,000이다.

20×1년 6월의 매출원가는?

① ₩74,000
② ₩88,000
③ ₩92,000
④ ₩93,000
⑤ ₩98,000

12
상·중·하

㈜한국의 20×1년도 회계자료가 다음과 같고, 당기총제조원가가 ₩300,000일 때, ㉠~㉤에 들어갈 금액으로 옳지 않은 것은?

• 직접재료 구입액	₩100,000	• 재공품 기초재고	₩5,000
• 직접재료 기초재고	₩20,000	• 재공품 기말재고	₩20,000
• 직접재료 기말재고	(㉠)	• 당기제품제조원가	(㉢)
• 직접재료원가	(㉡)	• 제품 기초재고	(㉣)
• 직접노무원가	₩80,000	• 제품 기말재고	₩40,000
• 제조간접원가	₩110,000	• 매출원가	₩400,000
• 매출액	₩580,000	• 매출총이익	(㉤)

① ㉠: ₩10,000
② ㉡: ₩110,000
③ ㉢: ₩285,000
④ ㉣: ₩115,000
⑤ ㉤: ₩180,000

13 ㈜한국의 20×1년 6월 영업자료에서 추출한 정보이다.

직접노무원가	₩170,000	기타제조간접원가	₩70,000
간접노무원가	₩100,000	기초직접재료재고액	₩10,000
감가상각비(본부사옥)	₩50,000	기말직접재료재고액	₩15,000
보험료(공장설비)	₩30,000	기초재공품재고액	₩16,000
판매수수료	₩20,000	기말재공품재고액	₩27,000

6월 중 당기제품제조원가가 ₩554,000이라면 6월의 직접재료 매입액은?

① ₩181,000

② ₩190,000

③ ₩195,000

④ ₩200,000

⑤ ₩230,000

14 ㈜한국은 단일제품을 생산하고 있다. 20×1년 자료가 다음과 같을 때, 당기 직접재료 매입액과 당기에 발생한 직접노무원가는?

재고자산		
	기초재고	기말재고
직접재료	₩18,000	₩13,000
재공품	₩25,000	₩20,000
기본원가	₩85,000	
가공원가	₩75,000	
당기제품제조원가	₩130,000	
매출원가	₩120,000	

	직접재료 매입액	직접노무원가
①	₩45,000	₩35,000
②	₩45,000	₩40,000
③	₩50,000	₩35,000
④	₩50,000	₩40,000
⑤	₩45,000	₩45,000

15 다음은 ㈜한국의 20×1년 기초·기말재고에 대한 자료이다. 20×1년도 직접재료 매입액은 ₩125,000이고, 제조간접원가는 직접노무원가의 50%였으며, 매출원가는 ₩340,000이었다. ㈜한국의 20×1년 기본원가(기초원가, prime cost)는?

	20×1년 1월 1일	20×1년 12월 31일
직접재료	₩20,000	₩25,000
재공품	₩35,000	₩30,000
제품	₩100,000	₩110,000

① ₩150,000
② ₩195,000
③ ₩225,000
④ ₩270,000
⑤ ₩295,000

16 ㈜대한의 20×1년 기초 및 기말재고자산 가액은 다음과 같다.

구 분	기 초	기 말
원재료	₩34,000	₩10,000
재공품	₩37,000	₩20,000
제품	₩10,000	₩48,000

원재료의 제조공정 투입금액은 모두 직접재료원가이고, 20×1년 중 매입한 원재료는 ₩56,000이다. 20×1년의 기본(기초)원가는 ₩320,000이고, 가공(전환)원가의 60%가 제조간접원가이다. ㈜대한의 20×1년 매출원가는?

① ₩659,000
② ₩695,000
③ ₩727,000
④ ₩899,000
⑤ ₩959,000

17 제조간접원가가 직접노무원가의 3배일 때 기초재공품 원가는?

• 기본원가	₩500,000
• 전환원가(또는 가공원가)	₩800,000
• 당기제품제조원가	₩1,200,000
• 기말재공품	₩250,000

① ₩350,000

② ₩450,000

③ ₩500,000

④ ₩550,000

⑤ ₩600,000

18 다음 자료를 토대로 계산한 ㈜대한의 매출총이익은?

- 당기 중 직접재료원가는 전환원가의 50%이다.
- 직접노무원가 발생액은 매월 말 미지급임금으로 처리되며 다음 달 초에 지급된다. 미지급임금의 기초금액과 기말 금액은 동일하며, 당기 중 직접노무원가의 지급액은 ₩450이다.
- 재공품 및 제품의 기초금액과 기말금액은 ₩100으로 동일하다.
- 기타 발생비용으로 감가상각비(생산현장) ₩100, 감가상각비(영업점) ₩100, CEO 급여 ₩150, 판매수수료 ₩100이 있다. CEO 급여는 생산현장에 1/3, 영업점에 2/3 배부된다.
- 매출액은 ₩2,000이다.

① ₩1,050

② ₩1,100

③ ₩1,150

④ ₩1,200

⑤ ₩1,250

19 상중하 다음과 같은 부평공장의 제조원가 명세서의 일부자료를 이용하여 기초재공품재고액과 당기총제조비용 중 직접노무원가를 구하면?

- 당기총제조비용 : ₩1,000,000
- 당기제품제조원가 : ₩970,000
- 제조간접비 : 직접노무비의 75% 또는 당기총제조비용의 27%
- 기초재공품 : 기말재공품의 80%

	기초재공품재고액	직접노무원가
①	₩150,000	₩360,000
②	₩120,000	₩270,000
③	₩120,000	₩360,000
④	₩120,000	₩150,000
⑤	₩150,000	₩385,000

20 상중하 제품 A를 제조하여 판매하는 한국회사의 20×1년도 생산 및 영업활동에 대한 자료는 다음과 같다.

원재료 매입액	₩10,000	매출액	₩70,000
직접노무원가	₩15,000	매출총이익률	30%
기초[기본]원가	₩40,000	총판매가능제품	₩65,000
제조간접원가는 가공원가의 40%			

위의 자료를 이용하여 한국회사의 20×1년도 당기총제조원가와 매출원가를 계산하면 각각 얼마인가?

	당기총제조원가	매출원가
①	₩31,000	₩45,500
②	₩46,000	₩49,000
③	₩46,000	₩45,500
④	₩50,000	₩49,000
⑤	₩65,000	₩49,000

21 ㈜주원의 20×2년도 회계자료의 일부분이다. 기초 및 기말 재공품은 없다. ㈜주원의 20×2년 당기 직접재료원가는 얼마인가?

• 제품재고액의 감소 : ₩50,000	• 직접재료재고의 증가 : ₩30,000
• 가공원가 : ₩300,000	• 매출원가 : ₩600,000

① ₩200,000
② ₩220,000
③ ₩250,000
④ ₩280,000
⑤ ₩550,000

03 원가의 배분

Chapter

⚙ **연계학습** 기본서 p.614~646

단·원·열·기

본 장은 매년 1~2문제 출제된다. 개별원가계산의 핵심주제인 제조간접원가의 배부와 예정배부차이의 회계처리문제, 보조부문원가의 대체문제, 활동기준원가계산문제가 주로 출제된다.

대표문제 상 중 하

㈜한국은 정상개별원가계산을 적용하고 있으며, 직접노무시간을 기준으로 제조간접원가를 예정배부하고 있다. 다음 자료를 이용할 경우, 당기 말 제조간접원가 과소 또는 과대 배부액은?

• 제조간접원가 예산 ₩130,000
• 예상 직접노무시간 10,000시간
• 실제 제조간접원가 발생액 ₩120,000
• 실제 직접노무시간 9,000시간

① 과소배부 ₩3,000
② 과대배부 ₩3,000
③ 과소배부 ₩10,000
④ 과대배부 ₩10,000
⑤ 과소배부 ₩30,000

[해설]

제조간접원가

실제발생액	₩120,000	예정배부액	₩117,000
		$= 9,000시간 \times \dfrac{₩130,000}{10,000시간}$	
		배부차이(과소)	₩3,000

⚙ 정답 ①

01 ㈜이천공업의 다음 자료에 의하여 제조지시서 #1의 제조원가를 계산하면 얼마인가?
(단, 제조간접비는 직접원가 배부법)

- 직접재료비 총액 ₩1,360,000   직접노무비 총액   ₩640,000
  제조간접비 총액   ₩160,000   직접노동시간   5,000시간
- 제조지시서 #1의 자료
  직접재료비 ₩85,000   직접노무비 ₩35,000   직접노동시간 500시간
---

① ₩216,000   ② ₩136,000
③ ₩129,600   ④ ₩2,129,600
⑤ ₩2,160,000

02 ㈜서영의 제조간접원가 배부기준을 (1)직접노무원가와 (2)기계시간으로 할 때, B 작업의 작업별 총제조원가는 얼마인가?

㈜서영은 20×1년도 작업번호 A, B, C 의 세가지 작업을 시작하여 완성하였다. 세 가지 작업에 대한 제조원가 및 기타자료는 다음과 같다.

	A	B	C
직접재료원가	₩6,000	₩4,000	₩3,000
직접노무원가	₩4,000	₩2,500	₩1,500
기계시간	250시간	150시간	100시간

20×1년도 중 제조간접원가 발생액은 ₩12,000이었다.
---

	(1) 직접노무원가 기준	(2) 기계시간 기준
①	₩10,000	₩10,100
②	₩10,250	₩10,100
③	₩10,250	₩10,750
④	₩10,500	₩10,750
⑤	₩10,500	₩10,500

03 상중하

제조간접원가에 대하여 예정배부를 하던 중 배부결과가 과소배부로 밝혀졌다. 잘못된 설명은?

① 재공품에 배부된 제조간접원가는 실제제조간접원가보다 적다.
② 예정배부율이 너무 낮게 설정된다.
③ 실제제조간접원가가 예정제조간접원가보다 많다.
④ 과소배부된 제조간접원가의 배부차이를 반영하여 재고자산이나 매출원가 등을 적절하게 수정한 후에 외부공시용 재무제표에 반영하여야 한다.
⑤ 제조간접원가 배부차이를 조정하지 않으면 기말재공품이 과대계상된다.

04 상중하

㈜한국은 정상(예정)개별원가계산을 적용하며, 기계시간을 기준으로 제조간접원가를 예정배부한다. 20×1년 예정기계시간이 10,000시간이고 원가 예산이 다음과 같을 때, 제조간접원가 예정배부율은?

항 목	금 액
직접재료원가	₩25,000
간접재료원가	₩5,000
직접노무원가	₩32,000
공장건물 임차료	₩20,000
공장설비 감가상각비	₩7,000
판매직원 급여	₩18,000
공장설비 보험료	₩13,000
광고선전비	₩5,000

① ₩4/기계시간
② ₩4.5/기계시간
③ ₩7.2/기계시간
④ ₩8.2/기계시간
⑤ ₩10.2/기계시간

05 소맥㈜는 예정개별원가제도를 택하고 있으며, 제조간접원가는 기계시간을 기준으로 배부한다. 2020년 연간 8,000시간을 가동하고, 총제조간접원가는 ₩4,000,000이 발생할 것으로 예상하였다. 그러나, 실제 제조간접원가 발생액은 ₩3,840,000이고, 실제기계가동시간은 7,500시간이었다. 제조간접원가 배부액은 얼마인가?

① ₩3,600,000   ② ₩3,750,000
③ ₩3,840,000   ④ ₩4,000,000
⑤ ₩4,250,000

06 ㈜한국은 직접노무시간을 기준으로 제조간접원가를 예정배부한다. 당기의 제조간접원가 예산은 ₩300,000, 예정조업도는 100,000시간, 실제조업도는 120,000시간이다. 당기의 제조간접원가 배부차이가 ₩35,000(과대)일 때 제조간접원가 실제발생액은 얼마인가?

① ₩325,000   ② ₩330,000
③ ₩335,000   ④ ₩340,000
⑤ ₩345,000

07 ㈜한국은 정상원가계산(normal costing)을 적용하고 있으며, 제조간접원가 배부기준은 직접노무시간이다. 20×1년 제조간접원가 예산은 ₩10,000이고, 예정 직접노무시간은 100시간이었다. 20×1년 실제 직접노무시간은 90시간, 제조간접원가 부족 (과소)배부액은 ₩1,000이었다. 제조간접원가 실제발생액은?

① ₩7,000   ② ₩8,000
③ ₩9,000   ④ ₩10,000
⑤ ₩11,000

08 ㈜합격은 제조간접원가를 직접노무시간을 기준으로 배부한다. 당기말 실제 제조간접원가는 ₩5,680,000, 실제 발생한 직접노무시간은 50,000시간이다. 당기 제조간접원가 배부차이가 ₩130,000 부족배부되었다면, 제조간접원가 예정배부율은 직접노무시간당 얼마인가?

① ₩111/시간   ② ₩113.6/시간
③ ₩115/시간   ④ ₩117.5/시간
⑤ ₩121/시간

09
상중하

정상원가계산하에서 개별원가계산제도를 적용하는 경우, 과대 또는 과소 배분된 제조간접원가 배부차이를 비례배분법에 의해 조정할 때, 차이조정이 반영되는 계정으로 옳은 것을 모두 고른 것은? (단, 모든 계정잔액은 "0"이 아니다)

ㄱ. 기초원재료	ㄴ. 기말원재료
ㄷ. 기초재공품	ㄹ. 기말재공품
ㅁ. 기초제품	ㅂ. 기말제품
ㅅ. 매출원가	

① ㄱ, ㄴ, ㄷ
② ㄴ, ㄷ, ㄹ
③ ㄷ, ㅁ, ㅂ
④ ㄹ, ㅂ, ㅅ
⑤ ㄷ, ㅁ, ㅅ

10
상중하

㈜한국은 정상원가계산을 적용하여 제조간접원가 배부차이 금액을 재공품, 제품, 매출원가의 조정 전 기말잔액의 크기에 비례하여 배분한다. 다음 자료를 이용하여 제조간접원가 배부차이 조정 전후 설명으로 옳지 않은 것은?

구 분	조정 전 기말잔액	
재공품	₩500,000	• 실제발생 제조간접원가 ₩1,000,000
제 품	₩300,000	• 예정배부된 제조간접원가 ₩1,100,000
매출원가	₩1,200,000	• 재공품과 제품의 기초재고는 없는 것으로 가정한다.
합 계	₩2,000,000	

① 조정 전 기말잔액에 제조간접원가가 과대배부되었다.
② 제조간접원가 배부차이 금액 중 기말 재공품에 ₩25,000이 조정된다.
③ 제조간접원가 배부차이 조정 후 기말 제품은 ₩315,000이다.
④ 제조간접원가 배부차이 조정 후 매출원가 ₩60,000이 감소된다.
⑤ 제조간접원가 배부차이 조정 후 기말 매출원가는 ₩1,140,000이다.

11 정상원가계산제도하에서 제조간접원가의 배부차이를 총원가기준법(비례배분법)으로 조정하고 있으나, 만약 배부차이 전액을 매출원가계정에서 조정한다면 영업이익의 변화에 대한 설명으로 올바른 것은?

> • 부족배부액 : ₩1,000,000   • 기말재공품 : ₩1,000,000
> • 기말제품 : ₩1,000,000   • 매출원가 : ₩3,000,000

① ₩400,000 감소
② ₩1,000,000 감소
③ ₩600,000 감소
④ ₩400,000 증가
⑤ 변화없음

12 제조간접원가 배부차액계정의 차변잔액은 ₩5,000이다. 배부차액을 보충률법에 의하여 회계처리할 때, 매출원가 가감법에 의해 처리할 때에 비하여 당기순이익에는 어떠한 영향을 미치겠는가?

매출원가	기말재공품	기말제품
₩6,000	₩1,000	₩3,000

① ₩3,000만큼 당기순이익이 증가한다.
② ₩2,000만큼 당기순이익이 증가한다.
③ ₩1,500만큼 당기순이익이 증가한다.
④ ₩3,500만큼 당기순이익이 증가한다.
⑤ ₩5,000만큼 당기순이익이 증가한다.

13 ㈜맑음은 사무실 건물을 관리하고 있다. 청소담당직원들은 모든 입주기업들의 사무실과 복도 등 건물 전체를 청소한다. 건물 전체의 청소비를 각 기업에 배부하기 위한 기준으로 가장 적합한 것은?

① 각 입주기업의 직원 수
② 각 입주기업의 주차 차량수
③ 각 입주기업의 사용면적
④ 각 입주기업의 전기 사용량
⑤ 청소 관련 소모품 사용액

14 보조부문 원가를 주요부문에 배분할 때 고려할 내용 중 틀린 것은?
상중하
① 보조부문원가를 배분하기 위해 배부율은 사전에 설정하여야 한다.
② 보조부문 용역수수관계를 고려할 것인지에 따라 원가배분비율이 달라진다.
③ 보조부문원가를 어떠한 배분방법으로 주요부문에 배분하든 관계없이 공장 전체의 제조간접원가는 동일하다.
④ 보조부문의 용역수수관계를 고려한 단계배분법이 가장 정확한 원가배분방법이다.
⑤ 단계배부법은 배부순서에 따라 원가의 성격이 달라지는 단점이 존재한다.

15 보조부문원가의 배부에 대한 설명으로 옳은 것은?
상중하
① 보조부문원가는 제조부문에 배부하지 않고 기간비용으로 처리하여야 한다.
② 보조부문원가의 배부순서가 중요한 배부방법은 상호배부법이다.
③ 직접배부법은 보조부문의 배부순서에 관계없이 배부액이 일정하다.
④ 상호배부법은 보조부문 상호 간의 용역수수관계가 중요하지 않을 때 적용하는 것이 타당하다.
⑤ 어떤 방법을 사용하더라도 보조부문비 배부 후의 제조부문비 총액은 동일하다.

16 보조부문의 원가를 제조부문에 배부하는 방법에 대한 설명으로 가장 옳은 것은?
상중하
① 상호배부법은 보조부문 상호 간의 용역수수관계를 완전히 무시하고, 보조부문원가를 제조부문에만 배부하는 방법이다.
② 단계배부법은 보조부문 간의 용역수수관계를 부분적으로 고려하는 방법으로 보조부문의 배부순서가 달라지면 배부 후의 결과가 달라진다.
③ 이중배부율법은 보조부문원가를 변동원가와 고정원가로 구분하지 않고, 하나의 배부기준을 이용하여 총원가를 배부 하는 방법이다.
④ 직접배부법은 보조부문 상호 간의 용역수수관계를 완전히 고려하여 각 보조부문원가를 제조부문과 다른 보조부문에도 배부하는 방법으로, 가장 논리적이고 정확한 정보를 제공해 주는 방법이다.
⑤ 가장 정확한 보조부문비의 배부방법은 '단계배부법 < 직접배부법 < 상호배부법'의 순서이다.

박문각 주택관리사

PART
02

17 ㈜한국은 A, B 두 개의 제조부문과 S1, S2 두 개의 보조부문으로 구성 되어 있다. 각 부분에서 발생한 원가 및 부문간의 용역제공관계는 다음과 같을 때 직접배분법에 의하여 A, B에 배분될 보조부문 원가는?

구 분	제조부문		보조부문		합 계
	A	B	S1	S2	
S1	30%	50%	—	20%	100%
S2	40%	40%	20%	—	100%
발생원가			₩100,000	₩300,000	₩400,000

	A	B
①	₩180,000	₩210,000
②	₩183,333	₩216,667
③	₩185,000	₩215,000
④	₩187,500	₩212,500
⑤	₩192,500	₩207,500

18 ㈜회계는 직접배부법을 이용하여 보조부문 제조간접비를 제조부문에 배부하고자 한다. 보조부문 제조간접비를 배분한 후 조립부문의 총원가는 얼마인가?

구 분	보조부문		제조부문	
	전력부문	수선부문	조립부문	절단부문
전력부문 공급(kw)		40kw	80kw	80kw
수선부문 공급(시간)	100시간		300시간	200시간
자기부문원가	₩100,000	₩200,000	₩500,000	₩420,000

① ₩170,000
② ₩500,000
③ ₩670,000
④ ₩700,000
⑤ ₩760,000

19
상중하

㈜한국은 보조부문 A와 B 그리고 제조부문 C와 D를 두고 있다. 보조부문 A와 B의 원가는 각각 ₩500,000과 ₩450,000이며, 각 부문의 용역수수관계는 다음과 같다.

사용처 제공처	보조부문		제조부문	
	A	B	C	D
A	–	20%	30%	50%
B	40%	–	30%	30%

㈜한국이 단계배부법을 이용하여 보조부문원가를 제조부문에 배부할 경우 제조부문 D가 배부받을 보조부문원가 합계는? (단, 배부순서는 A부문원가를 먼저 배부한다)

① ₩328,000
② ₩425,000
③ ₩485,000
④ ₩525,000
⑤ ₩585,000

20
상중하

㈜한국에는 보조부문에 수선부와 전력부가 있고, 제조부문에 A와 B가 있다. 수선부의 변동원가 당기 발생액은 ₩10,000이며, 전력부와 두 제조부문에 1,000시간의 수선 용역을 제공하였다. 전력부의 변동원가 당기 발생액은 ₩7,000이며, 수선부와 두 제조부문에 2,000kwh의 전력을 제공하였다. ㈜한국이 보조부문원가 중 수선부 원가를 먼저 배부하는 단계배부법을 사용할 경우, 제조부문 A에 배부되는 보조부문의 원가는?

사용 제공	수선부	전력부	제조부문 A	제조부문 B
수선부(시간)	–	200	500	300
전력부(kwh)	500	–	1,000	500

① ₩11,000
② ₩12,000
③ ₩13,000
④ ₩14,000
⑤ ₩15,000

21 ㈜한국은 제조부문과 보조부문을 이용하여 제품을 생산하고 있다. 보조부문에서 제공한 용역량은 다음과 같으며, 수선부문과 관리부문에 집계된 원가는 각각 ₩160,000, ₩80,000이다.

사용처 / 제공처	제조부문		보조부문		합계
	절 단	조 립	수 선	관 리	
수선(시간)	400	200	600	400	1,600
관리(m²)	4,000	4,000	8,000	4,000	20,000

상호배부법으로 보조부문원가를 배부할 때 필요한 연립방정식으로 옳은 것은?
(단, 배부해야 할 총수선부문원가와 총관리부문원가를 각각 M과 F라 한다)

① M = 160,000 + 0.5F, F = 80,000 + 0.25M
② M = 160,000 + 0.4F, F = 80,000 + 0.25M
③ M = 160,000 + 0.5F, F = 80,000 + 0.4M
④ M = 160,000 + 0.4F, F = 80,000 + 0.5M
⑤ M = 160,000 + 0.4F, F = 80,000 + 0.4M

22 ㈜한국은 보조부문 X, Y와 제조부문 P1, P2를 운영하여 제품을 생산하고 있다. 보조부문 X는 기계시간, Y는 전력소비량에 비례하여 보조부문원가를 제조부문에 각각 배부한다. ㈜한국의 각 부문원가와 용역제공 현황은 다음과 같다.

구 분	보조부문		제조부문		합 계
	X	Y	P1	P2	
부문원가	₩100,000	₩120,000	₩100,000	₩200,000	₩520,000
기계시간	-	400시간	300시간	300시간	1,000시간
전력소비량	500 kWh	-	200 kWh	300 kWh	1,000 kWh

㈜한국이 상호배부법을 이용하여 보조부문원가를 제조부문에 배부할 경우, 제조부문 P1, P2에 배부되는 보조부문원가는?

	P1	P2
①	₩98,000	₩122,000
②	₩100,000	₩120,000
③	₩120,000	₩100,000
④	₩122,000	₩98,000
⑤	₩100,000	₩122,000

23
상중하

㈜한국은 두 개의 보조부문(S1, S2)과 두 개의 제조부문(P1, P2)으로 제품을 생산하고 있다. 각 부문원가와 용역수수관계는 다음과 같다.

구 분	보조부문		제조부문		계
	S1	S2	P1	P2	
부문원가	₩250,000	₩152,000	—	—	
S1	—	40	20	40	100%
S2	40	—	40	20	100%

상호배부법으로 보조부문원가를 배부한 결과, S1의 총부문원가는 S2로부터 배부받은 ₩120,000을 포함하여 ₩370,000이었다. P2에 배부되는 보조부문원가 합계액은?

① ₩164,400
② ₩193,200
③ ₩194,000
④ ₩208,000
⑤ ₩238,400

24
상중하

㈜한국은 제조부문인 조립부문과 도장부문이 있으며, 보조부문으로 전력부문이 있다. 20×1년 3월 중에 부문별로 발생한 제조간접원가와 제조부문이 사용한 전력의 실제사용량과 최대사용가능량은 다음과 같다. 한편, 전력부문에서 발생한 제조간접원가 ₩325,000은 변동원가가 ₩100,000이고, 고정원가는 ₩225,000이다.

구 분	전력부문	조립부문	도장부문	합 계
제조간접원가	₩325,000	₩250,000	₩400,000	₩975,000
실제사용량		300 kW	700 kW	1,000 kW
최대사용가능량		500 kW	1,000 kW	1,500 kW

㈜한국이 이중배분율법을 적용하여 보조부문원가를 제조부문에 배분할 때, 조립부문에 배분되는 전력부문의 원가는?

① ₩97,500
② ₩105,000
③ ₩108,330
④ ₩115,000
⑤ ₩120,000

25 ㈜한국은 보조부문인 동력부와 제조부문인 절단부, 조립부가 있다. 동력부는 절단부와 조립부에 전력을 공급하고 있으며, 각 제조부문의 월간 전력 최대사용가능량과 3월의 전력 실제사용량은 다음과 같다.

	절단부	조립부	합 계
최대사용가능량	500kw	500kw	1,000kw
실제사용량	300kw	200kw	500kw

한편, 3월 중 각 부문에서 발생한 제조간접원가는 다음과 같다.

	동력부	절단부	조립부	합 계
변동원가	₩50,000	₩80,000	₩70,000	₩200,000
고정원가	₩100,000	₩150,000	₩50,000	₩300,000
합계	₩150,000	₩230,000	₩120,000	₩500,000

이중배부율법을 적용할 경우 절단부와 조립부에 배부될 동력부의 원가는?

	절단부	조립부
①	₩75,000	₩75,000
②	₩80,000	₩70,000
③	₩90,000	₩60,000
④	₩100,000	₩50,000
⑤	₩100,000	₩70,000

26 활동기준원가계산에 관한 설명으로 옳지 않은 것은?

① 원가를 다양하고 세분화한 원가대상인 활동별로 집계하고 배부하기 때문에 원가계산이 정확해진다.

② 직접재료원가 이외의 원가를 고정원가로 처리한다.

③ 활동이 자원을 소비하고 제품이 활동을 소비한다는 개념을 이용한다.

④ 제조원가뿐만 아니라 품질검사시간, 작업준비횟수 등 비재무적인 측정치도 원가 동인에 의해 배부될 수 있다.

⑤ 활동을 분석하고 원가동인을 파악하는데 시간과 비용이 많이 발생한다.

27
상중하

다음은 활동기준원가계산에서 어느 활동 수준을 설명한 것인가?

> 용량수준활동이라고 불리는 이 활동수준은 다양한 제품의 생산을 위해서 필요
> 한 활동수준이다. 특정작업에 국한되지 않고 전반적인 생산과 관련되는 활동으
> 로 공장관리, 건물관리, 안전유지 및 조경 등이 포함된다.

① 제품단위수준활동
② 묶음단위수준활동
③ 제품수준활동
④ 설비수준활동
⑤ 배치수준활동

28
상중하

㈜한국은 제품 A와 제품 B를 생산하고 있으며, 최근 최고경영자는 활동기준원가계
산제도의 도입을 검토하고 있다. 활동기준원가계산 관점에서 분석한 결과가 다음
과 같을 때, 옳지 않은 것은?

활 동	제조간접원가	원가동인	제품 A	제품 B
제품설계	₩400	부품 수	2개	2개
생산준비	₩600	준비횟수	1회	5회

① 제품설계활동의 원가동인은 부품 수, 생산준비활동의 원가동인은 준비횟수
  이다.
② 활동기준원가계산 하에서 제품 A에 배부되는 제조간접원가는 ₩300, 제품
  B에 배부되는 제조간접원가는 ₩700이다.
③ 만약 ㈜한국의 제품 종류가 더 다양해지고 각 제품별 생산수량이 줄어든다
  면 활동기준원가계산제도를 도입할 실익이 없다.
④ 기존의 제품별 원가와 이익수치가 비현실적이어서 원가계산의 왜곡이 의심
  되는 상황이면 활동기준원가계산제도의 도입을 적극 고려해볼 수 있다.
⑤ 활동분석을 통하여 불필요한 비부가가치활동을 제거하거나 감소시킴으로
  써 생산시간을 단축할 수도 있고 활동별로 원가를 관리함으로써 원가절감이
  가능하다.

29 ㈜한국은 가공원가에 대해 활동기준원가계산을 적용하고 있다. 회사의 생산활동, 활동별 배부기준, 가공원가 배부율은 다음과 같다.

생산활동	활동별 배부기준	가공원가 배부율
기계작업	기계작업시간	기계작업시간당 ₩10
조립작업	부품 수	부품 1개당 ₩6

당기에 완성된 제품은 총 100단위이고, 총직접재료원가는 ₩6,000이다. 제품 1단위를 생산하기 위해서는 4시간의 기계작업시간이 소요되고 5개 부품이 필요하다. 당기에 생산된 제품 100단위를 단위당 ₩200에 모두 판매가 가능하다고 할 때, 매출총이익은?

① ₩7,000
② ₩9,000
③ ₩10,000
④ ₩11,000
⑤ ₩13,000

30 ㈜한국은 전환원가에 대해 활동기준원가계산을 적용하고 있다. 회사의 생산활동, 활동별 배부기준, 전환원가 배부율은 다음과 같다.

활 동	배부기준	전환원가 배부율
기계작업	기계작업시간	기계작업시간당 ₩50
조립작업	부품 수	부품 1개당 ₩10
품질검사	완성품 단위	완성품 1단위당 ₩30

당기에 완성된 제품은 총 50단위이고, 제품 단위당 직접재료원가는 ₩100이다. 제품 1단위를 생산하기 위해서는 2시간의 기계작업시간과 5개의 부품이 소요된다. 당기에 생산된 제품 50단위의 총제조원가는?

① ₩9,000
② ₩12,000
③ ₩14,000
④ ₩16,000
⑤ ₩18,000

31 상중하

㈜한국은 보급형과 고급형 두 가지 모델의 제품을 생산·판매하고, 제조간접원가 배부를 위해 활동기준원가계산을 적용한다. ㈜한국은 당기에 보급형 800개, 고급형 100개를 생산·판매하였으며, 제조원가 산정을 위한 자료는 다음과 같다. ㈜한국의 고급형 모델의 단위당 제조원가는? (단, 기초재고와 기말재고는 없다)

구 분		보급형	고급형
직접재료원가		₩32,000	₩5,000
직접노무원가		₩24,000	₩3,500
제조간접원가	작업준비	₩6,000	
	제품검사	₩9,000	
	합 계	₩15,000	

활 동	원가동인	활동사용량		
		보급형	고급형	계
작업준비	준비횟수	20회	10회	30회
제품검사	검사시간	100시간	100시간	200시간

① ₩100

② ₩120

③ ₩135

④ ₩150

⑤ ₩180

제품별 원가계산

⌁ **연계학습** 기본서 p.651~683

단·원·열·기

본 장은 매년 1~2문제 출제된다. 종합원가계산은 매년 출제되므로 꼼꼼하게 학습하여야 한다. 또한 결합원가의 배분과 결합제품의 추가가공 여부 의사결정문제도 출제된다.

대표문제 상중하

㈜한국은 종합원가계산제도를 채택하고 있으며, 가중평균법을 적용하고 있다. 다음의 자료를 이용한 완성품원가는?

- 기초 재공품 수량: 300단위(완성도: 직접재료원가 100%, 가공원가 50%)
- 기초 재공품 원가: 직접재료원가 ₩5,000, 가공원가 ₩4,000
- 당기 착수량: 2,200단위
- 당기 투입원가: 직접재료원가 ₩20,000, 가공원가 ₩40,000
- 기말 재공품 수량: 500단위(완성도: 직접재료원가 100%, 가공원가 40%)
- 직접재료는 생산 착수 시에 투입되며, 가공원가는 공정 전반에 걸쳐 균일하게 발생한다.

① ₩50,000
② ₩55,000
③ ₩60,000
④ ₩65,000
⑤ ₩75,000

해설

1. 완성품수량: 300단위 + 2,200단위 − 500단위 = 2,000단위
2. 완성품환산량
   1) 재료원가: 2,000단위 + 500단위 = 2,500단위
   2) 가공원가: 2,000단위 + 500단위 × 40% = 2,200단위
3. 완성품환산량 단위당원가
   1) 재료원가: (₩5,000 + ₩20,000) ÷ 2,500단위 = ₩10
   2) 가공원가: (₩4,000 + ₩40,000) ÷ 2,200단위 = ₩20
4. 기말재공품원가
   1) 재료원가: 500단위 × ₩10 = ₩5,000
   2) 가공원가: 200단위 × ₩20 = ₩4,000
5. 완성품원가
   ₩9,000 + ₩60,000 − ₩9,000 = ₩60,000

✓ 정답 ③

01
상중하

㈜태양은 주문에 의한 제품생산을 하고 있는 조선업체이다. 20×1년 중에 자동차 운반선(갑)과 LNG운반선(을)을 완성하여 주문자에게 인도하였고, 20×1년 말 미완성된 컨테이너선(병)이 있다. 갑, 을, 병 이외의 제품주문은 없었다고 가정한다. 다음은 20×1년의 실제 원가자료이다.

구 분	갑	을	병	합 계
기초재공품	₩300	₩400	₩100	₩800
직접재료원가	₩150	₩200	₩160	₩510
직접노무원가	₩60	₩80	₩40	₩180
직접노무시간	200시간	500시간	300시간	1,000시간

20×1년에 발생한 총제조간접원가는 ₩1,000이다. ㈜태양은 제조간접원가를 직접 노무시간에 따라 배부한다고 할 때, ㈜태양의 20×1년 기말재공품원가는?

① ₩300
② ₩600
③ ₩800
④ ₩1,000
⑤ ₩1,780

02
상중하

20×1년도에 설립된 ㈜한국은 개별원가계산방법을 적용하고 있으며, 20×1년도 제품 생산과 관련된 정보는 다음과 같다. ㈜한국이 직접노무원가의 140%를 제조간접원가에 배부할 경우 C 제품 생산에 투입된 직접노무원가는?

구 분	A 제품	B 제품	C 제품
제품 관련 정보	생산 완료 및 판매	생산 미완료	생산 완료 및 미판매
제조원가 대비 가공원가 비율	60%	40%	40%
당기총제조원가	₩240,000		
당기제품제조원가	₩180,000		
매출원가	₩60,000		

① ₩16,000
② ₩20,000
③ ₩24,000
④ ₩28,000
⑤ ₩36,000

03 정상개별원가계산을 적용하는 경우 발생할 수 있는 제조간접원가 배부차이에 대한 설명 중 옳지 않은 것은?

① 제조간접원가 배부시 실제배부율은 사후적으로 계산되지만, 예정배부율은 기초에 사전적으로 계산된다.

② 제조간접원가 배부차이는 회계기간 중에 배분된 제조간접원가 예정배부액과 회계기말에 집계된 제조간접원가 실제발생액의 차이로 발생한다.

③ 비례배분법(보충률법)은 제조간접원가 배부차이를 매출원가와 기말제품및 기말재공품의 잔액에 비례해서 배분하는 방법이다.

④ 원가요소별 비례배분법은 기말의 재공품, 제품 및 매출원가에 포함되어 있는 제조간접원가 실제배부액의 비율에 따라 제조간접원가 배부차이를 조정한다.

⑤ 제조간접원가 과대배부액을 매출원가조정법에 의해 회계처리하는 경우, 매출원가가 감소하게 되므로 이익이 증가하는 효과가 있다.

04 ㈜한국은 선입선출법을 이용하여 종합원가계산을 한다. 원재료는 공정시작 시점에서 전량 투입되며, 가공원가는 공정 전반에 걸쳐 균등하게 발생한다고 가정할 때, 다음의 자료를 이용한 가공원가의 완성품환산량은? (단, 공손과 감손은 없다)

구 분	수량(개)	가공원가완성도
기초재공품	300	50%
완성품	1,000	100%
기말재공품	500	40%

① 800개
② 950개
③ 1,050개
④ 1,150개
⑤ 1,250개

05
상중하

다음은 ㈜한국의 종합원가계산 내역이다. 가공비 완성품환산량을 계산하는 경우 평균법과 선입선출법의 방법 차이로 인해 나타나는 환산량의 차이는 얼마인가?

- 기초 재공품 : 0개
- 완성품 : 6,000개
- 당기착수량 : 8,000개
- 기말재공품(50%) : 2,000개
- 당기 착수 : 재료비 ₩2,160,000, 가공비 ₩1,600,000
  원재료는 공정 초기에 투입되며, 가공비는 공정 전반에 걸쳐 투입된다.

① 0개
② 1,000개
③ 2,000개
④ 3,000개
⑤ 6,000개

06
상중하

㈜한국은 20×1년 10월 1일 현재 완성도가 60%인 월초재공품 8,000개를 보유하고 있다. 직접재료원가는 공정 초기에 투입되고, 가공원가는 전 공정을 통해 균등하게 투입된다. 10월 중에 34,000개가 생산에 착수되었고, 36,000개가 완성되었다. 10월 말 현재 월말재공품은 완성도가 80%인 6,000개이다. 10월의 완성품환산량 단위당원가를 계산할 때 가중평균법에 의한 완성품환산량이 선입선출법에 의한 완성품환산량보다 더 많은 개수는?

	직접재료원가	가공원가
①	0개	3,200개
②	0개	4,800개
③	8,000개	3,200개
④	8,000개	4,800개
⑤	8,000개	6,000개

07 ㈜한국은 평균법을 적용한 종합원가계산으로 제품원가를 계산하고 있다. 다음 자료를 이용한 ㈜한국의 기말재공품 수량은?

> • 기말재공품의 완성품환산량 단위당 원가 : ₩200
> • 기말재공품의 생산 완성도 : 60%
> • 기말재공품의 가공원가 : ₩60,000
> • 가공원가는 생산 완성도에 따라 균등하게 투입되고 있음
> • 기초재공품과 공손 및 감손은 없음

① 300개   ② 400개
③ 500개   ④ 600개
⑤ 700개

08 ㈜한국은 종합원가계산방법을 적용하고 있으며, 원가 관련자료는 다음과 같다. ㈜한국의 완성품환산량에 대한 설명으로 옳은 것은?

> • 직접재료는 공정의 초기에 전량 투입되고, 전환원가는 공정의 진행에 따라 균일하게 발생된다.
> • 기초재공품의 완성도는 50%, 기말재공품의 완성도는 10%이다.
> • 기초재공품은 2,000개, 당기착수 13,000개, 기말재공품 3,000개이다.

① 평균법의 직접재료원가 완성품환산량은 13,000개이다.
② 평균법의 전환원가 완성품환산량은 10,300개이다.
③ 선입선출법의 직접재료원가 완성품환산량은 15,000개이다.
④ 선입선출법의 전환원가 완성품환산량은 11,300개이다.
⑤ 기초재공품이 없다면 평균법에 의한 완성품환산량이 선입선출법에 의한 완성품환산량보다 크다.

09 기말재공품의 완성도를 실제보다 높게 파악하여 종합원가계산을 수행했을 경우 예상되는 결과로서 틀린 것은?

① 기말재공품의 완성품환산량이 과대계상된다.
② 기말재공품에 배부되는 원가가 과대계상된다.
③ 당기완성품의 환산량에는 영향을 미치지 않는다.
④ 완성품환산량의 단위당 원가는 과대계상된다.
⑤ 당기제품제조원가가 과소평가된다.

10 ㈜한국은 단일의 생산공장에서 단일 제품을 생산하고 있다. 회계연도말에 원가를 계산하면서 기말재공품에 대한 완성도를 실제보다 30% 낮게 평가하여 계산하였다. 재공품 완성도의 오류가 결산재무제표에 미치는 영향으로 옳지 않은 것은? (단, 당기 생산 제품은 모두 판매되었고, 기말제품재고액은 없다)

① 영업이익의 과소계상
② 매출원가의 과소계상
③ 기말재공품의 과소계상
④ 이익잉여금의 과소계상
⑤ 당기제품제조원가의 과대계상

11 ㈜한국은 종합원가계산을 사용하며 선입선출법을 적용한다. 제품은 제1공정을 거쳐 제2공정에서 최종 완성되며, 제2공정 관련 자료는 다음과 같다.

	물량단위(개)	가공비완성도
기초재공품	500	30%
전공정대체량	5,500	
당기완성량	?	
기말재공품	200	30%

제2공정에서 직접재료가 가공비완성도 50% 시점에서 투입된다면, 직접재료원가와 가공원가 당기작업량의 완성품환산량은? (단, 가공비는 공정 전반에 걸쳐서 균일하게 발생하며, 제조공정의 공손·감손은 없다)

	직접재료원가 완성품환산량(개)	가공원가 완성품환산량(개)
①	5,300	5,300
②	5,800	5,650
③	5,800	5,710
④	5,800	5,800
⑤	5,300	5,810

12 ㈜서울은 종합원가계산을 적용하고 있으며, 제품을 생산하기 위해 재료 A와 재료 B를 사용하고 있다. 재료 A는 공정초기에 전량 투입되며, 재료 B는 공정의 60% 시점에서 일시에 전량 투입되고, 가공원가는 공정 전반에 걸쳐서 균등하게 발생한다. 당기 제품제조활동과 관련한 자료가 다음과 같을 때, 선입선출법을 적용하여 계산한 완성품환산량은?

구 분	물 량
기초재공품	300개 (완성도 20%)
당기착수	1,500개
당기완성	1,300개
기말재공품	500개 (완성도 50%)

	재료원가 A	재료원가 B	가공원가
①	1,500개	1,300개	1,490개
②	1,500개	1,550개	1,490개
③	1,800개	1,300개	1,550개
④	1,800개	1,550개	1,550개
⑤	1,800개	1,450개	1,650개

13 다음 자료에 의하여 기말재공품 완성도를 구하면 얼마인가?

기초재공품 가공비	₩650,000
당기투입 가공비	₩2,350,000
기말재공품 가공비	₩600,000
당기 완성품수량	800개
기말재공품 수량	500개

① 30%

② 40%

③ 50%

④ 60%

⑤ 70%

14
상중하

㈜한국은 단일공정에서 단일제품을 생산·판매하고 있다. 회사는 실제원가에 의한 종합원가계산을 적용하고 있으며, 원가흐름 가정은 선입선출법이다. 당기의 생산활동에 관한 자료는 다음과 같다.

항 목	물량(단위)	전환원가 완성도
기초재공품	500	50%
기말재공품	600	50%
당기착수량	4,000	–

전환원가는 공정 전반에 걸쳐 균등하게 발생한다. 기말에 전환원가의 완성품환산량 단위당 원가는 ₩20으로 계산되었다. 당기에 실제로 발생한 전환원가는? (단, 공손과 감손은 발생하지 않았다)

① ₩75,000
② ₩79,000
③ ₩82,000
④ ₩85,000
⑤ ₩90,000

15
상중하

종합원가계산제도를 채택하는 합격회사의 다음 자료에 의하여 당기제품제조원가를 계산하면 얼마인가? 재공품의 평가는 선입선출법에 의하며 재료는 공정 초에 투입된다.

기초재공품 : 100개(50%)   직접재료원가   ₩10,000   가공원가   ₩50,000
당기제조비용 : 직접재료원가   ₩200,000   가공원가   ₩300,000
기말재공품 : 100개(50%)
당기완성품 : 200개

① ₩375,000
② ₩380,000
③ ₩385,000
④ ₩400,000
⑤ ₩485,000

16 ㈜한국은 종합원가계산을 적용하고 있으며, 물량흐름과 원가관련정보는 다음과 같다.

> • 직접재료는 공정 초기에 전량 투입되며, 가공원가는 공정 전반에 걸쳐 균등하게 발생한다.
> • 기초재공품 : 1,000단위(가공원가 완성도 50 %)
>   당기착수량 : 4,000단위, 당기완성품 : 3,000단위
> • 기말재공품 가공원가 완성도 50 %
> • 제조원가 내역

구 분	직접재료원가	가공원가
기초재공품원가	₩4,000	₩14,000
당기발생원가	₩20,000	₩21,000

㈜한국의 선입선출법에 의한 완성품 원가는? (단, 공손 및 감손은 없다)

① ₩16,000
② ₩18,350
③ ₩40,650
④ ₩43,000
⑤ ₩53,000

17 다음은 ㈜프로의 제조활동과 관련하여 발생한 자료이다. 당기 중에 발생한 정상공손수량은? (단, 공손품을 제외한 파손품이나 작업폐물은 없는 것으로 전제한다)

> • 기초재공품 : 500개   • 기말재공품 : 700개
> • 당기착수량 : 4,500개   • 당기완성수량 : 3,700개
> • 비정상공손수량 : 80개

① 520개   ② 600개
③ 720개   ④ 820개
⑤ 1,220개

18 평균법을 이용한 종합원가계산을 적용하는 ㈜한국은 공손품의 검사를 공정의 50% 시점에서 수행하며, 검사시점을 통과한 수량의 10%를 정상공손으로 허용하고 있다. ㈜한국의 생산 관련 자료가 다음과 같을 때, 정상공손수량과 비정상공손수량을 바르게 연결한 것은? (단, 가공원가는 공정 전반에 걸쳐 균등하게 발생한다)

• 기초재공품	800단위(가공원가 완성도 80 %)
• 당기착수량	4,200단위
• 당기완성량	3,500단위
• 기말재공품	1,000단위(가공원가 완성도 60 %)

	정상공손수량	비정상공손수량
①	350단위	150단위
②	370단위	130단위
③	400단위	100단위
④	420단위	80단위
⑤	450단위	50단위

19 ㈜미래는 컴퓨터칩을 생산하고 있다. 공손품은 제품을 검사하는 시점에서 파악된다. 정상적인 공손품은 품질검사시점을 통과한 합격품의 10%의 비율로 가정한다. 월초재공품(완성도 30%) 5,000단위, 당월 생산착수량 45,000단위, 월말재공품(완성도 80%) 7,000단위, 공손품 8,000단위이다. 품질검사가 생산공정의 20% 시점에서 실시되는 경우 정상공손품 수량은 몇 단위인가? (단, 생산의 흐름은 선입선출법을 가정한다)

① 4,000단위

② 3,700단위

③ 3,000단위

④ 3,500단위

⑤ 4,300단위

20 ㈜한국은 선입선출법에 의한 종합원가계산제도를 채택하고 있다. 직접재료원가는 공정초에 전량 투입되고, 전환원가(또는 가공원가)는 공정 전반에 걸쳐 균등하게 발생한다. 품질검사는 전환원가 완성도 50% 시점에서 이루어진다. 원가계산 결과 정상공손원가가 ₩32,000이었다면 완성품에 배분될 정상공손원가는?

계 정	수량(단위)	전환원가 완성도
기초재공품	100	40%
당기투입량	1,000	
당기완성량	820	
정상공손	60	
비정상공손	40	
기말재공품	180	70%

① ₩25,600   ② ₩26,240

③ ₩26,760   ④ ₩27,200

⑤ ₩27,560

21 ㈜한국은 화학재료 4,000kg을 투입해서 정제공정을 거쳐 3 : 2의 비율로 연산품 A와 B를 생산하며, 분리점 이전에 발생한 결합원가는 다음과 같다.

구 분	금 액
직접재료원가	₩250,000
직접노무원가	₩120,000
제조간접원가	₩130,000
합 계	₩500,000

결합제품의 kg당 판매가격은 연산품 A가 ₩40/kg이고, 연산품 B가 ₩60/kg이다. 분리점에서의 판매가치법에 따라 결합원가를 배분할 경우, 연산품 B에 배부되는 결합원가는?

① ₩150,000   ② ₩250,000

③ ₩350,000   ④ ₩40,000

⑤ ₩500,000

22 상중하 ㈜한국은 20×1년 6월 결합공정을 거쳐 결합제품 A와 B를 각각 500단위와 400단위를 생산하였다. 분리점에서 결합제품 A와 B의 단위당 판매가격은 각각 ₩200과 ₩150이다. 분리점에서의 판매가치를 기준으로 결합제품 A에 배부된 결합원가가 ₩20,000일 경우 결합원가 총액은? (단, 재공품은 없다)

① ₩32,000

② ₩33,000

③ ₩34,000

④ ₩35,000

⑤ ₩36,000

23 상중하 ㈜한국의 전체 연산품에 대한 결합원가 총액이 ₩6,000,000이라고 할 때 순실현가치법에 의한 연산품 B의 총원가는 얼마인가?

연산품	생산량	총판매가격	추가가공원가
A	150개	₩3,000,000	₩500,000
B	144개	₩4,000,000	₩1,500,000
C	306개	₩6,000,000	₩1,000,000
합 계	600개	₩13,000,000	₩3,000,000

① ₩1,440,000

② ₩1,500,000

③ ₩1,840,000

④ ₩3,000,000

⑤ ₩3,500,000

24 상중하

㈜한국은 세 가지 결합제품(A, B, C)을 생산하고 있으며, 결합원가는 분리점에서의 상대적 판매가치에 의해 배분된다. 관련 자료는 다음과 같다.

구 분	A	B	C	합 계
결합원가 배분액	?	₩10,000	?	₩100,000
분리점에서 판매가치	₩80,000	?	?	₩200,000
추가가공원가	₩3,000	₩2,000	₩5,000	
추가가공후 판매가치	₩85,000	₩42,000	₩120,000	

결합제품 C를 추가가공하여 모두 판매하는 경우 결합제품 C의 매출총이익은? (단, 공손과 감손, 재고자산은 없다)

① ₩65,000

② ₩70,000

③ ₩80,000

④ ₩110,000

⑤ ₩155,000

25 상중하

㈜한국은 당기에 제1공정에서 결합원가 ₩120,000을 투입하여 결합제품 A, B, C를 생산하였다. A와 B는 분리점에서 각각 ₩100,000과 ₩80,000에 판매 가능하며, C는 분리점에서 판매 불가능하므로 추가가공원가 ₩60,000을 투입하여 ₩120,000에 판매한다. ㈜한국이 균등이익률법으로 결합원가를 배부할 경우, C에 배부될 결합원가는?

① ₩12,000

② ₩24,000

③ ₩48,000

④ ₩60,000

⑤ ₩72,000

전부원가계산과 변동원가계산

연계학습 기본서 p.685~699

단 · 원 · 열 · 기

본 장은 매년 1문제 정도 출제된다. 전부원가계산과 변동원가계산의 차이를 비교하는 문제가 주로 출제된다. 기말재고자산 차이, 영업이익의 차이 등의 문제가 출제된다.

대표문제 상중하

㈜한국은 20×1년 초에 설립되었으며, 20×1년 생산·판매 자료는 다음과 같다. 전부원가계산에 의한 영업이익과 변동원가계산에 의한 영업이익의 차이는? (단, 재공품은 없다)

연간 생산량	1,000단위
연간 판매량	800단위
단위당 판매가격	₩100,000
단위당 변동제조원가	₩30,000
단위당 변동판매관리비	₩10,000
총고정제조원가	₩2,400,000
총고정판매관리비	₩800,000

① ₩320,000
② ₩340,000
③ ₩360,000
④ ₩380,000
⑤ ₩480,000

해설

생산량 > 판매량 = 전부원가계산 이익 > 변동원가계산 이익
이익차이 = 기초·기말재고자산에 포함된 고정제조간접원가만큼 이익차이 발생
= ₩2,400,000 × 200단위/1,000단위 = ₩480,000

✓ 정답 ⑤

01 전부원가계산과 변동원가계산에 대한 설명으로 옳지 않은 것은? (단, 주어진 내용 외의 다른 조건은 동일하다)

① 전부원가계산에서 판매량이 일정하다면 생산량이 증가할수록 영업이익은 증가한다.

② 전부원가계산은 외부보고 목적보다 단기의사결정과 성과평가에 유용하다.

③ 변동원가계산에서는 고정제조간접원가를 제품원가에 포함시키지 않는다.

④ 변동원가계산에서 생산량의 증감은 이익에 영향을 미치지 않는다.

⑤ 변동원가계산에서는 변동원가 중 제조활동과 관련된 원가만을 제품원가로 처리하고 그 외의 것은 기간원가로 처리한다.

02 직접원가계산과 전부원가계산의 기본적인 차이점에 해당하는 것은?

① 직접원가계산은 전부원가계산의 경우보다 항상 과세대상 이익을 낮게 산정한다.

② 직접원가계산에서는 고정제조간접원가를 기간비용으로 인식하지만 전부원가계산에서는 고정제조간접원가를 제품원가로 인식한다.

③ 원가계산에 관련된 표준치들이 직접원가계산에는 사용될 수 없고 전부원가계산에서만 사용된다.

④ 직접원가계산은 전부원가계산의 경우보다 항상 과세대상 이익을 높게 산정한다.

⑤ 직접원가계산은 표준원가계산과 함께 내부의사결정을 위한 원가계산방법이고 전부원가계산은 외부보고를 목적으로 하는 원가계산방법이다.

03 P상사는 제품 A를 제조판매하는 회사이다. 제품 A 1개당 직접재료원가가 ₩480, 직접노무원가가 ₩240, 변동제조간접원가가 ₩120이며, 연간 고정제조간접원가가 ₩300,000인 경우 흡수원가계산에 의한 제품 A의 단위당원가는? (P회사는 당해 연도에 제품 A를 1,000개 제조하였다)

① ₩360
② ₩660
③ ₩840
④ ₩1,140
⑤ ₩1,840

04
상중하

다른 조건이 같다면 다음의 어느 경우에 직접원가계산방법에 따라 계산된 당기순이익이 전부원가계산방법에 따라 계산된 당기순이익보다 크겠는가?

① 판매량이 생산량을 초과한 경우
② 고정제조원가가 증가한 경우
③ 생산량이 판매량을 초과한 경우
④ 생산량과 판매량이 같을 경우
⑤ 고정제조원가가 감소한 경우

05
상중하

㈜한국은 20×1년 2,000단위의 제품을 생산하여 1,500단위의 제품을 판매하였다. 기초재고는 없었으며 원가자료는 다음과 같다.

제품단위당 직접재료원가	₩600
제품단위당 직접노무원가	₩200
제품단위당 변동제조간접원가	₩300
제품단위당 변동판매비와관리비	₩100
총고정제조간접원가	₩800,000
총고정판매비와관리비	₩300,000

변동원가계산에 의한 제품단위당 제조원가는?

① ₩800
② ₩900
③ ₩1,000
④ ₩1,100
⑤ ₩1,500

06 20×1년에 영업을 시작한 ㈜한국의 당해 연도 생산·판매와 관련된 자료가 다음과 같을 때, 변동원가계산에 의한 영업이익은?

• 생산수량	5,000단위
• 판매수량	4,000단위
• 단위당 판매가격	₩2,000
• 단위당 직접재료원가	₩500
• 단위당 직접노무원가	₩400
• 단위당 변동제조간접원가	₩300
• 단위당 변동판매관리비	₩200
• 총고정제조간접원가	₩350,000
• 총고정판매관리비	₩150,000

① ₩1,620,000
② ₩1,900,000
③ ₩1,970,000
④ ₩2,200,000
⑤ ₩2,500,000

07 20×1년 초에 영업을 개시한 ㈜한국의 원가관련 자료는 다음과 같다.

• 생산량	10,000개
• 판매량	8,000개
• 단위당 변동제조원가	₩110
• 단위당 변동판매관리비	₩40
• 고정제조간접원가	₩180,000
• 고정판매관리비	₩85,000

제품의 단위당 판매가격이 ₩200인 경우에 ㈜한국의 20×1년 말 변동원가계산에 의한 영업이익과 기말제품재고액은?

	영업이익	기말제품재고액
①	₩135,000	₩220,000
②	₩135,000	₩256,000
③	₩171,000	₩220,000
④	₩171,000	₩256,000
⑤	₩175,000	₩400,000

08 20×1년 3월 1일 설립된 건희제조㈜의 4월까지의 원가정보는 다음과 같다. 4월의
변동원가계산에 의한 영업이익이 ₩100,000일 경우, 전부원가계산을 적용하였을
때 4월의 영업이익은 얼마인가?

1. 물량 등 원가정보		
구 분	3월	4월
생산량	200개	200개
판매량	160개	180개
고정제조간접원가	₩150,000	₩160,000

2. 회사는 실제원가계산을 하며, 선입선출법을 적용하고 있다.

① ₩82,000 ② ₩84,000
③ ₩100,000 ④ ₩116,000
⑤ ₩118,000

09 20×1년 초에 영업을 개시한 ㈜한국은 동 기간에 5,000단위의 제품을 생산·완성
하였으며, 단위당 ₩1,200에 판매하고 있다. 영업활동에 관한 자료는 다음과 같다.

단위당 직접재료원가	₩450	고정제조간접원가	₩500,000
단위당 직접노무원가	₩300	고정판매관리비	₩300,000
단위당 변동제조간접원가	₩100		
단위당 변동판매관리비	₩100		

전부원가계산에 의한 영업이익이 변동원가계산에 의한 영업이익보다 ₩300,000이
많을 경우, 20×1년 판매수량은?

① 1,000단위
② 2,000단위
③ 3,000단위
④ 4,000단위
⑤ 5,000단위

10 다음은 올해 개업한 ㈜상일의 원가자료이다. 전부원가계산하의 영업이익이 변동원
가계산하의 영업이익보다 ₩20,000이 많다면, 당기 생산수량은 몇 개인가?

매출액 : ₩360,000	단위당 판매가격 : ₩900
단위당 변동제조원가 : ₩300	단위당 고정제조간접원가 : ₩250

① 400개
② 450개
③ 480개
④ 520개
⑤ 600개

11 다음은 ㈜종로의 원가자료이다. 전부원가계산 방법에 의한 영업이익이 변동원가계
산방법에 의한 영업이익보다 ₩2,000 더 큰 경우 당기의 재고 증감량은 몇 개인가?
(단, 전기의 고정제조간접원가는 당기와 동일한 금액이 발생한 것으로 가정한다)

• 당기 생산량	1,000개	• 변동제조간접원가	단위당 ₩50
• 기말 재고수량	100개	• 변동판매비와관리비	단위당 ₩20
• 기초 재고수량	?	• 고정제조간접원가	₩20,000
• 판매가격	단위당 ₩150	• 고정판매비와관리비	₩3,000

① 변동 없음
② 50개 감소
③ 50개 증가
④ 100개 증가
⑤ 100개 감소

12 다음은 ㈜한국공업의 20×2년도 중 원가자료이다. ㈜한국공업은 한 가지 제품만을 생산판매하고 있다.

직접재료원가(단위당)	@₩150
직접노무원가(단위당)	@₩90
제조간접원가 중 변동비(단위당)	@₩70
판매비와 관리비 중 변동비(단위당)	@₩40
제조간접원가 중 고정비(연간합계)	₩800,000
판매비와 관리비 중 고정비(연간합계)	₩500,000

㈜한국은 20×2년 8,000개를 생산하여 7,000개를 판매하였다. 기초재고는 없으며 개당 판매가격은 ₩580이었다. 다음 중 틀린 것은?

① 고정제조간접원가 배부율은 ₩100이다.
② 직접원가계산방법에 의할 때 단위당 원가는 ₩310이다.
③ 전부원가계산방법에 의할 때 단위당 원가는 ₩410이다.
④ 전부원가계산방법에 의할 때 재고자산가액은 ₩410,000이다.
⑤ 직접원가에 의한 순이익이 전부원가에 의한 순이익보다 ₩100,000 더 크다.

06 원가의 추정

∝ **연계학습** 기본서 p.701~708

단·원·열·기

본 장은 매년 1문제 정도 출제된다. 원가추정방법으로 고저점법문제과 학습곡선문제가 주로 출제된다.

대표문제 상중하

㈜한국은 정상원가계산제도를 채택하고 있으며, 직접노무시간을 기준으로 제조간접원가를 배부하고 있다. ㈜한국의 20×1년 제조간접원가는 다음과 같이 추정된다.

$$y = 30,000 + 400 \cdot X \ (X: 직접노무시간, \ y: 제조간접원가)$$

다음 설명 중 옳지 않은 것은? (단, 직접노무시간 1,000시간까지는 관련범위 내에 있다)

① 직접노무시간이 200시간으로 예상될 때 제조간접원가는 ₩110,000으로 추정된다.
② 직접노무시간이 300시간으로 예상될 때 제조간접원가 예정배부율은 ₩500이다.
③ 직접노무시간이 400시간일 때 제조간접원가의 변동예산액은 ₩160,000이다.
④ 직접노무시간당 제조간접원가는 ₩400 증가하는 것으로 추정된다.
⑤ 직접노무시간이 영(0)일 때 제조간접원가는 ₩30,000으로 추정된다.

[해설] ┈┈
③ 직접노무시간 400시간일 경우 제조간접원가 예산액: ₩30,000 + ₩400 × 400시간 = ₩190,000
변동제조간접원가 (변동)예산액이 ₩160,000이다.

✔ 정답 ③

01 상중하 A아파트 전기작업반의 월별 직접노무시간과 경비에 대한 기록이 다음과 같다.

구 분	4월	5월	6월
직접노무시간	250시간	200시간	150시간
경 비	₩10,000	₩11,000	₩7,000

7월의 직접노무시간은 200시간으로 예상된다. 고저점법을 적용하여 7월의 경비를 추정하면?

① ₩8,500
② ₩8,600
③ ₩8,700
④ ₩8,800
⑤ ₩8,900

02 상중하 다음은 20×1년 ㈜한국의 기계가동시간과 제조간접원가에 대한 분기별 자료이다.

분 기	기계가동시간	제조간접원가
1	5,000시간	₩256,000
2	4,000시간	₩225,000
3	6,500시간	₩285,000
4	6,000시간	₩258,000

㈜한국은 고저점법을 이용하여 원가를 추정하며, 제조간접원가의 원가동인은 기계가동시간이다. 20×2년 1분기 기계가동시간이 5,500시간으로 예상될 경우, 제조간접원가 추정 금액은?

① ₩252,000
② ₩258,500
③ ₩261,000
④ ₩265,000
⑤ ₩275,000

03 다음은 20×1년 7월 1일에 사업을 개시한 ㈜전주의 생산량과 원가자료이다. ㈜전주는 고저점법에 따라 제조간접비에 대한 변동예산공식을 이용하려 한다. 20×2년 1월 예정생산량이 2,500단위일 경우, 1월의 제조간접비예산은 얼마인가?

월	생산량	총제조간접비
7월	1,500단위	₩4,500,000
8월	1,000단위	₩4,000,000
9월	1,300단위	₩4,400,000
10월	1,600단위	₩4,800,000
11월	2,000단위	₩5,500,000
12월	1,900단위	₩5,000,000

① ₩5,000,000 ② ₩5,250,000
③ ₩6,000,000 ④ ₩6,250,000
⑤ ₩6,500,000

04 ㈜한국은 단일제품을 생산·판매하고 있으며 제품 1단위를 생산하는 데 11시간의 직접노무시간을 사용하고 있고, 제품 단위당 변동판매관리비는 ₩25이다. ㈜한국의 총제조원가에 대한 원가동인은 직접노무시간이고, 고저점법에 의하여 원가를 추정하고 있다. 제품의 총제조원가와 직접노무시간에 대한 자료는 다음과 같다.

구 분	총제조원가	직접노무시간
1월	₩14,000	120시간
2월	₩17,000	100시간
3월	₩20,000	135시간
4월	₩19,000	150시간

㈜한국이 5월에 30단위의 제품을 단위당 ₩500에 판매한다면 총공헌이익은?

① ₩850 ② ₩1,050
③ ₩1,250 ④ ₩1,350
⑤ ₩1,450

05
 일등기계제조㈜는 금형을 만드는 회사로 직접노동시간 500시간을 투입하여 제품 1대를 완성한다. 금형 3대를 추가로 생산하는데 소요되는 추가 직접노동시간은 몇 시간인가? (다만, 학습곡선상의 누적평균시간모형을 따르고 학습률은 80%로 가정한다)

① 780시간   ② 800시간
③ 900시간   ④ 1,280시간
⑤ 1,500시간

06
 항공기제조회사인 ㈜오나라는 대형항공기 생산에 착수하여 직접노동시간 800시간이 소요되어 시제품 1대를 완성하였다. 항공기 3대를 추가로 생산하는데 소요되는 추가 직접노동시간은 얼마인가? (단, 학습곡선상의 누적평균시간모형을 따르고 학습률은 80%라고 가정함)

① 800시간   ② 1,248시간
③ 1,280시간   ④ 2,048시간
⑤ 2,400시간

단·원·열·기

본 장은 매년 1~2문제 정도 출제된다. CVP분석은 우선 기본공식을 반드시 암기하여야 하며, 응용 및 변형 문제까지 꼼꼼하게 학습하여야 한다.

대표문제 상 중 하

㈜한국의 6월 제품 판매가격과 원가구조는 다음과 같다. ㈜한국이 세전순이익 ₩4,000을 달성하기 위한 6월 매출액은? (단, 판매량은 생산량과 동일하며, 법인세율은 30%이다)

- 제품 단위당 판매가격: ₩5
- 공헌이익률: 20%
- 고정원가: ₩10,000

① ₩60,000
② ₩70,000
③ ₩80,000
④ ₩90,000
⑤ ₩100,000

해설

목표이익 달성 매출액: $\dfrac{₩10,000 + ₩4,000}{0.2} = ₩70,000$

✓ 정답 ②

---

01 상 중 하

㈜한국의 20×1년도 총매출액과 이에 대한 총변동원가는 각각 ₩200,000, ₩150,000이다. ㈜한국의 손익분기점 매출액이 ₩120,000일 때 총고정원가는?

① ₩28,000
② ₩30,000
③ ₩32,000
④ ₩34,000
⑤ ₩36,000

02 ㈜한국의 20×1년도 손익분기점 매출액은 ₩100,000이고 단위당공헌이익률은 20%,
순이익은 ₩30,000이다. ㈜한국의 20×1년도 총고정원가는?

① ₩250,000
② ₩150,000
③ ₩50,000
④ ₩20,000
⑤ ₩6,000

03 한국제조㈜의 20×1년도 공헌이익률은 30%이며, 고정제조간접원가는 ₩6,000이
고 고정판매비와관리비는 ₩4,000이다. 회사는 단위당 @₩200에 상품 1,000개를
판매하였다. 회사의 영업이익은 얼마인가?

① ₩50,000
② ₩54,000
③ ₩56,000
④ ₩60,000
⑤ ₩65,000

04 ㈜한국의 20×1년 손익분기점은 500단위이고 제품 단위당 변동원가는 ₩300이며
연간 고정원가는 ₩200,000이다. 단위당 판매가격은?

① ₩400
② ₩500
③ ₩600
④ ₩700
⑤ ₩800

05 ㈜한국은 급여체계를 일부 변경하려고 고민하고 있는데, 현재의 자료는 다음과 같다.

제품 단위당 판매가격	₩100
공헌이익률	60%
연간고정원가	
임차료	₩15,000
급여	₩21,000
광고선전비	₩12,000

만약 매출액의 10%를 성과급으로 지급하는 방식으로 급여체계를 변경한다면 고정급여는 ₩6,000이 절약될 것으로 추정하고 있다. 급여체계의 변경으로 인한 손익분기점 판매량의 변화는?

① 40단위 증가   ② 40단위 감소
③ 50단위 증가   ④ 50단위 감소
⑤ 65단위 증가

06 다음 자료를 이용할 경우 목표영업이익 ₩20,000을 달성하기 위한 판매량은?

단위당 판매가격	₩400
단위당 변동원가	₩300
총고정원가	₩6,000

① 60단위   ② 200단위
③ 260단위   ④ 300단위
⑤ 340단위

07 ㈜한국의 20×1년 제품 단위당 변동원가는 ₩600, 연간 고정 원가는 ₩190,000이다. 국내시장에서 단위당 ₩1,000에 300개를 판매할 계획이며, 남은 제품은 해외시장에서 ₩950에 판매가능하다. 20×1년 손익분기점 판매량은? (단, 해외시장에 판매하더라도 제품단위당 변동원가는 동일하며 해외판매는 국내수요에 영향을 주지 않는다)

① 500개   ② 750개
③ 950개   ④ 1,050개
⑤ 1,100개

08
상중하

㈜한국은 새로운 경전철 사업을 구상하고 있다. 1회 이용당 변동원가는 ₩100이고, 1년간 경전철 운영의 고정원가는 ₩100,000이 발생할 것으로 추정된다. 향후 1년간 이용 횟수가 1,000회로 예상된다. ㈜한국이 목표이익을 ₩100,000으로 정할 경우 책정되어야 할 1회 이용요금은?

① ₩100   ② ₩300

③ ₩500   ④ ₩600

⑤ ₩800

09
상중하

㈜한국의 20×1년 제품 생산·판매와 관련된 자료는 다음과 같다.

판매량	20,000단위	공헌이익률	30%
매출액	₩2,000,000	손익분기점 판매량	16,000단위

20×2년 판매량이 20×1년보다 20% 증가한다면 영업이익의 증가액은? (단, 다른 조건은 20×1년과 동일하다)

① ₩24,000   ② ₩120,000

③ ₩168,650   ④ ₩184,000

⑤ ₩281,250

10
상중하

㈜한국은 단일 제품을 생산하여 판매하고 있다. 제품단위당 판매가격은 ₩500이며, 20×1년 매출 및 원가자료는 다음과 같다. 법인세율이 30%라고 할 때, (가) 손익분기점 판매량과 (나) 세후목표이익 ₩70,000을 달성하기 위한 매출액은? (단, 기초재고와 기말재고는 없다)

매출액	₩600,000	변동원가	₩360,000
고정원가	₩200,000		

	(가)	(나)
①	1,000개	₩675,000
②	1,000개	₩750,000
③	1,200개	₩675,000
④	1,200개	₩750,000
⑤	1,200개	₩900,000

11 단일제품 A를 제조하는 ㈜한국의 제품생산 및 판매와 관련된 자료는 다음과 같다.

총판매량	200개	총공헌이익	₩200,000
총고정원가	₩150,000		

법인세율이 20%일 경우, 세후 순이익 ₩120,000을 달성하기 위한 제품 A의 판매 수량은? (단, 제품 A의 단위당 공헌이익은 동일하다)

① 120개　　　　　　　　　　② 150개
③ 270개　　　　　　　　　　④ 300개
⑤ 330개

12 ㈜한국의 다음 자료를 이용한 영업레버리지도는? (단, 기말재고와 기초재고는 없다)

• 매출액 : ₩1,000,000	• 공헌이익률 : 30%
• 고정원가 : ₩180,000	

① 0.4　　　　　　　　　　② 0.6
③ 2.0　　　　　　　　　　④ 2.5
⑤ 4.0

13 총매출액이 ₩8,000,000이고, 총변동비가 ₩4,800,000이며, 고정비의 총액이 ₩2,400,000인 경우 M/S비율(안전한계율)은 얼마가 되겠는가?

① 10%　　　　　　　　　　② 20%
③ 25%　　　　　　　　　　④ 30%
⑤ 35%

14 ㈜한국의 20×1년 매출액이 ₩10,000,000, 총고정원가가 ₩2,000,000, 공헌이익률은 40%일 때 안전한계율은?

① 30%　　　　　　　　　　② 40%
③ 50%　　　　　　　　　　④ 60%
⑤ 70%

15
상중하

㈜한국의 자료가 다음과 같을 때, 옳지 않은 것은?

• 상품 단위당 판매가격	₩100	• 당기 판매량	100개
• 당기총고정원가	₩500	• 공헌이익률	10%
• 법인세율	50%		

① 세후이익은 ₩250이다.
② 손익분기점 매출액은 ₩5,000이다.
③ 안전한계는 ₩5,000이다.
④ 공헌이익은 ₩1,000이다.
⑤ 영업레버리지도는 3이다.

16
상중하

단일제품을 생산·판매하는 ㈜한국은 20×1년에 영업을 시작하여 당해 연도에 제품 200단위를 단위당 ₩1,000에 판매하였다. ㈜한국의 20×1년도 공헌이익률이 40%, 영업레버리지도가 5일 때, 손익분기점 판매량은?

① 100단위   ② 120단위
③ 140단위   ④ 160단위
⑤ 190단위

17
상중하

㈜세리공업사의 각 관련범위와 고정비는 다음과 같다.

관련범위	고정비
0 ~ 30,000단위	₩1,400,000
30,001 ~ 60,000단위	₩1,550,000
60,001 ~ 100,000단위	₩1,850,000
100,001 ~ 140,000단위	₩2,200,000

단위당 판매가격은 ₩100이고 변동비는 ₩75이다. 회사의 연간최대조업도는 140,000단위이다. ㈜세리공업사의 손익분기점 매출수량은 얼마인가?

① 56,000단위   ② 62,000단위
③ 70,000단위   ④ 74,000단위
⑤ 88,000단위

18 합격상사는 제품 A, B, C를 생산판매하고 있는데 매출수량비율은 1 : 2 : 1이다. 각 제품의 원가자료가 다음과 같은 경우에 손익분기점 매출수량을 구하시오.

	제품A	제품B	제품C
판 매 가 격	₩200	₩100	₩200
변 동 비	₩100	₩40	₩80
고정비총액 : ₩510,000			

	제품A	제품B	제품C
①	1,000개	2,000개	3,000개
②	1,500개	3,000개	4,500개
③	2,000개	4,000개	2,000개
④	1,500개	3,000개	1,500개
⑤	2,000개	4,500개	3,000개

19 ㈜한국은 제품 A와 B를 생산하여 제품 A 3단위와 제품 B 2단위를 하나의 묶음으로 판매하고 있다.

• 제품별 단위당 판매가격 및 변동원가

구 분 \ 제 품	A	B
단위당 판매가격	₩500	₩800
단위당 변동원가	₩300	₩700

• 고정제조간접원가 ₩600,000
• 고정판매비와관리비 ₩360,000

손익분기점에서 제품 A와 B의 판매량은?

	제품 A	제품 B
①	2,400단위	2,400단위
②	2,400단위	3,600단위
③	3,600단위	2,400단위
④	3,600단위	3,600단위
⑤	1,200단위	3,600단위

20
상 중 하

㈜합격은 산업용과 가정용 전기 계량기를 생산하는 기업이다. ㈜합격의 매출액은 산업용 60%, 가정용 40%이며, 판매가격 대비 변동비의 비율은 산업용 60%, 가정용 85%, 회사의 1년간 고정비 총액은 ₩150,000, 그리고 판매비와 관리비는 없다고 가정한다. ㈜합격의 손익분기점 매출액은 얼마인가?

① ₩120,000

② ₩150,000

③ ₩300,000

④ ₩500,000

⑤ ₩600,000

∞ **연계학습** 기본서 p.725~735

단·원·열·기

본 장은 매년 1문제 정도 출제된다. 직접재료원가 차이분석, 직접노무원가 차이분석 및 제조간접원가 차이분석까지 꼼꼼하게 학습하여야 한다.

대표문제 상중하

표준원가계산 제도를 사용하고 있는 ㈜서울은 제품 단위당 표준 직접재료원가로 ₩200을 설정하였으며 단위당 표준 직접재료원가의 산정 내역과 20×5년 3월 동안 제품을 생산하면서 집계한 자료는 다음과 같다. ㈜서울의 직접재료 원가 변동예산 차이에 대한 설명으로 가장 옳지 않은 것은?

직접재료 표준원가 산정내역	실제 제품생산관련 자료
• 제품 단위당 직접재료 표준사용량: 10kg • 직접재료의 표준가격: ₩20/kg	• 제품 생산량: 100단위 • 실제 직접재료 사용량: 1,050kg • 실제 직접재료원가: ₩20,600

① 총변동예산 차이는 ₩600(불리한 차이)이다.
② 가격 차이는 ₩400(유리한 차이)이다.
③ 능률 차이는 ₩1,000(불리한 차이)이다.
④ 총변동예산 차이는 ₩600(유리한 차이)이다.
⑤ 능률차이는 구입시점에서 계산할 경우와 사용시점에서 계산할 경우에 상관없이 금액이 동일하다.

해설

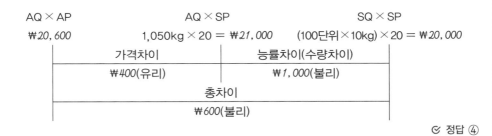

```
   AQ × AP                    AQ × SP                           SQ × SP
   ₩20,600            1,050kg × 20 = ₩21,000     (100단위×10kg)×20 = ₩20,000
         │         가격차이         │         능률차이(수량차이)        │
         │      ₩400(유리)         │          ₩1,000(불리)           │
         │                        총차이                              │
         │                    ₩600(불리)                            │
```

✓ 정답 ④

01
상중하

표준원가계산의 목적은 다음 중 어느 것인가?

① 원가계산의 편의
② 원가의 통제
③ 보다 정확하게 원가를 배분하는 것
④ 경영자가 주관적인 의사결정의 필요성을 제고하는 것
⑤ 외부보고를 위한 원가계산

02
상중하

㈜신라는 표준원가계산방법을 사용하고 있다. 제품 1,000개를 생산하기 위해 실제 투입된 직접재료원가는 ₩120,000(실제투입량 : 10,000kg, 실제투입원가 : kg당 ₩12)이고, 이에 대한 제품단위당 표준직접재료원가는 ₩117(표준투입량 : 1개당 9kg, 표준투입단가 : kg당 ₩13)이다. 직접재료원가의 가격차이와 능률차이(혹은 수량차이)를 옳게 나타낸 것은?

	가격차이	능률차이(혹은 수량차이)
①	₩9,000 불리	₩14,000 불리
②	₩10,000 유리	₩13,000 불리
③	₩9,000 유리	₩14,000 유리
④	₩10,000 불리	₩13,000 유리
⑤	₩10,000 유리	₩13,000 유리

03
상중하

㈜한국의 4월 직접재료원가에 대한 자료는 다음과 같다. 4월의 유리한 재료수량차이(능률차이)는?

- 실제 재료구매량 : 3,000kg
- 실제생산에 대한 표준재료투입량 : 2,400kg
- 실제 재료구입단가 : ₩310/kg
- 실제 재료사용량 : 2,200kg
- 불리한 재료가격차이(구입시점기준) : ₩30,000

① ₩50,000
② ₩55,000
③ ₩60,000
④ ₩65,000
⑤ ₩30,000

04
(상)(중)(하)

20×9년 5월 중 ㈜대한의 노무원가와 관련된 다음의 자료를 이용하여 직접노무원가 능률차이를 구하면?

제품단위당 표준직접노무시간	3시간
시간당 표준임률	₩20
시간당 실제임률	₩22
5월 중 제품 생산량	2,100단위
5월 중 실제직접노무시간	6,000시간

① ₩6,000 불리　　　　　　　② ₩6,000 유리
③ ₩6,600 불리　　　　　　　④ ₩6,600 유리
⑤ ₩12,000 불리

05
(상)(중)(하)

㈜한국은 표준원가계산을 사용하고 있다. 다음 자료를 근거로 한 직접노무원가의 능률차이는?

• 실제 직접노동시간	7,000시간
• 표준 직접노동시간	8,000시간
• 직접노무원가 임률차이	₩3,500(불리)
• 실제 노무원가 총액	₩24,500

① ₩3,000(유리)　　　　　　② ₩3,000(불리)
③ ₩4,000(유리)　　　　　　④ ₩4,000(불리)
⑤ ₩500(불리)

06
(상)(중)(하)

제품 100개를 생산할 때 총직접노동시간은 500시간이 걸릴 것으로 추정하고 있으며 표준임률은 시간당 ₩200이다. 당기실제생산량은 120개였고 실제작업시간은 600시간이었다. 당기에 ₩15,000의 불리한 임률 차이가 발생하였다면, 실제임률은?

① ₩225　　　　　　　　　② ₩205
③ ₩200　　　　　　　　　④ ₩195
⑤ ₩175

07 ㈜한국은 표준원가계산제도를 적용하고 있으며, 직접노무원가와 관련된 자료는 다음과 같다.

• 표준직접노동시간	1,000시간
• 실제직접노동시간	960시간
• 실제발생 직접노무원가	₩364,800
• 능률차이(유리한 차이)	₩14,800
• 임률차이(불리한 차이)	₩9,600

직접노무원가 시간당 표준임률은?

① ₩240 ② ₩350

③ ₩370 ④ ₩380

⑤ ₩420

08 다음과 같은 경우에 능률차이를 구하면?

• 변동제조간접원가 실제액	₩90,000
• 실제작업시간	4,600시간
• 표준작업시간(정상조업도) 5,000시간에 대한 변동제조간접원가 예산	
	₩100,000
• 실제생산량에 대하여 허용된 표준작업시간	4,300시간

① ₩10,000 유리

② ₩2,000 불리

③ ₩6,000 불리

④ ₩8,000 유리

⑤ ₩4,000 불리

09 표준원가계산의 고정제조간접원가 차이분석에 관한 설명으로 옳지 않은 것은?

① 예산(소비)차이는 실제 발생한 고정제조간접원가와 기초에 설정한 고정제조간접원가 예산의 차이를 말한다.

② 고정제조간접원가는 조업도의 변화에 따라 능률차이를 계산하는 것은 무의미하다.

③ 조업도차이는 기준조업도와 실제 생산량이 달라서 발생하는 것으로, 기준조업도 이상으로 실제 조업을 한 경우에는 유리한 조업도차이가 발생한다.

④ 조업도차이는 고정제조간접원가 자체의 통제가 잘못되어 발생한 것으로 원가통제 목적상 중요한 의미를 갖는다.

⑤ 원가차이 중에서 유리한 차이는 표준원가보다 실제 원가가 적다는 의미이므로 차이계정의 대변에 기입된다.

10 ㈜한국은 표준원가계산제도를 도입하고 있다. 20×1년 기준조업도 900기계작업시간 하에서 변동제조간접원가 예산액은 ₩153,000이며 고정제조간접원가 예산액은 ₩180,000이다. 당기의 실제 기계작업시간은 840시간, 실제 발생된 변동제조간접원가는 ₩147,000이었다. 조업도차이가 ₩10,000(불리)인 것으로 나타났다면, 변동제조간접원가 능률차이(유리)는?

① ₩1,700   ② ₩2,000

③ ₩18,700   ④ ₩32,400

⑤ ₩47,200

11 ㈜한국은 내부관리 목적으로 표준원가계산시스템을 채택하고 있고, 표준노무시간은 제품단위당 5시간이다. 제품의 실제생산량은 2,100단위이고 고정제조간접원가 실제발생액은 ₩900,000이다. 이 회사는 고정제조간접원가를 노무시간을 기준으로 배부하며 기준조업도는 10,000노무시간이다. 고정제조간접원가 예산차이가 ₩100,000 유리하다면 조업도차이는?

① ₩40,000 불리   ② ₩40,000 유리

③ ₩50,000 불리   ④ ₩50,000 유리

⑤ ₩150,000 유리

12 상중하 표준원가계산제도를 채택하고 있는 ㈜한국의 20×1년 4월의 기준 생산조업도는 50,000 기계작업시간이고, 제조간접원가는 기계작업시간을 기준으로 배부한다. 제품 한 단위당 표준 기계작업시간은 5시간이고, 기계작업시간당 고정제조간접원가는 ₩3으로 제품 단위당 표준고정제조간접원가는 ₩15이다. 20×1년 4월 중 제품 9,000개를 생산하였는데 실제 기계작업시간은 44,000시간이었고, 고정제조간접원가 ₩160,000이 발생하였다. 고정제조간접원가의 생산조업도 차이는?

① ₩10,000 유리　　　　　　　　② ₩10,000 불리

③ ₩15,000 유리　　　　　　　　④ ₩15,000 불리

⑤ ₩25,000 불리

13 상중하 ㈜한국은 표준원가계산을 적용하고 있으며, 고정제조간접원가 배부율 산정을 위한 기준조업도는 10,000기계시간, 고정제조간접원가 표준배부율은 기계시간당 ₩50 이다. 실제 산출량에 허용된 표준조업도가 12,000기계시간이고, 실제 발생한 고정제조간접원가가 ₩660,000일 때, 고정제조간접원가 조업도차이와 예산차이를 바르게 연결한 것은?

	조업도차이	예산차이
①	₩50,000 유리한 차이	₩110,000 불리한 차이
②	₩50,000 불리한 차이	₩110,000 유리한 차이
③	₩100,000 유리한 차이	₩160,000 불리한 차이
④	₩100,000 불리한 차이	₩160,000 유리한 차이
⑤	₩100,000 유리한 차이	₩160,000 유리한 차이

14 상중하 ㈜한국은 표준원가계산제도를 적용하고 있으며, 당기 변동제조간접원가 예산은 ₩1,500,000, 고정제조간접원가 예산은 ₩2,000,000이다. ㈜한국의 제조간접원가 배부율을 구하기 위한 기준조업도는 1,000 기계시간이며, 당기 실제 기계시간은 800시간이었다. 변동제조간접원가 능률차이가 ₩75,000 불리한 것으로 나타났다면, 고정제조간접원가 조업도차이는?

① ₩250,000 유리한 차이　　　　② ₩250,000 불리한 차이

③ ₩500,000 유리한 차이　　　　④ ₩500,000 불리한 차이

⑤ ₩75,000 유리한 차이

09 Chapter

특수의사결정회계

단·원·열·기

본 장은 매년 1문제 정도 출제된다. 특별주문 수락 여부 의사결정과 부품의 자가제조 여부 의사결정이 주로 출제된다. 증분접근법으로 분석할 수 있어야 한다.

대표문제 상중하

20×1년 예산공헌이익계산서는 다음과 같다.

매출액(단위당 판매가격 ₩40)	₩20,000
변동원가	₩12,000
공헌이익	₩8,000
고정원가	₩3,000
영업이익	₩5,000

연간 최대생산능력은 1,000단위이다. 그런데 신규고객이 20×1년 초에 단위당 ₩30에 500단위를 구입하겠다고 제의하였다. 이 제의를 수락할 경우, 20×1년 예산상 영업이익에 미치는 영향은?

① 영향없음
② ₩3,000 증가
③ ₩5,000 증가
④ ₩8,000 증가
⑤ ₩10,000 증가

해설

증분수익: 500단위 × @₩30 = ₩15,000
증분비용: 500단위 × @₩24* = ₩12,000
   * 제품생산량: 20,000/40 = 500단위
   * 단위당 변동원가: ₩12,000/500단위 = @₩24
증분이익: ₩15,000 − ₩12,000 = ₩3,000 증가

정답 ②

01
상중하

㈜한국은 당기에 손톱깎이 세트 1,000단위를 생산·판매하는 계획을 수립하였으며, 연간 최대 조업능력은 1,200단위이다. 손톱깎이 세트의 단위당 판매가격은 ₩1,000, 단위당 변동원가는 ₩400이며, 총 고정원가는 ₩110,000이다. 한편, ㈜한국은 당기에 해외 바이어로부터 100단위를 단위당 ₩600에 구매하겠다는 특별주문을 받았으며, 이 주문을 수락하기 위해서는 단위당 ₩150의 운송원가가 추가로 발생한다. 특별주문의 수락이 ㈜한국의 당기이익에 미치는 영향은?

① ₩35,000 감소

② ₩5,000 감소

③ ₩5,000 증가

④ ₩20,000 증가

⑤ ₩25,000 증가

02
상중하

한국회사의 연간 최대 생산능력은 20,000단위이다. 20×1년 말에 추정한 20×2년도 예상 손익에 관한 자료는 다음과 같다.

매 출 액(12,000단위 × @₩500)	₩6,000,000
변동원가(12,000단위 × @₩210)	(₩2,520,000)
공헌이익	₩3,480,000
고정원가	(₩1,100,000)
영업이익	₩2,380,000

20×2년 초 한 구매업자로부터 단위당 ₩400에 제품 9,000단위를 구입하겠다는 신규제안을 받았다. 한국회사가 이 제안을 수락한다면, 생산능력의 제약으로 인해 기존고객에 대한 판매를 일정부분 포기해야한다. 한국회사의 단위당 변동원가와 총고정원가는 불변이라고 가정한다. 이 제안을 수락할 경우 한국회사의 차액이익(차액수익에서 차액원가를 차감한 것)은 얼마인가?

① ₩320,000

② ₩1,420,000

③ ₩1,710,000

④ ₩1,890,000

⑤ ₩3,100,000

03 ㈜한국은 단일제품을 생산·판매하고 있다. 내년도 예정 생산량 2,000단위를 기준으로 편성된 제조원가예산은 다음과 같으며, 제품의 단위당 판매가격은 ₩20이다.

항 목	단위당 원가	총원가
직접재료원가	₩4	₩8,000
직접노무원가	₩2	₩4,000
변동제조간접원가	₩2	₩4,000
고정제조간접원가	₩5	₩10,000
합 계	₩13	₩26,000

㈜한국은 거래처로부터 단위당 ₩12에 제품 100단위를 구매하겠다는 특별주문을 받았다. ㈜한국은 특별주문 수량을 생산하는데 필요한 여유생산설비를 충분히 확보하고 있으나, 초과근무로 인하여 특별주문 단위당 ₩2의 원가가 추가로 발생한다. ㈜한국이 특별주문을 수락할 경우, 내년도 영업이익의 증감은? (단, 기초 및 기말 재고자산은 없으며, 특별 주문이 기존 시장에 미치는 영향은 없다)

① ₩200 증가 ② ₩300 감소
③ ₩500 감소 ④ ₩1,000 감소
⑤ ₩1,000 증가

04 ㈜한국은 한 종류의 제품 X를 매월 150,000단위씩 생산판매하고 있다. 단위당 판매가격과 변동원가는 각각 ₩75과 ₩45이며, 월 고정원가는 ₩2,000,000으로 여유 생산능력은 없다. ㈜한국은 ㈜대한으로부터 매월 제품 Y 10,000단위를 공급해 달라는 의뢰를 받았다. ㈜한국은 제품 X의 생산라인을 이용하여 제품 Y를 즉시 생산할 수 있다. 그러나 ㈜한국이 ㈜대한의 주문을 받아들이기 위해서는 제품 X의 생산판매량 8,000단위를 포기해야 하고, 제품 Y를 생산판매하면 단위당 ₩35의 변동원가가 발생한다. ㈜한국이 현재의 이익을 유지하려면 이 주문에 대한 가격을 최소한 얼마로 책정해야 하는가? (단, 재고자산은 없다)

① ₩43 ② ₩59
③ ₩63 ④ ₩69
⑤ ₩73

05
(주)한국은 소모품을 자체생산하고 있다. 현재 필요한 수량은 월 10단위이고 단위당 변동제조원가는 @₩200이며 고정제조원가는 월 ₩1,000이다. 이 소모품을 외부에서 구입할 경우 해당 생산설비를 월 ₩500에 임대할 수 있다. 소모품을 외부에서 구입할 때, 월 지급할 수 있는 단위당 최대금액은?

① @₩200
② @₩250
③ @₩300
④ @₩350
⑤ @₩400

06
세무회사는 제품생산에 소요되는 부품을 자체 생산하고 있다. 당기에 필요한 부품 1,000개를 생산하는데 소요되는 원가자료는 다음과 같다.

	단위당 원가	총원가
직접재료원가	₩10	₩10,000
직접노무원가	₩5	₩5,000
변동제조간접원가	₩3	₩3,000
고정제조간접원가	₩2	₩2,000
계	₩20	₩20,000

위 회사는 외부로부터 부품을 구입했을 경우에는 고정제조간접원가의 절반 가량을 줄일 수 있다. 만약 이 회사가 외부로부터 부품을 구입하려고 할 때 허용할 수 있는 단위당 최대가격은?

① ₩15
② ₩18
③ ₩19
④ ₩20
⑤ ₩22

07
A아파트는 건물의 수선·유지에 필요한 소모품을 자체생산하고 있다. 현재 필요한 수량은 월 20단위이고, 단위당 생산변동원가는 ₩100이며 고정원가는 월 ₩1,200이다. 이 소모품을 외부에서 구입하는 경우 A아파트의 생산설비를 월 ₩400에 임대할 수 있으며 A아파트의 월 고정원가는 80% 수준으로 감소한다. A아파트가 이 소모품을 외부에서 구입할 때 지급할 수 있는 단위당 최대금액은?

① ₩92
② ₩132
③ ₩148
④ ₩168
⑤ ₩192

08 오일필터를 100% 가동시 연간 100,000개 생산할 수 있다. 오일필터의 단위당 원가는 직접비(직접재료비, 노무비) ₩2,000, 변동제조간접비는 ₩500, 고정제조간접비는 ₩1,000이다. 총 100,000개에 대한 단위당제조원가는 ₩3,500이다. 최근 외부 거래처에서 동일한 오일필터를 단위당 ₩3,000에 100,000개를 지속적으로 공급하기로 제안하였다. 오일필터의 외부구입시 연간 ₩100,000,000의 임대료를 얻을 수 있다. 외부구입을 하더라도 고정제조간접비 중 ₩50,000,000이 계속 발생한다. 단기적으로 자가생산에 비해 외부구입함으로 인하여 발생하는 손익은?

① ₩0
② ₩50,000,000
③ ₩100,000,000
④ ₩150,000,000
⑤ ₩250,000,000

09 ㈜한국은 20×1년에 설립되어 단일 제품 4,000단위를 생산하여 단위당 ₩250에 모두 판매하였으며, 제품의 변동원가율은 60%이다. 판매담당자는 20×2년에 연간 광고비를 ₩90,000만큼 증가시키면 연간 매출액이 ₩300,000만큼 증가할 것으로 예측하고 있다. 이 예측이 옳다면 20×2년의 영업이익이 20×1년보다 얼마나 증가하는가? (단, 20×2년의 판매가격과 원가행태는 20×1년과 동일하며, 재고자산은 없다)

① ₩25,000
② ₩30,000
③ ₩35,000
④ ₩40,000
⑤ ₩45,000

10
상중하

YH 스포츠센터는 수영장을 직영할 것인지 임대할 것인지를 결정하고자 한다. 직영할 경우 연간 매출액은 ₩2,000,000, 변동비율은 40%, 고정비는 ₩700,000으로 예상된다. 만일 임대를 하는 경우에는 매월 ₩50,000의 임대료를 받을 수 있다. 다만, 임대시에도 직영시의 고정비 중 20%는 회피불가능할 것으로 판단된다. YH 스포츠센터의 경영자는 어떤 결정을 내리는 것이 얼마만큼 이익인가?

① 직영시 ₩40,000 유리
② 임대시 ₩40,000 유리
③ 임대시 ₩100,000 유리
④ 임대시 ₩100,000 유리
⑤ 직영과 임대 결과 동일

11
상중하

㈜세무는 A제품과 B제품을 생산하여 판매하고 있다. 두 제품에 대한 자료는 다음과 같다.

	제품 A	제품 B
단위당 판매가격	₩400	₩600
단위당 변동원가	₩300	₩330
단위당 공헌이익	₩100	₩270

㈜세무는 생산된 제품을 전량 판매할 수 있다. 제품 A를 1단위 생산하는 데는 1시간의 직접작업시간이 필요하며, 제품 B를 1단위 생산하는 데는 3시간의 직접작업시간이 필요하다. 이 회사가 이용할 수 있는 월간 최대직접작업시간은 300시간이다. 이 회사가 이익을 최대화하기 위해서는 매월 어느 제품을 생산하는 것이 얼마만큼 더 유리한가?

① A제품을 생산하는 것이 B제품을 생산하는 것보다 ₩3,000 더 유리하다.
② B제품을 생산하는 것이 A제품을 생산하는 것보다 ₩3,000 더 유리하다.
③ A제품을 생산하는 것이 B제품을 생산하는 것보다 ₩7,000 더 유리하다.
④ B제품을 생산하는 것이 A제품을 생산하는 것보다 ₩7,000 더 유리하다.
⑤ A제품을 생산하나 B제품을 생산하나 결과가 동일하다.

12 ㈜한국은 결합공정에서 제품 A, B, C를 생산한다. 당기에 발생된 결합원가 총액은 ₩40,000이며, 결합원가는 분리점에서의 상대적 판매가치를 기준으로 제품에 배분된다. 분리점에서의 단위당 판매가격과 생산량은 다음과 같다.

제 품	단위당 판매가격	생산량
A	₩10	1,500단위
B	₩15	1,000단위
C	₩20	1,000단위

추가가공 할 경우, 제품별 추가가공원가와 추가가공 후 단위당 판매가격은 다음과 같다.

제 품	추가가공원가	추가가공 후 단위당 판매가격
A	₩5,000	₩12
B	₩4,000	₩20
C	₩10,000	₩35

추가가공이 유리한 제품만을 모두 고른 것은? (단, 추가가공 공정에서 공손과 감손은 발생하지 않고, 생산량은 모두 판매되며, 기초 및 기말 재공품은 없다)

① A
② B
③ A, B
④ A, C
⑤ B, C

13 ㈜한국은 제품 A와 제품 B를 생산·판매하고 있으며, 제품 A의 20×1년도 공헌이익계산서는 다음과 같다.

구 분	금 액
매 출 액	₩2,200,000
변 동 비	₩1,600,000
공헌이익	₩600,000
고 정 비	₩900,000
영업이익	(₩300,000)

㈜한국의 경영자는 지난 몇 년 동안 계속해서 영업손실이 발생하고 있는 제품 A의 생산중단을 고려하고 있다. 제품 A의 생산을 중단하더라도 고정비 중 ₩450,000은 계속해서 발생된다. ㈜한국이 제품 A의 생산을 중단할 경우, 영업이익에 미치는 영향은?

① ₩100,000 증가   ② ₩100,000 감소
③ ₩120,000 증가   ④ ₩120,000 감소
⑤ ₩150,000 감소

14 ㈜한국은 단일 제품을 생산·판매하고 있으며, 20×1년 공헌이익계산서는 다음과 같다.

구 분	금 액	단위당 금액
매 출 액	₩30,000,000	₩6,000
변 동 비	₩18,000,000	₩3,600
공헌이익	₩12,000,000	₩2,400
고 정 비	₩8,000,000	
영업이익	₩4,000,000	

㈜한국은 현재 판매사원에게 지급하고 있는 ₩2,400,000의 고정급여를 20×2년부터 판매수량 단위당 ₩800을 지급하는 판매수당으로 대체하기로 하였다. 다른 모든 조건이 동일할 경우, ㈜한국이 20×1년과 동일한 영업이익을 20×2년에도 달성하기 위해 판매해야 할 수량은?

① 4,500개   ② 5,000개
③ 5,500개   ④ 6,000개
⑤ 6,500개

15 한국아파트는 불우이웃돕기 기금마련을 위한 행사를 개최하였으며 판매수익은 ₩25,000이었다. 행사에 소요된 직접재료원가는 ₩12,000이고 직접노무원가는 ₩3,000이며 간접원가는 기본원가(prime costs)의 40%이다. 이 행사의 이익은? (단, 모든 재고는 없다)

① ₩2,000   ② ₩3,000
③ ₩4,000   ④ ₩5,000
⑤ ₩6,000

16 A아파트 관리사무소는 재활용품 판매대금으로 종량제 봉투를 구입하여 주민들에게 3개월마다 나누어 주고 있다. 4월부터 6월까지의 재활용품 판매대금은 ₩500,000 이며, 이 금액으로 7월 초에 묶음당 ₩500의 종량제봉투를 80세대에 나누어 주려고 한다. 6월말에 종량제봉투 10묶음이 남아 있었고 종량제봉투를 모든 세대에 같은 묶음수로 최대한 나누어 준다면 총 몇 묶음의 종량제봉투가 남는가?

① 10묶음   ② 30묶음
③ 50묶음   ④ 60묶음
⑤ 70묶음

17 A아파트는 1인당 ₩50,000의 변동원가와 ₩8,000,000의 총고정원가가 소요되는 주부 교육프로그램을 계획하고 있다. 1인당 참가비는 ₩100,000을 받는다. 이 프로그램을 실시하면, 구청으로부터 총 ₩2,000,000의 지원금을 받는다. 이 프로그램의 손익분기점(인원수)은?

① 100명   ② 110명
③ 115명   ④ 120명
⑤ 150명

18 한국아파트는 방치된 아동용 자전거 60대와 어른용 자전거 40대를 수거하였으며, 이와 관련하여 총 ₩1,000의 비용이 발생하였다. 관리사무소장은 자전거를 즉시 처분하는 방안('즉시 처분'이라 함)과 바퀴·몸체를 분리해서 처분하는 방안('분리 처분'이라 함) 가운데 하나를 결정하려고 한다. 다음의 자료를 사용할 경우 이익을 극대화하는 의사결정은?

구 분	즉시 처분	분리 처분	
	판매가치(총액)	추가발생원가(총액)	판매가치(총액)
아동용	₩1,500	₩200	₩1,650
어른용	₩800	₩120	₩1,000

① 모든 자전거를 즉시 처분한다.
② 아동용 자전거는 분리 처분하고 어른용 자전거는 즉시 처분한다.
③ 아동용 자전거는 즉시 처분하고 어른용 자전거는 분리 처분한다.
④ 모든 자전거를 분리 처분한다.
⑤ 모든 자전거를 즉시 처분하거나 분리 처분하여도 의사결정에는 차이가 없다.

19 A아파트는 건물의 수선·유지를 위해 총구입원가가 ₩10,500인 벽돌 X를 100단위 보유하고 있으며, 다른 아파트에 단위당 ₩110의 가격에 판매할 수 있다. 이 때 총 ₩700의 배달료를 부담하여야 한다. A아파트는 벽돌 X 대신에 비슷한 벽돌 Y를 단위당 ₩106에 구입하여 사용할 수 있다. A아파트가 벽돌 X 또는 Y를 100단위 사용한다면, 어느 벽돌을 사용하는 것이 얼마나 유리한가?

① 벽돌 X, ₩300
② 벽돌 X, ₩400
③ 벽돌 Y, ₩300
④ 벽돌 Y, ₩400
⑤ 벽돌 Y, ₩500

10 예산회계

Chapter

∞ **연계학습** 기본서 p.751~757

단·원·열·기

본 장은 매년 1문제 정도 출제된다. 판매예산, 제조예산, 구매예산 및 현금예산 등이 주로 출제된다.

대표문제 상중하

㈜한국은 제품 1단위에 2kg의 원재료를 사용하고 있으며, 원재료 1kg당 가격은 ₩10 이다. 각 분기 말 원재료 재고량은 다음 분기 원재료 예상사용량의 10%를 유지하고 있다. ㈜한국이 1분기 초에 보유하고 있는 원재료는 220kg이다. 분기별 실제(= 목표) 생산량이 다음과 같을 때, 1분기의 원재료 예산구입액은? (단, 재공품 및 제품 재고는 없다)

	1분기	2분기
실제생산량(= 목표생산량)	1,100개	1,500개

① ₩17,200   ② ₩18,800

③ ₩22,800   ④ ₩23,000

⑤ ₩25,800

해설

원재료

기초	220kg × ₩10 = ₩2,200	사용	1,100개 × 2kg × ₩10 = ₩22,000
구입	〈₩22,800〉	기말	150개 × 2kg × ₩10 = ₩3,000

✓ 정답 ③

01
(상)(중)(하)
20×1년 원재료가 600kg 사용될 것으로 예상된다. 기초 원재료가 50kg이고, 기말 원재료를 80kg 보유하고자 한다면 20×1년에 구입해야 할 원재료의 수량은?

① 570kg   ② 630kg

③ 650kg   ④ 680kg

⑤ 730kg

02
(상)(중)(하)
㈜한국은 20×1년 초 설립되었으며, 20×1년도에 제품 50,000단위를 생산할 계획이다. 제품은 하나의 공정을 거쳐 완성되며, 원재료는 공정초에 전량 투입된다. 제품 단위당 원재료 2kg이 필요하고, kg당 구입가격은 ₩30이다. 기말원재료와 기말 재공품으로 23,000kg과 3,000단위를 보유할 계획이다. 20×1년도 원재료 구입예산은?

① ₩2,120,000   ② ₩2,700,000

③ ₩2,940,000   ④ ₩3,690,000

⑤ ₩3,870,000

03
(상)(중)(하)
건강㈜는 단일 제품인 압력볼을 생산 및 판매하고 있다. 압력볼 1개를 생산하기 위해 직접재료는 2kg이 필요하고, 직접재료 1kg당 구입가격은 @₩200이다. 1분기 말과 2분기 말 재고자산은 다음과 같다. 2분기 제품판매량이 800개일 경우 2분기의 직접재료 구입예산은 얼마인가? (다만, 재공품은 없는 것으로 가정한다)

구 분	1분기 말	2분기 말
직접재료	1,000kg	800kg
제 품	200개	300개

① ₩280,000   ② ₩320,000

③ ₩360,000   ④ ₩520,000

⑤ ₩560,000

04 상중하

㈜한국의 20×1년 종합예산의 일부 자료이다.

	2월	3월	4월
매출액	₩100,000	₩200,000	₩300,000

월별 매출은 현금매출 60%와 외상매출 40%로 구성되며, 외상매출은 판매된 다음 달에 40%, 그 다음 달에 나머지가 모두 회수된다. 20×1년 4월 말 매출채권 잔액은?

① ₩48,000 ② ₩56,000

③ ₩72,000 ④ ₩144,000

⑤ ₩168,000

05 상중하

㈜한국의 최근 3개월간 매출액은 다음과 같다.

구 분	4월	5월	6월
매출액	₩100,000	₩130,000	₩180,000

월별 매출액은 현금매출 40%와 외상매출 60%로 구성된다. 외상매출은 판매된 달에 40%, 판매된 다음 달에 58%가 현금으로 회수되고, 2%는 회수불능으로 처리된다. 6월의 현금유입액은?

① ₩118,560 ② ₩136,440

③ ₩146,400 ④ ₩158,340

⑤ ₩160,440

06 상중하

㈜대한은 매월 15일에 상품을 일괄 구매하여 판매한다. 상품 구입대금은 구입시점에 30%를 지급하며, 구입한 달의 말에 20%, 그 다음 달의 말에 40%, 또 그 다음 달의 말에 10%를 지급한다. ㈜대한이 20×1년 1월과 2월에 각각 ₩600,000과 ₩800,000의 상품을 구입하였다면, 3월 초 상품 관련 매입채무 잔액은 얼마인가?

① ₩168,000 ② ₩240,000

③ ₩860,000 ④ ₩460,000

⑤ ₩980,000

Memo

2025
제28회 시험대비 전면개정판

박문각 주택관리사

합격예상문제 1차
회계원리
정답 및 해설

김종화 외 박문각 주택관리연구소 편

브랜드만족
1위
박문각
수상내역
후면표기

동영상강의
www.pmg.co.kr

합격까지 박문각
합격 노하우가 다르다!

회계의 기초 − 회계목적, 회계원칙, 회계감사

Answer

01 ⑤   02 ①   03 ②   04 ①   05 ④   06 ④   07 ①

01 ⑤ 재무제표 작성을 위한 기본가정에는 계속기업이 있다.

02 ① 재무제표의 작성 책임자는 경영자이다.

03 ② 한국채택국제회계기준은 '주식회사 등의 외부감사에 관한 법률'의 적용대상 기업 중 '자본시장과 금융투자업에 관한 법률(자본시장통합법)'에 따른 주권상장법인과 비상장법인 중 재무제표의 작성과 표시를 위해 한국채택국제회계기준의 적용을 선택한 기업의 일반목적 재무제표에 근거하여 작성한다.

04 ① 경영자는 회계정보의 공급자이며 수요자이다.

05 ⊞ 감사의견의 종류

한국채택국제회계기준에 적합		적정의견
한국채택국제회계기준에 부적합	중대한 경우	부적정의견
	경미한 경우	한정의견
감사범위의 제한, 독립성 결여된 경우		의견거절

06 ④ 의견거절과 관련된 감사보고서 기술사항이다.

07 ① (갑회사) 적정 − (을회사) 적정 − (병회사) 의견거절

02 재무상태 및 재무성과 측정

01 • 자산 = 부채 + 자본
  • 자산 = 채권자지분 + 소유주지분
  • 자산 = 지분

02 ③ 제품매출을 계약하고 미리 받은 계약금은 선수금으로 처리한다.

03 1. 자산총계: 상품 ₩800,000 + 미수금 ₩200,000 + 현금 ₩700,000 + 매출채권 ₩400,000
    + 선급금 ₩600,000 = ₩2,700,000
  2. 부채총계: 미지급비용 ₩100,000 + 차입금 ₩1,000,000 + 미지급금 ₩500,000 = ₩1,600,000
  3. 자본총계: 자산총계 ₩2,700,000 − 부채총계 ₩1,600,000 = ₩1,100,000

04

포괄손익계산서

매출원가	₩20,000	매출액	₩60,000
급여	₩10,000	임대료수익	₩1,000
감가상각비	₩6,000	유형자산처분이익	₩30,000
대손상각비	₩2,000		
당기순이익	₩53,000		
	₩91,000		₩91,000

05 1. 기말자산 ₩610,000 − 기말부채 ₩230,000 = 기말자본 ₩380,000(㉠)
  2. 기말자본 ₩380,000 − 기초자본 ₩229,000 = 당기순이익 ₩151,000(㉢)
  3. 총수익 ₩770,000 − 당기순이익 ₩151,000 = 총비용 ₩619,000(㉡)

06

자 본

비용	₩8,000,000	기초	₩20,000,000
		추가출자	?
기말	₩45,000,000	수익	₩10,000,000
	₩53,000,000		₩53,000,000

07

자 본

배당금 지급	₩30,000	기초자본	₩120,000
기말자본 = 기말자산 − 기말부채	₩400,000 − x	당기순이익 = 총수익 − 총비용	₩400,000 − ₩320,000

08

자 본

	현금배당	₩100,000	기초	₩3,000,000	= ₩5,000,000 − ₩2,000,000
	총비용	₩800,000	유상증자	₩500,000	
₩6,500,000 −?=	기말	₩3,600,000	총수익	₩1,000,000	

09

자 본

	현금배당	₩100,000	기초자본	₩70,000	= ₩150,000 − ₩80,000
			유상증자	₩50,000	
			기타포괄손익	₩10,000	
₩270,000 − 120,000=	기말	₩150,000	당기순이익	₩30,000	

⊋ 주식배당은 자본총액에 영향을 미치지 않는다.

10 1. 당기순이익(집합손익계정 대변잔액): ₩96,500 − ₩71,800 = ₩24,700
2. 기말자본: 기초자본 ₩172,000(= 이익잉여금 + 자본금) + 순이익 ₩24,700 = ₩196,700

11 1. A거래

자 본

배당금	₩2,000	기초자본	₩12,000
총비용	₩10,000	총수익	₩9,000
기말자본	₩9,000		
	₩21,000		₩21,000

기초자본 ₩12,000 + 기초부채 ₩3,000
= ㉠기초자산 ₩15,000

2. B거래

자 본

배당금	₩3,000	기초자본	₩6,000
총비용	₩7,000	총수익	₩10,000
기말자본	㉡₩6,000		
	₩16,000		₩16,000

기초자산 ₩15,000 − 기초부채 ₩9,000
= 기초자본 ₩6,000

3. C거래

<table>
<tr><td colspan="4" align="center">자 본</td></tr>
<tr><td>배당금</td><td>₩4,000</td><td>기초자본</td><td>₩5,000</td></tr>
<tr><td>총비용</td><td>₩8,000</td><td>총수익</td><td>ⓒ₩14,000</td></tr>
<tr><td>기말자본</td><td>₩7,000</td><td></td><td></td></tr>
<tr><td></td><td>₩19,000</td><td></td><td>₩19,000</td></tr>
</table>

기초자산 ₩20,000 − 기초부채 ₩15,000
= 기초자본 ₩5,000

12 ② 실물자본유지개념을 사용하기 위해서는 현행원가기준에 따라 측정해야 한다.

③ 실물자본유지개념 하에서 기업의 자산과 부채에 영향을 미치는 모든 가격변동은 해당 기업의 실물생산능력에 대한 측정치의 변동으로 간주되어 이익이 아니라 자본의 일부인 자본유지조정으로 처리된다.

④ 재무자본유지개념은 특정한 측정기준의 적용을 요구하지 아니한다. 재무자본유지개념 하에서 측정기준의 선택은 기업이 유지하려는 재무자본의 유형과 관련이 있다.

⑤ 명목화폐단위로 정의한 재무자본유지개념 하에서 해당 기간 중 명목화폐자본의 증가액을 당기이익으로 처리한다.

13 1. 기초자본 : ₩100,000(기초자산) − ₩50,000(기초부채) = ₩50,000

2. 기말자본 : ₩300,000(기말자산) − ₩150,000(기말부채) = ₩150,000

3. 불변구매력 단위의 기말자본 : ₩50,000(1.) × 1.5(물가지수) = ₩75,000

4. 불변구매력 단위의 이익 : ₩150,000(2.) − ₩75,000(3.) = ₩75,000

5. 실물자본유지의 기말자본 : ₩50,000(1.) × 2(재고자산) = ₩100,000

6. 실물자본유지의 이익 : ₩150,000(2.) − ₩100,000(5.) = ₩50,000

1. 명목화폐단위개념

기초자본   100,000 − 50,000   ₩50,000 ⎫
기말자본   300,000 − 150,000   ₩150,000 ⎭ ₩100,000 순이익(배당가능이익)

2. 불변구매력단위개념

기초자본   ₩50,000 ⎫
유지해야 할 자본   50,000×2배(재고)   ₩100,000 ⎭ ₩50,000 자본의 조정항목
기말자본   ₩150,000 ⎭ ₩50,000 순이익(배당가능이익)

3. 실물자본유지개념

기초자본   ₩50,000 ⎫
유지해야 할 자본   50,000×1.5(물가)   ₩75,000 ⎭ ₩25,000 자본의 조정항목
기말자본   ₩150,000 ⎭ ₩75,000 순이익(배당가능이익)

03 회계의 기술적 구조

Answer

01 ②	02 ①	03 ①	04 ①	05 ①	06 ④	07 ②	08 ①	09 ⑤	10 ④
11 ④	12 ③	13 ①	14 ②	15 ⑤	16 ①	17 ③	18 ③	19 ②	20 ④
21 ③	22 ③	23 ②	24 ③	25 ①	26 ④	27 ③	28 ①	29 ④	30 ①
31 ①	32 ①	33 ②	34 ③	35 ④	36 ③	37 ④	38 ②	39 ③	40 ④
41 ①	42 ①	43 ③	44 ③	45 ④	46 ④	47 ②	48 ②	49 ④	50 ②
51 ④	52 ②								

01 ② 화재발생으로 인한 소실액은 재해손실의 과목으로 하여 회계처리한다.
직원채용, 주문, 계약 체결, 담보제공 등은 회계상 거래가 아니므로 회계처리하지 않는다.

02 분개: (차) 현금 ₩200,000 (대) 외상매출금 ₩200,000
(자산의 증가) (자산의 감소)

03 ① 수익의 발생은 곧 자본을 증가시킨다.
②, ④ 자본 불변
③ 자본 감소
⑤ 자본 감소

04 ① 건물을 '장부가액으로 매각'하면 처분손익이 발생하지 않으므로 당기순손익에 영향을 미치지 않는다. 따라서 자본총액(순손익 = 이익잉여금)에도 영향을 미치지 않는다.

05 회계처리: (차) 채무 ××× (대) 매출 ×××
매출원가 ××× 재고자산 ×××
⇨ 자산 감소, 부채 감소, 수익 발생(증가), 비용 발생(증가), 순이익 증가

06 ④ 임차료의 현금지급은 자산이 감소하고 비용이 발생하여 자본이 감소한다.

07 ① (차) 비품 ₩70,000 (대) 미지급금 ₩70,000
③ (차) 매출채권 ₩40,000 (대) 매출 ₩40,000
④ (차) 차량운반구 ₩100,000 (대) 미지급금 ₩100,000
⑤ (차) 현금 ₩80,000 (대) 단기차입금 ₩80,000

08 ① 만기일이 3개월이므로 단기차입금으로 처리한다.

09 ⑤ 유형자산처분손실은 비용과목으로서 차변에 나타나는 항목이다.

10 1/18 분개: (차) 현   금   ₩100,000   (대) 단 기 차 입 금   ₩100,000
거래: 현금 ₩100,000을 단기차입하다.

11 ⑷ 현금계정 대변과 외상매입금계정 대변에 기입되어 있는 내용이 잘못되어 있다. 복식부기는 거래의 이중성에 의하여 어느 계정의 차변과 다른 계정의 대변에 기입되어야 한다.

12 ③ 위 계정의 잔액이 차변에 있으므로(차변합계>대변합계) '자산 계정 또는 비용 계정'에 해당한다. 지문 중 '받을어음, 매입, 현금 계정'이 해당되나 차변에 '매출'이 기록되어 있어 '매입 계정'은 함께 기록될 수 없고, '현금 계정'도 대변에 기입되어 있으므로 계정과목이 될 수 없다. 따라서 '받을어음 계정'이 정답이다.

13 ① 거래/분개/전기의 누락 또는 이중기입은 시산표에서 발견할 수 없는 오류의 대표적인 사례이다.

14 차입금 상환시 분개: (차) 차입금   ×××   (대) 현금   ×××
차변에는 전기하였으나 대변에 전기를 누락하였으므로 차변금액이 대변금액보다 크게 나타난다.

15 ①, ②, ③, ④번은 시산표에서 발견할 수 없는 오류이다.

16 ① 차변금액과 대변금액이 일치하지 않는 오류는 시산표에서 발견할 수 있는 오류이다.

17 ③ 상품의 현금매입 거래를 분개하면 (차) 상품 ₩450,000 (대) 현금 ₩450,000으로 자산의 증가(차변의 증가)와 감소(차변의 감소)가 동시에 일어나 '잔액란'의 합계액은 변하지 않는다.

18 ③ 발생계정인 미수수익과 미지급이자는 시산표상 합계금액을 증가시킨다. 따라서 이를 역산하여 차감한 금액이 수정전시산표상 합계금액이다.
수정전시산표상 합계금액: ₩1,025,000 − ₩15,000 − ₩10,000 = ₩1,000,000

19 ② 대손의 발생은 결산수정사항이 아니다.

20 ①, ②, ③, ⑤의 계상은 '발생'의 경우이며, ④의 계상은 '이연'의 경우이다.

21 ③ 수익비용의 이연 및 예상(발생)은 발생기준에 의한 회계처리의 사례이다.

22 ③ 9/1 지급액 중 8개월분이 미경과분 즉, 차기분으로 선급보험료 계정으로 대체해야 한다.
선급보험료: ₩60,000 × 8/12 = ₩40,000

23 1. 회계처리

9/1	(차) 선급비용	₩1,200	(대) 현금	₩1,200
12/31	(차) 보험료	₩400	(대) 선급비용	₩400

2. 보험료 경과분의 계상누락으로 비용의 과소계상, 당기순이익 과대계상, 자산의 과대계상이 발생한다.

24 기말수정분개 : (차) 임대료 ₩60,000   (대) 선수임대료 ₩60,000

기말수정분개 누락으로 부채(선수임대료) ₩60,000 과소계상, 임대료 수익 과대계상 ⇨ 당기순이익 과대계상 = 자본 과대계상

25 ① 임대료수익 : ₩50,000 − (₩24,000 − ₩16,000) = ₩42,000

(차) 현금	₩50,000	(대) 선수임대료	₩8,000
		임대료	₩42,000

26

미지급이자

지급액	₩32,000	기초	₩190,000
기말	₩160,000	이자비용	₩2,000

↱ 이자비용 : ₩100,000 × 12% × 2월/12월 = ₩2,000

27 수정전 당기순이익 ⌈ (+)(자산 : 선급비용, 미수수익) ⌉ = 수정후 당기순이익
　　　　　　　　 ⌊ (−)(부채 : 선수수익, 미지급비용) ⌋

수정후이익 : ₩365,000 − ₩8,000 − ₩12,000 + ₩15,000 + ₩7,000 = ₩367,000

28 ① 미수이자 발생으로 당기순이익 증가
② 감가상각비, ③ 소모품비, ④ 선수수익, ⑤ 대손상각비 : 당기순이익 감소

29

소모품

기초잔액	₩100,000	소비액(사용액)	₩280,000
구입액	₩380,000	기말잔액	₩200,000
	₩480,000		₩480,000

30 자산처리법이므로 결산시 소모품의 '사용액'을 소모품비계정으로 대체하는 분개를 해야 한다.

(차) 소모품비 ₩30,000   (대) 소모품 ₩30,000

따라서 비용이 ₩30,000 증가하고 자산이 ₩30,000 감소된다.
② 자본이 ₩30,000 감소한다.
③ 이익이 ₩30,000 감소한다.
④ 자산이 ₩30,000 감소한다.
⑤ 부채는 불변이다.

31 ① 비용인식액은 소모품비 계정 차변잔액인 ₩80,000이다.

32 ① (차) 선수수익   ₩3,000   (대) 이자수익   ₩3,000

33 매출원가 산출 회계처리는 다음과 같다.

차 변		대 변	
ⓛ 매출원가	₩1,500	상품(기초)	₩1,500
매출원가	₩6,000	매입	₩6,000
상품(기말)	₩2,500	매출원가	₩2,500
또는			
ⓛ 매출원가	₩5,000	매입	₩6,000
상품	₩1,000		

34 1. 결산수정분개

1) (차) 재고자산평가손실(매출원가) ₩190   (대) 재고자산평가충당금   ₩190
2) (차) 이자비용   ₩10*   (대) 미지급이자   ₩10
   * ₩500 × 4% × 6월/12월 = ₩10

2. 수정후시산표

계정과목	차 변	대 변
현금	₩200	
매출		₩300
매출채권	₩500	
건물	₩1,000	
미지급금		₩150
재고자산	₩200	
재고자산평가충당금		₩190
선급보험료	₩50	
자본금		₩1,000
소모품	₩30	
선수수익		₩50
미수수익	₩10	
차입금		₩500
매입채무		₩50
임차비용	₩30	
급여	₩30	
재고자산평가손실	₩190	
이자비용	₩10	
미지급이자		₩10
합 계	₩2,250	₩2,250

35

경비용역수익

전기미수용역수익	₩700,000	전기선수용역수익	₩500,000
I/S상 수익	₩1,200,000	현금수입액	₩1,000,000
당기선수용역수익	₩400,000	당기미수용역수익	₩800,000
	₩2,300,000		₩2,300,000

〈분개법〉

(차) 현금	₩1,000,000	(대) **경비용역수익**	₩1,200,000
미수용역수익 증가	₩100,000		
선수용역수익 감소	₩100,000		

36 ③ 수익증가액 : 이자수익 ₩8,200 + 임대료 ₩10,000 = ₩18,200

이자수익

전기미수액	₩2,000	전기선수액	−
I/S 계상액	₩8,200	당기수입액	₩7,000
당기선수액	−	당기미수액	₩3,200
	₩10,200		₩10,200

임 대 료

전기미수액	−	전기선수액	₩4,000
I/S 계상액	₩10,000	당기수입액	₩9,500
당기선수액	₩3,500	당기미수액	−
	₩13,500		₩13,500

〈분개법〉

(차) 현금(이자) ④	₩7,000	(대) 이자수익 ①③	₩8,200
미수이자 증가 ⑤	₩1,200		
(차) 현금(임대료) ②④	₩9,500	(대) 임대료 ③	₩10,000
선수임대료 감소 ⑤	₩500		

37 I/S 상 비용계상액 = 당기비용 지출액 + (전기선급액 + 당기미지급액) − (전기미지급액 + 당기선급액)
임차료 지출액 : I/S 계상액 ₩150,000 + 당기선급액 ₩15,000 = ₩165,000
이자비용 지출액 : I/S 계상액 ₩100,000 + 전기미지급액 ₩40,000 = ₩140,000
〈분개법〉

(차) 임차료	₩150,000	(대) **현금**	₩165,000
선급임차료 증가	₩15,000		
(차) 이자비용	₩100,000	(대) **현금**	₩140,000
미지급이자 감소	₩40,000		

38

이자비용			
전기선급액	₩40	전기미지급액	₩92
당기지급액(유출)	₩692	I/S상 이자비용	₩800
사채할인발행차금	₩80		
당기미지급액	₩132	당기선급액	₩52
	₩944		₩944

〈분개법〉

(차) 이자비용	₩800	(대) 현금	₩692
선급이자 증가	₩12	사채할인발행차금	₩80
		미지급이자 증가	₩40

39 1. 보험료 1년 총액 : 1/1 지급액(=1년분) − 3개월 경과분 = 3월 말 시산표상 선급보험료 ₩450,000
  ⇨ ₩450,000/9월 = ₩50,000/월
  ⇨ 1년분 지급액 : ₩50,000 × 12월 = ₩600,000
2. 3월말 기준 기계장치의 잔존내용연수
  연간 감가상각비 : ₩6,000,000/5년 = ₩1,200,000(월 ₩100,000)
  3월말 감가상각누계액 ₩2,400,000 ⇨ 24개월 경과
  잔여기간 : 60개월 − 24개월 = 36개월

40 선수수익 기간경과 : (차) 선수임대료 ××× (대) 임대료 ×××
이 분개의 누락 : 부채 과대표시 ⇨ 수익 과소표시 ⇨ 순이익 과소표시 ⇨ 자본 과소표시

41 기말수정분개 : (차) 미수이자 ₩500 (대) 이자수익 ₩500
기말수정분개 누락으로 자산 ₩500 과소계상, 수익 ₩500 과소계상, 당기순이익 ₩500 과소계상, 자본 ₩500 과소계상이 나타난다.

42 당기분 보험료 : ₩3,000 + ₩6,000 = ₩9,000
당기분 임대료 : ₩3,000 + ₩18,000 = ₩21,000
따라서 당기순이익 ₩12,000이 증가한다.

43

[결산수정분개]				당기순이익
(차) 선급보험료	₩50,000	(대) 보험료	₩50,000	증가
(차) 소모품비	₩230,000	(대) 소모품	₩230,000	감소
(차) 임대료수익	₩100,000	(대) 선수임대료	₩100,000	감소

⇨ 자산 ₩180,000 감소, 부채 ₩100,000 증가, 수익 ₩100,000 감소, 비용 ₩180,000 증가, 순이익 ₩280,000 감소

44 ① 수정후시산표상 수익: 수정전 ₩90,000 − 선수임대료 ₩4,000 + 미수이자 ₩2,000 = ₩88,000
② 수정후시산표상 비용: 수정전 ₩70,000 + 보험료 ₩3,000 + 미지급이자 ₩1,000 = ₩74,000
④ 수정후시산표상 자산총액: 수정전 ₩120,000 − 선급보험료 대체 ₩3,000 + 미수이자 ₩2,000
= ₩119,000
⑤ 수정후시산표상 부채총액: 수정전 ₩80,000 + 선수임대료 ₩4,000 + 미지급이자 ₩1,000 = ₩85,000

45 • 수정 후 당기순이익
= 수정 전 당기순이익 ₩5,500,000 − 선수이자(부채) ₩150,000 − 미지급임차료(부채) ₩220,000
+ 당기손익금융자산평가이익(수익) ₩330,000 + 선급임차료(자산) ₩170,000 = ₩5,630,000
• 전기오류수정손실(중대한 오류)은 이월이익잉여금의 수정항목이므로 당기순이익에 영향을 미
치지 아니한다.

46

수정전 당기순이익	₩1,000,000
매출채권 회수	×
기말재고상품 누락	₩40,000
소모품 미사용액	₩70,000
당기손익 − 공정가치 측정 금융자산평가이익	₩70,000
외상매입금 지급	×
선수수익의 실현	₩30,000
이자 선수분	₩⊖100,000
수정후 당기순이익	₩1,110,000

47

오 류	오류영향
미수수익 계상 누락	(−) ₩1,000,000
외상매출금의 현금회수	−
선수수익의 실현 계상 누락	(−) ₩455,000
미지급급료 계상 누락	(+) ₩413,000
계	(−) ₩1,042,000

48 ㉠ 선급비용 과대: 순이익 과대 ₩110,000(순이익 감소)
㉡ 미수수익 과대: 순이익 과대 ₩80,000(순이익 감소)
㉢ 미지급비용 과대: 순이익 과소 ₩70,000(순이익 증가)
㉣ 선수수익 과대: 순이익 과소 ₩65,000(순이익 증가)
∴ 수정 후 순이익: 당기순이익 ₩300,000 − ₩110,000 − ₩80,000 + ₩70,000 + ₩65,000 = ₩245,000

49 ④ 기타포괄금융자산평가이익은 기타포괄손익누계액으로 이익잉여금으로 대체되지 않는다.

50 ② 집합손익계정의 대변합계는 수익계정의 합계를 말하며, 차변합계는 비용합계를 뜻한다. 따라서 당기순이익이 ₩50,000(= ₩300,000 − ₩250,000)이 발생하는 상황이며 이를 이익잉여금으로 대체하는 마감분개를 묻고 있다.

(차) 집합손익   ₩50,000   (대) 이익잉여금   ₩50,000

51 포괄손익계산서계정의 마감 : (집합)손익계정에 대체
재무상태표계정의 마감 : 차기이월로 마감
④ 임대료는 수익계정으로 대변잔액, 마감시는 손익
① 매출채권은 자산계정으로 대변잔액, 마감시는 차기이월
② 감가상각누계액은 자산의 차감항목으로 대변잔액, 마감시는 차기이월
③ 단기차입금은 부채계정으로 대변잔액, 마감시는 차기이월
⑤ 급여는 비용계정으로 차변잔액, 마감시는 손익

52 ① 임차료는 비용계정이므로 잔액 ₩10,000을 '(집합)손익'계정에 대체한다.
③ 대변 ⇨ 차변
④ 집합손익 ⇨ 차기이월
⑤ 대변 ⇨ 차변

04 재무보고를 위한 개념체계

01 ③ 일치한다 ⇨ 일치하지 않는다

02 ③ 경영자는 내부정보이용자로서 일반목적재무보고서에 관심은 가지지만 가장 많이 의존하지는 않는다.

03 ② 모든 정보를 제공할 수는 없다.

04 ⑤ 보고기업의 경영진도 해당 기업에 대한 재무정보에 관심이 있다. 그러나 경영진은 그들이 필요로 하는 재무정보를 내부에서 구할 수 있기 때문에 일반목적재무보고서에 의존할 필요가 없다.

05 근본적 질적특성: 목적적합성, 표현충실성
    보강적 질적특성: 이해가능성, 비교가능성, 적시성, 검증가능성

06 ① 표현충실성은 모든 면에서 정확한 것을 의미하지는 않는다.

07 (가) − 수익, (나) − 부채, (다) − 자산

08 ② 포괄손익계산서상 중단영업손익과 계속영업손익을 구분표시하는 것은 예측가치를 높이기 위한 것이다.

09 ③ 검증가능성에 대한 내용이다.

10 ④ 대체적인 회계처리방법을 허용하는 비교가능성이 감소한다.

11 ① 보고기업의 가치를 나타내는 것은 아니다.
    ③ 자산은 법률적 권리뿐만 아니라 경제적 권리도 해당된다.
    ④ 일반물가수준에 따른 가격상승을 초과하는 자산가격의 증가부분만이 이익으로 간주되며, 그 이외의 가격증가 부분은 자본의 일부인 자본유지조정으로 처리된다.
    ⑤ 적시성은 의사결정에 영향을 미칠 수 있도록 의사결정자가 정보를 제때에 이용가능하게 하는 것을 의미한다. 일반적으로 정보는 오래될수록 유용성이 낮아진다.

12 ③ 중립적 정보는 목적이 없고 행동에 대한 영향력이 없는 정보를 의미하지 않는다. 오히려 목적적합한 재무정보는 정의상 정보이용자의 의사결정에 차이가 나도록 할 수 있는 정보이다.

13 근본적 질적특성: 목적적합성(예측가치, 확인가치, ㄱ. 중요성), 표현충실성(완전한 서술, ㄴ. 중립적 서술, 오류없는 서술)
    보강적 질적특성: 비교가능성, 검증가능성, 적시성, 이해가능성

14 ① 중요성은 개별기업 재무보고서 관점에서 해당 정보와 관련된 항목의 성격이나 규모 또는 이 둘 모두에 근거하여 해당 기업에 특유한 측면의 목적적합성을 의미한다.
    ② 보강적 질적 특성 − 비교가능성에 대한 내용이다.
    ③ 보강적 질적 특성 − 적시성에 대한 내용이다.
    ⑤ 표현충실성 − 중립적 서술에 대한 내용이다.

15 ③ 한국채택국제회계기준 개념체계는 근본적 질적특성과 보강적 질적특성을 제시하고 있다.

16 ③번은 검증가능성에 대한 설명이다.

17 ③ 자산의 정의를 충족하기 위해서 관련된 지출이 필수적인 것은 아니다.

18 ①번은 개념체계에 없는 내용이며, 회계상 '추정'에 의한 자산과 부채를 인식하는 경우가 존재한다.

19 ② 과거의무가 아니라 현재의무이다.

20 ③ 재무상태변동표는 일반적으로 재무상태표 요소의 변동과 포괄손익계산서 요소를 반영하므로 이 개념체계에서는 재무상태변동표의 고유한 요소에 대해 별도로 식별하지 아니한다.

21 ③ 현행대체원가에 대한 내용이다.

22 ③ 공정가치는 측정일에 시장참여자 사이의 정상거래에서 자산을 매도할 때 받거나 부채를 이전할 때 지급하게 될 가격이다.

23 ② 재무제표 중 현금흐름표는 발생기준에 따라 작성되지 않는다.

24 ② 소모품은 금액이 사소하고 중요성이 없기 때문에 실무적 편의를 위하여 구입시점에서 자산화 대신에 비용화하는 것은 중요성과 관련이 있다.

25 ⓐ 재고자산의 평가에 있어서 물가상승 시에는 후입선출법, 물가하락 시에는 선입선출법이 보수주의 평가방법이다.
ⓑ 발생주의 회계의 내용이다.
ⓒ 보수주의 회계처리이다
ⓓ 발행회사 입장에서 사채할인발행차금을 정액법, 사채할증발행차금을 유효이자율법으로 상각하는 것이 보수주의이다.
ⓔ 역사적 원가주의는 회계원칙에 대한 내용으로 신뢰성 때문에 채택한 것이며, 저가주의가 보수주의이다.
ⓕ 유형자산의 감가상각에 있어서 정액법보다 가속상각법(정률법, 이중체감법, 연수합계법)이 보수주의이다.

05 자산의 개념과 측정

Answer

01 ①　　02 ②　　03 ③　　04 ②　　05 ①　　06 ④　　07 ②　　08 ③

01 역사적 원가주의 장점 : 신뢰성(객관성)

> **도움말** **역사적 원가주의 단점**
>
> 1. 자산의 현행가치를 반영하지 못한다.
> 2. 수익·비용대응의 원칙이 잘 이루어지지 않는다.
> 3. 영업활동과 보유활동의 혼동
> 4. 자본의 잠식
> 5. 취득시점이 다른 자산의 단순한 합계는 그 의미가 없다(가산성 부채).

02 ② 자산과 부채의 현행원가에 대한 설명이다.

03 ③ 공정가치는 자산이나 부채를 발생시킨 거래나 그 밖의 사건의 가격으로부터 부분적이라도 도출되지 않기 때문에, 공정가치는 자산을 취득할 때 발생한 거래원가로 인해 증가하지 않으며 부채를 발생시키거나 인수할 때 발생한 거래원가로 인해 감소하지 않는다. 또한 공정가치는 자산의 궁극적인 처분이나 부채의 이전 또는 결제에서 발생할 거래원가를 반영하지 않는다 (K-IFRS 재무보고를 위한 개념체계 6-16.).

04 ② 장기연불조건의 매매거래 등으로 발생하는 자산·부채로서 명목상 가액과 현재가치가 중요한 경우에는 현재가치로 평가한다.

㉠ 발생시 회계처리	(차) 장기성매출채권	×××	(대) 매출	×××
			현재가치할인차금	×××
㉡ 결산 상각시	(차) 현재가치할인차금　×××		(대) 이자수익	×××

장기성매출채권은 현재가치할인차금 계정을 사용하지 않고 순액으로 표시할 수도 있다.

㉠ 발생시 회계처리	(차) 장기성매출채권　×××	(대) 매출	×××
㉡ 결산 상각시	(차) 장기성매출채권　×××	(대) 이자수익	×××

05

×1년	(차)	장기성매출채권	₩300,000	(대)	장기할부매출	₩248,690
					현재가치할인차금	₩51,310
×1년 말	(차)	현금	₩100,000	(대)	장기성매출채권	₩100,000
		현재가치할인차금	₩24,869		이자수익	₩24,869

이자수익(유효이자율법): 장부가액 × 유효이자율

$$(₩300,000 - ₩51,310) \times 10\% = ₩24,869$$

06 할부매출액: $₩2,000,000 + ₩1,000,000 \times ₩1.735537^* = ₩3,735,537$

* 연금의 현재가치: $1.735537 = \dfrac{1}{(1+0.1)} + \dfrac{1}{(1+0.1)^2}$

또는 $₩2,000,000 + \dfrac{₩1,000,000}{(1+0.1)} + \dfrac{₩1,000,000}{(1+0.1)^2} = ₩3,735,537$

07 회계처리는 다음과 같다.

×2년 초	(차)	장기미수금	₩360,000	(대)	비 품	₩288,000
		유형자산처분손실	₩18,000 **		현재가치할인차금	₩90,000 *
		* 장기미수금의 현재가치: $₩360,000 \times 0.75 = ₩270,000$				
		현재가치할인차금: $₩360,000 - ₩270,000 = ₩90,000$				
		** 처분가액 ₩270,000 − 장부가액 ₩288,000 = 처분손실 ₩18,000				
×2년 말	(차)	현재가치할인차금	₩27,000	(대)	이자수익	₩27,000
		* 현재가치할인차금 상각액: $₩270,000 \times 10\% = ₩27,000$				

08
1. 20×1년 매출총이익: $₩2,000,000 \times 2.48685 - ₩4,500,000 = ₩473,700$
2. 20×1년 이자수익: $₩4,973,700 \times 10\% = ₩497,370$
3. 20×2년 이자수익: $(₩4,973,700 \times 1.1 - ₩2,000,000) \times 10\% = ₩347,107$

06 금융자산(Ⅰ) − 현금, 수취채권

01 ④ 선급금 및 선급비용, 유형자산, 투자부동산 등은 금융자산이 아니다.

선급비용이나 선급금은 현금등 금융자산을 수취할 권리가 아니라 재화나 용역을 수취할 권리이므로 금융자산에 해당되지 않는다.

02 12/ 1 (차) 상품(매입)   ₩30,000   (대) 당좌예금   ₩18,000

당좌차월   ₩12,000

12/20 (차) 당좌차월   ₩12,000   (대) 매출채권   ₩20,000

당좌예금   ₩8,000

03 당좌예금 : 현금및현금성자산 ₩4,000 − (통화 ₩200 + 보통예금 ₩300 + 우편환증서 ₩500)

= ₩3,000

04 ④ 각종 장부의 기록과 확인은 각 담당자뿐만 아니라 업무분담(분장)을 통한 다른 담당자의 상호검증을 거치는 것이 오류와 부정을 방지하는 효과가 있다.

05 ③ 현금및현금성자산에 해당하는 것은 타인발행 당좌수표, 우편환증서, 당좌예금, 양도성예금증서, 배당금통지서이다.

₩400,000 + ₩100,000 + ₩300,000 + ₩700,000 + ₩50,000 = ₩1,550,000

06 현금및현금성자산 : ₩26,000(현금보관액) + ₩85,000(타인발행수표) + ₩200,000(환매채) +

₩40,000(우편환) + ₩15,000(배당금지급통지서) = ₩366,000

07 현금및현금성자산 : ₩10,000 + ₩20,000 + ₩12,000 + ₩5,000 + ₩16,000 + ₩40,000

= ₩103,000

08 ④ 1/25 현금계정에 기입되어 있으므로 현금이 지출된 것이고 거래를 추정하면 "단기차입금 ₩500,000을 현금으로 상환하다"이다.

09

은행계정조정표

회사측 수정전 잔액	₩1,000	은행측 수정전 잔액	₩1,550
부도수표	−₩200	기발행 미결제수표	−₩100
오류기장	₩270		
추심액과 수수료 미기입	₩380		
수정후 잔액	₩1,450	수정후 잔액	₩1,450

10

은행계정조정표

회사측 잔액	₩12,200	은행측 잔액	₩12,500
은행수수료	(₩500)	기발행 미인출수표	(₩2,000)
이자비용	(₩300)	예입액 미기입분	₩700
		수수료 오류	₩200
조정후 금액	₩11,400	조정후 금액	₩11,400

11 1. 당좌예금 잔액(은행계정조정표에서 추정)

은행계정조정표

회사측 잔액	(?)	은행측 잔액	₩130,000
수표발행금액 오류	₩5,000	예입액 미기입분	₩20,000
			−₩30,000
일치금액	₩120,000	일치금액	₩120,000

2. 현금및현금성자산

통화 ₩50,000 + 당좌예금 ₩120,000 = ₩170,000

12

은행계정조정표

회사측 잔액	₩22,500	은행측 잔액	(₩ ?)
미통지된 입금액	₩3,000	은행 미기입 예금	₩2,000
미통지된 이자수익	₩300	기발행 미인출 수표	−₩5,000
미통지된 수수료	−₩200		
일치금액	₩25,600	일치금액	₩25,600

13

은행계정조정표

회사측 잔액	₩37,500	은행측 잔액	( )
ㄱ. 입금통지미달	₩15,000		
ㄴ. 수수료차감 통지미달	−₩2,000		
ㄷ. 이자수익 미계상	₩5,000		
ㄹ. 부도수표	−₩6,000		
ㅁ. 예입액 오기	−₩27,000		
조정 후 금액	₩22,500	조정 후 금액	₩22,500

14

은행계정조정표

회사측 잔액	₩17,000	은행측잔액	₩20,000
예금이자 미기입	₩1,000	기발행 미인출수표	( )
부도수표 미통지	−₩2,000	인출 오류	₩6,000
	₩16,000		₩16,000

15

월초보급	(차) 교통비 복리후생비 등	××× ×××	(대) 소액현금	×××
월말보급	(차) 교통비 복리후생비 등	××× ×××	(대) 당좌예금	×××

1. 사용액: 교통비 ₩25,000 + 회식비(복리후생) ₩59,000 = ₩84,000
2. 소액현금 잔액: ₩100,000 − ₩84,000 = ₩16,000
3. 현금부족액: ₩16,000 − ₩10,000(실사잔액) = ₩6,000
4. 월말보급시 회계처리

(차) 교통비	₩25,000	(대) 당좌예금	₩90,000
복리후생비	₩59,000		
잡손실	₩6,000		

16

외 상 매 출 금

기 초 잔 액	₩70,000	회 수 액	(₩216,000)
매 출 액	₩200,000	기 말 잔 액	₩54,000

17 대손발생액: ₩3,000 + ₩1,000 − ₩2,400 = ₩1,600

매출로 인한 현금유입액: ₩120,000 + ₩1,108,000 − ₩1,600 − ₩130,000 = ₩1,096,400

18

재고자산

기초상품재고액	₩1,000	당기상품매출액	(₩3,000)
당기상품매입액	₩2,500		
매출총이익	₩700	기말상품재고액	₩1,200
	₩4,200		₩4,200

매출채권

기초매출채권	₩1,500	당기회수액	₩2,000
당기외상매출액	₩2,500(주)	기말매출채권	₩2,000
	₩4,000		₩4,000

(주) 매출액 ₩3,000 − 현금매출액 ₩500 = 외상매출액 ₩2,500

19

재고자산				
기초재고액	₩66,000	매출액(현금 + 외상)		<₩164,000>
매입액	₩120,000			
매출총이익	₩50,000	기말재고액		₩72,000
	₩236,000			₩236,000

매출채권			
기초	₩48,000	회수액	₩156,000
		대손확정액	₩2,000
외상매출액	₩128,000*	기말	₩18,000
	₩176,000		₩176,000

* 외상매출액 : 매출액 ₩164,000 − 현금매출액 ₩36,000 = ₩128,000

20 매출원가 : ₩500,000 + (?) − ₩700,000 = ₩800,000 ⇨ ₩1,000,000
매입으로 인한 현금유출액 : ₩400,000 + ₩1,000,000 − ₩600,000 = ₩800,000

21

상 품			
기초상품재고액	₩120	매출액	₩500
매입액	<₩390>	기말상품재고액	₩110
매출총이익	₩100		
	₩610		₩610

매입채무			
당기지급액	₩350	기초매입채무	₩80
기말매입채무	₩120	매입액	₩390
	₩470		₩470

22

매입채무					재고자산			
지급(유출)	₩250,000	기초	₩50,000		기초	₩200,000	매출원가	₩130,000
기말	₩80,000	매입	₩280,000	⇨	매입	₩280,000	기말	₩350,000
	₩330,000		₩330,000			₩480,000		₩480,000

23

선 급 금			
기초잔액	₩5,000	매 입	₩17,000
현금지급	₩20,000	기말잔액	₩8,000
	₩25,000		₩25,000

외상매입금			
현금지급	₩70,000	기초잔액	₩60,000
기말잔액	₩45,000	매 입	₩55,000
	₩115,000		₩115,000

상 품			
기초잔액	₩12,000	매출원가	₩64,000
매 입	₩72,000 *	기말잔액	₩20,000
	₩84,000		₩84,000

* ₩17,000 + ₩55,000 = ₩72,000

24 ① 금융자산의 양도시 제거의 요건을 충족하면 매각거래로 분류하며 상환청구권의 유무에 따라 분류하지 않는다.

25 ② 매출채권을 매각거래로 보기 위한 요건은 ㄱ, ㄴ, ㄷ을 모두 충족하여야 한다.

26 ③ 양도자가 금융자산의 소유에 따른 위험과 보상의 대부분을 보유한다면, 해당 금융자산을 계속 인식한다.

27 1. 만기수취액: ₩10,000 + (₩10,000 × 6% × 6/12) = ₩10,300
2. 할인료: ₩10,300 × 12% × 3/12 = ₩309
3. 실수금: ₩10,300 − ₩309 = ₩9,991
4. 회계처리

(차) 현금 등	₩9,991	(대) 받을어음	₩10,000
매출채권처분손실	₩159	이자수익*	₩150

* 실현 이자수익: ₩10,000 × 6% × 3/12 = ₩150
따라서 당기손익으로 인식할 금액은 이자수익과 매출채권처분손실을 반영한 ₩9(손실)이다.

28

(차) 현금 등	₩72,030	(대) 받을어음	₩72,000
매출채권처분손실	₩570	이자수익*	₩600

* 실현 이자수익: ₩72,000 × 5% × 2/12 = ₩600
− 만기수령액: ₩72,000 + (₩72,000 × 5% × 5/12) = ₩73,500
− 할인료: 만기수령액 ₩73,500 − 실수금 ₩72,030 = ₩1,470
− 할인율: ₩73,500 × (%) × 3/12 = ₩1,470 ⇨ 8%

07 금융자산(Ⅱ) − 금융자산 손상(대손), 기타채권

01 손상 확정 시 손실충당금 잔액과 우선 상계 후 손실충당금 잔액을 초과하는 손상액은 당기 비용으로 처리한다.

〈회계처리〉
20×2. 5. 25 (차) 손실충당금   ₩300,000   (대) 외상매출금   ₩500,000
　　　　　　　　 손상차손   ₩200,000

02 ⑤ 기말 현재 손상평가 전 손실충당금 잔액이 ₩30,000이 있는 상태에서 매출채권 ₩26,000이 손상추정 되는 경우에는 초과액 ₩4,000을 환입하여 당기손익으로 한다.
　　• 손상차손(또는 손상차손환입): 손상추정금액(기대신용손실금액) ₩26,000 − 손실충당금 잔액 ₩30,000 = 손상차손환입(당기손익) △₩4,000

　　(차) 손 실 충 당 금   ₩4,000   (대) 손상차손환입(당기손익)   ₩4,000

03

손실충당금(대손충당금)

손상발생	₩70,000	기초잔액	₩50,000
		회수액	₩40,000
		추가설정	₩60,000
기말잔액(기말추산액)	₩80,000	(I/S 상 손상차손)	
	₩150,000		₩150,000

04 20×2.12.31. : (차) 손상차손 ₩2,000,000   (대) 손실충당금 ₩2,000,000
　　　　　　　(5억원 × 20%) × 3% − ₩1,000,000(기초 손실충당금) = ₩2,000,000

05 대손처리시 : (차) 손실충당금   ₩30,000   (대) 외상매출금   ₩30,000
　　대손예상시 : (차) 손상차손   ₩60,000   (대) 손실충당금   ₩60,000

06 대손처리한 매출채권을 회수한 경우 회계처리는 다음과 같다.
　　(차) 현 금   ×××   (대) 대손충당금(손실충당금)   ×××
　　따라서 대손충당금은 증가하지만 대손상각비(손상차손)에 미치는 영향은 없다.

07 ② 대손충당금(손실충당금)을 과소설정한 것은 포괄손익계산서에 계상될 대손상각비(손상차손) 를 과소계상했다는 것이다. 따라서 당기순이익 및 이익잉여금(자본), 자산은 과대계상되고, 비 용은 과소계상된다.

08 ④ 손상확정액이 손실충당금 잔액을 초과하므로 손상차손(당기손익)이 발생하여 비용발생, 순이 익 감소, 이익잉여금(자본, 순자산)이 감소한다.

09

손실충당금			
손상발생	₩60,000	기초	₩30,000
기말	₩20,000	추가설정(손상차손)	₩50,000
	₩80,000		₩80,000

10

손실충당금(대손충당금)			
대손발생액	₩7,500	기초잔액	₩5,000
		상각채권 회수액	₩1,000
기말잔액(당기말 추산액)	₩36,000	손상차손 인식액	(?)
	₩43,500		₩43,500

11

매출채권			
기초	₩500,000	회수	₩1,500,000
매출	₩1,800,000	손상발생	₩200,000
		기말	₩600,000

손실충당금			
손상발생	₩200,000	기초	₩50,000
기말	₩60,000	I/S 손상차손	₩210,000

12 손실충당금 기말잔액 : (₩20,000,000 − ₩7,000,000) + ₩15,000,000 = ₩28,000,000
손상추산액 : ₩1,400,000,000 × 기대손실률 = ₩28,000,000
따라서 기대손실률은 2%이다.

13 1. 기대신용손실액 : (₩100,000 × 0.3%) + (₩65,000 × 1%) + (₩30,000 × 5%) + (₩20,000 × 7%) + (₩5,000 × 10%) = ₩4,350
2. 기말에 인식할 손상차손환입액 : 장부상 손실충당금 〉 기대신용손실액
  = ₩5,000 − ₩4,350 = ₩650

14 금융자산의 신용위험 유의적 증가 원인 : ①②④ 외에 재무적 어려움으로 해당 금융자산에 대한 활성시장의 소멸 등이 있다.

15 ② 금융기관 등으로부터 현금을 단기간 차입하고 어음을 발행하여 교부한 경우 차변에 현금계정을, 대변에는 단기차입금계정을 기록한다.

(차) 현　금　×××　　　　　　　　　　　(대) 단기차입금　×××

16 ⑤ 예수금은 정상적인 영업활동 이외에서 발생한 일시적인 예수액을 말한다. 특히 회사가 부담하는 세금은 아니지만 종업원이나 거래처 등으로부터 원천징수한 예로 종업원에 대한 소득세 원천징수, 부가가치세 원천징수, 건강보험료 원천징수 등이 있다. 이들은 상거래 이외에서 발생한 예수금의 성격을 가지므로 소득세예수금, 부가가치세예수금 등의 과목으로 회계처리한다.

17 ② 재고자산 구입관련 계약금 지급액은 선급금으로 처리한다.

18 ㉠ 계약금은 시스템을 설치하기 전에 미리 지출한 금액이므로 선급금으로 분류한다.
　　㉡ 가불금은 종업원에게 돈을 빌려준 것이므로 단기대여금으로 분류하였다가 급여에서 차감시 상계처리한다.

19 ④ 상품 판매시점, 즉 소비자가 물품을 구매하고 상품권으로 결제하는 경우에 해당하며, 현금액은 상품권 액면가에서 잔액을 환급해 주는 금액이다. 매출로 인식하는 금액은 ₩18,900,000이다.
　　• 상품권 발행 시에는 부채 계정인 선수금 계정으로 처리한 후, 소비자가 상품 또는 제품을 구매하고 상품권으로 결제하여 상품권이 상품 또는 제품과 교환되는 시점에 매출로 인식한다.
　　• 상품권을 할인 발행하는 경우, 상품권 액면금액을 선수금으로 인식하고 할인액은 선수금의 차감계정인 상품권할인액으로 처리 후, 매출 시점에 선수금과 상품권할인액을 상계한다.

08 금융자산(Ⅲ) — 지분상품, 채무상품

01 ② ~상각후원가로 측정한다.

③ ~기타포괄손익-공정가치로 측정한다.

④ ~취소할 수 없다.

⑤ ~거래원가(중개 수수료 등)는 최초로 인식하는 공정가치에 가산하여 측정한다.

02 ⑤ 후속측정 금융자산의 공정가치는 매도 등에서 발생할 수 있는 거래원가를 차감하지 않은 금액이다.

03 ① 당기손익-공정가치 측정 금융자산의 취득과 직접 관련되는 거래원가는 당기비용으로 인식한다.

② 최초 인식 후 기타포괄손익-공정가치 측정 금융자산의 공정가치 변동에 따른 손익은 기타포괄손익으로 인식한다.

④ 당기손익-공정가치 측정 금융부채가 아닌 경우 당해 금융부채의 발행과 직접 관련되는 거래원가는 최초인식하는 공정가치에 차감하여 측정한다.

⑤ 최초인식시점 이후에 다른 범주의 금융상품에서 당기손익항목 범주로 재분류할 수 없다.

04 ② 지분상품에 대한 투자로서 단기매매항목이 아닌 지분상품에 대한 투자의 후속적인 공정가치 변동을 기타포괄손익으로 표시할 수 있다. 이러한 선택은 최초 인식시점에만 가능하며 이를 취소할 수 없다.

③ 금융자산 전체나 일부의 회수를 합리적으로 예상할 수 없는 경우에는 해당 금융자산의 총 장부금액을 직접 줄인다. 제각은 금융자산을 제거하는 사건으로 본다.

④ 보고기간 말에 이 기준서에 따라 인식해야 하는 금액으로 손실충당금을 조정하기 위한 기대신용손실액(또는 환입액)은 손상차손(환입)으로 당기손익에 인식한다.

⑤ 서로 다른 기준에 따라 자산이나 부채를 측정하거나 그에 따른 손익을 인식하는 경우에 측정이나 인식의 불일치가 발생할 수 있다. 금융자산을 당기손익-공정가치 측정 항목으로 지정한다면 이와 같은 불일치를 제거하거나 유의적으로 줄이는 경우에는 최초 인식시점에 해당 금융자산을 당기손익-공정가치 측정 항목으로 지정할 수 있다. 다만 한번 지정하면 이를 취소할 수 없다.

05 ③ 단기간 내 매각목적인 지분상품은 당기손익 – 공정가치 측정 금융자산으로 분류하고, 거래원가는 당기비용으로 처리한다.

06 20×5년 말 평가손익 : $\\text{₩}2,500,000$(기말 공정가액) $-\\text{₩}2,100,000$(전기말 공정가액)
$=\\text{₩}400,000$(이익)

07 ③ 당기손익 – 공정가치 측정 금융자산은 기말공정가액으로 평가하므로 장부가액은 전기말 공정가인 $\\text{₩}2,550$이다. 따라서 대변에 장부가액 $\\text{₩}2,550$을 적고, 차변의 처분가액과의 차액을 당기손익금융자산처분손실로 처리한다.

08 당기손익금융자산처분이익 : 25주 $\\times(\\text{₩}650 - \\text{₩}500^*) = \\text{₩}3,750$
$*$ A주식 1주당장부금액 : $\\text{₩}500$(전기말시가)

09 (1) 당기손익금융자산처분이익 : 순처분금액 $-$ 처분직전의 장부금액
$=(\\text{₩}9,000 - \\text{₩}7,500)\\times500주 = \\text{₩}750,000(+)$
(2) 기말공정가치 평가 : 당기손익금융자산평가이익
$=(\\text{₩}7,000 - \\text{₩}7,500)\\times500주 = \\text{₩}250,000(-)$
(3) 당기이익은 $\\text{₩}500,000[(1)+(2)]$ 증가한다.

10 ㉠ 취득원가 : $\\text{₩}1,100,000 - \\text{₩}20,000$(경과이자) $= \\text{₩}1,080,000$

경과이자 : $\\text{₩}1,000,000 \\times 12\\% \\times \\dfrac{2}{12} = \\text{₩}20,000$

㉡ 처분가액 : $\\text{₩}1,050,000 - \\text{₩}110,000$(경과이자) $= \\text{₩}940,000$

경과이자 : $\\text{₩}1,000,000 \\times 12\\% \\times \\dfrac{11}{12} = \\text{₩}110,000$

㉢ 처분손실 : $\\text{₩}1,080,000 - \\text{₩}940,000 = \\text{₩}140,000$

11 기타포괄손익 – 공정가치 측정 금융자산 취득원가 : $\\text{₩}10,000 + \\text{₩}500 = \\text{₩}10,500$
기타포괄손익 – 공정가치 측정 금융자산 평가손익 : $\\text{₩}8,000 - \\text{₩}10,500 = (-)\\text{₩}2,500$

12 ① 지분상품인 기타포괄금융자산은 거래원가가 발생하지 않는 한 처분손익은 발생하지 않는다.

13 ④ 기타포괄손익 – 공정가치 측정 금융자산이므로 평가손익을 기타포괄손익으로 분류하므로 당기손익에 미치는 영향은 없다.

14 ⑤ 기타포괄손익 - 공정가치측정 금융자산은 처분시 당기순이익에 미치는 영향은 없다(단, 처분 수수료가 발생한 경우에는 금융자산처분손실 발생).

① A주식 취득원가: ₩10,000 + ₩300 = ₩10,300

② 20×1년 평가손실: ₩9,000 − ₩10,300 = (₩1,300) 총포괄이익이 ₩1,300 감소

③ 20×2년 평가이익: ₩13,000 − ₩9,000 = ₩4,000 총포괄이익이 ₩4,000 증가

④ 20×2년 말 재무상태표상 금융자산평가이익(기타포괄손익누계액)
  = 기말공정가치 − 취득원가 = ₩13,000 − ₩10,300 = ₩2,700

[회계처리]

연 도	회계처리				
×1년 초	(차) 기타포괄금융자산	₩10,300	(대)	현금	₩10,300
×1년 말	(차) 기타포괄평가손실	₩1,300	(대)	기타포괄금융자산	₩1,300
×2년 말	(차) 기타포괄금융자산	₩4,000	(대)	기타포괄평가손실	₩1,300
				기타포괄평가이익	₩2,700
×3년 초	(차) 기타포괄평가이익	₩2,000	(대)	기타포괄금융자산	₩2,000
	현금	₩11,000		기타포괄금융자산	₩11,000
	기타포괄평가이익	₩700		미처분이익잉여금	₩700

15 1. 당기손익금융자산(FVPL)으로 분류할 경우

연 도	회계처리				
×1.12.10	(차) 당기손익금융자산	₩770,000	(대)	현금	₩770,000
×1.12.31	(차) 금융자산평가손실	₩50,000	(대)	당기손익금융자산	₩50,000
×2.2.1	(차) 현금	₩810,000	(대)	당기손익금융자산	₩720,000
				금융자산처분이익	₩90,000

2. 기타포괄손익금융자산(FVOCI)으로 분류할 경우

연 도	회계처리				
×1.12.10	(차) 기타포괄금융자산	₩770,000	(대)	현금	₩770,000
×1.12.31	(차) 기타포괄평가손실	₩50,000	(대)	기타포괄금융자산	₩50,000
×2.2.1	(차) 기타포괄금융자산	₩90,000	(대)	기타포괄평가손실	₩50,000
				기타포괄평가이익	₩40,000
	현금	₩810,000		기타포괄금융자산	₩810,000
	기타포괄평가이익	₩40,000		미처분이익잉여금	₩40,000

① 당기손익금융자산으로 분류할 경우 20×1년 당기순이익은 ₩50,000 감소(평가손실)하고, 기타포괄금융자산으로 분류할 경우에는 당기순이익에 영향을 미치지 않는다.

② 20×1년 평가손실 ₩50,000 발생으로 당기순이익은 감소한다.

④ 기타포괄금융자산은 평가손익을 당기손익이 아닌 기타포괄손익으로 처리하기 때문에 당기순이익에 미치는 영향은 없다.

⑤ 기타포괄금융자산으로 분류하는 경우 처분수수료가 발생하지 않는 한 처분손익을 인식하지 않는다.

16 ③ 20×2년 말 기타포괄손익누계액: 기말 공정가치 − 취득원가= ₩630 − ₩600 = ₩30
① 20×1년 당기순이익은 ₩50 증가(주식 A)한다.
② 20×1년 기타포괄손익은 ₩20 감소(주식 B)한다.
④ 20×2년 당기순이익은 ₩70 감소(주식 A)한다.
⑤ 20×3년 금융자산처분이익은 ₩40(주식 A)이다.
[당기손익금융자산처분이익]: 처분금액 − 처분직전장부금액 = ₩520 − ₩480 = ₩40 이익
[기타포괄손익금융자산처분이익]: 처분수수료가 발생하지 않는 한 처분손익을 인식하지 않는다.

17 1. 당기손익−공정가치 측정 금융자산(FVPL 금융자산)으로 분류할 경우

20×1년	(차) FVPL 금융자산	₩1,000	(대) 현금	₩1,050
	수수료비용	₩50		
	(차) FVPL 금융자산	₩100	(대) 금융자산평가이익	₩100
20×2년	(차) 현금	₩1,080	(대) FVPL 금융자산	₩1,100
	금융자산처분손실	₩20		

2. 기타포괄손익−공정가치 측정 금융자산(FVOCI 금융자산)으로 분류할 경우

20×1년	(차) FVPL 금융자산	₩1,050	(대) 현금	₩1,050
	(차) FVPL 금융자산	₩50	(대) 금융자산평가이익	₩50
20×2년	(차) 금융자산평가이익	₩20	(대) FVOCI 금융자산	₩20
	현금	₩1,080	FVOCI 금융자산	₩1,080
	금융자산평가이익	₩30	이익잉여금	₩30

④ 기타포괄손익−공정가치 측정 금융자산으로 분류할 경우, 20×2년 기타포괄손익누계액(FVOCI 금융자산평가이익)이 ₩50 감소한다.

18 ① 당기손익금융자산으로 분류하는 경우 취득원가는 ₩3,000,000이며 기타포괄금융자산으로 분류하는 경우 취득원가는 ₩3,030,000이다.
② 당기손익금융자산으로 분류하는 경우에만 공정가치 변화를 당기손익으로 인식한다.
③ 당기손익금융자산으로 분류하는 경우 20×년의 금융자산처분손실은 ₩150,000이다.
④ 총포괄이익은 당기손익금융자산으로 분류하는 경우와 기타포괄금융자산으로 분류하는 경우 동일하다.

19 20×1년도 이자수익: $\text{₩}951,963 \times 12\% = \text{₩}114,236$

20×1년 할인차금 상각액: $\text{₩}114,236 - (\text{₩}1,000,000 \times 0.1) = \text{₩}14,236$

20×2년도 이자수익: $(\text{₩}951,963 + \text{₩}14,236) \times 12\% = \text{₩}115,944$

또는 $\{(\text{₩}951,963 \times 1.12) - (\text{₩}1,000,000 \times 0.1)\} \times 0.12 = \text{₩}115,944$

20 1. 총 이자수익: $(\text{₩}100,000 \times 8\% \times 3\text{년}) + (\text{₩}100,000 - \text{₩}95,025) = \text{₩}28,975$

2. 20×2년, 20×3년 이자수익 $= \text{₩}28,975 - \text{₩}9,502(\text{기인식분}) = \text{₩}19,473$

21 20×2년 초 상각후원가: $\text{₩}1,049,732 \times 1.1 - \text{₩}120,000^* = \text{₩}1,034,705$

$\quad\quad\quad\quad$ * 액면이자: $\text{₩}1,000,000 \times 12\% = \text{₩}120,000$

20×2년 이자수익: $\text{₩}1,034,705 \times 10\% = \text{₩}103,471$

22 1. 기타포괄금융자산 평가손익(기타포괄손익): 원가 $\text{₩}1,000,000$ ⇨ 기말 공정가액 $\text{₩}950,000$
$\quad\quad\quad\quad\quad\quad\quad\quad = \text{₩}50,000$ 손실(감소)

2. 상각후원가금융자산 이자수익(당기손익): $\text{₩}1,000,000 \times 0.04 \times 9/12\text{월} = \text{₩}30,000$

23

연 도	회계처리				
×1년 초	(차)	기타포괄금융자산	₩460,000	(대) 현금 등	₩460,000
×1년 말	(차)	현금(액면이자)	₩40,000	(대) 이자수익(유효이자)	₩46,000
		기타포괄금융자산	₩6,000		
		기타포괄금융자산	₩54,000	기타포괄평가이익	₩54,000
×2년 초	(차)	현금 등	₩290,000	(대) 기타포괄금융자산	₩260,000
		기타포괄평가이익	₩27,000	금융자산처분이익	₩57,000

기타포괄손익－공정가치 측정 금융자산이 채무상품인 경우 처분 시 장부가액은 처분일의 상각후원가로 측정한 후, 처분일의 상각후원가와 처분금액(처분일의 공정가치)의 차액을 처분손익으로 처리한다. 이 때 자본에 누적된 기타포괄손익누계액은 금융자산을 제거할 때 재분류조정으로 자본에서 당기손익으로 재분류한다.

24 1. 20×1년 말 사채할인발행차금 잔액: $\text{₩}49,742 - \text{₩}15,026 = \text{₩}34,716$

2. 20×1년 말 사채 장부금액: $\text{₩}950,258 + \text{상각액 } \text{₩}15,026 = \text{₩}965,284$

3. 20×2년 처분이익: $\text{₩}970,000 - \text{₩}965,284 = \text{₩}4,716$

25 1. 할인차금상각액: $\text{₩}950,000 \times 10\% - \text{₩}80,000 = \text{₩}15,000$

2. 상각후원가: $\text{₩}950,000 + \text{₩}15,000 = \text{₩}965,000$

3. 처분손익: $\text{₩}490,000 - \text{₩}965,000 \times 50\% = \text{₩}7,500$

26 [관계기업투자의 장부가액(기말)]

㉠ 투자주식 취득원가	₩2,000,000	
㉡ 당기순이익	₩400,000	$= ₩1,000,000 × 40\%$
㉢ 배 당 금	−₩240,000	$= ₩600,000 × 40\%$
장부가액(기말)	₩2,160,000	

27 관계기업투자주식: $1,000주 × 30\% × ₩2,000 − 300주 × ₩50 − ₩200,000 × 30\% = ₩525,000$

28 관계기업투자(지분법적용투자주식): 원가 ( ) + 피투자기업 순이익 지분 $₩12,000 × 25\%$ −
배당수취액 $₩6,000 × 25\% =$ 기말장부가액 $₩50,000$
∴ 원가 $= ₩48,500$

29 ① 피투자회사의 순자산공정가치에 대한 지분($₩3,000,000 × 25\% = ₩750,000$)을 초과하여
지급한 대가 $₩250,000$은 영업권에 해당(투자차액)된다. 관계기업 관련 영업권은 해당 투자
자산의 장부금액에 포함된다. 또한 영업권의 상각은 허용되지 않으므로 관계기업의 당기순손
익에 대하여 투자자가 지분법손익을 인식하는 경우에는 당해 상각효과를 포함시키면 안된다.
③ ㈜대한의 현금배당은 ㈜한국의 자산을 $₩50,000$ 증가시키고, 관계기업투자 금액을 $₩50,000$
감소시킨다.
④ 20×1년 말 장부금액: $₩1,000,000 + ₩600,000 × 25\% − ₩200,000 × 25\% = ₩1,100,000$
⑤ 관계기업투자 처분손실: 처분금액 $₩930,000 −$ 장부금액 $₩1,100,000 = (−)₩170,000$

연 도	회 계 처 리				
×1.4.1	(차) 관계기업투자	₩1,000,000	(대) 현금 등	₩1,000,000	
×1.12.31	(차) 관계기업투자	₩150,000	(대) 지분법이익	₩150,000	
×2.3.1	(차) 현금 등	₩50,000	(대) 관계기업투자	₩50,000	
×2.9.1	(차) 현금 등 금융자산처분손실	₩930,000 ₩170,000	(대) 관계기업투자	₩1,100,000	

09 재고자산

01 ③ 재고자산의 매입원가는 매입가격에 수입관세와 매입운임, 하역료는 가산하고, 매입할인, 리베이트는 차감한 금액이다.

02 1. 물가하락시 기말재고자산 평가액 : 선입선출법 < 평균법 < 후입선출법
　　 2. 기말재고액 과소 ⇨ 매출원가 과대 ⇨ 매출총이익 과소

03 ② 한국채택국제회계기준은 재고자산의 단가결정방법으로 후입선출법을 금지하고 있다.

04 ⑤ 기초재고수량과 기말재고수량이 동일하더라도 매입단가가 다르거나, 물가 상승 또는 하락에 따라 선입선출법과 가중평균법을 적용한 기말재고액과 매출원가 금액은 일치하지 않을 수 있다.

05 ① 기말재고액이 과대계상되면 당기순이익도 과대계상된다.
　　 ③ 실지재고조사법은 기록유지가 간편하다는 장점이 있는 반면, 특정시점의 재고자산과 매출원가를 적시에 파악할 수 없다는 단점이 있다.
　　 ④ 도착지 인도기준의 매입상품에 대한 운임은 판매자 부담이므로 취득원가에 산입하지 않는다.
　　 ⑤ 개별법과 선입선출법은 계속기록법과 실지재고조사법의 결과가 일치한다.

06 기말재고액 : ₩10,000(실사액) + (₩1,000 × 0.8) + (₩2,000 × 0.2) = ₩11,200
　　 도착지 인도조건은 판매자의 재고자산이고, 선적지 인도조건의 경우는 구매자의 재고자산이므로 포함되지 않는다.

07 1. 기말재고자산 : ₩110,000 + ₩20,000 = ₩130,000
　　 2. 매출원가 : ₩100,000 + ₩200,000 − ₩130,000 = ₩170,000

08 매출원가 : 기초 ₩200,000 + 매입 ₩1,000,000 − 기말(₩100,000 + ₩200,000×20% + ₩40,000)
　　　　　 = ₩1,020,000

09 1. 수탁상품 ₩16,000은 당사 소유가 아니므로 기말재고자산에서 제외시켜야 한다.

2. 도착지 인도기준의 미착상품 ₩25,000은 '실지재고조사법'에서는 기말재고자산에 포함되지 않는다.

3. 외부 창고에 보관 중인 상품 ₩22,000은 당사 소유이므로 기말재고자산에 포함시켜야 한다.

4. 매입운임 ₩10,000은 매입원가에 포함시켜야 하므로 매출원가에 포함된다.

5. 중복 포함된 상품 ₩8,000은 기말재고자산에서 차감한다.

6. 오류 영향: 매입액 ₩10,000 과소계상, 기말재고자산 ₩2,000 과소계상

7. 매출총이익에 미치는 영향: 매입액 ₩10,000의 과소계상은 매출원가의 과소계상, 기말재고자산 ₩2,000의 과소계상은 매출원가의 과대계상이 되어 결국 매출원가는 ₩8,000의 과소계상이 되어 매출총이익이 ₩8,000 과대계상(증가)된다.

10

매출액	수탁자가 판매한 상품매출액 ₩600,000
적송품 (재고자산)	$\{(₩1,200 \times 500개) + ₩30,000\} \times \dfrac{100개}{500개} = ₩126,000$

11 (주)서울: 기초 ₩100,000 + 매입 ₩240,000 − 기말 (가) = 매출원가 ₩280,000 ⇨ ₩60,000

(주)한성: 기초 (나) + 매입 ₩220,000 − 기말 ₩180,000 = 매출원가 ₩280,000 ⇨ ₩240,000

12

재고자산

기초	₩400,000	매출원가	₩630,000
		환출 및 에누리	₩60,000
총매입	₩600,000	기말	₩310,000
	₩1,000,000		₩1,000,000

13

재고자산

기초재고	₩50,000	총매출액	(?)
총매입액	₩400,000		
매출할인	₩6,000	매입에누리	₩5,000
매출환입	₩7,000	매입할인	₩2,000
매출총이익	₩80,000	기말재고	₩30,000
	₩543,000		₩543,000

14

상 품

기초재고	₩600	총매출	₩11,000
총매입	?	매입에누리	₩800
매입운임	₩200	기말재고	₩500
매출에누리	₩1,000		
매출총이익	₩2,000		
	₩12,300		₩12,300

15 매출원가: 기초제품 ₩17,000 + 당기제품제조원가 ₩280,000 − 기말제품 ₩15,000 = ₩282,000

16

상 품

기초재고	₩70,000	매입환출	₩10,000
총매입	₩40,000	매출	₩120,000
매출총이익	₩40,000	기말재고	₩20,000
	₩150,000		₩150,000

17 기말재고자산: 기초상품 ₩5,000 + 매입액 ₩55,000 − 매입에누리 ₩5,000 − 판매(매출원가)
₩25,000(= ₩5,000(기초분, 10개) + 매입분 40개 × @₩500) = ₩30,000

18

상 품

기초상품재고액	₩120,000	매출액	₩1,700,000
매입액	₩1,300,000	매입에누리와환출	₩100,000
매입운임	₩40,000	기말상품재고액	₩150,000
매출에누리와환입	₩180,000		
매출총이익	₩310,000		
	₩1,950,000		₩1,950,000

19

재고자산

기초상품재고	₩12,000	당기매출액	₩50,000
당기매입액	₩39,000		
매출총이익	₩10,000	기말상품재고	₩11,000
	₩61,000		₩61,000

매입채무(외상매입금)

지급액	₩35,000	기초매입채무	₩8,000
기말매입채무	₩12,000	당기매입액	₩39,000
	₩47,000		₩47,000

20

매입채무

지급	₩17,500	기초	₩4,000
기말	₩6,000	매입	₩19,500
	₩23,500		₩23,500

재고자산

기초상품재고	₩6,000	당기매출	₩25,000
당기매입	₩19,500		
매출총이익	₩5,000	기말상품재고	₩5,500
	₩30,500		₩30,500

21 1. 외상매출액: 회수액 ₩890,000 + 기말잔액 ₩80,000 − 기초잔액 ₩120,000 = ₩850,000
2. 외상매입액: 지급액 ₩570,000 + 기말잔액 ₩130,000 − 기초잔액 ₩60,000 = ₩640,000
3. 매출원가: 기초상품 ₩70,000 + 매입액 ₩640,000 − 기말상품 ₩90,000 = ₩620,000
4. 매출총이익: 매출액 ₩850,000 − 매출원가 ₩620,000 = ₩230,000

22 매출원가: ₩1,340,000/(1 + 0.25) = ₩1,072,000
장부상 기말재고자산: ₩60,000 + ₩1,260,000 − ₩1,072,000 = ₩248,000
소실된 재고자산: (₩248,000 − ₩4,000) × 30% = ₩73,200
미착상품은 실지재고액에 포함되지 않으므로 소실된 재고자산에서 제외한다.

23 1. 매출원가: 기초 ₩20,000 + 매입 ₩100,000 − 기말 ₩40,000 = ₩80,000
2. 매출액: ₩80,000 ÷ (1 − 0.2) = ₩100,000

24 순매출액: ₩215,000 − ₩20,000 − ₩15,000 = ₩180,000
매출원가: ₩180,000 × (1 − 25%) = ₩135,000
기말재고자산 추정액: ₩18,000 + (₩140,000 − ₩5,000 − ₩13,000 + ₩10,000) − ₩135,000
= ₩15,000

25 1. 매출원가: ₩2,000,000 × (1 − 0.25) = ₩1,500,000
2. 장부상 기말재고자산: ₩400,000 + ₩1,600,000 − ₩1,500,000 = ₩500,000
3. 화재손실 추정액: ₩500,000 − ₩20,000 = ₩480,000

26

재고자산			
기초상품재고액	₩250,000	당기매출액	₩1,200,000
당기상품매입액	₩1,300,000		
매출총이익	₩240,000	기말상품재고액(추정)	₩590,000
	₩1,790,000		₩1,790,000

원 소실 재고자산: ₩590,000 − ₩150,000 = ₩440,000

27

상 품			
기초상품	(0.8x)	매 출 액	₩3,000,000
매 입 액	₩2,500,000	기말상품	(x)
매출총이익	₩900,000*		
	₩3,400,000 + 0.8x		₩3,000,000 + x

* 매출총이익률 30%, 매출액 ₩3,000,000 × 30% = ₩900,000
따라서 $0.8x + ₩2,500,000 + ₩900,000 = ₩3,000,000 + x$
∴ x(기말재고액) = ₩2,000,000
기초재고액: ₩2,000,000 × 0.8 = ₩1,600,000

28 1. 매출원가: 기초 ₩2,000 + 매입 ₩10,000 − 기말 ₩4,000 = ₩8,000

2. 매출액: ₩8,000 × (1 + 0.1) = ₩8,800

29 1. 매출원가: ₩30,000 + ₩90,000 − ₩20,000 = ₩100,000

2. 매출액: ₩100,000 × (1 + 0.25) = ₩125,000

3. 기말매출채권: ₩10,000 + ₩125,000 − ₩100,000 = ₩35,000

4. 횡령추정액: ₩35,000 − ₩15,000 = ₩20,000

30

실지재고조사법	(차)	상품	₩2,000	(대)	상품	₩1,000
		매출원가	₩5,000		매입	₩6,000
계속기록법	결산수정분개 없음					

31 ⑤ 선입선출법의 경우에는 계속기록법과 실지재고조사법의 결과금액이 같다. 따라서 실사법으로 계산하면 간편하다.

매출원가(판매된 700개): 200개 × @₩1,000 + 300개 × @₩1,200 + 200개 × @₩1,300 = ₩820,000

32 매출원가: 100개 × ₩11 + 50개 × ₩20 + 110개 × ₩30 = ₩5,400

33 1. 매출액: 700개 × ₩20 = ₩14,000

2. 매출원가: 100개 × ₩10 + 500개 × ₩12 + 100개 × ₩15 = ₩8,500

3. 매출총이익: ₩14,000 − ₩8,500 = ₩5,500

34 1. 기말재고자산: 20개 × @₩180 = ₩3,600

2. 매출액: 25개 × @₩300 + 25개 × @₩320 = ₩15,500

3. 매출원가: 20개 × @₩150 + 30개 × @₩200 = ₩9,000

4. 매출총이익: ₩15,500 − ₩9,000 = ₩6,500

35 1. 선입선출법

매출원가: (50개 × ₩100) + (70개 × ₩108) = ₩12,560

2. 이동평균법

이동평균단가: (50개 × ₩100) + (150개 × ₩108) ÷ 200개 = @₩106

매출원가: 120개 × @₩106 = ₩12,720

36 1. 선입선출법 매출원가

12	₩100	₩1,200
20	₩110	₩2,200
12	₩130	₩1,560
44		₩4,960

2. 가중평균법(실지재고조사법) 매출원가

$$총평균단가 : \frac{₩7,200}{60} = ₩120$$

$$매출원가 : 44 \times ₩120 = ₩5,280$$

37 1. 물가(구입단가) 상승시의 기말재고액 크기: 선입선출법 > 이동평균법 > 총평균법 > 후입선출법
2. 물가(구입단가) 상승시의 매출원가 크기: 선입선출법 < 이동평균법 < 총평균법 < 후입선출법
따라서 금액 계산 필요 없이 지문에서 옳은 설명은 ③번이다.

38 20×5 순이익 : 후입선출법 순이익(₩120,000) + 기말재고액 증가(₩40,000) − 기초재고액 증가
(₩50,000) = ₩110,000

39

㉠ 기말재고액(매가)	₩30,000 + ₩350,000 + ₩30,000 − ₩10,000 − ₩300,000 = ₩100,000
㉡ 원가율	$\dfrac{₩20,000 + ₩220,000}{₩30,000 + ₩350,000 + ₩30,000 − ₩10,000} = 60\%$
㉢ 기말재고액(원가)	₩100,000 × 60% = ₩60,000

40 전통소매재고조사법은 저가법에 의한 평균법을 의미한다.
저가법은 원가율 산정시 순인하액은 고려하지 않는다.

㉠ 기말재고액(매가)	₩700,000 + ₩2,100,000 + ₩200,000 − ₩100,000 − ₩2,000,000 = ₩900,000
㉡ 원가율	$\dfrac{₩600,000 + ₩1,200,000}{₩700,000 + ₩2,100,000 + ₩200,000} = 60\%$
㉢ 기말재고액(원가)	₩900,000 × 60% = ₩540,000

41

원가율	$\dfrac{₩1,000 + ₩20,000 − ₩1,000}{₩1,500 + ₩24,000 + ₩1,300 − ₩700 − ₩1,100} = 80\%$
기말재고자산 매가	₩1,500 + ₩24,000 + ₩1,300 − ₩700 − ₩1,100 − ₩22,000 − ₩1,000 = ₩2,000
기말재고자산 원가	₩2,000 × 80% = ₩1,600

- 정상파손, 종업원할인 : 정상적인 영업활동에서 발생하는 것이므로 매출원가로 처리한다. 동 금액을 조정하지 않으면 기말재고매가가 과대평가된다. 따라서 기말재고매가를 적정하게 평가하기 위하여 매출액에 가산하는 형식으로 표시한다.
- 비정상파손 : 정상적인 영업활동과 무관하게 발생한 것으로 기타비용으로 처리하여야 한다. 따라서 처음부터 구입하지 않은 것처럼 원가와 매가에서 각각 차감한다.

42

㉠ 기말재고액(매가)	$\text{₩}3,000 + \text{₩}19,900 + \text{₩}270 - \text{₩}50 - \text{₩}180 + \text{₩}60 - \text{₩}200 - \text{₩}20,000 = \text{₩}2,800$
㉡ 원가율	$\dfrac{\text{₩}14,900}{\text{₩}19,900 + \text{₩}270 - \text{₩}50 - \text{₩}180 + \text{₩}60} = 0.745$
㉢ 기말재고액(원가)	$2,800 \times 0.745 = \text{₩}2,086$

- 종업원할인은 기말재고자산 매가계산에서만 차감하고, 원가율 계산에는 반영하지 않는다. 이유는 종업원할인이 있다고 해서 회사가 취급하는 상품의 판매가치가 변동되었다고 볼 수 없기 때문이다.

43 1. 매가기준 기말재고액 : $\text{₩}5,000 + \text{₩}40,000 - \text{₩}30,000 = \text{₩}15,000$
2. 원가율 : $(\text{₩}4,000 + \text{₩}32,000)/(\text{₩}5,000 + \text{₩}40,000) = 80\%$
3. 원가기준 기말재고액(장부) : $\text{₩}15,000 \times 80\% = \text{₩}12,000$
4. 실지 재고자산 원가추정액 : $\text{₩}12,000 \times 80\% = \text{₩}9,600$
5. 도난상품 추정액 : 장부 $\text{₩}12,000$ - 실지 $\text{₩}9,600 = \text{₩}2,400$

44 ③ 큰 → 작은

45 재고자산감모손실 : $(5,000개 - 4,500개) \times \text{₩}500 = \text{₩}250,000$
재고자산평가손실 : $4,500개 \times (\text{₩}500 - \text{₩}350) = \text{₩}675,000$

46 장부재고액 : $1,100개 \times (\text{₩}500)$
실지재고액 : $1,000개 \times (\text{₩}500)$ — 감모손실 $\text{₩}50,000 = 100개 \times (\text{₩}500①)$
순실현가능가치 : $1,000개 \times (\text{₩}460③)$ — 평가손실 $\text{₩}40,000 = 1,000개 \times (\text{₩}40②)$

47 재고자산의 시가가 장부가액 이하로 하락하여 발생한 평가손실은 재고자산의 차감계정으로 표시하고 매출원가에 가산하며, 저가법은 상품이 유사하거나 관련이 없다면 항목별로 적용한다.

종 목	취득원가	순실현가능가액	저가 평가액	평가손실
상품 A	₩10,000	₩9,000	₩9,000	₩1,000
상품 B	₩40,000	₩42,000	₩40,000	—
상품 C	₩90,000	₩84,000	₩84,000	₩6,000
계				₩7,000

48

항 목	재고수량	단위당 취득원가	단위당 추정판매가격	단위당 추정판매비용	순실현가치	항목별 저가	재고자산 평가손실
A	120개	₩4,000	₩5,500	₩600	₩4,900	₩4,000	—
B	150개	₩3,400	₩3,400	₩500	₩2,900	₩2,900	₩75,000
C	130개	₩2,300	₩2,500	₩300	₩2,200	₩2,200	₩13,000
D	100개	₩3,500	₩4,600	₩600	₩4,000	₩3,500	—
계							₩88,000

49

종 목	취득원가	순실현가능가액 (= 추정판매가 − 판매비)	저가기준적용 종목별기준	저가기준적용 총계기준
A	₩300,000	₩350,000	₩300,000	
B	₩360,000	₩320,000	₩320,000	
C	₩60,000	₩60,000	₩60,000	
D	₩80,000	₩60,000	₩60,000	
계	₩800,000	₩790,000	₩740,000	₩790,000

50 재고자산평가충당금 : $476개 \times (85 - 83) = ₩952$

> **도움말** 저가법 적용시 적용되는 공정가치(시가)
> 1. 상품, 제품, 재공품 : 순실현가능가치
> 2. 원재료 : 현행대체원가. 단, 원재료를 투입하여 완성할 제품의 시가가 원가보다 높을 경우에는 원재료에 대하여 저가법을 적용하지 않는다.

51

재고자산

기초재고자산	₩50,000	매출원가	₩651,000
매입액	₩700,000	비정상 감모손실	₩4,000
		기말재고자산(저가)	₩95,000
	₩750,000		₩750,000

52 1. 재고자산 감모손실과 평가손실
　　1) 감모손실 : $(2,500개 - 2,000개) \times @₩1,000 = ₩500,000$
　　2) 평가손실 : $2,000개 \times (@₩1,000 - @₩900) = ₩200,000$
　2. 당기순이익(재고자산 감모손실과 평가손실은 당기비용으로 처리한다.)

약식 손익계산서

기초재고자산	₩1,000,000	매출액	₩4,400,000
매입액	₩3,000,000	기말재고자산	₩2,500,000
재고자산감모손실	₩500,000		
재고자산평가손실	₩200,000		
당기순이익	₩2,200,000		
	₩6,900,000		₩6,900,000

53 〈기말재고액〉

장부재고액	100개 × ₩500	= ₩50,000	감모손실 ₩5,000
실지재고액	90개 × ₩500	= ₩45,000	
순실현가치	90개 × (₩450 − ₩50)	= ₩36,000	평가손실 ₩9,000

• 정상적감모손실 : ₩5,000 × 40% = ₩2,000

재고자산

기초상품재고액	₩10,000	매출원가	₩71,000
당기매입액	₩100,000		
정상적인 감모손실	₩2,000	기말상품재고액(장부)	₩50,000
평가손실	₩9,000		
	₩121,000		₩121,000

또는

재고자산

기초상품재고액	₩10,000	매출원가	₩71,000
		비정상 감모손실	₩3,000
당기매입액	₩100,000	기말상품재고액(저가)	₩36,000
	₩110,000		₩110,000

10 유형자산

Answer

01 ④	02 ④	03 ⑤	04 ④	05 ③	06 ④	07 ④	08 ①	09 ④	10 ②
11 ④	12 ④	13 ④	14 ④	15 ③	16 ②	17 ②	18 ②	19 ①	20 ②
21 ④	22 ④	23 ②	24 ⑤	25 ③	26 ①	27 ④	28 ③	29 ②	30 ①
31 ④	32 ③	33 ①	34 ①	35 ⑤	36 ②	37 ②	38 ③	39 ④	40 ②
41 ②	42 ①	43 ②	44 ④	45 ③	46 ③	47 ①	48 ③	49 ③	50 ①
51 ③	52 ④	53 ②	54 ③	55 ②	56 ①	57 ③	58 ②	59 ②	60 ④
61 ②	62 ①	63 ⑤	64 ③	65 ⑤	66 ②	67 ③	68 ④	69 ②	70 ⑤
71 ①	72 ②	73 ①	74 ④	75 ③	76 ④	77 ①	78 ③		

01 ④ 최초에 추정되는 복구원가의 현재가치를 유형자산의 원가에 포함한다.
① 새로운 시설을 개설하는 데 소요되는 원가는 유형자산의 원가를 구성하지 않는다.
② 시제품의 매각금액과 그 재화의 원가는 각각 당기손익으로 인식한다.
③ 완전조업도 수준에 미치지 못하는 경우에 발생하는 원가, 초기 가동손실 등은 유형자산의 장부금액에 포함하지 않는다.
⑤ 기업의 영업 전부 또는 일부를 재배치하거나 재편성하는 과정에서 발생하는 원가는 유형자산의 장부금액에 포함 하지 아니한다.

02 ④ 건물의 취득원가(×) ⇨ 토지의 취득원가

03 ① 판매목적의 자산은 재고자산이다.
② 초기 가동손실은 취득원가에 포함하지 않는다.
③ 총매각금액 ⇨ 순매각금액
④ 유형자산 분류별로 적용한다.

04 ④ 건물은 신축하기 위하여 사용중인 기존 건물을 철거하는 경우 그 건물의 장부금액은 제거하여 처분손실로 반영하고, 철거비용은 전액 당기비용으로 처리한다.

05 ③ 관리 및 기타 일반간접원가는 자산의 취득과 관련된 직접비용이 아니므로 기간비용으로 처리한다.

06 토지 취득원가: 구입비 ₩500,000 + 취득세 ₩20,000 + 구입제비용 ₩35,000 = ₩555,000
♫ 범칙금은 자산의 취득원가에 포함되지 않는다.

07 토지 취득원가: ₩500,000 + 30,000 + (50,000 − 20,000) + 100,000 = ₩660,000

08 토지 취득원가 : ₩3,000 + (₩500 − ₩300) + ₩1,000 + ₩50 + ₩100 = ₩4,350

09

구 분	취득원가
토 지	$₩1,500,000 \times \dfrac{₩1,350,000}{₩2,000,000} = ₩1,012,500$
건 물	$₩1,500,000 \times \dfrac{₩420,000}{₩2,000,000} = ₩315,000$
기계장치	$₩1,500,000 \times \dfrac{₩230,000}{₩2,000,000} = ₩172,500$

일괄구입자산은 각 자산의 상대적공정가치에 비례하여 안분계산한다.

10 건설 중인 자산 : ₩2,000 + ₩500 + ₩4,000 + ₩150 + ₩1,700 = ₩8,350

11 토지 취득원가 : ₩300,000 + ₩20,000 = ₩320,000
토지와 건물의 일괄 취득 후 기존 건물 철거비용은 전액 토지원가에 포함한다.

12 1. 취득한 건물을 계속 사용할 경우 : 일괄취득 ⇨ 상대적 공정가치 비율로 안분

토지 : $(₩10,000 + ₩100) \times \dfrac{₩6,000}{₩6,000 + ₩6,000} = ₩5,050$

2. 기존건물을 철거하고 신건물 신축의 경우
토지 : ₩10,000 + ₩100 + (₩500 − ₩100) = ₩10,500

13 취득원가 : ₩25,000 + ₩5,000 + ₩4,000 − ₩3,000 + ₩3,000 = ₩34,000

14 ㈜서울 유형자산처분손익 = 제공자산 공정가치 − 장부금액
= ₩60,000 − ₩50,000 = ₩10,000 이익

```
㈜서울의 회계처리
(차) 기계장치          ₩75,000       (대) 기계장치              ₩50,000
                                         현금                   ₩15,000
                                         유형자산처분이익         ₩10,000
```

```
㈜한성의 회계처리
(차) 기계장치          ₩55,000       (대) 기계장치              ₩65,000
    현금              ₩15,000           유형자산처분이익         ₩5,000
```

15 유형자산처분손익 : 제공자산 공정가 − 장부가
㈜한국 : ₩150,000 − ₩300,000 = (−)₩150,000
㈜대한 : ₩250,000 − ₩350,000 = (−)₩100,000

16 1. 현금수령액 계산

구 분	㈜대한	㈜민국
장부금액	₩550,000	₩350,000
처분손실	₩100,000	₩50,000
공정가치	₩450,000	₩300,000

⇨ 차액 ₩150,000(현금수수액)

2. 회계처리

㈜대한의 회계처리

(차) 감가상각누계액	₩150,000	(대) 기계장치	₩700,000
현금	₩150,000		
기계장치	₩300,000		
유형자산처분손실	₩100,000		

㈜민국의 회계처리

(차) 감가상각누계액	₩250,000	(대) 기계장치	₩600,000
기계장치	₩450,000	현금	₩150,000
유형자산처분손실	₩50,000		

17 1. 2년간 감가상각누계액 : (₩2,100,000 − ₩100,000) × 2/5년 = ₩800,000
2. 20×3년 장부가액 : ₩2,100,000 − ₩800,000 = ₩1,300,000
3. 유형자산처분손익 = 제공자산 공정가치 ₩1,325,450 − 장부가액 ₩1,300,000
= ₩25,450 이익

18 20×4년 12월 31일 회계처리

(차) 감가상각비	₩2,000,000	(대) 감가상각누계액	₩2,000,000
국고보조금	₩500,000	감가상각비	₩500,000

∴ 인식할 감가상각비 : ₩2,000,000 − ₩500,000 = ₩1,500,000

19 1. 1.5년 감가상각비 : (₩1,000,000 − ₩100,000 − ₩0) × 1.5년/5년 = ₩270,000
정부보조금을 취득원가에서 차감하고 계산하는 것이 간편하다.
2. 처분 전 장부금액 : ₩1,000,000 − ₩100,000 − ₩270,000 = ₩630,000
3. 처분손익 : 처분금액 ₩620,000 − 장부금액 ₩630,000 = (−)₩10,000(손실)

[연도별 회계처리]

×1.10.1	(차)	현금	₩100,000	(대)	정부보조금	₩100,000
		설비자산	₩1,000,000		현금	₩1,000,000
×1.12.31	(차)	감가상각비	₩50,000	(대)	감가상각누계액	₩50,000
		정부보조금	₩5,000		감가상각비	₩5,000
×2.12.31	(차)	감가상각비	₩200,000	(대)	감가상각누계액	₩200,000
		정부보조금	₩20,000		감가상각비	₩20,000
×3.4.1	(차)	감가상각비	₩50,000	(대)	감가상각누계액	₩50,000
		정부보조금	₩5,000		감가상각비	₩5,000
	(차)	감가상각누계액	₩300,000	(대)	설비자산	₩1,000,000
		정부보조금	₩70,000			
		현금	₩620,000			
		설비자산처분손실	₩10,000			

20 20×1년 말 감가상각비 : (₩200,000 − ₩100,000 − ₩0) × 1/5 = ₩20,000

20×1년 말 장부금액 : ₩200,000 − ₩100,000 − ₩20,000 = ₩80,000

21

	차 변			대 변	
20×1년 초	구축물	₩562,090		현금	₩500,000
				복구충당부채	₩62,090
	* 복구충당부채 현재가치 : ₩100,000 × 0.6209 = ₩62,090				
20×1년 말	감가상각비	₩102,418		감가상각누계액	₩102,418
	이자비용	₩6,209		복구충당부채	₩6,209
	* 감가상각비 : (₩562,090 − ₩50,000) × 1/5 = ₩102,418				
	* 복구충당부채 전입액(이자비용) : ₩62,090 × 10% = ₩6,209				

22 1. 회계처리

(차)	구축물	₩844,180	(대)	현금	₩720,000
				복구충당부채	₩124,180
(차)	이자비용	₩12,418	(대)	복구충당부채	₩12,418
	감가상각비	₩164,836		감가상각누계액	₩164,836

2. 인식할 비용총액 : ₩12,418 + ₩164,836 = ₩177,254

3. 20×1년 말 장부금액 : ₩844,180 − ₩164,836 = ₩679,344

23 추가로 인식할 총비용은 복구비용 지출액 ₩30,000이다.
- 복구의무 없을 경우의 총비용 : 감가상각비
- 복구의무 있을 경우의 총비용 : 감가상각비 + 복구비용

24 장기연불구입에 해당하므로 현재가치로 평가하여야 한다.
취득원가 = 연불금액 × ₩1의 연금현재가치 = ₩10,000 × ₩3.35 = ₩33,500

(차) 기계장치	₩33,500	(대) 장기미지급금	₩50,000
현재가치할인차금	₩16,500		

25 ③ 금융자산은 적격자산에 해당되지 않는다.

26 ① 금융자산, 생물자산과 같이 최초 인식시점에 공정가치는 순공정가치로 측정하는 자산과 단기간 내에 제조되거나 다른 방법으로 생산되는 재고자산은 적격자산에 해당되지 아니한다.

27 ④번은 수익적지출(당기손익)이고 나머지는 자본적지출(자본화)이다.

28 ③ 후속원가(취득 후 지출)는 자산의 최초 취득시 자산인식기준을 준용하여 회계처리한다. 따라서 후속원가가 자산인식기준을 충족하면 자산으로 처리한다.

29 자본적 지출 : ₩6,400 + ₩9,300 = ₩15,700

30 ① 감가상각은 자산의 평가과정이 아니라 원가의 배분과정이므로 공정가치 변동을 반영하기 위한 목적은 아니다.

31 ④ 유형자산이 운휴 중이거나 적극적인 사용상태가 아니어도 감가상각이 완전히 이루어지기 전까지는 감가상각을 중단하지 않는다.

32 ③ 연수합계법에 의한 감가상각비는 매기 일정액으로 감소하는 감가상각 방법으로, 매기 감가상각비의 차액을 동일하게 나타내는 감가상각 방법이다.

33 건물 취득원가 : ₩2,400,000 × ₩720,000/₩2,880,000 = ₩600,000
건물 감가상각비 : (₩600,000 − ₩60,000) × 5/15 × 6/12 = ₩90,000

34 ① 감가상각대상금액은 ₩100(= ₩110 − ₩10)이다.

35

$$정액법에 의한 감가상각비 = \frac{취득원가 - 잔존가치}{내용연수}$$

$$₩34,000,000 = \frac{취득원가 - ₩0}{10년} \times 4년$$

$$\therefore 취득원가 = ₩85,000,000$$

36

20×4년 감가상각비	
− 20×4년 1/1 ~ 6/30 $(₩1,200,000 - ₩200,000) \times 2/10 \times 6/12$	₩100,000
− 20×4년 7/1 ~ 12/31 $(₩1,200,000 - ₩200,000) \times 1/10 \times 6/12$	₩50,000
계	₩150,000

37 취득원가를 x 라 하면

$$(x - ₩5,000) \times \frac{3}{15} = ₩20,000$$

$$\therefore x = ₩105,000$$

38 1. 이중체감율 : $2/5 = 0.4$

2. 20×1.7.1~20×1.12.31 : $₩10,000 \times 0.4 \times 6/12 = ₩2,000$

3. 20×2.1.1~20×2.12.31 : $(₩10,000 - ₩2,000) \times 0.4 = ₩3,200$

39 1. 건물 취득원가 : $₩2,000,000 \times ₩1,500,000/₩2,500,000 = ₩1,200,000$

2. 감가상각비

연 도		감가상각비
20×1	7/1~12/31	$₩1,200,000 \times 3/6 \times 6/12 = ₩300,000$
20×2	1/1~6/30	$₩1,200,000 \times 3/6 \times 6/12 = ₩300,000$
	7/1~12/31	$₩1,200,000 \times 2/6 \times 6/12 = ₩200,000$

40 1. 20×1년부터 20×2년까지의 감가상각누계액(정률법)

20×1년 : $₩100,000 \times (\quad\%) = ₩40,000$(수정전시산표상 감가상각누계액)

따라서 정률은 40%이다.

20×2년 : $(₩100,000 - ₩40,000) \times 40\% = ₩24,000$

따라서 20×2년 말 감가상각누계액은 ₩64,000이다.

2. 장부금액

$₩100,000 - ₩64,000 = ₩36,000$

41 차량 A의 취득원가 : $₩900,000 + ₩90,000 + (₩100,000 - ₩90,000) = ₩1,000,000$

20×2년 상각비 : $₩1,000,000 × 3/10 = ₩300,000$

42

구 분		감가상각비
20×1	10/1 ~ 12/31	$(₩1,200,000 - ₩200,000) × 4/10 × 3/12 = ₩100,000$
20×2	1/1 ~ 9/30	$(₩1,200,00 - ₩200,000) × 4/10 × 9/12 = ₩300,000$
	10/1 ~ 12/31	$(₩1,200,00 - ₩200,000) × 3/10 × 3/12 = ₩75,000$

감가상각누계액 : $₩100,000 + ₩375,000 = ₩475,000$

43 1. 간편법

초기상각비 크기 : 이중체감법 > 정률법 > 연수합계법 > 정액법

이를 이용하면 1차 년도에 인식할 감가상각비가 가장 크게 계상되는 방법은 지문 중 정률법이다.

2. 1차 년도 감가상각비

1) 정액법 : $(₩2,000,000 - ₩200,000) × 1/4 = ₩450,000$

2) 정률법 : $₩2,000,000 × 0.44 = ₩880,000$

3) 연수합계법 : $(₩2,000,000 - ₩200,000) × 4/10 = ₩720,000$

4) 생산량비례법 : $(₩2,000,000 - ₩200,000) × 10/100톤 = ₩180,000$

44

자 산	취득원가	추정 잔존가치	감가상각대상 금액	추정 내용연수	감가상각비
건물 A	$₩110,000$	$₩10,000$	$₩100,000$	5년	$₩20,000$
건물 B	$₩550,000$	$₩50,000$	$₩500,000$	10년	$₩50,000$
계	$₩660,000$	$₩60,000$	$₩600,000$		$₩70,000$

$$종합평균내용연수 = \frac{감가상각\ 대상금액\ 합계}{감가상각비\ 합계} = \frac{₩600,000}{₩70,000} = 8.57년$$

$$종합상각률 = \frac{감가상각비\ 합계}{취득원가\ 합계} = \frac{₩70,000}{₩660,000} = 10.60\%$$

45 1. 처분직전 감가상각누계액 : $(₩2,000 - ₩200) × 1/4 = ₩450$

2. 처분손익 : 처분금액 - 처분직전의 장부금액

$$= ₩1,300 - (₩2,000 - ₩450) = ₩250\ 처분손실$$

46 감가상각누계액 : $\{(₩80,000 - ₩5,000) × 5/15\} + \{(₩80,000 - ₩5,000) × 4/15 × 6/12\} = ₩35,000$

처분 시 장부금액 : $₩80,000 - ₩35,000 = ₩45,000$

처분손익 : $₩40,000 - ₩45,000 = (-)₩5,000$

47 1. 처분시까지의 감가상각누계액

   − 20×1. 4/1 ~ 20×2. 3/31 : (₩80,000 − ₩5,000)×5/15 = ₩25,000

   − 20×2. 4/1 ~ 20×2. 9/30 : (₩80,000 − ₩5,000)×4/15×6/12 = ₩10,000

   − 감가상각누계액 : ₩25,000 + ₩10,000 = ₩35,000

2. 처분시의 장부금액 : ₩80,000 − ₩35,000 = ₩45,000

3. 처분손익 : ₩43,000 − ₩45,000 = (−)₩2,000(손실)

48 1. 유형자산처분손익

   1) 처분직전의 감가상각누계액 : ₩10,000×(4 + 3)/10 = ₩7,000

   2) 처분손익 : 처분금액 − 처분직전의 장부금액

      = ₩4,000 − (₩10,000 − ₩7,000) = ₩1,000 이익 (+)

2. 20×2년도(2차년도) 감가상각비 : ₩10,000×3/10 = ₩3,000 (−)

3. 당기순이익에 미치는 영향 : 1. + 2. = ₩2,000 감소

49 1. 20×1년 감가상각비 : (₩100,000 − ₩10,000)×1/6 = ₩15,000

2. 20×2. 1/1~20×3. 4/1 감가상각비 : (₩100,000 + ₩5,000 − ₩15,000 − ₩10,000)×

   15월/60월 = ₩20,000

3. 20×3. 4/1 장부금액 : (₩100,000 + ₩5,000) − (₩15,000 + ₩20,000) = ₩70,000

4. 처분손익 : ₩65,000 − ₩70,000 = (−)₩5,000 손실

50 장부금액 : {₩1,300,000 − ₩200,000 − (₩1,300,000 − ₩200,000 − ₩100,000)×2/4} = ₩600,000

처분손익 : ₩700,000 − ₩600,000 = ₩100,000 이익

51 1. 회계처리

연 도	차변과목 및 금액		대변과목 및 금액	
×1 초	감가상각누계액	₩80,000	기계장치	₩100,000
	장기미수금	₩100,000	현재가치할인차금	₩11,000
			유형자산처분이익	₩69,000
	* 장기미수금의 현재가치 : ₩100,000×0.89 = ₩89,000			
×1 말	현재가치할인차금	₩5,340	이자수익	₩5,340
	* 현재가치할인차금 상각액 : 장부금액(₩100,000 − ₩11,000)×0.06 = ₩5,340			

2. 당기순이익에 미치는 영향

   유형자산처분이익 ₩69,000 + 이자수익 ₩5,340 = ₩74,340 증가

52 건물(원가) 변동: 기초 ₩400,000 + 증가 ₩140,000 − 감소 (?) = 기말 ₩460,000 ⇨ ₩80,000
　　감가상각누계액 변동: 기초 ₩140,000 + 증가 ₩50,000 − 감소 (?) = ₩160,000 ⇨ ₩30,000
　　건물 순감소액: ₩80,000 − ₩30,000 = ₩50,000
　　건물처분으로 인한 현금유입액: 순감소액 ₩50,000 + 처분이익 ₩10,000 = ₩60,000

53 건물 취득원가: ₩1,000,000 × ₩500,000/₩1,250,000 = ₩400,000
　　감가상각누계액: (₩400,000 − ₩100,000) × 2/5 = ₩120,000
　　유형자산처분손실: ₩400,000 − ₩120,000 = ₩280,000(장부금액)

54 ③ 감가상각방법의 변경은 회계정책의 변경이 아니라 회계추정의 변경이다.

55 ② 유형자산의 회수가능액은 자산의 순공정가치와 사용가치 중 큰 금액을 말한다.

56 손상차손: 장부금액 ₩900,000 − 회수가능액 Max[₩400,000, ₩500,000] = ₩400,000

57 손상차손: 손상직전의 장부금액 − 회수가능액
　　　　　　 = 1. − 2. = ₩1,600,000 − ₩1,100,000 = ₩500,000
　　1. 손상직전의 장부금액: 취득원가 − 감가상각누계액
　　　 = ₩2,000,000 − [(₩2,000,000 − ₩0) × 1/5] = ₩1,600,000
　　2. 회수가능액: ①, ② 중 큰 금액　₩1,100,000
　　　 ① 순공정가치: ₩1,100,000, ② 사용가치: ₩1,000,000

58 20×3년 말 손상 전 장부금액: ₩2,000,000 − {(₩2,000,000 − ₩200,000) × 3/6} = ₩1,100,000
　　손상차손: ₩1,100,000 − Max[₩600,000, ₩550,000] = ₩500,000
　　손상 후 장부금액: ₩600,000
　　* 간편법: 손상 후 장부금액: Max[₩600,000, ₩550,000]

59 1. 20×1년 감가상각비: (₩5,000,000 − ₩500,000) ÷ 5 × (9/12) = ₩675,000
　　2. 20×1년 손상차손: (₩5,000,000 − ₩675,000) − ₩950,000 = ₩3,375,000
　　3. 20×1년 당기손익에 미치는 영향: ₩675,000 + ₩3,375,000 = ₩4,050,000 감소
　　4. 20×1년 기계장치 장부금액: ₩5,000,000 − ₩675,000 − ₩3,375,000 = ₩950,000

60 • 손상차손 환입액 = [회복된 회수가능액 ₩7,000, 손상 전 장부금액 ₩6,000] 중 작은 금액 −
　　　　　　　　　　 장부금액 = ₩6,000 − ₩4,800 = ₩1,200
　　• 손상 전 장부금액 = ₩10,000 − (₩10,000 × 4/10) = ₩6,000
　　• 장부금액 = ₩6,400 − ₩6,400 × 2/8 = ₩4,800

61 1. 20×4년 말 장부금액 : ₩10,000,000 − {(₩10,000,000 − ₩0) × 4/10년} = ₩6,000,000

2. 20×4년 말 손상차손 : ₩6,000,000 − Max[₩3,000,000, ₩3,600,000] = ₩2,400,000

3. 20×5년 감가상각비 : ₩3,600,000 × 1/6년 = ₩600,000

4. 20×5년 말 환입 전 장부금액 : ₩3,600,000 − ₩600,000 = ₩3,000,000

5. 20×5년 손상 전 상각 후 장부금액(환입한도액) : ₩10,000,000 − (₩10,000,000 × 5/10) = ₩5,000,000

6. 20×5년 손상차손 환입액 : Min[회복회수가능액 ₩5,500,000, 손상전장부금액 ₩5,000,000] −

   장부금액 ₩3,000,000 = ₩2,000,000

62 1. 20×1년 감가상각비 : (₩1,200,000 − ₩0) × 1/3년 × 6/12월 = ₩200,000

2. 20×1년 장부금액 : ₩1,200,000 − ₩200,000 = ₩1,000,000

3. 20×1년 손상차손 : ₩1,000,000 − ₩600,000 = ₩400,000

4. 20×2년 감가상각비 : ₩600,000 × 1/2.5년 = ₩240,000

5. 20×2년 환입 전 장부금액 : ₩600,000 − ₩240,000 = ₩360,000

6. 20×2년 손상 전 상각 후 장부금액(한도액) : ₩1,200,000 − {(₩1,200,000 − ₩0) × 1.5/3년}

   = ₩600,000

7. 20×2년 손상차손환입 : ₩600,000(6) − ₩360,000(5) = ₩240,000

63 1. 20×2년 말 손상 전 장부금액 : ₩480,000 − {(₩480,000 − ₩0) × 2/5년} = ₩288,000

2. 20×2년 말 손상차손 : ₩288,000 − Max[₩180,000, ₩186,000] = ₩102,000

3. 20×3년 감가상각비 : ₩186,000 × 1/3년 = ₩62,000

4. 20×3년 환입 전 장부금액 : ₩186,000 − ₩186,000 × 1/3년 = ₩124,000

5. 20×3년 손상 전 장부금액(한도) : ₩480,000 − {(₩480,000 − ₩0) × 3/5년} = ₩192,000

6. 손상차손 환입액 : ₩192,000 − ₩124,000 = ₩68,000

64 1. 20×1년 감가상각비 : (₩200,000 − ₩0) × 1/5 = ₩40,000

2. 20×1년 말 장부금액 : ₩200,000 − ₩40,000 = ₩160,000

3. 20×1년 말 손상차손 인식 후 장부금액 :

   장부금액 ₩160,000 ⇨ 회수가능가액 : Max[순공정가치 ₩120,000, 사용가치 ₩100,000]
   = ₩120,000

4. 20×2년 처분시까지의 감가상각비 : (₩120,000 − ₩0) × 1/4 × 6/12 = ₩15,000

5. 처분시 장부금액 : ₩120,000 − ₩15,000 = ₩105,000

6. 처분손익 : 처분금액 ₩90,000 − 장부금액 ₩105,000 = (−)₩15,000(손실)

65 ① 감가상각은 공정가치가 아닌 취득원가에 기초한다.

② 손상차손은 당기손익으로 처리하고 손상차손누계액의 과목으로 하여 유형자산에서 간접 차감한다.

③ 재평가모형을 적용하는 경우에도 감가상각을 실행한다.

④ 재평가시 이익이 발생하면 재평가잉여금의 과목으로 하여 기타포괄손익으로 처리한다.

66 ② 유형자산 재평가의 경우 최초 평가 시 평가 증은 기타포괄손익으로 인식하고, 평가 감은 재평가손실로 당기손익에 반영된다.

67 ③ 자산의 장부금액이 재평가로 인하여 감소된 경우에 그 감소액은 당기손익으로 인식한다. 그러나 그 자산에 대한 재평가잉여금의 잔액이 있다면 그 금액을 한도로 재평가감소액을 기타포괄손익(재평가잉여금과 상계)으로 인식한다.

68 1. 장부가액이 공정가치보다 낮으면 '재평가잉여금', 즉 기타포괄손익(자본)이 발생한다.
2. 기타포괄손익누계액의 증가는 '자본' 항목이 증가되어 자기자본이익률은 감소하게 된다.

69 ② 규정없음. 활성시장의 공시가격을 구할 수 없다면, 다른 상대방이 자산으로 보유하고 있는 동일한 항목에 대해 비활성시장에서 공시되는 가격 등 그 밖의 관측할 수 있는 투입변수를 사용한다.

70 ⑤ 이익잉여금으로 대체되는 금액은 당기손익으로 인식하지 아니한다.

71

20×1년	(차)	토지	₩2,000,000	(대)	재평가잉여금	₩2,000,000
20×2년	(차)	재평가잉여금	₩2,000,000	(대)	토지	₩3,000,000
		재평가손실	₩1,000,000			

72 20×1년 말 장부금액 : ₩100,000 − {(₩100,000 − ₩10,000) × 1/3} = ₩70,000
재평가잉여금 : ₩90,000 − ₩70,000 = ₩20,000

73 1. 20×1년 : 재평가잉여금 ₩30,000
2. 20×2년 : 재평가손실 ₩35,000 발생, 우선적으로 재평가잉여금 ₩30,000을 상계하고 나머지 ₩5,000을 재평가손실의 과목으로 하여 당기비용 처리한다.

74

20×1년 초	(차)	토지	₩1,000,000	(대)	현금 등	₩1,000,000
20×1년 말	(차)	재평가손실(비용)	₩200,000	(대)	토지	₩200,000
20×2년 말	(차)	토지	₩400,000	(대)	재평가이익(수익)	₩200,000
					재평가잉여금(자본)	₩200,000

따라서 포괄손익계산서상 당기손익으로 인식할 금액과 기타포괄손익으로 인식할 금액은 각각 ₩200,000이다.

75

연 도	차 변		대 변		장부금액
×1년 초	항공기	₩15,000	현금	₩15,000	₩15,000
×1년 말	감가상각비 감가상각누계액 항공기	₩1,000 ₩1,000 ₩1,000	감가상각누계액 재평가잉여금	₩1,000 ₩2,000	₩14,000 ₩16,000
×2년 말	감가상각비 감가상각누계액 재평가잉여금 재평가손실	₩2,000 ₩2,000 ₩2,000 ₩1,000	감가상각누계액 항공기	₩2,000 ₩5,000	₩14,000 ₩11,000

③ 20×2년에 인식하는 재평가손실은 ₩1,000이다.

76 1. 20×1년

감가상각비 : ₩2,000,000/10 = ₩200,000

재평가잉여금 : ₩1,890,000 − ₩1,800,000(장부금액) = ₩90,000

2. 20×2년

감가상각비 : ₩1,890,000/9 = ₩210,000

재평가손실 : ₩1,680,000(장부금액) − ₩1,400,000 = ₩280,000 − ₩90,000(재평가잉여금)
= ₩190,000

따라서 ₩210,000(감가상각비) + ₩190,000(손실) = ₩400,000이다.

〈회계처리〉

20×1년	(차) 기계장치	₩2,000,000	(대) 현금 등	₩2,000,000
	(차) 감가상각비	₩200,000	(대) 감가상각누계액	₩200,000
	(차) 기계장치	₩90,000	(대) 재평가잉여금	₩90,000
20×2년	(차) 감가상각비	₩210,000	(대) 감가상각누계액	₩210,000
	(차) 재평가잉여금 재평가손실(비용)	₩90,000 ₩190,000	(대) 기계장치	₩280,000

77 ×1년 말 : 공정가치 ₩600,000 − 취득원가 ₩500,000 = 재평가잉여금 ₩100,000

×2년 말 : 장부금액 ₩600,000 − 공정가치 ₩550,000 = 재평가잉여금 (₩50,000)

장부금액 ₩550,000 − 회수가능액 Max[₩450,000, ₩430,000]
= 재평가잉여금 (₩50,000), 손상차손 ₩50,000

78 장부금액 : $12,000 × ₩1,040 = ₩12,480,000

처분손익 : $15,000 × ₩1,020 − ₩12,480,000 = ₩2,820,000

11 기타의 자산

01 ⑤ 투자부동산에 대한 공정가치모형을 적용할 경우 공정가치의 변동으로 발생하는 손익은 발생한 기간의 기타포괄손익이 아니라 당기손익으로 반영한다.

02 ① 동일한 종류의 자산은 동일한 정책을 적용한다.
② 공정가치모형에서 발생하는 손익은 당기손익으로 반영한다.
④ 공정가치로 평가한 투자부동산을 자가사용부동산이나 재고자산으로 대체 하는 경우, 후속적인 회계를 위한 간주원가는 용도 변경시점의 공정가치가 된다.
⑤ 원가모형을 적용할 경우 투자부동산이 감가상각대상자산인 경우에는 유형자산과 동일하게 감가상각비를 인식한다.

03 ④ 투자부동산평가손실 : ₩100,000,000 − ₩80,000,000 = ₩20,000,000(당기비용)

04 ① 투자부동산 공정가치모형은 투자부동산평가손익을 당기손익에 반영하며 감가상각을 하지 않는다. 본 문제의 경우 취득원가와 공정가치가 동일하게 ₩50,000,000이므로 투자부동산평가손익은 ₩0이므로 당기손익에 미치는 영향은 없다.

05 ④ 투자부동산의 공정가치모형은 감가상각을 하지 않으며 투자부동산평가손익은 당기손익항목에 속한다. 따라서 20×2년 투자부동산평가이익은 ₩900,000 − ₩700,000 = ₩200,000이므로 당기이익의 증가를 가져온다.

06 ② 투자부동산에 공정가치모형을 적용할 경우 감가상각을 하지 않는다.
투자부동산평가이익(당기손익) : ₩4,000,000 − (₩2,000,000 + ₩100,000 + ₩1,000,000)
= ₩900,000

07 ④ 투자부동산 − 공정가치 모형이므로 평가손익을 당기손익으로 인식하고 감가상각비는 계상하지 않는다.
투자부동산 평가손익 : 20×2년 말 공정가치 합계 ₩1,035 − 20×1년 말 공정가치 합계 ₩1,065
= (−)₩30 손실

08 • 20×1년 투자부동산평가이익 : $\text{₩}1,200 - \text{₩}1,000 = \text{₩}200$
  • 20×2년 투자부동산평가이익 : $\text{₩}1,400 - \text{₩}1,200 = \text{₩}200$
  • 20×2년 감가상각비 : $(\text{₩}1,400 - \text{₩}0) \times 0.5년/2.5년 = \text{₩}280$
  • 20×2년 당기순이익에 미치는 영향 : $\text{₩}200 - \text{₩}280 = (-)\text{₩}80$

09 1. 원가모형
  감가상각비 : $(\text{₩}50,000 - \text{₩}0) \times 1/5 = \text{₩}10,000$(당기순이익 감소)
  2. 공정가치모형
  투자부동산평가이익 $\text{₩}10,000$(당기순이익 증가)
  ♪ 공정가치모형은 감가상각을 하지 않는다.

10 ③ 투자부동산 평가손익은 당기손익으로 인식한다.

11 투자부동산처분손익 : 순처분금액 − 처분직전 장부금액
  $= \text{₩}305,000 - \text{₩}240,000 = \text{₩}65,000$
  ♪ 투자부동산에 대해 공정가치모형을 선택하면 감가상각을 하지 않는다.

12 ③ 공정가치 변동으로 발생하는 손익은 당기손익으로 분류한다.

13 ① 임차권리금이 무형자산이고, 임차보증금은 기타비유동자산이다.
  ② 라이선스는 타기업이나 타인의 제품제조와 관련된 신기술, 노하우 등을 소유자의 허가를 얻어 생산하는 것을 말한다(일정 지역 개념×).
  ③ 내부적으로 창출한 상호 등은 자산의 인식요건을 충족하지 못하므로 자산으로 인식하지 않는다.
  ⑤ 무형자산도 원가모형과 재평가모형을 적용할 수 있다.

14 ④ 연구단계에서 발생한 지출은 당기비용으로 처리한다.

15 ④ 내부적으로 창출한 브랜드와 고객목록은 무형자산으로 인식하지 않는다.

16 ① 내부적으로 창출된 영업권은 자산으로 인식할 수 없다.
  ② 무형자산은 자산의 사용가능시점부터 합리적인 기간동안 상각한다.
  ③ 무형자산도 다른 자산과 마찬가지로 손상차손의 대상 자산이다.
  ④ 무형자산은 경제적 효익이 소비되는 형태를 반영한 합리적인 방법(정액법, 체감상각법, 생산량 비례법 등)에 의하여 상각한다.

17 ① 내부적으로 창출한 브랜드, 제호, 출판표제, 고객 목록과 이와 실질이 유사한 항목은 사업을 전체적으로 개발하는 데 발생한 원가와 구별할 수 없으므로 무형자산으로 인식하지 않는다.

18 ③ 무형자산을 운용하는 직원의 교육훈련과 관련된 지출은 당기비용으로 처리한다.

19 ⑤ 무형자산을 창출하기 위한 내부 프로젝트를 연구단계와 개발단계로 구분할 수 없는 경우에는 모두 연구단계에서 발생한 것으로 본다.

20 1. 연구비(당기비용) : ₩1,000,000 + ₩200,000 + ₩300,000* = ₩1,500,000
   2. 개발비(무형자산) : ₩300,000 + ₩800,000 = ₩1,100,000
   * 연구단계와 개발단계의 구분이 곤란한 경우 연구단계로 본다.

21 비용 : 연구비 ₩300,000 + 경상개발비 ₩600,000 + 개발비상각액 ₩30,000(= ₩400,000 × 1/10년 × 9/12월) = ₩930,000

22 ② 신기술과 관련된 공구, 금형, 주형의 설계를 위한 지출과 상업생산 전 시작품의 설계, 제작, 시험을 위한 지출만 개발단계에 해당하므로 이들과 관련된 지출만 무형자산으로 인식하는 개발비의 원가가 된다.

23 당기비용으로 처리하는 연구단계의 일반적인 예는 다음과 같다.
   ① 새로운 지식을 얻고자 하는 활동
   ② 연구결과 또는 기타 지식을 탐색, 평가, 최종 선택 및 응용하는 활동
   ③ 재료, 장치, 제품, 공정, 시스템, 용역 등에 대한 여러 가지 대체안을 탐색하는 활동
   ④ 새롭거나 개선된 재료, 장치, 제품, 공정, 시스템, 용역 등에 대한 여러 가지 대체안을 제안, 설계, 평가 및 최종 선택하는 활동
   또한 무형자산을 창출하기 위한 내부 프로젝트를 연구단계와 개발단계로 구분할 수 없는 경우에는 그 프로젝트에서 발생한 지출은 모두 연구단계에서 발생한 것으로 본다.

24 ① 무형자산에 대한 손상차손은 인식한다.
   ② ③ 내용연수가 비한정인 무형자산은 상각하지 않는다.
   ④ 무형자산은 재평가모형을 선택할 수 있다.

25 ⑤ ~짧은 기간으로 한다.

26 무형자산의 상각방법을 합리적으로 결정할 수 없는 경우에는 정액법을 적용한다.
   특허권상각비 : ₩960,000 × 1/4 × 6/12 = ₩120,000

27 무형자산(라이선스) 상각비 : ₩5,000 × 1/5년 × 6/12월 = ₩500
   새로운 제품의 홍보비용과 내부창출영업권은 무형자산으로 인식하지 않는다.

28

구 분	차변과목 및 금액		대변과목 및 금액		장부금액
20×1.1.1	특허권	₩5,000,000	현금	₩5,000,000	₩5,000,000
20×1.12.31	무형자산상각비	₩1,000,000	특허권	₩1,000,000	₩4,000,000
	재평가손실	₩400,000	특허권	₩400,000	₩3,600,000
20×2.12.31	**무형자산상각비**	₩900,000	특허권	₩900,000	₩2,700,000
	특허권	₩400,000	**재평가이익**	₩400,000	₩3,100,000

20×2년 말 당기손익에 미치는 영향: $(-)₩900,000 + ₩400,000 = (-)₩500,000$

재평가잉여금은 나타나지 않는다.

29 피합병사의 순자산 공정가치(자산의 공정가치 − 부채의 공정가치):

$$(₩80,000 + ₩50,000 + ₩150,000) - (₩150,000 + ₩30,000) = ₩100,000$$

영업권: 합병대가 − 피합병사의 순자산 공정가치

$$= ₩180,000 - ₩100,000 = ₩80,000$$

30 1. 영업권: $₩2,000 - (\ ?\ \times 75\%) = ₩500.\ \ ? = ₩2,000$

2. 피매수회사 자산 공정가치: $₩2,000 + ₩2,500 = ₩4,500$

31 1. 이전대가: $₩50,000 + ₩30,000 = ₩80,000$

2. 순자산 공정가치: $₩120,000 - ₩70,000 = ₩50,000$

3. 영업권: $₩80,000 - ₩50,000 = ₩30,000$

32 1. 피매수회사 순자산 공정가치: 자산 $₩450,000$ − 부채 $₩50,000 = ₩400,000$

2. 합병대가: $100주 \times @₩10,000 = ₩1,000,000$

3. 영업권: $₩1,000,000 - ₩400,000 = ₩600,000$

33 1. 초과이익 환원법에 의한 영업권: $\dfrac{초과이익^*}{초과이익률}$

   * 초과이익 $=$ 평균순이익 $-$ 정상순이익(순자산 $\times$ 정상이익률)

   영업권: $\dfrac{₩3,000,000 - (₩7,500,000 \times 10\%)}{15\%} = ₩15,000,000$

2. 순이익 환원법에 의한 영업권: $\dfrac{평균순이익}{정상이익률} -$ 순자산

   영업권: $\dfrac{₩3,000,000}{10\%} - ₩7,500,000 = ₩22,500,000$

3. 연매법에 의한 영업권: 초과이익 $\times$ 지속연수

   영업권: $₩2,250,000 \times 5년 = ₩11,250,000$

12 부채회계

01 ③	02 ①	03 ②	04 ③	05 ①	06 ④	07 ①	08 ②	09 ⑤	10 ①
11 ③	12 ②	13 ③	14 ④	15 ⑤	16 ③	17 ①	18 ④	19 ②	20 ③
21 ①	22 ②	23 ②	24 ④	25 ③	26 ④	27 ③	28 ②	29 ④	30 ③
31 ④	32 ②	33 ②	34 ⑤	35 ④	36 ③	37 ③	38 ③	39 ②	40 ③
41 ④	42 ②	43 ④							

01 ① 우발부채는 주석으로 공시된다.
② 미지급금 ⇨ 매입채무(외상매입금)
④ 충당부채는 지급금액과 시기가 확정되지 않은 부채이다.
⑤ 선수수익은 금융부채가 아니다.

02 ㄱ. 미지급급여부채
ㄴ. 계약체결은 회계상 거래 아니다.
ㄷ. 20×1년이 아닌 20×2년의 미지급배당금(부채)으로 계상된다.

03 ② 퇴직급여충당부채는 비유동부채에 해당된다.

04 ③ 선급금, 선급비용, 선수금, 선수수익, 미지급비용, 충당부채, 재고자산, 유형자산, 무형자산 및 투자부동산은 금융자산/부채가 아니다.

05 ① 선급금과 선수금은 재화나 용역으로 결제하거나 결제되므로 금융자산과 금융부채에 해당되지 않는다.

06 ④ 선수금은 비금융부채에 해당하지만, 차입금, 지급어음, 미지급금은 금융부채에 해당한다.
금융부채: ₩100 + ₩200 + ₩300 + ₩500 = ₩1,100

07 ① 충당부채는 과거사건의 결과 현재의무가 존재하며 자원의 유출가능성이 높고 금액의 신뢰성 있는 추정이 가능해야 인식한다.

08 ② 충당부채는 자원의 유출가능성이 높고 금액의 신뢰성 있는 추정이 가능한 경우 충당부채로 인식하여 재무제표 본문에 표시한다.

09 ⑤ 예상되는 자산처분이익은 충당부채 측정에 고려하지 않는다.

10 ① 미래의 예상 영업손실은 충당부채의 인식요건에 속하지 않아 부채로 인식하지 않는다.

11 ① 미래의 예상 영업손실에 대하여 충당부채를 인식하지 않는다.
② 충당부채 인식 후 충당부채 잔액, 우발부채 인식 후의 유출가능성 등은 지속적으로 검토한다.
④ 가중평균하여 추정한다.
⑤ 예상되는 자산처분이 충당부채를 발생시킨 사건과 밀접하게 관련되었더라도 예상되는 자산 처분이익은 충당부채를 측정하는 데 고려하지 않는다.

12 ② 법적 의무, 의제 의무 모두 포함된다.

13 ① 자원유출 가능성이 희박한 우발부채는 재무제표 본문이 아닌 주석으로 공시한다.
② 예상되는 자산처분이익은 고려하지 않는다.
④ 손실부담계약을 체결하고 있는 경우에는 관련된 현재의무를 충당부채로 인식하고 측정한다.
⑤ 충당부채를 발생시킨 사건과 밀접하게 관련된 자산의 처분이익이 예상되는 경우 당해 처분이 익은 충당부채금액을 측정하는 데 고려하지 아니한다.

14 충당부채는 과거사건의 결과로 현재의무(법적의무·의제의무)가 존재하며 당해 의무를 이행하기 위하여 경제적효익이 내재된 자원이 유출될 가능성이 높고 당해 의무의 이행에 소요되는 금액을 신뢰성 있게 측정할 수 있어야 한다.
손실충당금(대손충당금)은 매출채권의 차감항목으로 부채가 아니다.
1. 충당부채: ₩50,000 + ₩150,000 = ₩200,000
2. 우발부채: ₩100,000

15

연 도	제품보증비용 인식액	보증비 지출액	제품보증충당부채 잔액
20×1년	₩250,000	₩150,000	₩100,000
20×2년	₩500,000	₩320,000	₩180,000
계			₩280,000

16 ③ 제품보증충당부채: 500대 × ₩50 − ₩10,000 = ₩15,000

17 1. 20×1년 제품보증비: 매출액 × 3% = 600,000 × 3% = ₩18,000
2. 20×2년 말 제품보증충당부채: 총추정액 − 실제 지급액
= ₩18,000 − ₩14,000 − ₩4,000 = ₩0

3. 20×2년 제품보증비 : ₩2,000

[20×2년 회계처리]
(차) 제품보증충당부채   ₩4,000   (대) 현   금   ₩6,000
     제품보증비   ₩2,000

20×1년 제품보증충당부채 설정액 중 ₩14,000은 20×1년에 감소하였으므로 잔액은 ₩4,000이다.
따라서 20×2년 제품보증비 지출시 잔액이 먼저 감소하고 나머지 부족분은 비용으로 인식한다.

18 수익·비용 대응원칙에 따라 추정제품 보증비용 전액을 관련수익이 보고되는 매출연도의 비용으
로 계상하고 충당부채계정을 설정한다. 그리고 실제 발생하는 보증비지출액은 충당부채계정에서
차감처리한다.

ⓐ 20×1년 :   ₩90,000,000 × 4% − ₩1,400,000 =   ₩2,200,000
ⓑ 20×2년 :   ₩240,000,000 × 4% − ₩3,200,000 =   ₩6,400,000
판매보증충당부채 잔액   ₩8,600,000

19 회수쿠폰추정수량 : 600개 × 50% = 300개
총경품제공추정비용 : 300개 × (₩100/4) = ₩7,500
이미 제공된 경품비용 : (₩240/4) × ₩100 = ₩6,000
경품충당부채 잔액 : ₩7,500 − ₩6,000 = ₩1,500

20

구 분	상각액		총이자비용		장부금액	
	정액법	유효이자율법	정액법	유효이자율법	정액법	유효이자율법
할인발행	일정	증가	일정	증가	증가	
할증발행	일정	증가	일정	감소	감소	

21 ① 유효이자율법에 의한 사채할인(할증)발행차금 상각(환입)액은 매기 증가한다.

22 ② 투자자의 입장에서 할증발행의 경우 투자시점에 액면가액보다 높게 구입하는 것이기 때문에
높게 구입된 금액만큼 매년 이자수익에서 분할하여 차감한다. 즉, 인식하는 이자수익은 매년
감소한다.

23 ② 사채할인발행차금은 "액면금액"에서 차감하는 형식으로 표시된다.

24 ④ 유효이자율법에 의할 경우 사채발행차금의 상각액은 모두 증가한다.

25 圀 유효이자 : '액면이자 + 사채할인발행차금 상각액'
　　　　　　　또는 '액면이자 − 사채할증발행차금 상각액'

① 할증발행시 사채의 유효이자는 만기에 가까워질수록 감소한다.

② 할인발행시 사채의 유효이자는 만기에 가까워질수록 증가한다.

④ 액면발행시의 액면이자와 유효이자는 동일하다.

⑤ 매년 지급되는 액면이자는 동일하다.

26 ㉠ 사채액면의 현재가치 : $₩1,000,000 \times 0.62092 = ₩620,920$

㉡ 사채이자의 현재가치 : $₩1,000,000 \times 8\% \times 3.79097 = ₩303,278$

사채의 발행가격 : $₩620,920 + ₩303,278 = ₩924,198$

27 20×1년 12월 31일 이자비용 : $₩950,258 \times 10\% = ₩95,025$

28

구 분	회계처리						장부금액
1/1	(차)	현금	₩95,200	(대)	사채	₩100,000	₩95,200
		사채할인발행차금	₩4,800				
12/31	(차)	이자비용	₩11,400	(대)	현금	₩10,000	₩96,600
					사채할인발행차금	₩1,400	
	사채할인발행차금 상각액 : 유효이자 ₩11,400 − 표시이자 ₩10,000 = ₩1,400						
	사채 장부금액 : ₩95,200 + ₩1,400 = ₩96,600						

29
- 20×1년 말 장부금액 : $₩95,030 + (₩95,030 \times 0.1 − ₩100,000 \times 0.08) = ₩96,533$
- 20×2년 말 장부금액 : $₩96,533 + (₩96,533 \times 0.1 − ₩100,000 \times 0.08) = ₩98,186$

30 ③ 20×1년 12월 31일 사채 장부금액 : $₩92,416 + \{₩92,416 \times 0.1 − ₩100,000 \times 0.08\} = ₩93,658$

또는 $₩92,416 \times 1.1 − ₩100,000 \times 0.08 = ₩93,658$

31 ④ 사채발행비가 존재하면, 사채의 발행가액에서 차감한다. 따라서 시장이자율과 유효이자율이 상이하게 된다. 이 경우 사채발행비를 발행가액에서 차감하므로 유효이자율이 시장이자율보다 높게 된다.

32

(차) 이자비용(유효이자)	₩962,000	(대) 현금(표시이자)	₩800,000
		사채할인발행차금	₩162,000

* 유효이자 : 장부금액 $₩7,400,000 \times$ 유효이자율(13%)
* 표시이자 : 액면가액 $₩8,000,000 \times$ 표시이자율(10%)

33 사채할인발행차금 상각액 : ₩94,730 − ₩92,410 = ₩2,320

(차) 이자비용	₩8,316	(대) 현금	₩5,996
↳ ₩92,410 × 9%		↳ ₩100,000 × (? %)	
		사채할인발행차금	₩2,320

34 만기까지의 총이자비용 = 현금지급이자 + 사채할인발행차금
= ₩2,000,000 × 0.09 × 5년 + ₩50,000 = ₩950,000

35 만기까지 인식할 이자비용 : 3년간 이자비용 ₩30,000(= ₩100,000 × 10% × 3년) + 사채할인
발행차금 ₩6,800(할인차금 + 사채발행비) = ₩36,800

36 만기까지의 총이자비용 = 액면이자 − 사채할증발행차금
₩310,263 = ₩1,000,000 × 12% × 3년 − (?)
⇨ 사채할증발행차금 ₩49,737
사채발행가액 : ₩1,000,000 + ₩49,737 = ₩1,049,737

37 ③ 만기까지의 총이자비용 : 액면이자 ₩1,000,000 × 8% × 3년 + 사채할인발행차금 ₩49,737
= ₩289,737

38 ① 표시이자율은 9%이다.
② 20×1년 말 사채할인발행차금 상각액은 ₩1,948이다.
④ 유효이자율은 약 11%(11.00008628872%)이다.
⑤ 유효이자율법에 의한 상각(환입)액은 할인발행, 할증발행에 관계없이 매기 증가한다.
〈연도별 회계처리〉

20×1. 1. 1.	(차)	현금	₩115,890	(대)	사채	₩120,000
		사채할인발행차금	₩4,110			
20×1.12.31.	(차)	이자비용	₩12,748	(대)	현금	₩10,800
		↳ ₩115,890×11%			↳ ₩120,000×9%	
					사채할인발행차금	₩1,948
		* 표시이자율 : ₩10,800 ÷ ₩120,000 = 9%				
		* 유효이자율 : ₩12,748 ÷ ₩115,890 = 11%(11.00008628872%)				
20×2.12.31.	(차)	이자비용	₩12,962	(대)	현금	₩10,800
					사채할인발행차금	₩2,162

39 이자지급일에 상환했으므로 이자비용을 먼저 인식해야 한다.

(차) 사채	₩100,000	(대) 현금	₩113,000
이자비용	₩10,000	사채할인발행차금	₩5,000
사채상환손실	₩8,000		

40 20×3.6.30. 사채할인발행차금 상각액 : $(₩982 \times 10\%) - (₩1,000 \times 8\%) \times 6/12 = ₩9$

상환직전 장부금액 : $₩982 + ₩9 = ₩991$

상환손실 : $₩991 - ₩1,020 = ₩29$

(차) 사채	₩10,000	(대) 사채할인발행차금	₩18
이자비용	₩9	현금	₩1,020
사채상환손실	₩29		

41 1. 4기말 장부금액 : $(₩100,000 \times 0.9259) + (₩100,000 \times 5\% \times 0.9259) = ₩97,220$

2. 사채상환손익 : 상환금액 − 상환직전 장부금액

$= ₩95,000 - ₩97,220 = ₩2,220$ 상환이익

42 사채상환손익 : 상환가액 − 상환직전 장부금액

$= ₩47,000 - ₩49,090 = ₩2,090$ 상환이익

1. 상환가액 : ₩47,000

2. 상환직전장부금액

① 20×1년 말 장부금액 : $(₩47,512 \times 1.1) - (₩50,000 \times 8\%) = ₩48,263$

② 20×2년 말 장부금액 : $(₩48,263 \times 1.1) - (₩50,000 \times 8\%) = ₩49,090$

43 1. 20×2년 이자비용 : $₩95,000 \times 10\% = ₩9,500$

2. 20×2년 말 장부금액 : $₩95,000 \times 1.1 - ₩8,000 = ₩96,500$

3. 사채상환손실 : $₩98,000 - ₩96,500 = ₩1,500$

4. 당기순이익 영향 : 이자비용 + 사채상환손실 $= ₩11,000$ 감소

13 자본회계

01 ① 자본항목의 표시는 납입자본, 기타자본요소, 이익잉여금으로 구분한다.
③ 원칙적으로 자본잉여금으로는 배당할 수 없다. 다만 자본준비금(자본잉여금)과 이익준비금의 합계액이 자본금의 1.5배를 초과하는 경우 주주총회 결의에 따라 초과 금액의 범위내에서 감액하여 배당 등의 용도에 사용할 수 있다.
④ 자본은 주주에게 귀속될 잔여지분의 성격을 갖는다.
⑤ 기타포괄손익누계액은 포괄손익 중 손익거래에서 발생한 당기순손익을 제외한 부분을 말하며, 일반적으로 자본거래 또는 손익거래로 구분하지 않는다.

02 ① 자본조정 항목은 자본의 부가적 성격과 차감적 성격을 가지고 있다.

03 자본총계 : ₩10,000 − ₩2,500 + ₩3,500 − ₩1,200 = ₩9,800
사채와 예수금은 부채계정이다.

04

이익잉여금			
배당금 지급액	₩18,000	기초	₩27,200
기말	₩40,900	순이익*	₩31,700
	₩58,900		₩58,900

* 순이익 : 매출액 − (매출원가 + 급여)

05 이익잉여금 : 미처분이익잉여금(₩300,000) + 이익준비금(₩400,000) = ₩700,000

06 현물출자 : (차) 자산××× (대) 자본금 등××× ⇨ 자본총계 증가
주식배당, 무상증자, 주식분할, 주식병합 등은 자본총계가 변하지 않는다.

07 ② 이익준비금의 자본전입은 무상증자로서 자본금은 증가하지만 이익잉여금이 감소하여 자본총액에 미치는 영향은 없다.
① 당기손익금융자산평가손실 : 비용 ⇨ 자본 감소
③ 자산수증이익 : 수익 ⇨ 자본 증가

④ 자기주식의 처분으로 자산의 증가, 자본의 증가

⑤ 재평가잉여금 : 기타포괄손익으로 자본 증가

08 주식발행초과금 : 1,000주 × (₩10,000 - ₩5,000) - 주식발행비 ₩1,000,000 - 주식할인발행차금 잔액 ₩1,500,000 = ₩2,500,000

(차) 현금	₩9,000,000	(대) 자본금	₩5,000,000
		주식할인발행차금	₩1,500,000
		주식발행초과금	₩2,500,000

09 〈일자별 회계처리〉

월 일	차변과목 및 금액		대변과목 및 금액	
3/2	현금	₩70,000	보통주자본금	₩50,000
			주식발행초과금	₩20,000
5/10	현금	₩120,000	우선주자본금	₩100,000
			주식발행초과금	₩20,000
9/25	건물	₩50,000	보통주자본금	₩25,000
			주식발행초과금	₩25,000

따라서 증가된 주식발행초과금은 ₩65,000이다.

10 〈일자별 회계처리〉

1/1	(차) 현금	₩119,300	(대) 자본금	₩100,000
			주식발행초과금	₩19,300
7/1	(차) 현금	₩90,000	(대) 자본금	₩100,000
	주식발행초과금	₩10,000		

① 1월 1일 현금 증가액은 ₩119,300(= ₩120,000 - ₩700)이다.

② 1월 1일 주식발행비용은 발행가액에서 차감한다.

③ 7월 1일 자본금은 ₩100,000(= 1,000주 × ₩100) 증가한다.

④ 7월 1일 자본총계는 ₩90,000 증가한다.

11

(차) 현금	₩9,200,000	(대) 자본금	₩5,000,000
		주식할인발행차금	₩500,000
		주식발행초과금	₩3,700,000

① 주식발행비용은 발행가액에서 차감된다.

③ 주식할인발행차금은 주식발행초과금과 상계처리된다.

④ 주식발행초과금 잔액은 ₩3,700,000이다.

⑤ 증자 후의 자본금은 ₩15,000,000이다.

12 1. 회계처리

(차) 현금	₩1,110,000	(대) 자본금	₩1,000,000
신주발행비	₩10,000	주식발행초과금	₩120,000

2. ① 자본의 증가는 ₩1,120,000이다.

② 자본금의 증가는 ₩1,000,000이다.

④ 주식발행초과금은 ₩120,000 증가한다.

⑤ 주식발행과 관련된 직접원가는 발행가액에서 차감하여 주식발행초과금을 감소시키고, 간접원가는 당기손익으로 인식한다.

13 감자란 자본금을 감소시키는 것으로, 감자는 정관변경의 특별결의가 있어야 하는 등 상법에 의해 엄격히 규제되고 있다. 감자의 형태에도 실질적 감자와 형식적 감자가 있다.

1. 실질적 감자(유상감자): 자본금이 감소하고 회사의 자산도 감소하여 실질적으로 순자산이 감소하므로 유상감자라고도 한다. 즉, 사업의 규모를 축소시키기 위해 자본을 감소시키는 방법으로 매입소각과 주식액면가액을 환급하여 감소시키는 방법이 있다.

2. 형식적 감자(무상감자): 회사자본금은 감소하여도 회사자산에는 변동이 없는 형태이며, 주금의 절사나 주식의 병합 등이 있다.

① 자본 증가, ② 자본 불변, ③ 자본 불변, ④ 자본 감소, ⑤ 자본 증가

14 ④ (가), (라)는 자본의 변동은 없다. (나)는 자본이 증가

15 기말자본 : ₩22,700(기초자본) + (40주 × ₩1,000) − ₩800 + ₩300 = ₩62,200

16 이익잉여금 : 기초 ₩200 − ₩100 + ₩250 = ₩350

17

자본잉여금	기초	₩1,000,000
	2월 주식발행초과금	₩500,000
	9월 자기주식처분이익	₩60,000
		₩1,560,000

18

	차 변		대 변	
11월 5일	현금	₩19,400	자기주식	₩19,000
			자기주식처분이익	₩400
11월 10일	현금	₩27,900	자기주식	₩28,500
	자기주식처분이익	₩400		
	자기주식처분손실	₩200		
* 자기주식처분손실이 발생할 경우 자기주식처분이익과 상계처리.				

19 ③ 자기주식의 처분(재발행 = ㄴ, ㄹ) 거래는 자본총계가 증가하고 자기주식의 소각은 자본 총계가 변동하지 않는다.

20

취득시	(차) 자기주식	₩40,000	(대) 미지급금	₩40,000
처분시	(차) 현금	₩30,000	(대) 자기주식	₩20,000
			자기주식처분이익	₩10,000

⇨ 자산(현금) ₩30,000 증가, 부채(미지급금) ₩40,000 증가, 자본(자기주식 ± 자기주식처분이익) ₩10,000 감소, 자본잉여금(자기주식처분이익) ₩10,000 증가, 자본조정(자기주식) ₩20,000 감소

21

구 분	차 변		대 변	
1월	현금	₩5,000,000	자본금	₩5,000,000
3월	자기주식	₩1,200,000	현금	₩1,200,000
4월	자기주식	₩1,400,000	현금	₩1,400,000
5월	현금	₩800,000	자기주식	₩600,000
			자기주식처분이익	₩200,000
9월	현금	₩900,000	자기주식	₩600,000
			자기주식처분이익	₩300,000

자본총액: 1월 ₩5,000,000 − 3월 ₩1,200,000 − 4월 ₩1,400,000 + 5월 ₩800,000 + 9월 ₩900,000 = ₩4,100,000

22

구 분	기 초	증 자	자기주식 취득	자기주식 처분	당기순이익	합 계
자본금	₩3,000,000	₩1,000,000				₩4,000,000
자본잉여금	₩1,500,000	₩500,000				₩2,000,000
자본조정	−		(₩300,000)	₩200,000		(₩100,000)
기타포괄손익누계액	−					−
이익잉여금	₩5,500,000				₩1,000,000	₩6,500,000
합 계	₩10,000,000	₩1,500,000	(₩300,000)	₩200,000	₩1,000,000	₩12,400,000

23 ① 이익잉여금에 영향을 미치는 거래는 주식배당뿐이다.

이익잉여금: 100주 × 0.1주 × @₩1,000 = ₩10,000 감소

〈일자별 회계처리〉

3/10	(차) 이익잉여금	₩10,000	(대) 미교부주식배당금	₩10,000
3/31	(차) 미교부주식배당금	₩10,000	(대) 자본금	₩10,000
4/9	(차) 자기주식	₩21,000	(대) 현금	₩21,000
6/12	(차) 현금	₩8,800	(대) 자기주식 자기주식처분이익	₩8,400 ₩400
8/24	(차) 현금 자기주식처분이익 자기주식처분손실	₩10,200 ₩400 ₩2,000	(대) 자기주식	₩12,600
11/20	분개없음			

24 ④ 회사는 자본의 1/2에 달할 때까지 매 결산기의 금전에 의한 배당금의 1/10 이상을 이익준비금으로 적립하여야 한다.

ㄱ 총배당액 = ₩100,000,000 × 12% = ₩12,000,000

ㄴ 금전배당액 = ₩12,000,000 × 80% = ₩9,600,000

ㄷ 이익준비금 = ₩9,600,000 × 1/10 = ₩960,000

∴ 결산일 직전 이익준비금 잔액이 ₩49,200,000이므로 적립할 이익준비금은 ₩800,000(자본금의 1/2 한도)이다.

25 ㄱ 이익잉여금처분 가능액: ₩15,000 + ₩23,500 = ₩38,500

ㄴ 이익준비금은 금전 배당 가능액의 1/10이므로, 금전 배당 가능액을 x라 하면

$x + 0.1x = ₩38,500$

∴ $x = ₩35,000$

이익준비금: ₩35,000 × 1/10 = ₩3,500

26 ① 차기이월이익잉여금＝전기이월이익잉여금＋당기순이익－배당금이므로

₩648,000 = x + ₩158,000 − ₩80,000

∴ $x = ₩570,000$

27 ⑤ 기업이 미지급배당을 결제할 때, 분배된 자산의 장부금액과 미지급배당의 장부금액이 차이가 있다면 이를 당기손익으로 인식한다(K-IFRS 제2117호. 소유주에 대한 비현금자산의 분배 14).

28 ① 주식배당 시 이익잉여금은 감소하고 자본금은 증가한다.

② 주식분할의 경우 주당액면가는 감소한다.

③ 주식배당, 주식분할의 경우 유통주식수는 증가한다.

⑤ 주식배당, 주식분할의 경우 자본총계는 불변이다.

29

구 분	자본금	누적분	당기분	참가분	계
우선주A(10%)	₩200,000		₩20,000		₩20,000
우선주B(5%)	₩400,000	₩40,000		₩10,000	₩50,000
보통주	₩400,000		₩20,000	₩10,000	₩30,000
계	₩1,000,000	₩40,000	₩40,000	₩20,000	

— 우선주A 당기배당금 : ₩5,000 × 40주 × 10% = ₩20,000
— 우선주B 연체배당금(2년) : ₩5,000 × 80주 × 5% × 2년 = ₩40,000
— 보통주배당금 : ₩400,000 × 5% = ₩20,000
— 잔여배당금 : ₩100,000 − ₩20,000 − ₩40,000 − ₩20,000 = ₩20,000
— 잔여배당금 ₩20,000을 보통주자본금 ₩400,000과 우선주B 자본금 ₩400,000의 비율로 각각 ₩10,000씩 배분한다.

① 보통주 소유주에게 ₩30,000 지급
② 우선주 소유주에게 우선 배당 후 보통주 소유주에게 배당
③ 우선주A 소유주에게 배당금 ₩20,000 지급
⑤ 우선주A 소유주는 비참가적이므로 잔여배당에 참여할 수 없다.

30 ③ 보유중인 자기주식 200주와 소각주식 100주의 합계만큼 유통주식 수가 감소한다.

31 가중평균유통보통주식수 : 6,000주 + 500주 × 12/12 + 900주 × 4/12 = 6,800주

32 가중평균유통보통주식수 : 10,000주 × 1.1 + 10,000주 × 1.1 × 0.15 × 4/12 = 11,550주

33 1. 우선주배당금 : 100주 × @₩5,000 × 10% = ₩50,000
2. 가중평균유통주식수(보통주) : 1,000주 + 800주 × 3/12월 = 1,200주
3. 기본주당순이익 : (₩650,000 − ₩50,000) / 1,200주 = ₩500

34

$$\text{주당이익} = \frac{\text{보통주 당기순이익}}{\text{가중평균유통 보통주식수}}$$

㉠ 보통주 당기순이익 = 당기순이익 − 우선주배당금
  ₩5,200,000 − ₩700,000 = ₩4,500,000
㉡ 유통보통주식수

$$7,000주 + 1,000주 \times \frac{6}{12} = 7,500주$$

$$\therefore \ \text{주당이익} = \frac{₩4,500,000}{7,500주} = ₩600$$

35 1. 가중평균유통주식수 : 10,000주 − (4,000주 × 6/12) = 8,000주
    2. 보통주 당기순이익 : 당기순이익 − 우선주배당금
        = ₩15,000,000 − ₩3,000,000 = ₩12,000,000
    3. 기본주당순이익 : ₩12,000,000 ÷ 8,000주 = ₩1,500

36 주당순이익 = 보통주 당기순이익 ÷ 유통보통주식수
    ㉠ 보통주 당기순이익 = 당기순이익 − 우선주배당금
        ₩4,500,000 − ₩500,000 = ₩4,000,000
    ㉡ 유통보통주식수 : 30,000주 + 8,000주 × 3/12 = 32,000주
        ∴ 주당순이익 : ₩4,000,000 ÷ 32,000주 = ₩125

37 보통주배당금 1,000주 × ₩200 = ₩200,000
    우선주배당금 500주 × ₩100 × 10% = ₩5,000
    ① 주당이익 : (₩805,000 − ₩5,000) / 1,000주 = ₩800
    ② 주가수익비율 : 시가/주당이익 ₩4,000/₩800 = 5(500%)
    ③ 배당률 : 주당배당금/액면가액 = ₩200/₩500 = 40%
    ④ 배당수익률 : 배당금/시가 ₩200/₩4,000 = 5%
    ⑤ 배당성향 : 주당배당금/주당이익 ₩200/₩800 = 25%

14 수익과 비용회계

Answer

01 ③	02 ①	03 ③	04 ④	05 ②	06 ④	07 ④	08 ④	09 ②	10 ②
11 ③	12 ⑤	13 ①	14 ②	15 ①	16 ⑤	17 ⑤	18 ②	19 ⑤	20 ④
21 ④	22 ①	23 ①	24 ④	25 ①	26 ①	27 ①	28 ③		

01 수익인식단계 : ㄴ − ㄱ − ㄷ − ㄹ − ㅁ

02 ① 회수가능성이 높아야 한다.

03 ③ 재화나 용역을 이전하는대로 고객은 효익을 동시에 얻고 소비한다는 것은 기간에 걸쳐 수익을 인식하는데 필요한 조건이다.

04 ① 서면, 구두, 또는 사업관행에 따라 승인될 수 있다.
② 이전할 재화나 용역의 지급조건을 식별할 수 있어야 한다.
③ 계약에 상업적 실질이 있어야 한다.
⑤ 5가지 기준을 모두 충족해야 한다.

05 ① 수익인식 5단계 순서: 계약식별 ⇨ 수행의무 식별 ⇨ 거래가격 산정 ⇨ 거래가격 배분 ⇨
수행의무별 수익인식
③ 제3자를 대신하여 회수한 금액은 제외한다.
④ 고객과의 계약 식별은 5가지 기준을 모두 충족하는 때에 인식한다. 지문 내용 외에 계약에
상업적 실질이 있어야 하고, 고객에게 이전할 재화나 용역에 대하여 받을 권리를 갖게 될 대
가의 회수가능성이 높아야 한다.
⑤ 개별 판매가격은 기업이 고객에게 약속한 재화나 용역을 별도로 판매할 경우의 가격을 말하
며, 계약상 표시가격이나 정가가 개별 판매가격으로 간주되어서는 안 된다.

06 ④ 고객이 이전받은 재화나 용역으로부터 효익을 얻을 수 있다는 기준은 재화나 용역이 계약상
구별되기 위한 조건이 아니라 이전되는 재화나 용역이 그대로 구별될 수 있는 조건이다.

07 ④ 자산의 소유에 따른 유의적인 위험과 보상이 고객에게 있다.

08 ④ 비현금 대가도 고려해야 한다.

09 ② 제3자를 대신해서 회수한 금액은 포함되지 않는다.

10 ② 제품의 통제 이전 시점으로부터 1개월이 경과되어야 반품 수량이 확정되면서 갑회사가 고객
으로부터 대금을 회수할 무조건적인 권리를 갖게 되므로 제품 통제 시점에서는 계약자산을
₩20,000인식한다. 회계처리는 다음과 같다.

〈제품의 통제 이전 시점〉					
(차)	계약자산	₩20,000	(대)	매출	₩19,000
				환불부채	₩1,000 (1)
(차)	매출원가	₩14,250 (2)	(대)	재고자산	₩15,000
	반환제품회수권	₩750 (3)			

1. 반품될 것으로 예상되는 제품 5개를 환불부채로 인식. 5개 × ₩200 = ₩1,000
2. 95개에 대한 매출원가 = 95개 × ₩150 = ₩14,250
3. 고객에게서 회수할 권리가 있는 제품 5개의 원가 = 5개 × ₩150 = ₩750

11 ③ 갑회사가 수령한 금액 중 ₩3,000은 용역 유형의 보증(유상보증)에 해당되기 때문에 별도의
수행의무로 본다. 따라서 ₩3,000은 계약부채로 인식하고, 판매후 3년이 경과된 때부터 2년간

기간이 경과함에 따라 수익으로 대체한다. 20×1년 4월 1일부터 5년간 수익인식 하는 것이 아니고 무상보증기간이 경과한 후 20×4년 4월 1일부터 2년간 기간에 걸쳐 수익으로 인식하는 것이다.

12 ⑤ 수익(revenue)은 자산의 유입이나 증가 또는 부채의 감소에 따라 자본의 증가를 초래하는 특정 회계기간 동안에 발생한 경제적 효익의 증가로서, 지분참여자에 의한 출연과 관련된 것은 제외한다.

13 ① 도착지 기준으로 발송한 상품은 매출수익으로 인식하지 않는다.

14 ② 시용매출은 매입자의 매입의사표시를 받은 날에 수익으로 인식한다.

15 ② 배당금수익은 배당금을 받을 권리와 금액이 확정되는 시점에 수익을 인식한다.
③ 인도결제판매는 현금의 결제시점에 수익을 인식한다.
④ 위탁판매는 수탁자가 위탁품을 제3자에게 판매한 시점에 수익을 인식한다.
⑤ 할부판매는 이자수익에 해당하는 부분을 제외한 판매가격에 해당하는 수익을 판매시점에 인식한다.

16 재화인 상품의 일반적 수익인식 시기는 판매(인도)기준이다.

매출수익:	일반매출	100개 × ₩1,000	₩100,000
	할부매출	200개 × ₩1,000	₩200,000
	시용매출	50개 × ₩1,000	₩50,000
	위탁상품매출	20개 × ₩1,000	₩20,000
	선적지인도조건 판매	40개 × ₩1,000	₩40,000
			₩410,000

17 1. 판매위탁상품(적송품)은 수탁자가 위탁품을 판매한 시점에 수익을 인식한다.
2. 적송품매출액: 실수금 ₩360,000 + 판매수수료 ₩40,000 = ₩400,000

18 수익: 50개 × (@₩100,000 − @₩10,000) = ₩4,500,000
원가: {(100개 × @₩60,000) + ₩40,000} × 50/100개 = ₩3,020,000
이익: ₩4,500,000 − ₩3,020,000 = ₩1,480,000

19 ⑤ 손실예상액은 계약원가로 당기비용으로 처리하고 '충당부채와 우발부채'의 규정에 따라 손실충당부채로 인식한다.

20 1. 진행률: ₩80,000/₩640,000 = 12.5%
2. 공사수익: ₩800,000 × 0.125 = ₩100,000

21

구 분	20×1년	20×2년	20×3년
누적발생계약원가	₩320	₩1,200	₩2,000
총추정계약원가	₩1,600	₩2,000	₩2,000
진행률	20%	60%	100%
계약수익	₩400	₩1,440 − ₩400 = ₩1,040	
계약원가	₩320	₩880	
계약이익	₩80	₩160	

* 계약이익 간편계산: 20×1년) (₩2,000 − ₩1,600) × 0.2 = ₩80
20×2년) (₩2,400 − ₩2,000) × 0.6 − ₩80 = ₩160

22 20×6년 계약수익: ₩160,000 × ₩40,000/₩80,000 = ₩80,000
20×7년 계약수익: ₩160,000 × ₩70,000/₩100,000 − ₩80,000 = ₩32,000
20×7년 계약이익: 계약수익 ₩32,000 − 계약원가 ₩30,000 = ₩2,000

23

구 분	20×1	20×2	20×3
① 발생 누적계약원가	₩800,000	₩2,700,000	₩4,500,000
② 추정 총계약원가	₩4,000,000	₩4,500,000	₩4,500,000
③ 진행률(① / ②)	20%	60%	100%
④ 계약수익 (공사계약금액 × ③)	₩1,000,000	₩3,000,000 −₩1,000,000	₩5,000,000 −₩3,000,000
⑤ 계약원가	₩800,000	₩2,700,000 −₩800,000	₩4,500,000 −₩2,700,000
⑥ 계약이익	₩200,000	₩100,000	₩200,000

24

	20×1년	20×2년	20×3년
① 발생한 누적공사원가	₩50,000	₩130,000	₩200,000
② 추가로 소요될 원가추정액	₩150,000	₩70,000	—
③ 총공사원가 추정액	₩200,000	₩200,000	₩200,000
진행률(①/③)	25%	65%	100%
당기공사수익 (계약금액 × 진행률 − 전기까지 인식한 공사수익)	₩75,000	₩120,000	₩105,000
당기공사원가	₩50,000	₩80,000	₩70,000
당기공사이익	₩25,000	₩40,000	₩35,000

25 ① 계약손실이 발생할 것을 추정되는 경우, 손실예상액과 기인식과 계약이익의 합계액을 전액 당기손실로 처리한다.

	20×1년	20×2년	20×3년
① 당기발생 공사원가	₩400,000	₩575,000	₩325,000
② 당기까지 누적 공사원가	₩400,000	₩975,000	₩1,300,000
③ 추가로 소요될 원가추정액	₩600,000	₩325,000	—
④ 총공사원가 추정액	₩1,000,000	₩1,300,000	₩1,300,000
진행률(②/④)	40%	75%	100%
당기공사수익	₩480,000	₩420,000	₩300,000
당기공사원가	₩400,000	₩575,000	₩325,000
당기 공사이익	₩80,000	(−)₩180,000	₩0
총공사손익(손실예상액)		(−)₩100,000	(−)₩100,000

* 손실예상액: 총계약금액 − (누적발생원가 + 추가예정원가)

26 1. 20×1년의 계약이익
   ① 진행률: ₩1,200,000/₩4,000,000 = 30%
   ② 계약이익: (₩5,000,000 − ₩4,000,000) × 30% = ₩300,000
   2. 20×2년의 계약손실: ₩300,000(20×1년 계약이익) + ₩100,000(전체손실예상액) = ₩400,000
   3. 20×3년의 계약손실: ₩5,200,000(20×3년 실제계약원가) − ₩5,100,000(20×2년 예상계약원가) = ₩100,000

	20×1년	20×2년	20×3년
① 누적 공사원가	₩1,200,000	₩4,000,000	₩5,200,000
② 총공사원가 추정액	₩4,000,000	₩5,100,000	₩5,200,000
진행률(①/②)	30%		
당기공사수익	₩1,500,000		
당기공사원가	₩1,200,000		
당기 공사이익	₩300,000	(−)₩400,000	(−)₩100,000
총공사손익(손실예상액)		(−)₩100,000	(−)₩200,000

27 미성공사 > 진행청구액 = 미청구공사(⊖면 초과청구공사)
   ×2년 말 미성공사(= 계약원가발생액 + 계약손익 = 계약수익): ₩60,000 × ₩35,000/₩50,000
   = ₩42,000
   ×2년 말 진행청구액: ₩10,000 + ₩30,000 = ₩40,000
   따라서 미청구공사 금액은 ₩2,000이다.

28 수익 · 비용대응의 원칙

　　㉠ 직접대응 : 수익과 직접적인 인과관계가 있는 비용으로서 매출액과 매출원가(판매수수료, 판매보증비, 포장비) 등

　　㉡ 간접대응(기간대응) : 수익과 직접적인 인과관계가 없는 것으로 일정기간의 수익총액과 비용총액을 대응시키는 것이다.

　　　• 원가의 기간 배분 : 유형자산의 감가상각비, 무형자산의 상각, 보험료 등

　　　• 즉시인식 : 발생 즉시 당기비용으로 인식하는 것으로 대부분의 비용항목이다.

15　회계변경과 오류수정

Answer

01 ④	02 ②	03 ①	04 ⑤	05 ④	06 ③	07 ①	08 ③	09 ③	10 ④
11 ④	12 ①	13 ④	14 ③	15 ④	16 ②	17 ④	18 ①	19 ②	20 ⑤
21 ⑤	22 ②	23 ⑤	24 ⑤	25 ④	26 ②	27 ①	28 ②	29 ④	30 ③

01 ④ 회계정책 변경의 누적효과는 전기이월이익잉여금에 가감한다.

02 ② 거래의 실질이 다른 거래에 대해 다른 회계정책을 적용하는 것은 회계정책의 '최초적용'이다.

03 ① 감가상각방법의 변경은 회계추정의 변경이다.

04 ⑤ 재고자산의 단위원가 결정방법 변경은 회계정책의 변경이다.

05 ④번은 회계정책의 변경이고 나머지는 회계추정의 변경이다.

06 ③ 초기의 감가상각비는 '정액법 < 정률법'이므로 감가상각비가 증가되어 당기순이익이 <u>감소</u>한다.

　　① 물가상승시 선입선출법 적용은 기말재고자산의 증가로 당기순이익이 <u>증가</u>한다.

　　② 정액법 적용시 내용연수의 연장은 감가상각비가 감소되어 당기순이익이 <u>증가</u>한다.

　　④ 수익적 지출(비용)을 자본적 지출(자산)로 처리하면 비용이 과소계상되어 당기순이익이 <u>증가</u>한다.

　　⑤ 소모품비를 비용으로 처리하지 않고 자산처리하면 비용이 과소계상되어 당기순이익이 <u>증가</u>한다.

07 • 회계정책의 변경 : 소급법(예외, 전진법)
 • 회계추정의 변경 : 전진법
 • 오류수정 : 소급법(예외, 전진법)

08 ③ 회계추정의 변경으로 인한 효과는 변경이 발생한 기간과 미래기간 모두 당기손익에 포함하여 전진적으로 인식한다.

09 기초재고자산과 기초이익잉여금은 곧 전기말재고자산과 전기말이익잉여금이다.

오 류	전기 순이익	전기 이익잉여금	당기 순이익
전기말재고액 ₩50,000 감소 당기말재고액 ₩20,000 감소	(₩50,000)	(₩50,000)	₩50,000 (₩20,000)
계		(₩50,000)	₩30,000

10

회사측 회계처리(誤)	(차) 소모품비	₩155,000	(대) 현금	₩155,000
올바른 회계처리(正)	(차) 기계장치	₩155,000	(대) 현금	₩155,000
	(차) 감가상각비	₩7,500*	(대) 감가상각누계액	₩7,500
	* 감가상각비 : (₩155,000 − ₩5,000) × 1/5 × 3/12 = ₩7,500			
수정분개 : (誤)−(正)	(차) 기계장치	₩155,000	(대) 소모품비	₩155,000
	(차) 감가상각비	₩7,500	(대) 감가상각누계액	₩7,500

11 1. 20×4. 1. 1. 변경연도 초의 감가상각누계액
= (₩1,000,000 − ₩200,000) × 3/8 = ₩300,000
2. 20×4년 감가상각비
= (₩1,000,000 − ₩300,000 − ₩40,000) × 5/15 = ₩220,000

12 20×1년 감가상각비 : (₩100,000 − ₩20,000) × 4/10 × 3/12 = ₩8,000
20×2년 감가상각비 : (₩100,000 − ₩8,000 + ₩30,000 − ₩50,000) × 1/10 = ₩7,200

13 1. 변경전 기초 장부금액 : ₩90,000,000 − (₩90,000,000 − ₩9,000,000) × (5 + 4 + 3)/15
= ₩25,200,000
2. 감가상각비 : (₩25,200,000 − ₩6,000,000) × 3/6 = ₩9,600,000

14 1. 20×1년~20×2년까지의 감가상각누계액 : (₩880,000 − ₩0) × 2/10 = ₩176,000
2. 20×3년 감가상각비 : (₩880,000 − ₩176,000 − ₩0) × 1/5 = ₩140,800
3. 20×3년 말 장부금액 : ₩880,000 − (₩176,000 + ₩140,800) = ₩563,200

15 1. 2년 감가상각누계액 : $(₩100,000 - ₩20,000) \times 2/4년 = ₩40,000$

2. 20×3년 감가상각비 : $(₩100,000 - ₩40,000 + ₩16,000 - ₩20,000) \times 1/4년 = ₩14,000$

16 1. 2년 감가상각누계액 : $(₩300,000 - ₩0) \times (5+4)/(1+2+3+4+5) = ₩180,000$

2. 20×3년 감가상각비 : $(₩300,000 - ₩180,000 + ₩40,000 - ₩10,000) \times 1/6 = ₩25,000$

17 1. 20×1년 감가상각비 : $(₩10,000 - ₩0) \times 1/5년 = ₩2,000$

2. 20×2년 감가상각비 : $(₩10,000 - ₩2,000 - ₩0) \times 4/10 = ₩3,200$

3. 20×2년 장부금액 : $₩10,000 - ₩2,000 - ₩3,200 = ₩4,800$

18 1. 20×3년 초 감가상각누계액

$= (₩500,000 - ₩50,000) \times (5+4)/15 = ₩270,000$

2. 20×3년 감가상각비 : 전진법

$= (₩500,000 - ₩270,000 - ₩20,000) \times 1/3 = ₩70,000$

19 1. 20×1.1.1 ~ 20×2.12.31 감가상각누계액 : $(₩1,550 - ₩50) \times \dfrac{5+4}{1+2+3+4+5} = ₩900$

2. 20×3년 말 감가상각비 : $(₩1,550 - ₩900 - ₩50) \times 1/5 = ₩120$

3. 20×3년 말 감가상각누계액 : $₩900 + ₩120 = ₩1,020$

20 1. 변경 전 방법에 의한 감가상각누계액

20×1년 감가상각비	$(₩4,000,000 - ₩400,000) \div 4 =$	₩900,000
20×2년 감가상각비	$(₩4,000,000 - ₩400,000) \div 4 =$	₩900,000
		₩1,800,000

2. 변경 후 방법에 의한 감가상각누계액

20×1년 감가상각비	$(₩4,000,000 - ₩400,000) \div 4 =$	₩900,000
20×2년 감가상각비	$(₩4,000,000 - ₩900,000) \times 50\% =$	₩1,550,000
		₩2,450,000

3. 감가상각누계액의 차이 : $₩2,450,000 - ₩1,800,000 = ₩650,000$

21 기중취득(월할계산), 추정의 변경(전진법) 포함

1. 20×3년 초 감가상각누계액

$= [(₩30,000 - ₩3,000) \times 5/15] + [(₩30,000 - ₩3,000) \times 4/15 \times 6/12] = ₩12,600$

2. 20×3년 감가상각비

$= (₩30,000 - ₩12,600 + ₩10,000 - ₩3,000) \times 4/10 = ₩9,760$

3. 20×4년 초 처분직전의 장부금액 : 취득원가 − 감가상각누계액

$= (₩30,000 + ₩10,000) - (₩12,600 + ₩9,760) = ₩17,640$

4. 유형자산처분손익

$=$ 처분가액 − 처분직전 장부금액 $= ₩25,000 - ₩17,640 = ₩7,360$

> 일반기업회계기준 : 회계추정 변경의 효과는 <u>당해 회계연도 개시일부터</u> 적용한다.
> K-IFRS : 규정없음
> 회계추정치 변경 적용38 회계추정치 변경효과를 전진적으로 인식하는 것은 그 변경이 발생한 시점 이후부터 거래, 그 밖의 사건 및 상황에 적용하는 것을 말한다.

22 손익에 영향을 미치는 재무상태표 및 포괄손익계산서 오류는 자동조정적 오류와 비자동조정적 오류로 나누어진다.

㉠ 자동조정적 오류 : 특정기간의 오류가 다음 기에 자동으로 상쇄되어 조정이 되는 오류를 말한다. 기말재고, 선급, 선수, 미수, 미지급 등

㉡ 비자동조정적 오류 : 연속된 두 회계기간이 지나도 오류가 상쇄되지 않는 것을 말한다. 감가상각비 오류, 자본적 지출과 수익적 지출의 혼동 등

23 외상매입 : (차) 매입(재고자산) ×××   (대) 외상매입금 ×××

매입거래의 누락 : 비용 과소, 순이익 과대, 자본 과대, 부채 과소, 자산 영향없음(실사법이므로)

24 ➕ 기초 · 기말재고자산의 과대(과소)계상에 따른 영향

구 분	매출원가	순이익
기초재고자산 과소(과대)	과소(과대)	과대(과소)
기말재고자산 과소(과대)	과대(과소)	과소(과대)

따라서 기초재고자산은 ₩150,000 과소됨으로써 순이익은 ₩230,000 과대계상된다.

25 1. 오류영향 분석

오 류	20×1 순이익	20×2 순이익	20×3 순이익
20×1년 기말재고액 ₩2,000 과소	(₩2,000)	₩2,000	−
20×2년 기말재고액 ₩3,000 과소		(₩3,000)	₩3,000
20×3년 기말재고액 ₩2,000 과대			₩2,000
계	(₩2,000)	(₩1,000)	₩5,000

2. 20×3 오류 수정 후 순이익

$$₩25,000 - ₩5,000 = ₩20,000$$

26

오 류	20×1 순이익	20×2 순이익	20×3 이익잉여금
20×1년 기말상품 ₩800,000 과대평가	₩800,000	(₩800,000)	-
20×2년 기말상품 ₩500,000 과소평가	-	(₩500,000)	(₩500,000)
계	₩800,000	(₩1,300,000)	(₩500,000)

27 ⊡ 각 회계연도의 당기순이익, 이익잉여금에 미치는 영향

오 류	20×2 순이익	20×3 순이익	20×4 순이익	20×4 이익잉여금
20×2년 감가상각비 ₩5,000 과소계상	₩5,000	-	-	₩5,000
20×3년 감가상각비 ₩20,000 과대계상	-	(₩20,000)	-	(₩20,000)
20×2년 기말재고액 ₩25,000 과소평가	(₩25,000)	₩25,000	-	-
20×3년 기말재고액 ₩50,000 과대평가	-	₩50,000	(₩50,000)	-
계	(₩20,000)	₩55,000	(₩50,000)	(₩15,000)

28 1. 기말재고자산(미착상품) 과소계상

기말재고액 과소계상 ⇨ 매출원가 과대계상 ⇨ 당기순이익 과소계상

매입액 과소계상 ⇨ 매출원가 과소계상 ⇨ 당기순이익 과대계상

따라서 기말재고액의 과소계상과 매입액의 과소계상 영향은 상계되어 순이익에 영향을 미치지 않는다.

2. 자본적지출을 수익적지출로 처리

① 올바른 회계처리 : 비품 ₩1,000,000, 감가상각비 ₩200,000

② 잘못된 회계처리 : 비용(소모품비 등) ₩1,000,000

따라서 비용이 ₩800,000 과대계상되고, 순이익이 ₩800,000 과소계상된다.

3. 오류영향

당기순이익에 미치는 영향 : 1. + 2. = ₩800,000 과소계상

29

연도별	20×1년 당기순이익	20×2년 당기순이익
20×1년 감가상각비 ₩100,000 과대계상	(₩100,000)	
20×2년 감가상각비 ₩200,000 과대계상		(₩200,000)
20×1년 선급보험료 ₩30,000 과소계상	(₩30,000)	₩30,000
20×2년 선급보험료 ₩20,000 과소계상		(₩20,000)
20×1년 미지급임차료 ₩10,000 과대계상	(₩10,000)	₩10,000
20×2년 미지급임차료 ₩40,000 과대계상		(₩40,000)
20×1년 기말재고자산 ₩70,000 과소계상	(₩70,000)	₩70,000
20×2년 기말재고자산 ₩50,000 과소계상		(₩50,000)
당기순이익에 미치는 영향	(₩210,000)	(₩200,000)

30

오류수정전 순이익		₩100,000
선수임대료	₩120,000 × 6/12	(₩60,000)
미지급급여		(₩100,000)
미수이자		₩40,000
매출액 과대		(₩200,000)
매출원가 과대		₩150,000
오류수정 후 순이익		(₩70,000)

16 재무제표

01 ④ 부적절한 회계정책에 대하여 공시나 주석 또는 보충 자료를 통해 설명하는 것을 정당화될 수 없다.

02 ③ 수익과 비용 어느 항목도 특별손익으로 표시할 수 없다.

03 ② 보고기간 종료일을 변경하여 재무제표의 보고기간이 1년을 초과하거나 미달하는 경우 재무제표 해당 기간뿐만 아니라 1. 보고기간이 1년을 초과거나 미달하게 된 이유, 2. 재무제표에 표시된 금액이 완전하게 비교가능하지는 않다는 사실을 추가로 공시한다.

04 ① 계속기업을 전제한다.

05 ④ 재무제표를 작성할 때 기업이 가장 보편적으로 채택하고 있는 측정기준은 역사적원가이다.

06 ④ 어느 곳에도 '특별손익' 항목을 표시할 수 없다.

07 ③ 현금흐름 정보는 현금기준 회계에 따라 작성한다.

08 ① 기말세무조정계산서는 전체재무제표에 포함되지 않는다.

09 ① 보고빈도
③ 상계금지
④ 비교표시
⑤ 구분과 통합

10 ② 포괄손익계산서는 기능별과 성격별을 선택하여 공시할 수 있다. 단, 기능별로 공시할 경우에는 성격별분류에 대한 내역을 추가로 공시하여야 한다.

11 ① 포괄손익계산서에 당기손익으로부터 시작된다.

12 ① 정상적인 영업주기를 구성하는 재고자산이나 매출채권의 경우에는 유동자산으로 분류할 수 있다.

13 ① 재고자산에 대한 재고자산평가충당금과 매출채권에 대한 대손충당금과 같은 평가충당금을 차감하여 관련 자산을 순액으로 측정하는 것은 상계표시에 해당하지 아니한다.

14 확정급여제도의 재측정요소는 재분류조정이 되지 않는 기타포괄손익이다.
  1. 당기손익으로 재분류하지 않는 기타포괄손익
    ① 유형자산과 무형자산의 재평가잉여금의 변동손익
    ② 당기손익 공정가치 측정항목으로 지정한 특정 금융부채의 신용위험 변동으로 인한 공정가치 변동손익
    ③ 확정급여제도의 재측정요소
    ④ 기타포괄손익 공정가치 측정항목으로 지정한 지분상품에 대한 투자에서 발생한 손익
  2. 당기손익으로 재분류하는 기타포괄손익
    ① 기타포괄손익 공정가치로 측정하는 채무상품에 대한 투자에서 발생한 손익
    ② 해외사업장의 재무제표 환산으로 인한 손익
    ③ 현금흐름위험회피에서 위험회피수단인 파생상품평가손익 중 효과적인 부분

15 ④ 자본은 자원(자금)의 '원천(조달)'이다.

16 ⑤ 임차료는 비용계정으로 포괄손익계산서 항목이다.

17 기업회계기준에서 구분표시를 요구한 항목의 예

자 산	부채 및 자본
① 현금및현금성자산 ② 매출채권 및 기타 채권 ③ 재고자산 ④ 생물자산 ⑤ 금융자산(단, ①, ② 및 ⑥를 제외) ⑥ 지분법에 따라 회계처리하는 투자자산 ⑦ 투자부동산 ⑧ 유형자산 ⑨ 무형자산 ⑩ 매각예정으로 분류된 자산과 매각예정으로 분류된 처분자산집단에 포함된 자산의 총계	① 매입채무 및 기타 채무 ② 충당부채 ③ 금융부채(단, ①과 ② 제외) ④ 당기법인세부채 및 당기법인세자산 ⑤ 이연법인세부채 및 이연법인세자산
	① 비지배지분 ② 지배기업의 소유주에게 귀속되는 납입자본과 적립금

18 ④ 매입채무 그리고 종업원 및 그 밖의 영업원가에 대한 미지급비용과 같은 유동부채는 기업의 정상영업주기 내에 사용되는 운전자본의 일부이다. 이러한 항목은 보고기간 후 12개월 후에 결제일이 도래한다 하더라도 유동부채로 분류한다.

19 ① 과거 기업회계기준에서는 유동성배열법에 따라 자산과 부채를 배열하였지만, 한국채택국제회계기준에서는 다음과 같은 방법을 선택하여 적용할 수 있다.

🔲 **재무상태표의 구분방법**

구 분	내 용	적용기업
유동성·비유동성 구분법	자산(부채)을 유동자산(부채)과 비유동자산(부채)으로 구분표시	영업주기내에 재화나 용역을 제공하는 경우
유동성 순서 배열법	모든 자산과 부채를 유동성 순서로 표시	금융업
혼합법	유동성·비유동성 구분법과 유동성 순서 배열법을 혼용함	다양한 사업을 영위하는 경우

20 ④ 기업이 기존의 대출계약조건에 따라 보고기간 후 적어도 12개월 이상 부채를 차환하거나 연장할 것으로 기대하고 있고, 그런 재량권이 있는 경우에는 비유동부채로 분류한다.

21 ① 이연법인세자산(부채)은 비유동자산(부채)으로 분류한다.

22 • 당기순이익: $₩20,000 - (₩10,000 + ₩5,000 + ₩1,000) = ₩4,000$
   • 이익잉여금: $₩9,000 + ₩4,000 = ₩13,000$
   • 자본총계: $₩150,000 + ₩13,000 = ₩163,000$

23 유동자산: 정기예금 $₩200,000$ + 당좌예금 $₩50,000$ + 당기손익 − 공정가치 측정 금융자산 $₩150,000 = ₩400,000$

24 자산총액: 현금 $₩92,000$ + 매출채권 $₩60,000$ + 상품 $₩3,500$ + 건물 $₩300,000$ − 감가상각누계액 $₩60,000$ + 선급보험료 $₩1,750 = ₩397,250$

25 ×2년 말 자산총계: 기기설비 $₩7,600 (= 원가 ₩12,000 - 감가상각누계액 ₩4,400^*)$ + 토지 $₩115,000^{**}$ + 소모품 $₩1,500^{***}$ + 상품재고액 $₩9,000^{****} = ₩133,100$
   $* (₩12,000 - ₩0) × 22월/60월 = ₩4,400$
   $**$ 순철거비용($=$ 철거비용 − 잔존물 처분가치)을 토지원가에 포함
   $***$ 소모품 미사용액
   $****$ 상품 미판매분 10%

26 재무상태표에 부채로 표시할 금액: 제품보증충당부채 $₩1,000$ + 선수임대료 $₩2,000$ + 외상매입금 $₩1,000 = ₩4,000$
   ⤵ 보통주의 발행은 자본의 증가이다.

27 ① 선급보험료는 자산계정으로 재무상태표에 표시된다.

28 ⑤ 전기오류는 특정기간에 미치는 오류의 영향이나 오류의 누적효과를 실무적으로 결정할 수 없는 경우를 제외하고는 소급재작성에 의하여 수정한다.

29 ② 재분류조정은 포괄손익계산서나 주석에 표시할 수 있다. 재분류조정을 주석에 표시하는 경우에는 관련 재분류조정을 반영한 후에 기타포괄손익의 항목을 표시한다.

30 ② 기능별 분류에 대한 내용이다.

31 ① 기능별 분류법이 더 목적적합한 정보를 제공할 수 있다.
② 성격별 분류법은 감가상각비, 운송비 등 그 성격별로 통합하며, 기능별로 배분하지 않기 때문에 자의성과 판단이 개입되지 않는다.
④ 성격별 분류법이 더 유용하다.
⑤ 비용을 <u>기능별</u>로 분류하는 기업은 감가상각비, 종업원급여비용 등을 포함하여 <u>비용의 성격에 대한 추가 정보</u>를 제공한다.

32 1. 현금기준에 의한 20×1년 순현금유입액
    매출(회수) ₩50,000 − 매출원가(지급) ₩35,000 = ₩15,000
2. 발생기준에 의한 20×1년 순이익
    매출 ₩100,000 − 매출원가 ₩70,000 = ₩30,000

33

발생기준				
수 익	이자수익	₩100,000 × 4% × 6/12월	₩2,000	
	임 대 료	₩6,000 × 2/6월	₩2,000	₩4,000
비 용	급 여			₩1,000
순이익				₩3,000 증가
현금기준				
수 익	임 대 료			₩6,000
순이익				₩6,000 증가

34 1. 현금주의 당기순이익: 수익(현금매출 + 전기외상매출액 회수) ₩1,190,000 − 비용(비용지출 + 전기 미지급비용 지급) ₩660,000 = ₩530,000
2. 발생주의 당기순이익: 수익(현금매출 + 외상매출) ₩1,360,000 − 비용(비용지출 + 미지급비용 발생) ₩820,000 = ₩540,000

35

손익계산서			
매출원가	₩70,000	매출액	₩100,000
종업원급여	₩5,000		
감가상각비	₩10,000		
광고선전비	₩5,000		
영업이익	₩10,000		
	₩100,000		₩100,000

36 영업이익 = 매출액 − 매출원가 − 판관비(임직원급여, 직원회식비, 광고선전비, 거래처접대비)
　　　 = ₩2,400,000

　🔑 영업외비용(장기대여금의 손상차손, 기부금, 유형자산처분손실)은 영업이익 계산에서 제외된다.

37 순매출액 : ₩27,000 − ₩1,800 − ₩1,200 − ₩500 = ₩23,500
　순매입액 : ₩20,000 + ₩2,000 − ₩1,000 − ₩600 − ₩400 = ₩20,000
　매출원가 : ₩10,000 + ₩20,000 − ₩12,000 = ₩18,000
　매출총이익 : ₩23,500 − ₩18,000 = ₩5,500
　판매비와관리비 : ₩2,500 + ₩1,000 = ₩3,500
　영업이익 : ₩5,500 − ₩3,500 = ₩2,000

38 당기손익 : 염가매수차익 ₩15,000 + 투자부동산 평가이익 ₩14,000 − 수수료비용 ₩10,000*
　　　　　 = ₩19,000

　* 당기손익 − 공정가치 측정 금융자산 취득시의 거래원가는 당기비용으로 처리한다.

39

포괄손익계산서	
순매출액(총매출액 ₩824,000 − 매출할인 ₩12,000)	₩812,000
기타수익	₩30,000
재고자산 감소	₩20,000
매입액	₩392,000
물류비와 관리비	₩200,000
법인세비용차감전순이익	₩230,000
법인세비용	₩69,000
당기순이익	₩161,000
기타포괄손익	
기타포괄금융자산평가이익(법인세효과 ₩6,000 차감 후)	₩14,000
총포괄이익	₩175,000

40 자본증가분 : ₩500,000 − ₩200,000 = ₩300,000

(−) 유상증자 ₩100,000

(+) 공정가치 측정 금융자산 평가손실 ₩10,000

(−) 재평가잉여금 ₩20,000

당기순이익 : ₩300,000 − ₩100,000 + ₩10,000 − ₩20,000 = ₩190,000

41 1. 결산수정사항 분개

구 분	차변과목 및 금액		대변과목 및 금액	
①	임차료	₩2,000	선급임차료	₩2,000
②	감가상각비	₩1,500	감가상각누계액	₩1,500
③	이자비용	₩500	미지급이자	₩500
④	대손상각비	₩500	대손충당금	₩500
⑤	매출원가	₩2,000	기초상품	₩2,000
	매출원가	₩5,000	매입	₩5,000
	기말상품	₩2,000	매출원가	₩2,000

2. 법인세차감전 순손익

1) 매출총이익 : 매출액 ₩12,000 − 매출원가 ₩5,000 = ₩7,000

2) 법인세차감전순이익 : 매출총이익 ₩7,000 + 수익 ₩0 − 비용(급여, 임차료, 감가상각비, 이자비용, 대손상각비) ₩9,500 = (−)₩2,500

42 기타포괄손익 : 기타포괄금융자산평가손익, 재평가잉여금, 해외사업장환산손익, 현금흐름위험회피파생상품평가손익 등

43 ③ 현금흐름위험회피의 경우에 위험회피에 효과적인 파생상품평가손익(현금흐름위험회피적립금)의 금액은 위험회피대상 미래예상현금흐름이 당기손익에 영향을 미치는 기간에 재분류조정으로 현금흐름위험회피적립금에서 당기손익에 재분류한다.

44 ④ 영업활동으로 인한 현금흐름계산에는 직접법과 간접법이 있는데 한국채택국제회계기준에서는 직접법을 권장(현행 기업회계기준서는 모두 허용)하고 있다.

45 ① 현금흐름표는 일정기간의 현금유입액과 현금유출액에 대한 정보를 제공하는 재무제표이다.

46 ④ 리스부채의 상환은 재무활동으로 분류한다.

47 매출원가 = 기초재고액 + 당기매입액 − 기말재고액

매입채무 증가액(기초<기말) = 매입액 증가(= 매출원가 증가)

재고자산 증가액(기초<기말) = 매출원가 감소

매입(매출원가)			
상품매입 현금지출액(현금주의)	₩290,000	매출원가(발생주의)	₩295,000
재고자산 감소액	−	재고자산 증가액	₩20,000
매입채무 증가액	₩25,000	매입채무 감소액	−

48 매출원가: ₩7,500/(1 + 0.5) = ₩5,000

매입액: ₩2,000 + (　　) − ₩1,000 = ₩5,000 ⇨ ₩4,000

현금유출액: ₩500 + ₩4,000 − ₩3,000 = ₩1,500

〈분개법〉				
(차) 매출원가	₩5,000	(대)	현금	₩1,500
			자산감소	₩1,000
			부채증가	₩2,500

49

매출채권 + 선수금			
기초매출채권	₩7,000	기초선수금	−
발생주의 매출액	₩57,000	손상차손(대손발생)	₩500
		현금주의 매출액(유입액)	₩54,000
기말선수금	−	기말매출채권	₩9,500

재고자산 + 매입채무 + 선급금			
기초재고자산	₩12,000	기초매입채무	₩4,000
기초선급금	−	매출원가(발생주의)	₩36,000
현금유출액(매입액)	₩31,000	기말선급금	−
기말매입채무	₩6,000	기말재고자산	₩9,000

* 매출총이익: ₩57,000 − ₩36,000 = ₩21,000

50

영업활동 현금흐름			
영업활동 현금흐름	₩99,000	당기순이익	₩100,000
유형자산처분이익	₩8,000	감가상각비	₩10,000
매출채권 증가	₩9,000	선급비용 감소	₩4,000
미지급비용 감소	₩3,000	매입채무 증가	₩5,000
	₩119,000		₩119,000

51

영업활동 현금흐름			
영업활동 현금흐름	₩620,000	법인세차감전순이익	₩1,000,000
매출채권의 증가	₩150,000	감가상각비	₩50,000
매입채무의 감소	₩100,000	유형자산처분손실	₩20,000
재고자산의 증가	₩200,000		
	₩1,070,000		₩1,070,000

52

영업활동 현금흐름			
현금기준 순이익	₩55,000	발생기준 순이익	₩48,000
매출채권 증가	₩5,000	매입채무 증가	₩7,000
		미수수익 감소	₩2,000
		감가상각비	₩3,000
	₩60,000		₩60,000

53

영업활동 현금흐름			
영업활동 현금흐름	₩207,000	당기순이익	₩200,000
매입채무 감소	₩6,000	감가상각비	₩12,000
		재고자산 감소	₩1,000
	₩213,000		₩213,000

54

영업활동 현금흐름			
매출채권 증가액	₩80,000	당기순이익	₩1,130,000
건물처분이익	₩200,000	감가상각비	₩100,000
현금흐름	₩1,000,000	재고자산 감소액	₩50,000
	₩1,280,000		₩1,280,000

매출채권 손상차손과 재고자산평가손실은 각각 매출채권 순증가액과 재고자산 순감소액에 포함되어 계산에서 제외된다.

55

영업활동 현금흐름			
매출채권 증가	₩20,000	당기순이익	₩115,000
재고자산 증가	₩12,000	감가상각비	₩35,000
현금흐름	₩133,000	매입채무 증가	₩15,000
	₩165,000		₩165,000

56

영업활동 현금흐름			
영업활동 현금흐름	₩40,000	당기순이익	₩90,000
매출채권 증가	₩45,000	매입채무 증가	₩10,000
선수수익 감소	₩12,000	선급비용 감소	₩15,000
미지급급여 감소	₩36,000	감가상각비 발생	₩18,000
	₩133,000		₩133,000

57

영업활동현금흐름	<₩885,000>
투자활동현금흐름	(₩1,214,000)
재무활동현금흐름	₩354,000
계	₩25,000
기초 현금및현금성자산	₩80,000
기말 현금및현금성자산	₩105,000

58 ④ 이자비용으로 인한 현금유출은 영업활동 또는 재무활동으로 인한 현금흐름에 해당한다.

59 ④ 주식배당[(차) 이익잉여금 ××   (대) 자본금 ××]은 현금의 지출을 수반하지 않는다.

60 ② 투자활동으로 인한 현금유입액은 건물처분액 ₩70,000이다.

61 1. 유상증자로 인한 유입액 : (₩20,000 + ₩20,000) − (₩10,000 + ₩10,000) = ₩20,000
     2. 이자비용 유출액 : −₩3,000 + ₩2,000(미지급이자 증가) = (−)₩1,000
     3. 차입금 감소(유출) : (−)₩5,000
     4. 재무활동으로 인한 현금유입액 : ₩20,000 − (₩1,000 + ₩5,000) = ₩14,000

62 재무활동 순현금흐름 : 유상증자 ₩80,000 + 자기주식 처분 ₩12,000 − 현금배당 ₩10,000
         = ₩82,000

63 ① 토지 : 기초 ₩150,000 + 취득 ( ) − 처분 ₩50,000 = 기말 ₩250,000 ⇨ 취득 ₩150,000
     ② 취득 ₩150,000 − 처분 ₩75,000 = ₩75,000 순현금유출
     ③ 차입금 : 기초 ₩100,000 + 차입 ₩100,000 − 상환 ( ) = 기말 ₩180,000 ⇨ 상환 ₩20,000
     ④ 차입 ₩100,000 − 상환 ₩20,000 = 순현금유입 ₩80,000
     ⑤ 투자활동 및 재무활동으로 인한 순현금유입은 ₩5,000(순현금유입 − 순현금유출)이다.

64 ④ 주석은 재무제표이다.

65 ② 주석의 배열순서 : ㉢ − ㉠ − ㉣ − ㉡

17 재무제표 분석 등

01 ②	02 ③	03 ⑤	04 ⑤	05 ②	06 ①	07 ②	08 ④	09 ④	10 ③
11 ③	12 ①	13 ②	14 ②	15 ①	16 ③	17 ③	18 ③	19 ④	20 ⑤
21 ②	22 ③	23 ②	24 ④	25 ④					

01　① 이자보상비율은 안전성 비율이다.
　　③ 총자산이익률은 수익성 비율이다.
　　④ 이자보상비율이 높을수록 지급능력이 양호하다고 판단할 수 있다.
　　⑤ 매출채권회전율은 활동성 비율이다.

02　③ '유동비율 < 1'인 상황에서 유동자산과 유동부채가 동시에 감소하면 유동비율은 감소한다.

03

| (차) 상품 | ₩1,000 | (대) 현금 | ₩500 |
| | | 외상매입금 | ₩500 |

　⇨ 유동자산 ₩500 증가(당좌자산 ₩500 감소), 유동부채 ₩500 증가

| 유동비율 < 1 | 유동비율: 유동자산(↑)/유동부채(↑) ⇨ 증가 |
| | 당좌비율: 당좌자산(↓)/유동부채(↑) ⇨ 감소 |

04　주어진 조건을 유동비율의 경우는 충족하고 있고 당좌비율의 경우는 현재 70%이므로 100%가 되기 위해서 증가시켜야 한다.
　재고자산은 유동자산이지만 당좌자산에 속하지 않는다. 따라서 재고자산이 감소하면서 현금인 당좌자산이 증가하면 당좌비율의 분자요소가 증가하므로 당좌비율이 증가한다.
　당좌비율(↑): 당좌자산(↑) ÷ 유동부채(↓)
　① 현금 감소 ⇨ 당좌비율 ↓
　② 단기차입금 증가 ⇨ 당좌비율 ↓
　③ 매출채권 감소, 현금 증가 ⇨ 자산 불변·당좌비율 불변
　④ 단기매매금융자산(주식) 증가, 현금 감소 ⇨ 자산 불변·당좌비율 불변

05 당좌비율 : 당좌자산/유동부채

유동비율 : 유동자산/유동부채

당좌비율이 100%이므로 유동부채는 ₩1,000,000이다.

유동비율이 200%이므로 유동자산(당좌자산 + 재고자산)은 ₩2,000,000이고, 재고자산은 ₩1,000,000이다.

기초재고액 : 매출원가 ₩10,000,000+기말재고자산 ₩1,000,000−매입액 ₩8,000,000=₩3,000,000

06 1. 유동자산 : 자산총계 ₩28,000 − 비유동자산 ₩16,000 = ₩12,000

2. 유동비율 : 유동자산 ₩12,000 ÷ 유동부채 ( ) = 150% ⇨ 유동부채 ₩8,000

3. 재고자산 : 유동비율과 당좌비율의 차이 30% 즉, 유동부채 ₩8,000의 30%인 ₩2,400(A)이다.

4. 부채총계 : 부채 및 자본총계 ₩28,000 − 자본총계 ₩13,000 = ₩15,000

5. 비유동부채(장기차입금) : 부채총계 ₩15,000 − 유동부채 ₩8,000 = ₩7,000(B)

07 1. 유동비율(= 유동자산/유동부채)이 300%이고 유동부채가 ₩3,000,000이므로 유동자산은 ₩9,000,000이다.

2. 당좌비율(= 당좌자산/유동부채)이 200%이고 유동부채가 ₩3,000,000이므로 당좌자산은 ₩6,000,000이다.

3. 유동자산이 ₩9,000,000이고 당좌자산이 ₩6,000,000이므로 재고자산은 ₩3,000,000이다.

4. 재고자산회전율(= 매출원가/재고자산)이 12이고 재고자산이 ₩3,000,000이므로 매출원가는 ₩36,000,000이다.

5. 매출총이익 : ₩50,000,000 − ₩36,000,000 = ₩14,000,000

08 1. 유동자산 : ( )/₩80,000 = 120% ⇨ ₩96,000

2. 당좌자산 : ( )/₩80,000 = 70% ⇨ ₩56,000

3. 재고자산 : ₩96,000 − ₩56,000 = ₩40,000

4. 매출원가 : ₩25,000 + ₩95,000 − ₩40,000 = ₩80,000

09

구 분		A기업		B기업
총자산순이익률 $= \dfrac{당기순이익}{평균총자산}$	$\dfrac{₩1,000}{₩4,000} = 25\%$	<	$\dfrac{₩2,000}{₩6,000} = 33\%$
부채비율 $= \dfrac{부채}{자기자본}$	$\dfrac{₩3,000}{₩1,000} = 300\%$	<	$\dfrac{₩5,000}{₩1,000} = 500\%$

10

(차) 이자비용	₩1,000,000	(대) 현 금(당좌자산)	₩1,000,000
(차) 재고자산(재고자산)	₩2,000,000	(대) 현 금(당좌자산)	₩2,000,000
(차) 현 금(당좌자산)	₩4,000,000	(대) 매출채권(당좌자산)	₩4,000,000

당좌비율: $\dfrac{당좌자산}{유동부채} = \dfrac{₩3,000,000\ 감소}{불변} = 감소$

매출채권회전율: $\dfrac{매출원가}{평균매출채권} = \dfrac{₩2,000,000\ 증가}{₩4,000,000\ 감소} = 증가$

11 기말재고자산의 과소계상 ⇨ 매출총이익의 과소계상
따라서 유동비율(＝유동자산/유동부채)이 감소하고, 매출총이익률(＝매출총이익/매출액)도 감소한다.

12

<table>
<tr><td colspan="4" align="center">재고자산</td></tr>
<tr><td>기초상품</td><td>₩1,460</td><td>매출원가</td><td>₩3,200</td><td>← (₩4,200 − 200) × 0.8</td></tr>
<tr><td>당기 순매입액</td><td>₩2,200</td><td>기말재고추정액</td><td>₩460</td></tr>
<tr><td></td><td>₩3,660</td><td></td><td>₩3,660</td></tr>
</table>

화재손실액: 기말재고 추정액 − 처분가치가 존재하는 재고자산
　　　　　 ＝ ₩460 − ₩100 ＝ ₩360

13 활동성비율 ＝ 효율성비율 ＝ 회전율비율
해당 자산들이 얼마나 효율적으로 이용되고 있는지를 평가하는 재무비율

14 1. 매출원가: $80,000 × (1 − 0.3) = ₩56,000$
2. 기말재고자산: $18,000 + 55,000 − 56,000 = ₩17,000$
3. 평균재고자산: $(18,000 + 17,000)/2 = ₩17,500$
4. 재고자산회전율: $56,000/17,500 = 3.2회$

15 1. 매출채권회전율: 매출액 / 평균매출채권{(₩10,000 + ₩20,000)/2} ＝ 8회
　　　　　　　⇨ 매출액 ₩120,000
2. 재고자산회전율: 매출원가 / 평균재고자산{(₩8,000 + ₩12,000)/2} ＝ 10회
　　　　　　　⇨ ₩100,000
3. 매출총이익: 매출액 ₩120,000 − 매출원가 ₩100,000 ＝ ₩20,000

16 1. 평균재고자산 : $(₩700,000 + ₩500,000)/2 = ₩600,000$
    2. 평균매입채무 : $(₩340,000 + ₩160,000)/2 = ₩250,000$
    3. 매입채무회전율 : 매입액$/₩250,000 = 4$회 $⇨$ 매입액 $₩1,000,000$
    4. 매출원가 : $₩700,000 + ₩1,000,000 - ₩500,000 = ₩1,200,000$
    5. 재고자산회전율 : $₩1,200,000/₩600,000 = 2$회

17 1. 총자산회전율 : 매출액 (   ) / 평균총자산 $₩3,000 = 0.5$회 $⇨$ $₩1,500$
    2. 매출액순이익률 : 순이익 (   ) / 매출액 $₩1,500 = 20\%$ $⇨$ $₩300$

18 자기자본이익률 $= \dfrac{순이익}{자기자본}$

    ㉠ 매출액이익률 $\dfrac{순이익}{매출액} = 0.05$ $\therefore$ 순이익 = 매출액 $\times 0.05$

    ㉡ 총자본회전율 $\dfrac{매출액}{총자본} = 2$ $\therefore$ 매출액 = 총자본 $\times 2$

    ㉢ 자기자본비율 $\dfrac{자기자본}{총자본} = 0.5$ $\therefore$ 자기자본 = 총자본 $\times 0.5$

    따라서 자기자본이익률 $= \dfrac{순이익}{자기자본} = \dfrac{총자본 \times 2 \times 0.05}{자기자본 \times 0.5} = 0.2(20\%)$

19 1. 매출원가 : $₩100,000 \times 5$회 $= ₩500,000$
    2. 매출액 : $₩500,000 + ₩50,000 = ₩550,000$

20 1. 평균매출채권 : $(₩190,000 + ₩210,000)/2 = ₩200,000$
    2. 매출채권회전율 : $900,000/200,000 = 4.5$회
    3. 매출채권 평균회수기간 : $360/4.5 = 80$일

21 ② 재고자산 매입액은 재고자산 계정의 '차변 X'에 해당되는 금액인 $₩4,950,000$이다.

22 정상영업주기는 재고자산회전기간과 매출채권회수기간의 합계이다. 이 경우 재고자산회전기간
은 재고자산회전율을 매출채권회수기간은 매출채권회전율을 이용하여 계산한다.
    1. 재고자산 회전기간(日) : 360일 ÷ 6회 = 60일
    2. 매출채권 회수기간(日) : 360일 ÷ 4회 = 90일
    3. 정상영업주기 : 1. + 2. = 60일 + 90일 = 150일

23 재고자산회전율 : $₩4,500,000/₩900,000 = 5$회, 재고자산회전기간 : 360/5회 = 72일
    매출채권회전율 : $₩5,600,000/₩700,000 = 8$회, 매출채권회전기간 : 360/8회 = 45일
    $\therefore$ 정상영업주기 = 72일 + 45일 = 117일

24 ④ 공정가치 하락으로 자산(유형자산, 비유동자산)이 감소, 재평가손실 발생으로 비용 발생하여 자본이 감소된다.

당좌비율: 당좌자산/총부채

∴ 당좌자산이나 총부채가 발생하지 않으므로 당좌비율에 미치는 영향은 없다.

25 배당수익률: 배당액/주당시가 = ₩5/₩250 = 0.02(2%)

원가 · 관리회계

01 \ 원가관리회계의 기초

01 ④ 원가의 변동성은 고정원가와 변동원가의 구분과 관계있다.

02 ② 준변동원가(또는 혼합원가)에 대한 설명이다.

03 ① 관련 범위에 따라 총원가 달라지는 준고정원가이다.

04 ④ 초변동원가계산에서는 직접재료원가만 제품원가로 간주한다.

05 기초원가 = 직접재료원가 + 직접노무원가
가공원가 = 직접노무원가 + 제조경비

06 단위당 기본원가: ₩28,000 + ₩40,000 = ₩68,000
단위당 가공원가: ₩40,000 + ₩60,000 + ₩10,000* = ₩110,000
* 단위당 고정제조간접원가: ₩200,000/20단위 = @₩10,000

07 ① 기회원가는 특정 대체안을 선택하는 경우 포기된 대체안으로부터 상실되는 최대 효익을 말한다.

08 ③ 각각 관련원가, 결합원가, 매몰원가에 대한 설명이다.

09 총원가: 단위당 ₩300 × 6,000개 + ₩3,000,000 = ₩4,800,000

10 단위당 변동원가: (₩800,000 − ₩600,000)/(300단위 − 200단위) = ₩2,000
고정원가: ₩800,000 − (300단위 × @₩2,000) = ₩200,000
400단위 생산시 총제조원가: 400단위 × @₩2,000 + (₩200,000 × 1.1) = ₩1,020,000

11 1. 대안 1: ₩45,000

    2. 대안 2: ₩58,000 − ₩6,000 = ₩52,000

    3. 대안 2 선택의 손익: ₩52,000 − ₩45,000 = ₩7,000 이익 증가

02 원가의 흐름

Answer

01 ④	02 ①	03 ①	04 ②	05 ③	06 ③	07 ②	08 ②	09 ③	10 ③
11 ④	12 ④	13 ④	14 ①	15 ④	16 ①	17 ①	18 ②	19 ③	20 ④
21 ③									

01

경 비			
전 기 선 급 액	₩70,000	당 기 선 급 액	₩90,000
당 기 지 급 액	₩435,000	소 비 액	(₩455,000)
당기미지급액	₩85,000	전기미지급액	₩45,000

02

제조간접원가:	공장재산세	₩20,000	= ₩240,000/12개월
+	공장소모품비	₩12,000	
+	공장보험료	₩10,000	= ₩30,000/3개월
+	기계감가상각비	₩6,000	= ₩72,000/12개월
=		₩48,000	

03 1. 재료원가: ₩20 + ₩350 − ₩15 = ₩355

    2. 당기제품제조원가: ₩30 + ₩355 + ₩250 + ₩80 + ₩10 + ₩15 − ₩10 = ₩730

    3. 매출원가: ₩20 + ₩730 − ₩10 = ₩740

    4. 매출총이익: ₩1,400 − ₩740 = ₩660

04 ① 직접노무원가, ② 유형자산, ③ 제조간접원가, ④ 제조간접원가, ⑤ 직접재료원가

05 ③ 당기 기초제품재고액, 기말제품재고액, 매출원가는 포괄손익계산서에 포함된다.

06 ③ 기말재공품재고액이 증가한다는 것은 기초재공품보다 기말재공품이 더 크다는 것을 나타낸다. 따라서 당기총제조원가가 제품제조원가보다 더 클 것이다.

재 공 품	
기초재공품재고액	완성품(제품)제조원가
당기총제조원가	기말재공품재고액

07 기초재공품 + 당기총제조원가 − 기말재공품 = 당기제품제조원가
기초재공품 − 기말재공품 = 당기제품제조원가 − 당기총제조원가 > 0
∴ 당기제품제조원가 > 당기총제조원가

08 직접재료원가 = ₩50,000(기초) + ₩20,000(매입) − ₩40,000(기말) = ₩30,000
총제조원가 = 직접재료원가 + 직접노무원가 + 제조간접원가
= ₩30,000 + ₩10,000 + ₩35,000 = ₩75,000

09 당기사용재료원가 = 전기이월(₩1,200) + 당기매입(₩1,800) − 기말재고원재료(₩700)
= ₩2,300
당기직접노무원가 = 당기미지급노무원가(₩600) + 당기지급노무원가(₩1,300) −
전기미지급노무원가(₩800) = ₩1,100
기초원가 = 당기사용재료원가(₩2,300) + 직접노무원가(₩1,100) = ₩3,400

10 1. 직접재료원가 소비액 : 기초재료 ₩15,000 + 재료매입 ₩50,000 − 기말재료 ₩10,000
= ₩55,000
2. 당기총제조원가 : 직접재료원가 ₩55,000 + 직접노무원가 ₩25,000 + 제조간접원가 ₩40,000
= ₩120,000
3. 당기제품제조원가 : 기초재공품 ₩30,000 + 당기총제조원가 ₩120,000 − 기말재공품 ₩21,000
= ₩129,000

11 1. 직접재료원가 소비액 : ₩3,000 + ₩35,000 − ₩2,000 = ₩36,000
2. 직접노무원가 소비액 : ₩25,000 + ₩10,000 − ₩5,000 = ₩30,000
3. 당기총제조원가 : ₩36,000 + ₩30,000 + ₩22,000 = ₩88,000
4. 당기제품제조원가 : ₩6,000 + ₩88,000 − ₩2,000 = ₩92,000
5. 매출원가 : ₩9,000 + ₩92,000 − ₩8,000 = ₩93,000

12 1. 당기총제조원가 ₩300,000 = 직접재료원가 (ⓒ) + 직접노무원가 ₩80,000 + 제조간접원가 ₩110,000 ⇨ ₩110,000

2. 직접재료원가 (ⓒ ₩110,000) : 기초 ₩20,000 + 구입 ₩100,000 − 기말(㉠) ⇨ ₩10,000

3. 당기제품제조원가(ⓒ) : 기초재공품 ₩5,000 + 당기총제조원가 ₩300,000 − 기말재공품 ₩20,000 = ₩285,000

4. 기초제품재고 (㉣) + 당기제품제조원가 ₩285,000 − 기말제품 ₩40,000 = 매출원가 ₩400,000 ⇨ ₩155,000

5. 매출액 ₩580,000 − 매출원가 ₩400,000 = ₩180,000

13

재 공 품

기초재공품	₩16,000	당기제품제조원가	₩554,000
직접재료원가①	₩195,000		
직접노무원가	₩170,000		
간접노무원가	₩100,000		
기타제조간접원가	₩70,000		
보험료	₩30,000	기말재공품	₩27,000
	₩581,000		₩581,000

직접재료

기초직접재료	₩10,000	직접재료원가②	₩195,000
직접재료 매입액③	₩200,000	기말직접재료	₩15,000
	₩210,000		₩210,000

14

재료 + 재공품

기초재료	₩18,000	당기제품제조원가	₩130,000
기초재공품	₩25,000	기말재료	₩13,000
재료매입	?	기말재공품	₩20,000
가공원가	₩75,000		
	₩163,000		₩163,000

재료매입액 = ₩45,000

직접재료원가 : ₩18,000 + ₩45,000 − ₩13,000 = ₩50,000

직접노무원가 : ₩85,000 − ₩50,000 = ₩35,000

15 1. 직접재료원가 소비액

　　기초재료 ₩20,000 + 재료매입 ₩125,000 − 기말재료 ₩25,000 = ₩120,000

　　2. 직접노무원가

재공품 + 제 품			
기초재공품	₩35,000		
기초제품	₩100,000	매출원가	₩340,000
직접재료원가	₩120,000		
직접노무원가	x	기말재공품	₩30,000
제조간접원가	$0.5x$	기말제품	₩110,000
	₩480,000		₩480,000

　　　　$1.5x = ₩225,000$

　　　　$x = ₩150,000$

　　3. 기본원가: 직접재료원가 ₩120,000 + 직접노무원가 ₩150,000 = ₩270,000

16

원재료			
기초원재료	₩34,000	소비액	₩80,000
원재료 매입액	₩56,000	기말원재료	₩10,000
	₩90,000		₩90,000

재공품 + 제 품			
기초재공품	₩37,000		
기초제품	₩10,000	매출원가	₩659,000
직접재료원가	₩80,000		
직접노무원가	₩240,000	기말재공품	₩20,000
제조간접원가	₩360,000	기말제품	₩48,000
	₩727,000		₩727,000

- 직접노무원가: 기초원가 ₩320,000 − 직접재료원가 ₩80,000 = ₩240,000
- 제조간접원가가 가공원가의 60%이므로 직접노무원가는 가공원가의 40%이다.
- 가공원가: ₩240,000 ÷ 0.4 = ₩600,000
- 제조간접원가: ₩600,000 × 0.6 = ₩360,000

17 1. 전환(가공)원가: 직접노무원가 + 제조간접원가

　　　　$= x + 3x = ₩800,000$

　　　x(직접노무원가) $= ₩200,000$

　　　따라서 제조간접원가: $3x$이므로 $3 × ₩200,0000 = ₩600,000$이다.

2. 기본원가: 직접재료원가 + 직접노무원가

기본원가 ₩500,000 − 직접노무원가 ₩200,000 = 직접재료원가 ₩300,000

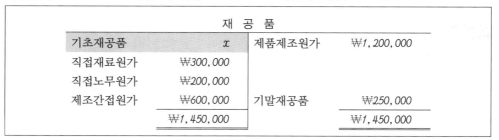

재 공 품			
기초재공품	x	제품제조원가	₩1,200,000
직접재료원가	₩300,000		
직접노무원가	₩200,000		
제조간접원가	₩600,000	기말재공품	₩250,000
	₩1,450,000		₩1,450,000

18 1. 기타 발생비용 중 제조원가 산입분: 감가상각비 ₩100 + CEO급여 ₩50 = ₩150

2. 전환원가: 직접노무원가 ₩450 + 제조경비 ₩150 = ₩600

3. 직접재료원가: 전환원가 ₩600 × 50% = ₩300

4. 당기총제조원가: 재료원가 ₩300 + 전환원가 ₩600 = ₩900

5. 매출원가: 기초 ₩100 + 당기총제조원가 ₩900 − 기말 ₩100 = ₩900

6. 매출총이익: 매출액 ₩2,000 − 매출원가 ₩900 = ₩1,100

19 1. 제조간접원가 = 총제조원가 × 27%

₩1,000,000 × 27% = ₩270,000(제조간접원가)

제조간접원가 = 직접노무원가 × 75%

∴ 직접노무원가 = ₩270,000 ÷ 75% = ₩360,000

2.

재 공 품			
기초재공품	$0.8x$	제품제조원가	₩970,000
총제조원가	₩1,000,000	기말재공품	x

$0.8\,x + ₩1,000,000 = ₩970,000 + x$

∴ 기말재공품 x = ₩150,000 　　　기초재공품 = ₩120,000

20 기초원가: 직접재료원가(　　) + 직접노무원가 ₩15,000 = ₩40,000

∴ 직접재료원가는 ₩25,000이다.

가공원가: 직접노무원가 ₩15,000 + 제조간접원가(　　)

직접노무원가가 가공원가의 60%이므로 가공원가는 ₩25,000(= ₩15,000/60%)이고, 제조간접원가는 ₩10,000(= ₩25,000 × 40%)이다.

당기총제조원가: 직접재료원가 ₩25,000 + 직접노무원가 ₩15,000 + 제조간접원가 ₩10,000 = ₩50,000

매출원가: 매출액 ₩70,000 × (1−30%) = ₩49,000

21 1. 당기제품제조원가 = ₩600,000 − ₩50,000 = ₩550,000

2. 당기총제조원가 = ₩550,000

3. 직접재료원가 = ₩550,000 − ₩300,000 = ₩250,000

03 | 원가의 배분

01 ③	02 ②	03 ⑤	04 ②	05 ②	06 ①	07 ④	08 ①	09 ④	10 ③
11 ①	12 ②	13 ③	14 ④	15 ③	16 ②	17 ④	18 ③	19 ④	20 ①
21 ③	22 ②	23 ④	24 ②	25 ②	26 ②	27 ④	28 ③	29 ①	30 ③
31 ④									

01

$$제조지시서 \text{ #1의 } 제조간접비 \text{ 배부액}: ₩160,000 \times \frac{₩120,000}{₩2,000,000} = ₩9,600$$

$$제조지시서 \text{ #1의 } 제조원가: ₩85,000 + ₩35,000 + ₩9,600 = ₩129,600$$

02 • 직접노무비 기준: $₩6,500 + ₩12,000 \times (₩2,500/₩8,000) = ₩10,250$

• 기계시간 기준: $₩6,500 + ₩12,000 \times (150시간/500시간) = ₩10,100$

03 ⑤ 과소배부된 제조간접비 배부차이를 재고자산에 배부하게 되면 재고자산이 증가하게 된다. 따라서 배부차이를 조정하지 않으면 재고자산은 과소계상된다.

04 1. 제조간접원가 예산: $₩5,000 + ₩20,000 + ₩7,000 + ₩13,000 = ₩45,000$

2. 제조간접원가 예정배부율: $₩45,000/10,000시간 = ₩4.5/기계시간$

05 1. 제조간접원가 배부율: $₩4,000,000 \div 8,000시간 = ₩500/시간$

2. 제조간접원가 배부액: $₩500/시간 \times 7,500시간 = ₩3,750,000$

06

제조간접원가			
실제배부액	(₩325,000)	예정배부액 = 실제시간 × 예정배부율	₩360,000
과대배부차이	₩35,000	$120,000시간 \times \dfrac{₩300,000}{100,000시간}$	

07 1. 제조간접원가 예정배부율: $₩10,000/100시간 = @₩100$

2. 제조간접원가 예정배부액: 제조간접원가 예정배부율 × 실제기준
   $= @₩100 \times 90시간 = ₩9,000$

3. 제조간접원가 실제발생액: 제조간접원가 예정배부액 + 제조간접원가 과소배부액
   $= ₩9,000 + ₩1,000 = ₩10,000$

08 1. 배부차이: $(+)\text{₩}130,000 = \text{₩}5,680,000 - (\text{예정배부액})$

2. 예정배부액: ₩5,550,000

3. 제조간접원가 배부율: ₩5,550,000 ÷ 50,000시간 = ₩111/시간

09 ④ 제조간접원가 배부차이를 기말재공품, 기말제품 그리고 매출원가에 비례해서 배분하는 방법이 비례배분법이다.

10 제조간접비 배부차이: 실제 ₩1,000,000 < 예정 ₩1,100,000 = 과대배부 ₩100,000

구 분	조정 전 기말잔액	배부차이 조정(−)	조정 후 기말잔액
재공품	₩500,000	₩100,000 × 50만원/200만원 = ₩25,000	₩475,000
제 품	₩300,000	₩100,000 × 30만원/200만원 = ₩15,000	₩285,000
매출원가	₩1,200,000	₩100,000 × 120만원/200만원 = ₩60,000	₩1,140,000
합 계	₩2,000,000	₩100,000	₩1,900,000

③ 제조간접원가 배부차이 조정 후 기말 제품은 ₩285,000이다.

11 • 총원가기준법의 경우

(차) 재공품	₩200,000	(대) 제조간접원가	₩1,000,000
제품	₩200,000		
매출원가	₩600,000		

• 매출원가 일괄조정의 경우

(차) 매출원가	₩1,000,000	(대) 제조간접원가	₩1,000,000

∴ 영업이익 감소분의 차이는 ₩400,000이다.

12 제조간접원가배부차액 계정 차변잔액은 제조간접원가 계정 대변에서 대체된 것이므로 과소배부에 해당된다.

㉠ 보충률법에 의한 회계처리

(차) 매출원가	₩3,000	(대) 제조간접원가	₩5,000
재공품	₩500		
제품	₩1,500		

㉡ 매출원가 가감법에 의한 회계처리

(차) 매출원가	₩5,000	(대) 제조간접원가	₩5,000

∴ 보충률법에 의할 때 당기순이익이 ₩2,000 크다.

13 ③ 보기에서 가장 적합한 것은 사용면적이다.

14 ④ 보조부문 용역수수관계를 완전히 고려한 상호배분법이 가장 정확한 원가배분방법이다.

15 ① 보조부문원가는 제조부문으로 대체(배부)해야 한다.
② 배부 순서는 단계배부법에서 중요하다.
④ 상호배부법은 보조부문 상호간 용역수수 관계가 중요할 때 적용하는 것이 타당하다.
⑤ 보조부문비 배부방법에 따라 제조부문비 총액은 달라진다.

16 ① 직접배부법에 대한 내용이다.
③ 이중배부율법은 변동원가와 고정원가를 구분하여 변동원가는 실제조업도, 고정원가는 최대조업도를 기준으로 배부하는 방법이다.
④ 상호배부법에 대한 내용이다.
⑤ 가장 정확한 방법은 '직접배부법 < 단계배부법 < 상호배부법'의 순서이다.

17

$$A부문원가 = ₩100,000 \times \frac{0.3}{0.3+0.5} + ₩300,000 \times \frac{0.4}{0.4+0.4} = ₩187,500$$

$$B부문원가 = ₩100,000 \times \frac{0.5}{0.3+0.5} + ₩300,000 \times \frac{0.4}{0.4+0.4} = ₩212,500$$

18
- 전력부문이 조립부문에 배분한 금액: ₩100,000 × 80kw/160kw = ₩50,000
- 수선부문이 조립부문에 배분한 금액: ₩200,000 × 300시간/500시간 = ₩120,000
- 조립부문 총원가: ₩50,000 + ₩120,000 + ₩500,000 = ₩670,000

19

제공 \ 사용	A ₩500,000	B ₩450,000	C ***	D ***
A	—	20%	30%	50%
1차 ₩500,000	—	₩100,000	₩150,000	₩250,000
B	40%	—	30%	30%
2차 ₩550,000	—	—	₩275,000	₩275,000
보조부문비 계			₩425,000	₩525,000

20

제공＼사용	수선부 ₩10,000	전력부 ₩7,000	제조부문 A	제조부문 B
수선부(시간)	–	200	500	300
1차 ₩10,000	–	₩2,000	₩5,000	₩3,000
전력부(kwh)	500	–	1,000	500
2차 ₩9,000	–	–	₩6,000	₩3,000
보조부문비 계			₩11,000	₩6,000

21 ③ 이 문제의 핵심은 보조부문 상호간의 용역수수에서 자기부문에서 자기부문으로 제공된 용역은 용역수수관계에서 제외한다는 것이다. 따라서 수선부문에서 수선부문으로 제공된 용역 600시간을 제외하고 배부율을 산정해야 한다. 즉, 수선부문(M)의 경우 400(40%) : 200(20%) : 0 : 400(40%)로 배부하고, 관리부문(F)의 경우 4,000(25%) : 4,000(25%) : 8,000(50%) : 0으로 배부하여야 한다.

$M = 160,000 + 0.5F$

$F = 80,000 + 0.4M$

22
1. $X = ₩100,000 + 0.5Y$
2. $Y = ₩120,000 + 0.4X$
3. $X = ₩200,000, \ Y = ₩200,000$
4. P1 : $₩200,000 \times 0.3 + ₩200,000 \times 0.2 = ₩100,000$
5. P2 : $₩200,000 \times 0.3 + ₩200,000 \times 0.3 = ₩120,000$

23

구 분	보조부문 S1	보조부문 S2	제조부문 P1	제조부문 P2	계
부문원가	₩250,000	₩152,000	–	–	
S1	–	40	20	40	100%
③ ₩370,000		④₩148,000	₩74,000	⑤₩148,000	
S2	40	–	40	20	100%
⑦ ₩300,000	①₩120,000		₩120,000	⑧₩60,000	
	②(₩370,000)	⑥(₩300,000)	₩194,000	₩208,000	

본 문제의 경우 보조부문 S1 총원가 ₩370,000이 주어져 있으므로 다음을 통하여 보조부문 S2 총원가를 계산한다.

S2 = ₩152,000 + 0.4S1이므로 S1에 ₩370,000을 대입하여 풀이하면 S2 총원가는 ₩300,000이 계산된다.

P2에 배부되는 보조부문원가

= 0.4S1 + 0.2S2 = (0.4 × ₩370,000) + (0.2 × ₩300,000) = ₩208,000

24 변동원가: $₩100,000 × 300/1,000 = ₩30,000$
고정원가: $₩225,000 × 500/1,500 = ₩75,000$

25

구 분	동력부	절단부	조립부
변동원가	₩50,000	₩30,000(1)	₩20,000
고정원가	₩100,000	₩50,000(2)	₩50,000
계		₩80,000	₩70,000

(1) $₩50,000 × 300/500 = ₩30,000$

(2) $₩100,000 × 500/1,000 = ₩50,000$

26 ② 초변동원가계산에 대한 설명이다.

27 설비수준(유지)활동(facility level activity)의 정의이다.
① 제품단위수준활동: 제품의 생산수량에 비례하여 수행되는 활동으로 직접재료투입활동, 동력
소비활동, 직접노동활동, 기계활동 등을 말한다.
② 묶음단위수준활동(배치수준활동): 제품생산을 위하여 묶음수준 생산이 이루어질 때마다 수
행되는 활동으로 기계가동준비, 작업준비, 자재이동, 구매주문 등 생산수량과 관련없이 수행
되는 활동이다.
③ 제품수준활동(제품유지활동): 연구개발, 제품개량, 제품설계도 마련, 공정기술변경, 공장설계
등과 같이 제품의 종류 수에 비례하는 활동으로 특정제품을 제품라인에 추가하거나 특정제품
이 계속 생산될 수 있도록 하는 활동이다. 제품의 종류가 추가되면 늘어나는 반면, 제품 생산
량이나 제품의 묶음수와는 상관없이 일정하다.

28 ③ 제품 종류가 다양해질수록 제조간접원가의 합리적 배분이 필요하므로 활동기준원가계산제도
가 더 필요할 수 있다.

29
가공원가: 기계작업 $₩10 × 4시간 × 100단위 = ₩4,000$
조립작업 $₩6 × 5개 × 100단위 = ₩3,000$
매 출 액: $100단위 × ₩200 = ₩20,000$
총제조원가: $₩6,000 + ₩4,000 + ₩3,000 = ₩13,000$
매출총이익: $₩20,000 - ₩13,000 = ₩7,000$

30 총제조원가: 직접재료원가 + 가공원가(직접노무원가 + 제조간접원가)
$= (50단위 × ₩100) + (50단위 × 2시간 × ₩50) + (50단위 × 5개 × ₩10) + (50단위 × ₩30)$
$= ₩14,000$

31

구 분		보급형	고급형
직접재료원가		₩32,000	₩5,000
직접노무원가		₩24,000	₩3,500
제조간접원가			
	작업준비원가	₩4,000	₩2,000
	제품검사원가	₩4,500	₩4,500
총제조원가		₩64,500	₩15,000
생산량		800개	100개
단위당 제조원가		@₩80.625	@₩150

04 \ 제품별 원가계산

Answer

01 ②	02 ②	03 ④	04 ③	05 ①	06 ④	07 ③	08 ④	09 ④	10 ②
11 ③	12 ①	13 ②	14 ②	15 ③	16 ④	17 ①	18 ②	19 ②	20 ②
21 ②	22 ①	23 ④	24 ①	25 ①					

01 ② 기말재공품원가는 미완성된 컨테이너선(병)이다.

구 분	갑	을	병	합 계
기초재공품	₩300	₩400	₩100	₩800
직접재료원가	₩150	₩200	₩160	₩510
직접노무원가	₩60	₩80	₩40	₩180
제조간접원가	₩200	₩500	₩300	₩1,000
합 계	₩710	₩1,180	₩600	₩2,490

02

구 분		A 제품		B 제품		C 제품	
	직접재료원가						
가공원가	직접노무원가	₩36,000	₩15,000	₩24,000	₩10,000	₩48,000	₩20,000
	제조간접원가		₩21,000		₩14,000		₩28,000
		완성, 판매		미완성		완성, 미판매	
		매출원가 ₩60,000		기말재공품 ₩60,000		기말제품 ₩120,000	

03 ④ 원가요소별 비례배분법은 각 계정의 총원가에 포함된 원가요소별 금액의 비율로 배분하는 방법이다. 즉, 재고자산과 매출원가 기말잔액 중 직접재료원가와 직접노무원가를 제외한 제조간접원가만의 상대적 비율을 기준으로 제조간접원가 배부차액을 배분하는 방법이다.

04 가공원가 완성품환산량: $1,000 - 300 \times 50\% + 500 \times 40\% = 1,050$개

05 ① 기초재공품이 존재하지 않으므로, 두 방법에 있어 기말재공품 가공비환산량에 대한 차이는 없다.

06 • 가중평균법 완성품환산량: 완성품수량 + 기말재공품환산량
• 선입선출법 완성품환산량: 완성품수량 - 기초재공품환산량 + 기말재공품환산량
  따라서 가중평균법과 선입선출법의 완성품환산량은 기초재공품에 해당되는 만큼 차이가 발생한다.
• 직접재료원가 완성품환산량 차이: 8,000개 × 100% = 8,000개
• 가공원가 완성품환산량 차이: 8,000개 × 60% = 4,800개

07 • 기말재공품환산량: $₩60,000 ÷ @₩200 = 300$단위
• 기말재공품 수량: 300단위 ÷ 60% = 500단위

08 1. 완성품수량: 기초 2,000개 + 착수 13,000개 - 기말 3,000개 = 12,000개
2. 완성품환산량

구 분	직접재료원가	전환원가(가공비)
평균법	12,000개 + 3,000개 = 15,000개①	12,000개 + 3,000개 × 10% = 12,300②
선입선출법	12,000개 - 2,000개 + 3,000개 = 13,000개③	12,000개 - 2,000개 × 50% + 3,000개 × 10% = 11,300개④

⑤ 기초재공품이 없는 경우에는 평균법과 선입선출법의 완성품환산량이 동일하다.

09 ④ 완성품환산량의 단위당 원가는 과소계상된다.
기말재공품 완성도 과대평가 ⇨ 기말재공품 완성품환산량 과대평가 ⇨ 완성품환산량 단위당 원가 과소평가 ⇨ 기말재공품 과대평가 ⇨ 당기제품제조원가 과소평가

10 기말재공품 완성도의 과소평가 ⇨ 기말재공품의 과소계상 ⇨ 당기제품제조원가의 과대 계상 ⇨ 매출원가의 과대계상 ⇨ 영업이익 / 이익잉여금 과소계상

11 · 당기완성량: $500 + 5,500 - 200 = 5,800$개
· 직접재료원가 완성품환산량: $₩5,800 + 0^{1)} - 0^{1)} = 5,800$개
· 가공원가 완성품환산량: $₩5,800 + 60^{2)} - 150^{2)} = 5,710$개

1) 직접재료원가는 기초·기말재공품의 완성도가 재료 투입시점을 통과하면 100% 환산, 통과하지 않으면 0% 환산한다.
2) 가공원가는 무조건 기초·기말재공품에 완성도를 곱한 환산수량으로 계산한다.

〈물량흐름〉					완성품환산량	
	재공품(FIFO)				재료원가	가공원가
기초재공품	(완성도)	완성품	5,800개	(완성도)		
500개	(0) (0.3)	기초분	500개	(1) (0.7)	500개	350개
당기착수		당기분	5,300개		5,300개	5,300개
5,500개		기말재공품				
			200개	(0) (0.3)	0개	60개
		완성품환산량			5,800개	5,710개

12 1. 물량흐름

					완성품환산량		
	재공품(FIFO)				재료A	재료B	가공원가
기초재공품	(완성도)	완성품	1,300개	(완성도)			
300개	(1)(0)(0.2)	기초분	300개	(0)(1)(0.8)	0개	300개	240개
당기착수		당기분	1,000개		1,000개	1,000개	1,000개
1,500개		기말재공품					
			500개	(1)(0)(0.5)	500개	0개	250개
		완성품환산량			1,500개	1,300개	1,490개

2. 완성품환산량
   1) 재료원가 A: 완성 1,300개 - 기초 300개 + 기말 500개 = 1,500개
   2) 재료원가 B: 완성 1,300개 - 기초 0개* + 기말 0개** = 1,300개
   3) 가공원가: 완성 1,300개 - 기초 60개 + 기말 250개 = 1,490개
   * 전기에 통과(=전기에 100% 투입)되어 당기투입량은 0이다.
   ** 재료투입시점(60%)를 통과하지 않았으므로 당기투입량은 0이다.

13 기말재공품 완성도를 A라 하면

$$(₩650,000 + ₩2,350,000) \times \frac{500 \times A}{800 + 500 \times A} = ₩600,000$$

$500A = 0.2 \times (800 + 500A)$
∴ A = 40%

14 1. 완성수량: $500 + 4,000 - 600 = 3,900$단위

2. 전환원가 완성품 환산량: $3,900 - (500 \times 0.5) + (600 \times 0.5) = 3,950$단위

3. 전환원가 완성품환산량 단위당원가: 당기 투입전환원가 ÷ 전환원가완성품환산량
   = 당기 투입전환원가 ÷ 3,950단위 = @₩20
   따라서 당기 투입전환원가는 ₩79,000이다.

15 1. 재료원가 기말재공품 재고액: $₩200,000 \times 100/(200 - 100 + 100) = ₩100,000$

2. 가공원가 기말재공품 재고액: $₩300,000 \times 50/(200 - 50 + 50) = ₩75,000$

3. 당기제품제조원가: ₩60,000(기초재공품) + ₩500,000(당기총제조원가) − ₩175,000(기말재공품)
   = ₩385,000

16 기말재공품 수량: $1,000$단위 + $4,000$단위 − $3,000$단위 = $2,000$단위

구 분	직접재료원가	가공원가
당기발생원가	₩20,000	₩21,000
완성품환산량	3,000단위 − 1,000단위 + 2,000단위 = 4,000단위	3,000단위 − 1,000단위 × 50% + 2,000단위 × 50% = 3,500단위
완성품환산량 단가	₩5	₩6
기말재공품 원가	2,000단위 × ₩5 = ₩10,000	2,000단위 × 50% × ₩6 = ₩6,000

완성품 원가: ₩18,000 + ₩41,000 − ₩16,000 = ₩43,000

17 • 총공손수량: 기초(500개) + 당기착수(4,500개) − 완성(3,700개) − 기말(700개) = 600개

• 정상공손품수량: 600개 − 80개 = 520개

18 • 공손수량: 800단위 + 4,200단위 − 3,500단위 − 1,000단위 = 500단위

• 품질검사 합격품: 당기착수 완성분 2,700단위 + 기말재공품 1,000단위 = 3,700단위
   따라서 정상공손수량은 370단위, 비정상공손수량은 130단위이다.

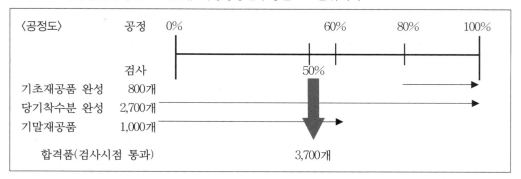

19

재 공 품			
기 초 수 량	5,000단위	당기완성수량	35,000단위
당 기 투 입 량	45,000단위	기 말 수 량	8,000단위
		공 손 품 수 량	7,000단위
	50,000단위		50,000단위

검사시점이 20% 시점이고 기초재공품의 완성도가 30%이므로 기초재공품은 당기에 검사시점을 통과하지 않았다. 따라서 당기에 검사시점을 통과한 합격품은 완성품 35,000단위 중 당기착수분 30,000단위와 기말재공품 7,000단위의 합인 37,000단위이다.

정상공손품 수량: 합격품 수량 37,000단위 × 10% = 3,700단위

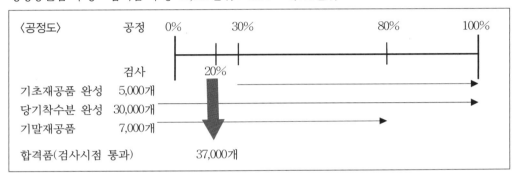

20 본 문제의 경우 기말재공품의 진척도가 70%이므로 검사시점인 50%를 통과하고 있으므로 공손품발생과 관련성이 있다. 따라서 정상공손원가는 검사시점을 통과한 물량단위를 기준으로 배분한다. 즉, 완성품(품질검사시점을 통과한 합격품)과 기말재공품에 배분한다.

완성품에 배분될 정상공손원가: $₩32,000 × \dfrac{820}{820 + 180} = ₩26,240$

21

제 품	생산량	판매단가	총판매가치	결합원가배부액
A	2,400kg	₩40	₩96,000	₩250,000
B	1,600kg	₩60	₩96,000	₩250,000
계	4,000kg			₩500,000

22

제 품	생산량	단위당판매가	총판매가치	배부율	결합원가배부액
A	500단위	@₩200	₩100,000	10/16	₩20,000
B	400단위	@₩150	₩60,000	6/16	
계			₩160,000		< ? >

A제품의 결합원가 배부액: < ? > × 10/16 = ₩20,000
따라서 결합원가 총액은 ₩32,000이다.

23

연산품	순실현가치	비 율	결합원가배분액
A	₩2,500,000	25%	₩1,500,000
B	₩2,500,000	25%	₩1,500,000
C	₩5,000,000	50%	₩3,000,000
합 계	₩10,000,000	100%	₩6,000,000

B의 총원가 = ₩1,500,000(결합원가배분액) + ₩1,500,000(추가가공원가) = ₩3,000,000

24

구 분	A	B	C	합계
결합원가 배분액	ⓛ₩40,000	₩10,000	ⓒ₩50,000	₩100,000
분리점에서 판매가치	₩80,000	?	?	₩200,000
추가가공원가	₩3,000	₩2,000	₩5,000	
추가가공후 판매가치	₩85,000	₩42,000	₩120,000	

㉠ 결합원가 배부율: ₩100,000/₩200,000 = 50%

㉡ ₩80,000 × 0.5 = ₩40,000

㉢ ₩100,000 − ₩40,000 − ₩10,000 = ₩50,000

㉣ C제품 매출총이익: (₩120,000 − ₩5,000) − ₩50,000 = ₩65,000

25 판매가격: 100,000 + 80,000 + 120,000 = ₩300,000

총원가: 120,000 + 60,000 = ₩180,000

〈결합원가 배분〉

결합원가를 배부할 때는 먼저 매출총이익부터 계산해서 총원가를 파악한 후 결합원가 배분액을 계산한다.

제 품	최종판매가치	매출총이익	총원가	추가가공원가	결합원가 배분액
A	₩100,000	₩40,000	₩60,000	−	₩60,000
B	₩80,000	₩32,000	₩48,000	−	₩48,000
C	₩120,000	₩48,000	₩72,000	₩60,000	₩12,000
계	₩300,000	₩120,000	₩180,000	₩60,000	₩120,000

기업전체의 매출총이익률이 40%(= ₩120,000/₩300,000)이므로 모든 제품의 매출총이익률이 40%가 되도록 매출총이익을 먼저 계산하고 매출액에서 매출총이익을 차감한 금액이 총원가가 된다. 그리고 총원가에서 추가가공원가를 차감하고 남은 금액을 결합원가로 배분한다.

균등매출총이익률법은 모든 제품의 매출총이익률이 동일하다는 것을 가정하고 있다. 따라서 총원가율도 동일해지기 때문에 매출액에 총원가율을 곱해서 총원가를 계산한 후에 추가가공원가를 차감하여 결합원가 배분액을 구할 수도 있다.

1. 매출원가율: ₩180,000/₩300,000 = ₩60%

2. C의 결합원가배부액: ₩120,000 × 60% − ₩60,000 = ₩12,000

05 전부원가계산과 변동원가계산

01 ② 전부원가계산은 외부보고 목적이고 변동원가계산은 내부통제와 성과평가 목적이다.

02 ② 직접원가계산과 전부원가계산의 기본적인 차이점은 고정제조간접비를 제조원가 산정시 제외하느냐 포함하느냐이다.

03 흡수(전부)원가계산에 의한 제조단가: 직접재료원가 ₩480 + 직접노무원가 ₩240 + 변동간접원가 ₩120 + 고정간접원가 ₩300(₩300,000 ÷ 1,000개) = 제조단가 ₩1,140

04 기초제품 > 기말제품 = 생산량 < 판매량 = 직접원가이익 > 전부원가이익

05 변동원가계산 단위당 제조원가: ₩600 + ₩200 + ₩300 = ₩1,100

06 변동원가계산 영업이익: 매출액 − 변동비 − 고정비
4,000단위 × (₩2,000 − ₩500 − ₩400 − ₩300 − ₩200) − ₩500,000 = ₩1,900,000

07 1. 변동원가계산 영업이익

매출액	₩8,000 × 200	₩1,600,000
변동원가	₩8,000 × 150	₩1,200,000
고정원가		₩265,000
영업이익		₩135,000

2. 변동원가계산 기말제품재고액
(10,000개 − 8,000개) × @₩110 = ₩220,000

08 • 3월 재고물량: 기초 0개 + 생산 200개 − 판매 160개 = 40개
• 4월 재고물량: 기초 40개 + 생산 200개 − 판매 180개 = 60개
• 3월 1단위당 고정제조간접원가: ₩150,000/200개 = @₩750
• 4월 1단위당 고정제조간접원가: ₩160,000/200개 = @₩800

- 전부원가계산 영업이익

변동원가계산 영업이익		₩100,000
(－) 기초재고에 포함된 고정제조간접원가	40개 × @₩750 =	₩30,000
(＋) 기말재고에 포함된 고정제조간접원가	60개 × @₩800 =	₩48,000
＝ 전부원가계산 영업이익		₩118,000

09 이익 차이 : ₩500,000 × 기말(?)/생산 5,000단위 = ₩300,000

⇨ 기말재고량 : 3,000단위

판매수량 : 5,000단위 － 3,000단위 = 2,000단위

10 1. 영업이익 차이

변동(직접)원가계산 영업이익	×××
(＋) 기말재고에 포함된 고정제조간접원가	₩20,000
(－) 기초재고에 포함된 고정제조간접원가	－
＝ 전부원가계산 영업이익	₩20,000

2. 기말재고수량 : ₩20,000 ÷ @₩250 = 80개

3. 판매수량 : ₩360,000 ÷ @₩900 = 400개

4. 생산수량 : 400개 ＋ 80개 = 480개

11 단위당 고정제조간접원가 : ₩20,000 ÷ 1,000개 = @₩20

영업이익 차이 즉, 재고수량의 차이 : ₩2,000 ÷ ₩20 = 100개 증가

12 ① 고정제조간접원가 배부율 : ₩800,000 ÷ 8,000개 = ₩100

② 단위당 변동원가 : ₩150 ＋ ₩90 ＋ ₩70 = ₩310

③ 단위당 전부원가 : ₩150 ＋ ₩90 ＋ ₩70 ＋ ₩100 = ₩410

④ 기말재고액 : (8,000개 － 7,000개) × ₩410 = ₩410,000

⑤ 기초재고액 < 기말재고액(＝생산량 > 판매량). 따라서 전부원가에 의한 순이익이 ₩100,000 (1,000개 × ₩100)만큼 더 크다.

06 원가의 추정

Answer
Answer

01 ①   02 ③   03 ④   04 ②   05 ①   06 ②

01 1. 단위당 변동비

$$\frac{₩10,000 - ₩7,000}{250시간 - 150시간} = @₩30$$

2. 고정비 추산

$$₩10,000 - (250시간 \times ₩30) = ₩2,500$$

3. 7월 추정 경비

$$₩2,500 + 200시간 \times ₩30 = ₩8,500$$

02 1. 단위당변동비 추정: $\dfrac{₩285,000 - ₩225,000}{6,500시간 - 4,000시간} = ₩24$

2. 고정비 추정: $₩285,000 - 6,500시간 \times ₩24 = ₩129,000$

또는 $₩225,000 - 4,000시간 \times ₩24 = ₩129,000$

3. 1분기 제조간접원가 추정액: $₩129,000 + 5,500시간 \times ₩24 = ₩261,000$

03 • 단위당 변동원가 $= (₩5,500,000 - ₩4,000,000) \div (2,000단위 - 1,000단위) = @₩1,500$

• 고정비 $= ₩4,000,000 - @₩1,500 \times 1,000단위 = ₩2,500,000$

• 1월 제조간접비 예산 $= ₩2,500,000 + @₩1,500 \times 2,500단위 = ₩6,250,000$

04 시간당 변동원가: $(₩19,000 - ₩17,000)/(150시간 - 100시간) = @₩40/시간$

▣ **30단위 판매시 총공헌이익**

매출액	30단위 × ₩500	₩15,000
(-) 변동비	30단위 × ₩25 + 30단위 × 11시간 × @₩40	₩13,950
공헌이익		₩1,050

05 3대 추가 소요시간: $1,280시간 - 500시간 = 780시간$

누적생산량	단위당 누적평균시간	누적총시간
1	500시간	500시간
2	500시간 × 0.8 = 400시간	800시간
4	500시간 × 0.8 × 0.8 = 320시간	1,280시간

06 3대 추가 생산 시 소요예상노동시간: 1,248시간(= 2,048시간 − 800시간)

누적생산량	단위당 평균노동시간	총노동시간
1대	800시간	800시간
2대	640시간(= 800시간 × 80%)	1,280시간
4대	512시간(= 640시간 × 80%)	2,048시간

07 \ 원가 · 조업도 · 이익분석

Answer

| 01 ② | 02 ④ | 03 ① | 04 ④ | 05 ① | 06 ③ | 07 ① | 08 ② | 09 ② | 10 ② |
| 11 ④ | 12 ④ | 13 ③ | 14 ③ | 15 ⑤ | 16 ④ | 17 ④ | 18 ④ | 19 ③ | 20 ④ |

01 1. 공헌이익률: 1 − 변동비율(= 변동비/매출액)
    2. 손익분기매출액: 고정비/공헌이익률

$$= \frac{(\qquad)}{1 - \dfrac{₩150,000}{₩250,000}} = ₩120,000$$

  따라서 고정비는 ₩30,000이다.

02 손익분기매출액: 고정원가 / 공헌이익률
    (   ) / 0.2 = ₩100,000
    ∴ 총고정원가 = ₩20,000

03 • 공헌이익률 = 공헌이익 ÷ 매출액
        = 공헌이익 ÷ ₩200,000(= @₩200 × 1,000개) = 0.3
        ∴ 공헌이익 = ₩60,000
    • 영업이익 = 공헌이익(₩60,000) − 총고정원가(₩10,000) = ₩50,000

04 손익분기 판매수량 500단위 = 고정원가 ₩200,000 ÷ 단위당공헌이익
    따라서 단위당 공헌이익(단위당 판매가격 − 단위당 변동비)는 ₩400이다.
    단위당 판매가격: ₩400 + ₩300 = ₩700

05 변경전 손익분기점 판매량: ₩48,000/@₩60 = 800단위
변경후 손익분기점 판매량: ₩42,000/@₩50 = 840단위
변동비율 10% 증가 = 공헌이익률 10% 감소

06 목표이익 달성 판매량: $\dfrac{₩6,000 + ₩20,000}{₩400 - ₩300}$ = 260단위

07 해외판매량을 A라고 하면
300개 × (₩1,000 - ₩600) + A × (₩950 - ₩600) = ₩190,000
따라서 A = 200개
전체 판매량은 300개 + 200개이므로 500개이다.

08 목표이익 달성 이용요금 P: (P - ₩100) × 1,000회 - ₩100,000 = ₩100,000 이익
P = ₩300

09 영업이익의 증가액: ₩2,000,000 × 0.2 × 0.3 = ₩120,000

10 (가) 손익분기점 매출액 = $\dfrac{₩200,000}{@₩200*}$ = 1,000개

* 변동비율: $\dfrac{₩360,000}{₩600,000}$ = 60%

* 공헌이익률: 1 - 변동비율 = 40%
* 단위당 공헌이익: @₩500 × 0.4 = @₩200

(나) 목표이익 달성 매출액 = $\dfrac{₩200,000 + \dfrac{₩70,000}{(1 - 0.3)}}{0.4}$ = ₩750,000

11 • 단위당 공헌이익: ₩200,000/200개 = ₩1,000

• 목표이익 달성 판매량: $\dfrac{₩150,000 + \dfrac{₩120,000}{(1 - 0.2)}}{@₩1,000}$ = 300개

12 • 공헌이익: ₩1,000,000 × 30% = ₩300,000
• 영업이익: ₩300,000 - ₩180,000 = ₩120,000
• 영업레버리지도(DOL): 공헌이익/영업이익 = 2.5

13 M/S비율(안전한계율) $= \dfrac{\text{매출액} - \text{손익분기점매출액}}{\text{매출액}}$

$$= \frac{\text{₩}8,000,000 - \text{₩}6,000,000^*}{\text{₩}8,000,000} = 25\%$$

* 손익분기점 매출액 $= \dfrac{\text{₩}2,400,000}{1 - \dfrac{\text{₩}4,800,000}{\text{₩}8,000,000}} = \text{₩}6,000,000$

14 손익분기 매출액 $= \dfrac{\text{₩}2,000,000}{40\%} = \text{₩}5,000,000$

안전한계율 $= \dfrac{\text{₩}10,000,000 - \text{₩}5,000,000}{\text{₩}10,000,000} = 50\%$

15 1. 손익분기매출액 : ₩500/0.1 = ₩5,000
2. 안전한계 : 매출액 ₩10,000 − 손익분기매출액 ₩5,000 = ₩5,000
3. 공헌이익 : 매출액(100개 × ₩100) × 공헌이익률(10%) ⇨ ₩1,000
4. 영업이익 : 공헌이익 ₩1,000 − 고정원가 ₩500 = ₩500
5. 세후이익 : ₩500 × (1 − 0.5) = ₩250
6. 영업레버리지 : 공헌이익 ₩1,000 ÷ 영업이익 ₩500 = 2

16 매출액 ₩200,000, 공헌이익 ₩80,000, 단위당공헌이익 ₩400
공헌이익/영업이익 = 영업레버리지도 5 ⇨ 영업이익 ₩16,000
영업이익 = 공헌이익 − 고정비 ⇨ 고정비 ₩64,000
손익분기점 판매량 : ₩64,000/₩400 = 160단위

17 손익분기점 매출수량 : $\dfrac{\text{고정비}}{\text{단위당 공헌이익}}$

단위당 공헌이익 : 단위당 판매가격 ₩100 − 단위당 변동비 ₩75 = ₩@25
1. ₩1,400,000/25 = ₩56,000단위(관련범위 초과)
2. ₩1,550,000/25 = ₩62,000단위(관련범위 초과)
3. ₩1,850,000/25 = ₩74,000단위(관련범위 내)
4. ₩2,200,000/25 = ₩88,000단위(관련범위 미달)

18 꾸러미 공헌이익 = (각 제품의 매출배합 × 각 제품의 공헌이익)의 합계

$$= 1(₩200 - ₩100) + 2(₩100 - ₩40) + 1(₩200 - ₩80) = ₩340$$

꾸러미당 손익분기점 판매량 $= \dfrac{고정비}{꾸러미당\ 공헌이익}$

$$= \dfrac{₩510,000}{₩340} = 1,500개$$

따라서 제품A의 손익분기점수량 $= ₩1,500 \times 1 = 1,500개$

제품B의 손익분기점수량 $= ₩1,500 \times 2 = 3,000개$

제품C의 손익분기점수량 $= ₩1,500 \times 1 = 1,500개$

19 손익분기점 판매량 : $\dfrac{₩960,000}{3(₩500 - ₩300) + 2(₩800 - ₩700)} = 1,200단위/묶음$

제품 A 판매량 : $1,200단위 \times 3 = 3,600단위$

제품 B 판매량 : $1,200단위 \times 2 = 2,400단위$

20 손익분기점 매출액 : $\dfrac{₩150,000}{(1 - 0.6) \times 0.6 + (1 - 0.85) \times 0.4} = ₩500,000$

08 표준원가계산

Answer

01 ②	02 ②	03 ③	04 ②	05 ①	06 ①	07 ③	08 ③	09 ④	10 ①
11 ④	12 ④	13 ③	14 ④						

01 표준원가계산의 목적은 원가관리, 즉 원가절감과 원가통제이다.

02

AQ × AP	AQ × SP	SQ × SP
10,000kg × ₩12	10,000kg × ₩13	(1,000개 × 9kg) × ₩13
= ₩120,000	= ₩130,000	= ₩117,000
	가격차이	능률차이(수량차이)
	₩10,000 (유리)	₩13,000 (불리)

03

AQ×AP	AQ×SP	SQ×SP
3,000kg × ₩310	3,000kg × (₩300)	

구입가격차이
₩30,000(불리)

	AQ×SP	SQ×SP
	2,200kg × ₩300	2,400kg × ₩300

능률차이
₩60,000(유리)

04
- 임률차이 : $(₩22 - ₩20) × 6,000시간 = ₩12,000$ 불리
- 능률(시간)차이 : $(6,000시간 - 2,100단위 × 3시간) × ₩20 = ₩6,000$ 유리

05

AQ×AP	AQ×SP	SQ×SP
₩24,500	7,000시간 × (@₩300) = ₩21,000	8,000시간 × @₩300 = ₩24,000

	임률차이	능률차이
	₩3,500 불리	₩3,000 유리

06

AQ×AP	AQ×SP
600시간 × (　　) = ₩135,000	600시간 × ₩200 = ₩120,000

임률 차이
₩15,000 불리

07

AQ×AP	AQ×SP	SQ×SP
₩364,800	960시간 × (₩370③) = ₩355,200②	1,000시간 × ₩370 = ₩370,000

	①임률차이	능률(시간)차이
	₩9,600 불리	₩14,800 유리

08

AQ×AP	AQ×SP	SQ×SP
₩90,000	4,600시간 × (₩100,000/5,000시간) = ₩92,000	4,300시간 × (₩100,000/5,000시간) = ₩86,000

	소비차이	능률차이
	₩2,000 (유리)	₩6,000 (불리)

09 ④ 고정제조간접원가는 예산차이(통제가능차이)와 조업도차이(통제불능차이)로 구분되며 고정제조간접원가는 조업도 수준과 무관하므로 능률개념이 존재하지 않는다. 따라서 조업도차이는 통제불능차이이므로 원가통제 목적상 중요한 의미를 갖지 않는다.

10 1. 변동제조간접원가 표준배부율(SP): ₩153,000/900시간 = ₩170
2. 고정제조간접원가 표준배부율(SP): ₩180,000/900시간 = ₩200
3. 고정제조간접원가 표준배부액: ₩180,000 − ₩10,000 = ₩170,000
   = ₩200 × SQ = ₩170,000   SQ = 850시간
4. 변동제조간접원가 능률차이: (AQ − SQ) × SP
   = (840시간 − 850시간) × ₩170 = ₩1,700 유리

11

실제발생액	고정예산	배부액
₩900,000	₩1,000,000(1)	2,100단위 × 5시간 × ₩100(2)

	예산차이	조업도차이	
	₩100,000 유리	₩50,000 유리	

(1) ₩900,000 + ₩100,000 = ₩1,000,000
(2) ₩1,000,000/10,000시간 = @₩100

12

실제발생액	표준(AQ × SP)	배부(SQ × SP)
₩160,000	50,000시간 × ₩3 = ₩150,000	9,000개 × ₩3 × 5시간 = ₩135,000

	예산차이	조업도차이	
	₩10,000(불리)	₩15,000(불리)	

13

실제발생액	예산	배부(SQ × SP)
₩660,000	10,000시간 × ₩50 = ₩500,000	12,000시간 × ₩50 = ₩600,000

	예산차이	조업도차이	
	₩160,000 불리	₩100,000 유리	

14

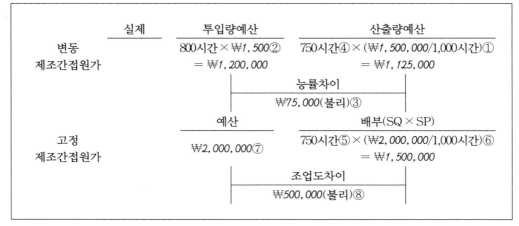

09 특수의사결정회계

Answer

01 ③	02 ②	03 ①	04 ②	05 ②	06 ③	07 ②	08 ③	09 ②	10 ①
11 ①	12 ⑤	13 ⑤	14 ④	15 ③	16 ③	17 ④	18 ③	19 ①	

01 1. 증분수익 : 100단위 × ₩600 = ₩60,000
2. 증분비용 : 100단위 × (₩400 + ₩150) = ₩55,000
3. 증분이익 : ₩5,000

02 1. 증분수익 : 9,000단위 × ₩400 = ₩3,600,000
2. 증분비용 : ㉠ + ㉡ = ₩2,180,000
   ㉠ 변동제조원가 : 9,000단위 × ₩210 = ₩1,890,000
   ㉡ 정규매출감소로 인한 공헌이익 상실액 : 1,000단위 × (₩500 − ₩210) = ₩290,000
3. 증분이익 : ₩3,600,000 − ₩2,180,000 = ₩1,420,000

03 영업이익의 증가 : (₩12 − ₩10*) × 100단위 = ₩200 증가
   * 변동제조원가 : ₩4 + ₩2 + ₩2 + ₩2 = ₩10

04 1. 현재의 이익 : 150,000단위 × (₩75 − ₩45) − ₩2,000,000 = ₩2,500,000
   2. 제품 Y 생산판매시
      = 10,000단위 × (X − ₩35) + [142,000단위 × (₩75 − ₩45) − ₩2,000,000] = ₩2,500,000
        X = ₩59

05 • (외부구입시)
   • 증분수익 : 임대료 수익분 ₩500
   • 증분비용 : 10단위 × 단위당 구입가격
              변동제조원가 감소분 : 10단위 × @₩200 = ₩2,000
              고정원가 감소분 : ₩0
              증분비용 : 10단위 × 단위당 구입가격 − ₩2,000
   • 증분이익 ≥ 0이 되려면 지불할 수 있는 단위당 최대 구입가격은 @₩250이다.

06 부품의 외부구입시 허용할 수 있는 최대가격은, 부품을 외부구입함으로써 절약할 수 있는 원가이다. 변동원가인 직접재료원가, 직접노무원가, 변동제조간접원가는 모두 절약 가능하고 고정제조간접원가도 문제에서 절반을 절약할 수 있다고 하였으므로 ₩10 + ₩5 + ₩3 + ₩1 = ₩19이 부품의 외부구입시 허용할 수 있는 최대가격이 된다.

07 외부에서 구입할 경우에 지급할 수 있는 단위당 최대금액은 외부 구입할 경우의 회피가능원가와 기회비용의 합계액과 일치하는 금액이다.
   1. 회피가능원가
      변동제조원가 : 20단위 × @₩100 = ₩2,000
      고정원가 : ₩1,200 × 20% = ₩240
   2. 기회비용
      생산설비 임대수익 : ₩400
   3. 외부 구입할 경우의 허용 최대금액 : 1. + 2. = ₩2,640
   4. 단위당 허용 최대금액 : ₩2,640/20단위 = @₩132

08

	자가생산		외부구입
회피가능원가			
변동제조원가	₩2,500 × 100,000개 =	₩250,000,000	₩3,000 × 100,000개
회피가능고정비		₩50,000,000	= ₩300,000,000
기회비용(임대료)		₩100,000,000	
		₩400,000,000	₩300,000,000

09

구 분	20×1년	20×2년
매출액	4,000단위 × ₩250 = ₩1,000,000	+ ₩300,000 = ₩1,300,000
변동원가(매출액 × 60%)	₩600,000	₩780,000
고정원가	₩400,000	+ ₩90,000 = ₩490,000
영업이익	₩0	→ ₩30,000

10

	직 영	임 대
수 익	₩2,000,000	₩600,000(= ₩50,000 × 12)
변동비	₩800,000	—
고정비	₩700,000	₩140,000
이 익	₩500,000	₩460,000(= ₩700,000 × 0.2)

11 1. 시간당 공헌이익
　　① A제품 = ₩100/1시간 = ₩100
　　② B제품 = ₩270/3시간 = ₩90
　2. 제약조건하에서 시간당 공헌이익이 가장 큰 A제품을 생산하는 것이 이익을 최대화 할 수 있다.
　　① A제품의 생산량 = 300시간/1시간 = 300단위
　　② A제품만 생산할 경우 총이익 = 300단위 × ₩100 = ₩30,000
　　③ B제품 생산할 경우 생산량 = 300시간/3시간 = 100단위
　　④ B제품만을 생산할 경우 총이익 = 100단위 × ₩270 = ₩27,000
　　따라서, A제품을 생산하는 것이 B제품을 생산하는 것보다 ₩3,000 더 유리하다.

12 1. 분리점에서 상대적 판매가치

A	₩10 × 1,500단위 = ₩15,000
B	₩15 × 1,000단위 = ₩15,000
C	₩20 × 1,000단위 = ₩20,000

　2. 추가 가공시 순실현가치

A	(₩12 × 1,500단위) − ₩5,000 = ₩13,000
B	(₩20 × 1,000단위) − ₩4,000 = ₩16,000 (↑)
C	(₩35 × 1,000단위) − ₩10,000 = ₩25,000 (↑)

13 영업이익에 미치는 영향: (−)₩600,000 + (₩900,000 − ₩450,000) = (−)₩150,000 감소

14 20×2년 영업이익

$= (₩6,000 - ₩3,600 - ₩800)Q - (₩8,000,000 - ₩2,400,000) = ₩4,000,000$

$Q = 6,000개$

15 판매이익 : 판매수익 ₩25,000 - 판매원가(직접재료원가 ₩12,000 + 직접노무원가 ₩3,000 + 제조간접원가 ₩6,000*) = ₩4,000

* 제조간접원가 : 기본원가(= 직접재료원가 + 직접노무원가) ₩15,000 × 40% = ₩6,000

16 1. 종량제 봉투 구입량 : 500,000/500 = 1,000묶음

2. 보유 종량제 봉투 : 10묶음 + 1,000묶음 = 1,010묶음

3. 분배가능 수량 : 1,010묶음/80세대 = 12.625묶음

4. 잔여 수량 : 0.625묶음 × 80세대 = 50묶음

17 1. 총고정원가 : ₩8,0000,000 - ₩2,000,000 = ₩6,000,000

2. 단위당 공헌이익 : ₩100,000 - ₩50,000 = ₩50,000

3. 손익분기점(인원수) : 6,000,000/50,000 = 120명

18

구 분	즉시 처분시 예상처분수익	분리 처분시 예상처분수익	의사결정
아동용	60대 × ₩1,500 = ₩90,000	60대 × (₩1,650 - ₩200) = ₩87,000	즉시 처분
어른용	40대 × ₩800 = ₩32,000	40대 × (₩1,000 - ₩120) = ₩35,200	분리 처분

19 벽돌 X 처분시의 기대수익 : 100단위 × @₩110 - ₩700 = ₩10,300

벽돌 Y 구입시의 부담원가 : 100단위 × @₩106 = ₩10,600

따라서 벽돌 X를 사용하는 것이 ₩300 유리하다.

10 예산회계

Answer

01 ②   02 ⑤   03 ②   04 ⑤   05 ⑤   06 ④

01 ② 기초 50kg + 매입 (?) − 기말 80kg = 소비 600kg ⇨ 630kg

02

	원재료(kg)			재공품(단위)		
기초	0	사용	106,000*	기초	0	생산	50,000
구입	129,000	기말	23,000	투입	53,000	기말	3,000

  * 사용량 : 53,000단위 × 2kg = 106,000kg

  * 원재료 구입예산 : 구입수량 × 구입단가 = 129,000kg × ₩30 = ₩3,870,000

03 • 2분기 제품생산량 = 2분기 판매량(800개) + 2분기 기말제품(300개) − 2분기 기초제품(200개)
         = 900개

   • 2분기 직접재료구입량 = 2분기 생산량(900개 × 2.0kg) + 2분기 기말 원재료(800kg) − 2분기
         기초 원재료(1,000kg) = 1,600kg

   • 2분기 직접재료구입예산 = 1,600kg × @₩200 = ₩320,000

04

4월 말 매출채권 잔액 :	3월) ₩200,000 × 0.4 × 0.6	₩48,000
	4월) ₩300,000 × 0.4	₩120,000
		₩168,000

05   1. 6월 매출분 : (₩180,000 × 0.4) + (₩180,000 × 0.6 × 0.4) = ₩115,200

     2. 5월 매출분 : ₩130,000 × 0.6 × 0.58 = ₩45,240

     3. 6월 현금유입액 : 1. + 2. = ₩160,440

06

	1월매입액	2월매입액	매입채무잔액
매입시 지급액	₩180,000	₩240,000	₩980,000
1월말 지급액	₩120,000	−	₩860,000
2월말 지급액	₩240,000	₩160,000	₩460,000
3월말 지급액	₩60,000	₩320,000	₩80,000
4월말 지급액		₩80,000	₩0

Memo

2025 제28회 시험대비 전면개정판

박문각 주택관리사 합격예상문제 **1차** 회계원리

초판인쇄 | 2025. 2. 20.   **초판발행** | 2025. 2. 25.   **편저** | 김종화 외 박문각 주택관리연구소
발행인 | 박 용   **발행처** | (주)박문각출판   **등록** | 2015년 4월 29일 제2019-000137호
주소 | 06654 서울시 서초구 효령로 283 서경 B/D 4층   **팩스** | (02)584-2927
전화 | 교재 주문 (02)6466-7202, 동영상문의 (02)6466-7201

> 판 권
> 본 사
> 소 유

정가 32,000원

ISBN 979-11-7262-628-0 | ISBN 979-11-7262-627-3(1차 세트)